예수 ✝ 미션

예수 미션

발행일	2019년 3월 15일

지은이	임 동 훈		
펴낸이	손 형 국		
펴낸곳	(주)북랩		
편집인	선일영	편집	오경진, 최예은, 최승헌, 김경무
디자인	이현수, 김민하, 한수희, 김윤주, 허지혜	제작	박기성, 황동현, 구성우, 정성배
마케팅	김회란, 박진관, 조하라		
출판등록	2004. 12. 1(제2012-000051호)		
주소	서울시 금천구 가산디지털 1로 168, 우림라이온스밸리 B동 B113, 114호		
홈페이지	www.book.co.kr		
전화번호	(02)2026-5777	팩스	(02)2026-5747

ISBN	979-11-6299-582-2 03230 (종이책)	979-11-6299-583-9 05230 (전자책)

이 도서의 국립중앙도서관 출판예정도서목록(CIP)은 서지정보유통지원시스템 홈페이지(http://seoji.nl.go.kr)와 국가자료공동목록시스템(http://www.nl.go.kr/kolisnet)에서 이용하실 수 있습니다.

예수 ✝ 미션

임동훈 지음

북랩 book Lab

『예수 미션 - 5 무브먼트』는 〈예수 복음〉[1] 본문 중에서 5대 운동 (movement)을 구분하여 226개 사역(mission)으로 설명한 책이다. 예수님이 성육신(incarnation)하여 전개하신 하나님의 나라(the kingdom of God) 운동을 분석하고 해설한 것이다. 이는 기독교의 핵심이요, 성경의 중심이요, 복음의 심장이다.

하나님의 나라는 그리스어 바실레이아(βασιλεια)로 복음서에 100번 넘게, 신약성경에 150번 이상 나온다. 이는 하나님의 통치와 사람의 구원이 아주 밀접하게 연결되어 있다는 증거다. 하지만 현세적이고 내세적이며, 물적이고 영적이며, 가시적이고 불가시적인 하나님의 나라를 설명하기란 결코 쉬운 일이 아니다. 그럼에도 누구나 알고 믿어야 하며, 반드시 누려야 한다고 모든 성경이 일관되게 주장하고 있다.

오늘날 하나님의 통치를 기쁨으로 받아들이고 순종하는 사람들에 의해 하나님의 나라는 속속 드러나고 있다. 시간과 장소, 공간과 물질을 초월하여, 그리스도 안에 있는 공동체를 통해 계속 성장하

---

[1] 4복음서를 통합하고 사도행전을 덧붙인 통합복음서를 말한다. (임동훈 2015년)

고 있다.

교회는 그리스어 에클레시아(ἐκκλεσία)로 하나님의 나라에서 가장 가까이 있으며, 매우 이상적이고 표준적인 모델이다. 좁게는 지역 공동체로, 넓게는 우주 공동체로 나타나며, 하나님의 완전한 사랑과 온전한 공의를 세상에 드러내고, 모든 교회가 서로 연합하고 일치함으로써 공동의 선을 추구하며, 하나님께 영광을 돌리고 있다.

그리스어로 신약성경에서 가장 많이 나오는 단어가 안드로포스(ἄνθρωπος, 사람)와 데오스(θεός, 하나님)와 퀴리오스(κύριος, 주님)이다. 이는 하나님의 나라[2]를 세우고 그 의를 이루는 교회의 주인공이 사람과 하나님과 주님이라는 뜻이다. 사실 주님은 언제 어디서나 항상 사람을 통해 교회를 세우시고, 하나님의 영광을 드러내신다.

그러므로 우리는 주님의 교회를 구성하는 단위체이자 유기적 연대로서 당연히 주님의 발자취를 따라가야 한다. 주님이 제자들과 함께 이 땅에서 전개하신 하나님의 나라 5대 운동과 226개 사역을 계승하고 발전시켜 나가야 한다는 것이다.

1. 파레시아(παρρησία) 정의 - 46 진실 드러내기
2. 디닥시스(διδαξις) 교육 - 57 말씀 가르치기
3. 케리그마(κηρυγμα) 전도 - 41 복음 선포하기
4. 테라퓨오(θεραπευω) 의료 - 40 질병 치유하기
5. 소테리아(σωτηρια) 구원 - 42 생명 살려내기

2　너희는 먼저 하나님의 나라와 그 의를 구하라. (마태 6.33)

성경에서 하나님의 나라는 하늘나라, 천국, 예수 나라, 주의 나라, 그리스도의 나라 등으로 다양하게 나타난다. 이는 그리스도인이 하나님의 다스림을 받으며 개인적으로 누리기도[3] 하고, 가정이나 교회, 국가나 단체 등을 통해 사회적으로 이루어지기도[4] 하며, 사후의 세계에서 공동으로 안식을 취하는 상태[5]이기도 하며, 마지막 날 그리스도의 재림과 아울러 임할 영원한 나라이기도[6] 하다.

그러나 그때 드러날 하나님의 나라는 언제 어디서[7], 어떠한 방법[8]으로 임할지 아무도 모른다. 무슨 숫자를 근거로 해서 그 기간을 산출할 수도 없고, 여기저기 흩어진 말씀을 다 모아 보아도 그 과정을 설명할 수가 없다. 그래서 우리는 하나님의 나라를 더욱 사모하게 되며, 하나님의 통치 안에서 주님의 청지기로 살아가게 된다.

예수 그리스도의 5대 운동과 226개 사역은 다른 종교에 대한 이해와 배려를 전제로 한다. 사실 개신교는 유대교와 천주교, 정교회, 성공회 등을 외면하고 생각할 수가 없다. 나아가 이슬람교와도 교류할 부분이 분명히 있다.

힌두교, 불교, 원불교, 유교, 천도교, 대종교, 한국민족종교협의회 등 타 종교와도 적대시할 이유가 전혀 없다. 오히려 서로가 협력해야 한다. 이는 종교다원주의가 아니다. 모든 종교는 구원과 평화라는 공통적 지향점을 가지고 있는바, 무턱대고 타 종교를 비방하거나 무시하는 배타주의는 무지의 소치로서, 자신의 부덕함만 드러낼

---

3 너희 가난한 사람이 복이 있다. 하나님의 나라가 너희 것이다. (누가 6.20)
4 또 여기 있다 저기 있다고도 못한다. 하나님의 나라는 너희 가운데 있다. (누가 17.21)
5 내가 진정으로 네게 말한다. 너는 오늘 나와 함께 낙원에 있을 것이다. (누가 23.43)
6 우리 주 예수 그리스도의 영원한 나라에 넉넉히 들어가게 될 것입니다. (베드로후서 1.11)
7 그러나 그 날과 그 때는 아무도 모른다. 하늘의 천사들도 모르고, 아들도 모르고, 오직 아버지만 아신다. (마가 13.32)
8 하나님의 나라는 먹고 마시는 일이 아니라, 성령 안에서 누리는 정의와 평화와 기쁨입니다. (로마서 14.17)

뿐이다.

요즘 즉문즉설(卽問卽說)을 통해 인기를 누리는 스님이 있다. 정토회 지도법사 법륜(최석호)이다. 그는 특유의 웃음과 재치로 국내외에 많은 신도를 두고 있으며, 한반도 구호활동과 통일운동을 펼치고 있다. 이는 NCCK[9]의 화해협력운동이나 NCMN[10]이 추구하는 5K사랑운동, 다일공동체[11]의 밥상나눔운동 등과 맥을 같이한다고 볼 수 있다.

어느 날 한 여신도가 스님에게 물었다. "스님, 하나밖에 없는 제 아들이 결혼하고 나서 며느리와 함께 성당에 나갑니다. 어떻게 해야 좋습니까?"

그러자 스님이 대뜸 대답하였다. "아들과 며느리를 따라 보살님이 성당에 나가는 것이 가장 좋다고 봅니다."

이는 여러 가지 사유가 있겠지만, 우선 법륜 스님이 그만큼 타 종교에 대한 이해와 배려를 하고 있다는 증거다. 사실 그는 가톨릭 신부님이나 개신교 목사님 못지않게 성경을 많이 알고 있었으며, 불교 신도를 상대로 예수님의 가르침을 비유로 들어 권면하기를 마다치 않았다.

경성대 명예교수 김명수 목사님은 중국 불교의 경전인 신심명(信心銘)[12]을 머리맡에 두고 자주 읽으며, 성경 다음으로 행복의 길잡이

---

9 NCCK(The National Council of Churches in Korea)는 한국교회의 연합정신을 구현하고 에큐메니컬운동을 위해 창설된 기독교협의체다. 1924년 9월 24일 당시 장로교와 감리교의 선교연합 구축을 위해 결성된 조선예수교연합공의회에서 시작되었으며, 일제의 간섭으로 활동하지 못하다가 1946년 재발족하였다.

10 NCMN(Nations Changer Movement & Network)은 기독교 문명개혁을 선도하는 단체로 2012년 홍성건 목사가 설립하였다. 3스쿨과 3세미나를 통해 Nations Changer를 양성하고, 지역교회와 네트워크를 형성하여 5K사랑운동을 펼치며, 김미진 장로와 함께 통일한국시대를 준비하고 있다.

11 다일공동체는 최일도 목사가 설립한 사회복지법인이다. 1988년 도시락 나눔을 시작으로 지금은 세계 10개국에서 밥퍼(급식지원), 꿈퍼(교육지원), 헬퍼(의료지원), 일퍼(자립지원) 등 다양한 사역을 수행하고 있다.

12 신심명(信心銘)은 당나라 선종(禪宗)의 3대 조사(祖師)인 승찬(僧璨) 스님이 6세기경 쓴 경전이다.

로 삼는다고 하였다. 서울대교구 박문성 신부님은 가톨릭 사제로서 불교대학에 들어가 공부하였는바, 지금은 대학에서 동양철학을 가르치고 있다.

우리는 먹고살기 위해 일하는 게 아니라 일하기 위해 먹고 산다. 우리의 사명은 하나님께서 주신 은사를 최대한 발휘하여 주님을 발자취를 따라가는 것, 즉 모든 역량을 동원하여 하나님의 나라를 세우고 확장해 나가는 일이다.

이는 우리가 받은 은사에 의해 하나님이 강제적으로 일을 시키시는 게 아니라, 하나님께서 주신 은사에 따라 우리가 자발적으로 기쁘게 일하는 것이다. 그때 우리는 받은 은사를 최대한 발휘할 수 있고, 하나님의 영광도 드러낼 수 있다.

그리스도인은 주님과의 인격적 관계가 형성된 사람이다. 주님이 우리를 하나님의 나라로 인도하신다는 확실한 믿음이 있다. 사실 믿음은 아버지와 자녀 간의 관계를 더욱 돈독히 한다. 우리는 교회의 머리이신 그리스도를 따라 그 길을 묵묵히 걸어간다. 하나님은 그리스도 안에서 우리를 사랑하시고, 성령을 통하여 하나님의 나라로 인도하신다.

2019. 3. 2
예수나라 청지기

01. 파레시아(παρρησία) - 정의

　파레시아(parresia)는 파스(pas, 모든)와 레마(rhema, 말씀)의 복합어로 '정의 구현하기' '진실 드러내기' '바른말하기' '정직하기' 등을 의미한다. 이는 예수 그리스도의 5대 운동 가운데 가장 큰 비중을 차지하는 정신문화운동이자 의식개혁운동이다.

　오늘날 바른말을 하면 손해 보는 경우가 많다. 차라리 모른 척하고 가만히 있으면 중간은 간다. 사실 긁어서 부스럼 만드는 걸 좋아할 사람은 아무도 없다. 말 한마디 잘못하여 패가망신한 사람도 있다. 매사에 입을 조심할 수밖에 없다. 그래서 우리 속담에 침묵이 금이라는 말도 있다. 이는 세상이 그만큼 악하다는 방증이다.

　그러나 사람이 나이가 들면 정의를 위해 어느 정도의 위험은 감수해야 한다. 욕을 먹더라도 바른말을 해야 한다는 것이다. 장래가 구만리 같은 젊은이에게 그런 일을 맡겨서는 안 된다. 사실 나는 언제부턴가 '파레시아 카리스마'가 생겼다. 이른바 '바른말하고 욕먹기 은사'이다. 그만큼 나이가 들었다는 증거다.

　어느 때는 주책이 없다는 소리도 듣고, 심지어 정신이 좀 이상하다는 소리도 듣는다. 그럼에도 이제는 비굴할 수가 없다. 파레시아가 그리스도의 사역이자 나의 사명이기 때문이다. 그리스도인으로서 욕먹을 때는 먹어야 산다. 알고 보면 그리스도 안에서 욕먹는 것도 아무나 하는 일이 아니다.

요즘 세상은 자기 잘못도 솔직하게 고백하는 것이 그리 쉽지 않다. 그것이 다른 사람과 이해관계로 얽혀있다면 더욱 그렇다. 상대방이 권력자나 부자, 명예나 인기를 추구하는 사람이라면 더더욱 바른말하기가 어렵다. 하지만 그리스도인은 어딘가 달라야 한다. 다르지 않으면 그리스도인이 아니다. 특히 환갑을 넘긴 사람은 더 이상 비굴하게 살지 말아야 한다. 주님을 뵈올 날이 가까이 다가오고 있기 때문이다.

얼마 전부터 어느 교회에서 죄고백운동을 펼치고 있다. 그에 따른 부작용도 가끔씩 일어난다고 한다. 결혼 전에 지은 죄를 고백하여 가정이 깨진 경우도 있다고 들었다. 무엇이든 당사자의 자존심과 관련된 일은 각별히 조심해야 한다. 꼭 필요한 경우에는 사전에 양해를 구해야 한다. 나의 죄 고백으로 나는 편할지 모르지만, 가정이나 직장, 교회 등에 피해를 주어서는 안 된다. 아무리 좋은 일도 하나님 사랑과 이웃 사랑이라는 대의명분을 놓치게 되면, 그것은 선이 아니라 악이 될 수도 있다.

로마의 정치가 키케로(Cicero, BC 106~43년)는 그리스 철학자 소크라테스(Socrates, BC 470~399년)의 죽음을 담대한 저항에서 비롯된 '파레시아의 위대한 승리'라고 선포하였다. 실로 소크라테스는 철학자로서 '정의'의 가치를 지키기 위해 스스로 독배를 들었던 것이다.

프랑스 철학자 푸코(Foucault, 1926~1984)도 그의 사후에 발간된 『담론과 진실』을 통해, 파레시아는 '진실을 말하는 용기' '위험을 감수하며 말하기' '정당하게 비판하기' 등을 의미하며, 특히 타인과의 관계나 기울어진 권력 관계에서, 위험을 감수하며 '진실 드러내기'를 실천하는 것이라고 하였다.

세상에서 부귀영화나 무병장수, 만사형통, 사업번창, 교회부흥 등, 이른바 현세적이고 물질적인 복만 추구하는 사람은 결코 파레시아의 목적을 달성할 수가 없다. 성경 속의 파레시아는 이 세상에서 고난을 감수하며, 하나님의 나라를 세우기 위해 자신을 희생하는 것이기 때문이다.

그러므로 '예수 그리스도의 파루시아'는 우리가 고이 간직할 영원하고도 불가역적인 최고의 덕목이라 할 수 있다. 세상에서 바른말을 하지 못하고 눈치만 살피며, 거짓과 속임수로 두리뭉실하게 살아간다면, 그 자체가 바로 지옥이 아니고 무엇이겠는가? 그리스도인의 양심으로 어찌 상상인들 할 수가 있겠는가? 기독교의 가치와 정체성은 어디서 찾을 수 있겠는가? 실로 우리는 눈에 보이는 것보다 보이지 않는 것에 더 가치를 두어야 한다. 그야말로 성경에서 가장 아름다운 말씀, '주님의 파레시아'를 지켜나가야 한다.

'진실을 말하는 사람은 정직한 증거를 보이지만, 거짓 증인은 속임수만 쓴다.' (잠언 12.17)

02. 디닥시스(διδαξις) - 교육

디닥시스(didaxis) 또는 디다케(didache)는 '말씀 가르치기', '진리 교육하기', '이치 깨우치기' 등의 뜻이 있다. 하나님의 권위로 복음을 선포하는 케리그마(kerygma)와 달리, 이미 드러난 성경의 말씀과 진리를 가르치고 일깨워주는 것이다.

그래서 그리스도인은 사도들의 케리그마로 복음을 듣고, 예수 그리스도를 주님으로 영접하고, 디닥시스로 말씀을 배우고, 코이노니아(koinonia, 교제)와 디아코니아(diakonia, 봉사)로 에클레시아(ekklesia, 교회)를 세우게 된다. 이것이 바로 교회가 존재하는 이유이다.

진리는 영원히 변하지 않으나 문화의 옷은 수시로 갈아입기 마련이다. 어느 말씀 몇 구절을 교리화하거나 꿰맞추는 식의 해석을 경계해야 한다. 모든 말씀은 예수 그리스도를 바로 알고, 제대로 믿어, 풍성히 누리게 하려고 기록되었다는 사실을 잊어서는 안 된다.

'유대인에게 내가 유대인처럼 된 것은 유대인들을 얻기 위함이요, 율법 아래 있는 사람들에게 내가 율법 아래 있지 않으면서도 그들처럼 된 것은, 율법 아래 있는 사람들을 얻기 위함입니다.' (고린도전서 9.20)

1873년 정교회 대주교가 콘스탄티노플에 있는 성묘수도원 도서관에서, 『12사도를 통해 백성들에게 전해진 주님의 가르침』이라는 디다케(διδαχη)를 발견하였다. 이는 윤리적 계명과 공동체 조직, 전례의식과 관련된 규정 모음집이었다. 유대인 그리스도인에 의해 AD 100~150년경 시리아에서 편집된 것으로 이런 글이 소개되고 있다.

'모든 사람에게 두 가지의 길이 있다. 하나는 생명의 길이고, 다른 하나는 죽음의 길이다. 하지만 그 차이는 실로 크다.'

그렇다! 이 말씀은 만고불변의 진리다. 2가지 길은 이원론적 윤리관으로, 그리스 철학과 이슬람 쿠란, 불교 경전, 구약성경에 모두 나타난다. 여기서 죽음의 길에 대해 23가지 죄악과 18부류의 악인들이 언급된다. 23가지 죄악은 하나님을 경외하지 않는 것이며, 18명의 부류는 온갖 죄로 물든 사람들이다. 이어서 전례규범이 제시되고, 마지막으로 '마라나타(maranatha, 주여, 어서 오소서)'로 마무리된다.

'이 신앙에 충실히 머무르는 사람은 구원을 받을 것이다. 그때 세상은 하늘에서 구름을 타고 오시는 주님과, 그와 함께 오시는 성인들을 볼 것이다. 그러므로 그리스도인은 깨어있어야 한다.'

오늘날 우리가 배우고 가르치는 디닥시스의 말씀은 짧게는 2000년, 길게는 3500년 전에 기록되었다. 지금 쓰지 않는 히브리어(일부는 아람어)와 코이네 그리스어가 대부분이다. 여러 한글 번역본이 나왔으나 원문에 담긴 뜻을 온전히 드러내기는 쉽지 않다. 어떤 말씀은 다른 문헌들을 참조하여 연구할 필요가 있지만, 그것도 힘든 일이다. 여기저기 흩어진 말씀의 조각들을 모아 임의로 꿰맞추고 편집하여 해석하면 안 된다는 것이다. 모든 오류와 이단이 거기서 나온다.

그리고 모든 성경이 역사 속에서 기록되었다. 성경이 기록될 당시의 정치, 경제, 사회, 문화 등의 시대적 배경과 정황도 살펴보아야 한다. 또 성경 속의 문학적 장르도 구분해야 한다. 성경에도 다양한 장르, 곧 신화, 역사, 지혜, 묵시, 시가, 서신 등이 있다. 각 장르가 서로 다른 표현으로 무엇을 어떻게 전하고 하는지, 그 주제를 제대로 파악해야 바른 해석이 가능하다는 것이다.

그러므로 디닥시스는 한 단어, 한 구절을 문자적으로 해석하고 분석해야 하지만, 전체 맥락도 놓치지 말아야 한다. 모든 성경은 예수 그리스도의 구속사적 관점에서 보아야 한다. 본문이 어떻게 그리스도의 구원과 관련되어 있는지, 또 무슨 메시지를 전하고 있는지를 면밀히 검토하고 가르쳐야 한다.

'너희는 성경에서 영원한 생명을 얻는 줄로 생각하고 부지런히 연

구하고 있다. 바로 이 성경이 나를 증거하고 있다.' (요한 5.39)

03. 케리그마(knpuyµa) - 전도

케리그마(kerygma)는 '복음 선포하기' '계시 전달하기' '예언 알려주기' 등을 말한다. 신약성경에서 60회 이상 사용되었다. 처음에는 사도들의 설교를 지칭하였으나, 나중에 신적 권위를 가진 사람들이 선포하는 복음으로 바뀌었다. 따라서 사도들의 케리그마를 받은 사람은 하나님의 고지를 받은 것처럼, 그 권위에 복종할 책임이 주어졌다.

사실 하나님의 권위에서 케리그마가 나왔으며, 케리그마는 인류의 구원을 위한 예언의 성취였다. 예수 그리스도의 성육신과 하늘나라 운동, 십자가 죽음, 부활과 승천, 하나님 우편에 앉으심, 성령님의 강림 등은 물론이고, 회개와 용서, 믿음과 구원 등도 예언자의 케리그마에서 비롯되었는바, 하나님의 지시나 명령과 같은 위엄이 있었다.

하나님께서 세상을 지극히 사랑하여 독생자를 보내주셨고, 예수님은 하나님의 나라가 임하였다는 복음을 선포하시고, 세상을 구원하시기 위해 십자가에 못 박혀 죽으시고, 죽은 사람 가운데서 부활하여 승천하심으로써, 마지막 날 재림하여 세상을 심판하실 것이다. 이를 믿고 받아들이는 사람은 누구나 구원을 얻을 것이다. 이것이 바로 케리그마의 핵심이요, 본질이다.

그러므로 케리그마는 일반적 교리나 설교와 달리, 신적 권위로 구원의 메시지를 선포하는 하나님의 말씀인바, 그대로 믿고 받아들여야 구원을 받는다는 것이다.

'주 예수를 믿으라. 그러면 너와 네 집이 구원을 얻으리라.' (사도행전 16.31)

바울과 실라가 이렇게 케리그마를 선포하였는바, 빌립보 감옥의 교도관과 그 가족이 모두 구원을 받았던 것이다.

하나님의 말씀을 그대로 받아들여야 하나님의 나라가 이루어지며, 주님의 증인으로서 그 길을 걸어갈 수 있다. 동서고금을 막론하고 케리그마에 순종하여 손해 본 사람은 아무도 없다. 케리그마를 사람의 교훈인양 무시하여 실족하는 것이다.

케리그마가 사도들이 신적 권위로 복음을 선포하는 것이라면, 디닥시스는 진리에 대한 하나님의 말씀을 가르치고 일깨워주는 것이다. 그러므로 디닥시스로 케리그마가 완성될 수도 있고, 케리그마로 디닥시스가 완전할 수도 있다. 이는 선후(先後)의 관계가 아니라 내외(內外)의 관계라 할 수 있다.

사실 케리그마는 초대교회 가르침의 핵심이자 대표적인 구호였다. 바울과 실라가 케리그마로 복음을 선포하자, 주님은 그들의 손을 통하여 기적과 표적이 일어나게 하심으로써, 그들의 메시지가 하나님께서 친히 선포하시는 말씀임을 확증시켜 주셨다. 그래서 바울은 가는 곳마다 교회를 세울 수 있었고, 교회는 더욱 흥왕하여 갔다.

이와 같이 사도들의 케리그마는 오늘날 교회를 통하여 계승되고 있다. 교회에서 공적으로 선포되는 말씀은 하나님의 명령으로 여기고 받아들여야 한다. 그렇지 않으면 성령님을 훼방하는 결과를 초래할 수도 있다. 우리가 우리의 영을 회복하기 원한다면 교회의 케리그마에 순종해야 한다.

초대교회 사도들을 비롯하여 숱한 제자들이 주님의 말씀을 지키려고 목숨을 바쳤듯이, 오늘날 우리도 사도들의 케리그마로 계승된 주님의 복음에 목숨을 걸어야 한다. 그래야 그리스도인의 참 의미를 발견할 수 있고, 교회를 통해 하나님의 나라를 든든히 세워나갈 수 있다. 그때 비로소 우리는 주님의 증인으로서 바른 길을 걸어가게 된다.

'때가 찼다. 하나님의 나라가 가까이 왔다. 회개하고 복음을 믿어라.' (마가 1.15)

04. 테라퓨오(θεραπευω) - 의료

테라퓨오(therapeuo)는 치료나 처방(therapy)의 어원이 되는 말이다. 복음서에 따라 '질병 치유하기' '장애 고쳐주기' '귀신 쫓아내기' 등이다. 처음에는 신(神)을 섬기고 이웃을 돌보는 종교적 의미로 사용하였으나, 나중에 질병치유나 장애회복을 일컫는 의학적 용어로 바뀌었다.

치유의 사전적 의미는 병이나 상처를 잘 다스려 낫게 하는 것이다. 무슨 사유로 손상된 기능을 원래대로 회복시키는 일이다. 하지만 성경적 치유는 구속사적 은혜의 표현으로, 육적이고 영적인 회복을 동시에 의미한다.

따라서 치유는 인간의 원형 상태로의 구조회복이 아니라, 더욱 진전된 상태로의 완전한 회복을 말한다. 단순히 어떤 질병의 치료나 무슨 장애를 회복시키는 게 아니라, 그보다 더 높은 단계로 옮겨주는 것이다. 이는 치유를 단순히 신체적 부분에만 국한시키지 않는다는 뜻이다.

여기서 대표적인 신학자들의 치유 정의를 살펴보면 다음과 같다.

1) 영원한 삶으로 이어지는 인격의 완전한 성숙을 저해하는 육체적, 정신적, 영적 속박에서 자유롭게 되는 것이다. (Bernard Martin)

2) 하나님의 능력을 통해 우리 안에 내재한 자연적 치유능력을 저해하는 모든 장애물을 제거하는 것이다. (James D. Van Buskirk)

3) 인간성을 회복시켜 하나님께서 원하시는 모습을 되찾게 하는 것이다. (Evelyn Underhill)

이렇듯 테라퓨오는 하나님의 형상대로 지음받은 사람을 단순히 병이 들기 전의 상태로 돌리는 게 아니라, 모든 삶의 영역에서 온전한 상태로 회복시키는 것을 의미한다. 이는 치유의 원천이 오직 하나님께 있다는 뜻이다.

사실 모든 치유는 창조주이신 하나님을 믿음으로 시작되며, 의사의 투약이나 휴식, 심리요법 등도 하나님의 치유방법 가운데 하나일 뿐이다. 하나님께서 인간의 의술까지 사용하여 환자를 치유하시고 장애를 회복시켜 주신다는 것이다.

주님의 방법에 따라 치유가 필요한 부분은 이러하다.

1) 영적 치유(healing of the spirit)

2) 내적 또는 심리적 치유(inner healing)

3) 귀신 축사와 정신적 치유(healing of the demonized and mentel illness)

4) 육체적 치유(healing of the body)

5) 죽어가는 사람과 죽은 사람 치유(healing of the dying and the dead)

그러므로 질병의 원인을 일반적 요인과 성경적 측면을 통해 살펴볼 때, 모든 질병이 인간의 육체적, 정신적, 영적, 사회적 요인 등으로 나타나고 있음을 알 수 있다. 따라서 치유도 역시 질병의 원인에 맞도록 다양하게 이루어져야 하며, 각 부분에 대한 이해가 전제된 상태에서 치유되어야 한다. 치유를 위한 전제조건은 인간이 하나님의 형상대로 창조된 존재라는 사실을 바로 인식하는 것이다. 이는 치유가 하나님의 형상대로 회복됨을 의미한다.

사실 치유는 인간을 최상의 상태에서 살아가도록 돕는 것을 목표로 하며, 인간의 전인적 건강에 초점을 맞추고 있다. 따라서 인간의 완전하고 건강한 삶과 관련되어 있다. 이러한 치유는 하나님의 나라를 확장하기 위한 주님의 사역일 뿐만 아니라, 그리스도 안에서 온전하기를 바라는 사람들의 성숙 과정이기도 하다.

몰톤 켈시(Morton T. Kelsey)의 조사에 의하면, 복음서의 20% 정도가 예수님의 치유를 다루고 있다. 4복음서의 3,781절 중 468절을 예수님의 치유에 대해 기술하였다. 물론 그 내용의 분량이 많고 적음에 따라 중요도가 좌우되는 것이 아니다. 하지만 복음서 기자들의 시각에서 보면, 예수님의 치유가 우연히 일어난 사건이 아니라는 것이다. 병자치유와 장애회복은 예수님의 5대 운동 가운데 가장 현실적으로 우리에게 다가온다.

그러므로 예수님은 단지 치유가 목적이 아니라, 그들에게 능력으로 임하는 하나님의 나라를 실제 보여줌으로써, 그들의 영혼까지 구원하는 케리그마 사역을 동시에 수행하였다고 볼 수 있다. 오늘날 교회는 예수님의 뜻을 이어받아 치유와 회복의 공동체를 세워나가야 한다.

그리고 예수님의 치유방법은 동일하지 않다는 특징이 있다. 어쩌면 미신 같기도 한 이상한 방법도 포함되어 있다.

1) 손을 내밀어 안수하거나 만짐

2) 말씀과 명령

3) 침과 진흙 사용

4) 기도

5) 당사자의 믿음

6) 당사자나 대리인과의 대화

이와 같이 예수님의 치유방법에는 특정한 절차나 공식이 없다. 어느 때는 초월적 방법을 동원하시고, 어느 때는 의학적 방법을 곁들여 사용하셨다. 영적인 병과 현대의학이 해결할 수 없는 불치의 병이나 만성적 질환도, 예수님은 말씀이나 안수, 기도, 믿음, 침과 흙, 대화 등의 다양한 방법으로 다 치유하셨다.

'주님이 네 모든 죄를 용서하시고, 네 모든 병을 고쳐주신다.' (시편 103.3)

05. 소테리아(σωτηρία) - 구원

소테리아(soteria)는 일차적으로 구원(salvation)을 말한다. 아울러 지킴, 보호, 구제, 안녕, 복지, 건강, 해방 등 다양한 뜻이 있다. 따라서 '생명 살려내기' '목숨 건져주기' '기근 해소하기' 등을 의미한다. 아주 위험하거나 심각한 상태에서 우리를 안전하게 구원하시는 방법이다.

그리스 신화에서 소테리아(Σωτηρία)는 안전, 구원, 해방, 보존을 위한 여신, 또는 그 정신을 말한다. 성경에서 소테리아는 150회 정도 나온다. 신약에는 메시아의 구원, 즉 그리스도인의 현세와 내세의 구원을 모두 포함한다. 구약에는 '예슈아'로 구원, 번영, 승리의 뜻을 가진 예수님의 이름이었다. 이는 '자기 백성을 죄에서 구원할 자'라는 뜻이다. (마태 1.21)

그러므로 소테리아의 근원이신 예수 그리스도를 바로 알고, 제대로 믿어, 풍성히 누리는 사람이 영원한 생명을 맛볼 수 있다. 사실 우리는 믿음으로 구원을 받지만, 그 믿음도 우리에게서 난 것이 아니라 하나님의 선물이다. (에베소서 2.8)

구원은 여러 측면을 가지고 있다. 그 순서나 방식 등에 얽매이지 말아야 한다. 시간적 순서가 아니라 논리적 배열일 뿐이다. 구원의 순서에 대한 여러 견해를 살펴보면 다음과 같다.

1) 보편적 입장 : ①소명 ②회개 ③믿음(영접) ④중생 ⑤칭의(양자) ⑥견인(징계) ⑦성화 ⑧영화(그리스도 재림 시 완성)

2) 루터(Martin Luther) : ①말씀(복음 수용) ②신앙(믿음 생활) ③자각(죄인 인식) ④회개(구원 인식) ⑤칭의(그리스도 영접, 하나님 경외, 자유) ⑥성화(나눔, 섬김, 전도)

3) 칼뱅(John Calvin) : ①예정(작정) ②소명(선택) ③중생(새 생명) ④회심(회개, 믿음, 칭의) ⑤양자(하나님 자녀) ⑥성화(거룩한 생활) ⑦견인(자녀징계) ⑧영화(완전한 상태)

4) 웨슬리(John Wesley) : ①은총(깨우침) ②소명(자유의지) ③회심(회개, 믿음, 칭의) ④중생 ⑤성화(점진적 진행) ⑥성화(타락 가능성)

'이 예수밖에는 다른 아무에게도 구원이 없습니다. 사람에게 주신 이름 가운데 우리가 의지하여 구원 얻을 이름은, 하늘 아래 이 이름밖에 없습니다.' (사도행전 4.12)

글머리에 ··· 4

일러두기 ··· 9

제1편
파레시아($\pi\alpha\rho\rho\eta\sigma\iota\alpha$): 정의

001. 어찌하여 나를 찾으셨습니까? (누가 2.41–52) ··· 33

002. 이것이 하나님의 뜻입니다. (마태 3.13–17, 마가 1.9–11, 누가 3.21–22) ··· 35

003. 하나님만 섬기라고 하였다! (마태 4.1–11, 마가 1.12–13, 누가 4.1–13) ··· 36

004. 내 심판은 공정합니다. (요한 5.19–30) ··· 38

005. 성경이 나를 증언합니다. (요한 5.31–47) ··· 39

006. 마음이 가난한 사람이 행복합니다. (마태 5.1–12, 누가 6.17–23) ··· 42

007. 지금 부요한 자가 불행합니다. (누가 6.24–26) ··· 44

008. 나다. 안심해라. (마태 14.22–36, 마가 6.45–56, 요한 6.16–21) ··· 45

009. 어찌하여 표적을 요구하는가? (마태 16.1–4, 마가 8.11–13) ··· 48

010. 나를 누구라고 생각하느냐? (마태 16.13–20, 마가 8.27–30, 누가 9.18–21) ··· 49

011. 자기를 부인해야 합니다. (마태 16.21–28, 마가 8.31–38, 9.1, 누가 9.22–27) ··· 51

012. 일어나라. 두려워하지 마라. (마태 17.1–13, 마가 9.2–13, 누가 9.28–36) ··· 53

013. 인자는 다시 살아날 것이다. (마태 17.22–23, 마가 9.30–32, 누가 9.44–45) ··· 55

014. 우리의 성전세로 내어라. (마태 17.24–27) ··· 57

015. 작은 자가 큰 사람이다. (마태 18.1–5, 마가 9.33–37, 누가 9.46–48) ··· 58

016. 막지 말고 허락하라. (마가 9.38–41, 누가 9.49–50) ··· 60

017. 서로 화목하게 지내라. (마태 18.6–9, 마가 9.42–50, 누가 17.1–2) ··· 61

018. 작은 자를 무시하지 마라. (마태 18.10-14) ··· 63

019. 단둘이 만나 잘 타일러라. (마태 18.15-20) ··· 64

020. 회개하거든 용서하라. (마태 18.21-35, 누가 17.3-4) ··· 65

021. 사람을 구원하러 왔다. (누가 9.51-56) ··· 67

022. 하나님의 나라를 전파하라. (마태 8.18-22, 누가 9.57-62) ··· 69

023. 아직 때가 되지 않았다. (요한 7.2-10) ··· 70

024. 마리아는 좋은 편을 택했다. (누가 10.38-42) ··· 72

025. 3일을 땅속에서 보낼 것입니다. (마태 12.38-42, 누가 11.29-32) ··· 73

026. 눈은 몸의 등불입니다. (마태 6.22-23, 누가 11.33-36) ··· 74

027. 진심으로 자선하십시오. (누가 11.37-54) ··· 75

028. 그들의 위선을 경계하라. (누가 12.1-12) ··· 78

029. 너희도 준비하고 있어라. (마태 24.45-51, 누가 12.35-48) ··· 81

030. 세상에 불을 지르러 왔다. (누가 12.49-53) ··· 82

031. 왜 시대는 분별하지 못합니까? (누가 12.54-57) ··· 83

032. 아예 나무를 베어버려라. (누가 13.6-9) ··· 84

033. 내 길을 가야 합니다. (누가 13.31-33) ··· 87

034. 나와 아버지는 하나입니다. (요한 10.22-42) ··· 88

035. 여러분 가운데 있습니다. (누가 17.20-21) ··· 90

036. 아이들을 막지 마라. (마태 19.13-15, 마가 10.13-16, 누가 18.15-17) ··· 91

037. 십자가에 달아 죽일 것이다. (마태 20.17-19, 마가 10.32-34, 누가 18.31-34) ··· 92

038. 이것을 당장 걷어치우시오. (마태 21.12-17, 마가 11.15-19, 누가 19.45-48, 요한 2.13-25) ··· 94

039. 요한의 세례가 어디서 왔습니까? (마태 21.23-27, 마가 11.27-33, 누가 20.1-8) ··· 97

040. 그들의 행실은 본받지 마라. (마태 23.1-36, 마가 12.38-40, 누가 20.45-47) ··· 98

041. 생활비 전부를 드렸다. (마가 12.41-44, 누가 21.1-4) ··· 102

042. 인자가 영광을 받게 되었다. (마태 26.21-25, 마가 14.18-21, 누가 22.21-23, 요한 13.18-32) ··· 103

043. 내 평화를 주는 것이다. (요한 14.27-31) ··· 106

044. 내가 세상을 이겼다! (요한 16.25-33) ··· 108

045. 아버지의 뜻대로 하십시오. (마태 26.36-46, 마가 14.32-42, 누가 22.39-46) ··· 109

046. 보라! 내가 속히 오겠다. (요한계시록 22.12-17, 20-21) ··· 111

제2편
디닥시스(διδαξις): 교육

047. 다시 태어나야 합니다. (요한 3.1–21) ⋯ 117

048. 어찌 슬퍼하며 금식하겠습니까? (마태 9.14–17, 마가 2.18–22, 누가 5.33–39) ⋯ 120

049. 인자는 안식일의 주인입니다. (마태 12.1–8, 마가 2.23–28, 누가 6.1–5) ⋯ 121

050. 여러분은 세상의 소금입니다. (마태 5.13–16) ⋯ 123

051. 율법을 완성하러 왔습니다. (마태 5.17–20) ⋯ 124

052. 도중에 얼른 화해하십시오. (마태 5.21–26, 누가 12.58–59) ⋯ 125

053. 마음으로 간음한 것입니다. (마태 5.27–30) ⋯ 127

054. 간음하게 하는 것입니다. (마태 5.31–32, 누가 16.18) ⋯ 127

055. 아무것도 맹세하지 마십시오. (마태 5.33–37) ⋯ 128

056. 악한 자에게 맞서지 마십시오. (마태 5.38–42, 누가 6.29–30) ⋯ 130

057. 여러분의 원수를 사랑하십시오. (마태 5.43–48, 누가 6.27–28, 32–36) ⋯ 131

058. 여러분의 자선을 숨겨두십시오. (마태 6.1–4) ⋯ 133

059. 빈말을 되풀이하지 마십시오. (마태 6.5–8) ⋯ 135

060. 남의 잘못을 용서하십시오. (마태 6.14–15) ⋯ 136

061. 은밀하게 금식하십시오. (마태 6.16–18) ⋯ 137

062. 재물을 하늘에 쌓아두십시오. (마태 6.19–21) ⋯ 138

063. 두 주인을 함께 섬기지 못합니다. (마태 6.24–27) ⋯ 139

064. 내일 일은 내일에 맡기십시오. (마태 6.28–34) ⋯ 140

065. 비판하지 마십시오. (마태 7.1–5, 누가 6.37–42) ⋯ 141

066. 진주를 돼지에게 던지지 마십시오. (마태 7.6) ⋯ 143

067. 먼저 남을 대접하십시오. (마태 7.12, 누가 6.31) ⋯ 144

068. 좁은 문으로 들어가십시오. (마태 7.13–14) ⋯ 145

069. 땅에 씨앗을 뿌려놓았습니다. (마가 4.26–29) ⋯ 146

070. 추수 때까지 내버려 두어라. (마태 13.24–30, 36–43) ⋯ 147

071. 겨자씨 같습니다. (마태 13.31–32, 마가 4.30–32, 누가 13.18–19) ⋯ 149

072. 누룩과 같습니다. (마태 13.33, 누가 13.20–21) ⋯ 150

073. 보물과 같습니다. (마태 13.44) ⋯ 150

074. 상인과 같습니다. (마태 13.45–46) ⋯ 151

075. 그물과 같습니다. (마태 13.47-53) ⋯ 152

076. 사람의 교훈을 조심하라. (마태 16.5-12, 마가 8.14-21) ⋯ 153

077. 공정하게 판단하십시오. (요한 7.11-24) ⋯ 155

078. 그분이 나를 보내셨습니다. (요한 7.25-36) ⋯ 157

079. 내게 와서 마십시오. (요한 7.37-44) ⋯ 159

080. 누가 선한 이웃입니까? (누가 10.25-37) ⋯ 161

081. 너희는 이렇게 기도하라. (마태 6.9-13, 누가 11.1-4) ⋯ 163

082. 구하라! 받을 것이다. (마태 7.7-11, 누가 11.5-13) ⋯ 164

083. 하나님의 말씀을 지켜라. (마태 12.43-45, 누가 11.24-26) ⋯ 166

084. 구원의 문은 좁습니다. (누가 13.22-30) ⋯ 167

085. 나는 선한 목자입니다. (요한 10.1-21) ⋯ 169

086. 상석에 앉지 마십시오. (누가 14.7-11) ⋯ 171

087. 소외된 이웃을 초대하십시오. (누가 14.12-24) ⋯ 174

088. 십자가를 져야 합니다. (누가 14.25-35) ⋯ 175

089. 재물을 섬길 수 없다. (누가 16.1-13) ⋯ 177

090. 율법과 예언자는 마감되었습니다. (누가 16.14-17) ⋯ 179

091. 기도하고 낙심하지 마라. (누가 18.1-8) ⋯ 180

092. 낮추는 사람이 높아집니다. (누가 18.9-14) ⋯ 182

093. 둘이 아니라 한 몸입니다. (마태 19.1-12, 마가 10.1-12) ⋯ 183

094. 이 돈으로 장사하라. (누가 19.11-27) ⋯ 185

095. 하나님을 믿어라. (마태 21.18-22, 마가 11.12-14, 11.20-26) ⋯ 188

096. 세리와 창녀는 믿었습니다. (마태 21.28-32) ⋯ 190

097. 포도원 밖에서 죽었습니다. (마태 21.33-46, 마가 12.1-12, 누가 20.9-19) ⋯ 192

098. 선택받은 사람은 적습니다. (마태 22.1-14) ⋯ 194

099. 돈을 가져와 보이십시오. (마태 22.15-22, 마가 12.13-17, 누가 20.20-26) ⋯ 196

100. 하늘의 천사와 같습니다. (마태 22.23-33, 마가 12.18-27, 누가 20.27-40) ⋯ 198

101. 하나님은 유일하신 분입니다. (마태 22.34-40, 마가 12.28-34) ⋯ 201

102. 그는 누구의 자손입니까? (마태 22.41-46, 마가 12.35-37, 누가 20.41-44) ⋯ 203

103. 이제 너희를 친구라 부르겠다. (요한 15.12-17) ⋯ 204

제3편
케리그마(κηρυγμα): 전도

104. 하나님의 어린양이시다! (요한 1.35–42) ⋯ 209

105. 나를 따라오너라. (요한 1.43–51) ⋯ 210

106. 내게 물 좀 주시겠습니까? (요한 4.1–42) ⋯ 212

107. 회개하고 복음을 믿어라! (마태 4.12–17, 마가 1.14–15, 누가 4.14–15, 요한 4.43–45) ⋯ 216

108. 은혜의 해를 선포하셨다. (누가 4.16–30) ⋯ 217

109. 이제부터 사람을 낚을 것이다. (마태 4.18–22, 마가 1.16–20, 누가 5.1–11) ⋯ 219

110. 복음을 전해야 한다. (마태 4.23–25, 마가 1.35–39, 누가 4.42–44) ⋯ 222

111. 죄인을 회개시키러 왔습니다. (마태 9.9–13, 마가 2.13–17, 누가 5.27–32) ⋯ 223

112. 권세와 능력을 주셨다. (마태 10.1–4, 마가 3.13–19, 누가 6.12–16) ⋯ 224

113. 거짓 예언자를 조심하십시오. (마태 7.15–20, 누가 6.43–44) ⋯ 226

114. 누가 어머니고 형제입니까? (마태 12.46–50, 마가 3.31–35, 누가 8.19–21) ⋯ 227

115. 밭에 씨를 뿌렸습니다. (마태 13.1–23, 마가 4.1–20, 누가 8.4–15) ⋯ 228

116. 그 빛이 비치게 합니다. (마가 4.21–25, 누가 8.16–18) ⋯ 231

117. 일꾼을 보내 달라고 청하라. (마태 9.35–38) ⋯ 232

118. 하나님의 나라가 가까이 왔습니다! (마태 10.5–16, 마가 6.7–11, 누가 9.1–5) ⋯ 234

119. 그들을 두려워하지 마라. (마태 10.17–26) ⋯ 236

120. 자기 십자가를 져라. (마태 10.27–39) ⋯ 238

121. 반드시 그 상을 받을 것이다. (마태 10.40–42, 11.1, 마가 6.12–13, 누가 9.6) ⋯ 240

122. 내가 생명의 양식입니다. (요한 6.22–59) ⋯ 241

123. 생명을 주는 것은 영이다. (요한 6.60–71, 7.1) ⋯ 245

124. 나는 세상의 빛입니다. (요한 8.12–20) ⋯ 248

125. 자, 이제 가거라. (마태 11.20–24, 누가 10.1–16) ⋯ 250

126. 내가 너희에게 권세를 주었다. (마태 11.25–27, 누가 10.17–24) ⋯ 252

127. 내가 잃은 양을 찾았습니다! (누가 15.1–7) ⋯ 253

128. 내가 잃은 은전을 찾았습니다! (누가 15.8–10) ⋯ 255

129. 내 아들은 죽었다가 살아났다! (누가 15.11–32) ⋯ 256

130. 노아의 때와 같을 것이다. (누가 17.22–37) ⋯ 259

131. 내 포도원에 들어가 일하십시오. (마태 20.1–16) ⋯ 261

132. 인자도 섬기러 왔다. (마태 20.20-28, 마가 10.35-45) ··· 263

133. 이 집에 구원이 이르렀습니다. (누가 19.1-10) ··· 265

134. 내 장례를 준비한 것이다. (마태 26.6-13, 마가 14.3-9, 요한 11.55-57, 12.1-11) ··· 267

135. 돌들이 소리칠 것입니다. (마태 21.1-11, 마가 11.1-11, 누가 19.28-44, 요한 12.12-19) ··· 269

136. 빛의 자녀가 되십시오. (요한 12.20-36) ··· 273

137. 나를 보지 못할 것이다. (마태 23.37-39, 누가 13.34-35) ··· 276

138. 나는 빛으로 세상에 왔습니다. (요한 12.37-50) ··· 277

139. 너는 착하고 신실한 종이다. (마태 25.14-30) ··· 279

140. 그들을 갈라놓을 것이다. (마태 25.31-46) ··· 281

141. 이 잔을 나눠 마셔라. (마태 26.26-30, 마가 14.22-26, 누가 22.17-20) ··· 284

142. 너희도 서로 사랑하라. (요한 13.33-35) ··· 285

143. 만민에게 복음을 전파하라. (마태 28.16-20, 마가 16.15-18, 누가 24.44-49) ··· 287

144. 하나님의 우편에 앉으셨다. (마가 16.19-20, 누가 24.50-53) ··· 288

제4편
테라퓨오(θεραπευω): 의료

145. 그대의 아들은 살 것입니다. (요한 4.46-54) ··· 293

146. 닥치고, 그 사람에게서 나가라! (마가 1.21-28, 누가 4.31-37) ··· 294

147. 우리의 질고를 짊어지셨다. (마태 8.14-17, 마가 1.29-34, 누가 4.38-41) ··· 296

148. 깨끗함을 받으십시오! (마태 8.1-4, 마가 1.40-45, 누가 5.12-16) ··· 297

149. 그대의 죄가 용서되었습니다. (마태 9.1-8, 마가 2.1-12, 누가 5.17-26) ··· 299

150. 자리를 걷어들고 걸어가십시오! (요한 5.1-18) ··· 300

151. 손을 쭉 내밀어 펴십시오! (마태 12.9-14, 마가 3.1-6, 누가 6.6-11) ··· 302

152. 나를 세상에 드러내지 마라! (마태 12.15-21, 마가 3.7-12) ··· 305

153. 나는 너희를 알지 못한다. (마태 7.21-29, 누가 6.46-49) ··· 306

154. 내가 가서 고쳐주겠습니다. (마태 8.5-13, 누가 7.1-10) ··· 307

155. 내가 네게 말하니, 일어나라! (누가 7.11-17) ··· 310

156. 요한이 그 엘리야입니다. (마태 11.2-19, 누가 7.18-35) ··· 311

157. 그것은 영원한 죄입니다. (마태 12.22-32, 마가 3.20-30, 누가 11.14-23) ··· 314

158. 좋은 나무를 기르십시오. (마태 12.33-37, 누가 6.45) ··· 317

159. 고요해라! 잔잔해라! (마태 8.23-27, 마가 4.35-41, 누가 8.22-25) ··· 318

160. 네 이름이 무엇이냐? (마태 8.28-34, 마가 5.1-20, 누가 8.26-39) ··· 320

161. 이제 안심하고 기운을 내십시오. (마태 9.18-22, 마가 5.21-34, 누가 8.40-48) ··· 323

162. 달리다 쿰! (마태 9.23-26, 마가 5.35-43, 누가 8.49-56) ··· 325

163. 그 믿음대로 되십시오. (마태 9.27-34) ··· 327

164. 고향에서는 존경받지 못합니다. (마태 13.54-58, 마가 6.1-6) ··· 329

165. 그들은 눈먼 인도자다. (마태 15.1-20, 마가 7.1-23) ··· 330

166. 그대의 믿음이 장합니다. (마태 15.21-28, 마가 7.24-30) ··· 333

167. 에바다! (마가 7.31-37) ··· 335

168. 오, 위대한 의사여! (마태 15.29-31) ··· 337

169. 무엇이 좀 보입니까? (마가 8.22-26) ··· 338

170. 아, 믿음 없는 세대여! (마태 17.14-21, 마가 9.14-29, 누가 9.37-43) ··· 340

171. 그대가 인자를 믿습니까? (요한 9.1-41) ··· 344

172. 그대가 병마에서 해방되었습니다! (누가 13.10-17) ··· 349

173. 안식일에 병을 고쳐도 됩니까? (누가 14.1-6) ··· 350

174. 나는 부활이요, 생명이다. (요한 11.1-46) ··· 352

175. 제사장에게 가서 몸을 보이십시오! (누가 17.11-19) ··· 357

176. 이제 눈을 뜨고 밝히 보십시오. (마태 20.29-34, 마가 10.46-52, 누가 18.35-43) ··· 358

177. 내가 직접 섬김의 본을 보였다. (요한 13.2-17) ··· 360

178. 나는 섬기는 자로 너희 중에 있다. (누가 22.24-30) ··· 362

179. 내가 길이요, 진리요, 생명이다. (요한 14.1-14) ··· 363

180. 나는 포도나무요, 너희는 가지다. (요한 15.1-11) ··· 366

181. 그들은 까닭 없이 나를 미워하였다. (요한 15.18-27, 16.1-4) ··· 367

182. 내가 보혜사를 보내겠다. (요한 16.5-15) ··· 369

183. 너희 기쁨이 충만할 것이다. (요한 16.16-24) ··· 371

184. 그렇게도 믿기 어렵습니까? (마가 16.12-13, 누가 24.13-35) ··· 373

제5편
소테리아(σωτηρια): 구원

185. 항아리에 물을 채우십시오. (요한 2.1-12) ··· 379

186. 내 멍에를 메고 배우십시오. (마태 11.28-30) ··· 380

187. 모든 죄가 용서되었습니다. (누가 7.36-50) ··· 382

188. 너희가 먹을 것을 주어라. (마태 14.13-21, 마가 6.30-44, 누가 9.10-17, 요한 6.1-15) ··· 384

189. 너희에게 떡이 얼마나 있느냐? (마태 15.32-39, 마가 8.1-10) ··· 387

190. 죄 없는 사람이 돌을 던지십시오. (요한 8.1-11) ··· 389

191. 나는 위에서 났습니다. (요한 8.21-30) ··· 390

192. 진리가 자유롭게 할 것입니다. (요한 8.31-59) ··· 393

193. 먼저 하나님의 나라를 구하라. (누가 12.13-34) ··· 396

194. 회개하지 않으면 망할 것입니다. (누가 13.1-5) ··· 399

195. 거지도 죽고 부자도 죽었다. (누가 16.19-31) ··· 400

196. 우리는 무익한 종입니다. (누가 17.5-10) ··· 402

197. 그대의 재산을 나눠주십시오. (마태 19.16-30, 마가 10.17-31, 누가 18.18-30) ··· 404

198. 저 돌들이 다 무너질 것이다. (마태 24.1-28, 마가 13.1-23, 누가 21.5-24) ··· 406

199. 무화과나무에서 교훈을 배워라. (마태 24.29-44, 마가 13.24-37, 누가 21.25-38) ··· 410

200. 나는 여러분을 알지 못합니다. (마태 25.1-13) ··· 413

201. 유월절 음식을 준비하라. (마태 26.17-19, 마가 14.12-16, 누가 22.7-13) ··· 415

202. 유월절 음식 먹기를 원하였다. (마태 26.20, 마가 14.17, 누가 22.14-16, 요한 13.1) ··· 416

203. 너희가 다 나를 버릴 것이다. (마태 26.31-35, 마가 14.27-31, 누가 22.31-38, 요한 13.36-38) ··· 417

204. 다른 보혜사를 보내실 것이다. (요한 14.15-26) ··· 419

205. 아버지! 이제 때가 되었습니다. (요한 17.1-26) ··· 421

206. 내가 바로 그 사람입니다. (마태 26.47-56, 마가 14.43-52, 누가 22.47-53, 요한 18.1-11) ··· 425

207. 나는 드러내 놓고 말했습니다. (요한 18.12-14, 19-24) ··· 428

208. 그렇다고 당신이 말했습니다. (마태 26.57-68, 마가 14.53-65) ··· 429

209. 그렇다고 여러분이 말했습니다. (마태 27.1-2, 마가 15.1, 누가 22.63-71) ··· 431

210. 나는 진리를 위해 태어났습니다. (마태 27.11-14, 마가 15.2-5, 누가 23.1-7, 요한 18.28-38) ··· 433

211. 예수님은 일체 대답지 않으셨다. (누가 23.8-12) ··· 436

212. 유대인의 죄가 더 큽니다. (마태 27.15-26, 마가 15.6-15, 누가 23.13-25, 요한 18.39-40, 19.4-16) ··· 437

213. 여러분의 자녀를 위해 우세요. (마태 27.32-34, 마가 15.21-23, 누가 23.26-32, 요한 19.17) ⋯ 443

214. 엘리 엘리 라마 사박다니? (마태 27.35-50, 마가 15.24-37, 누가 23.33-46, 요한 19.18-30) ⋯ 445

215. 성전의 휘장이 찢어졌다. (마태 27.51-56, 마가 15.38-41, 누가 23.47-49) ⋯ 449

216. 창으로 옆구리를 찔렀다. (요한 19.31-37) ⋯ 451

217. 정성껏 장례를 치렀다. (마태 27.57-61, 마가 15.42-47, 누가 23.50-56, 요한 19.38-42) ⋯ 453

218. 돌을 봉인하고 경비병을 세웠다. (마태 27.62-66) ⋯ 455

219. 이레의 첫날 동틀 무렵이었다. (마태 28.1-8, 마가 16.1-8, 누가 24.1-11, 요한 20.1) ⋯ 456

220. 제자들은 실의에 빠져 있었다. (누가 24.12, 요한 20.2-10) ⋯ 458

221. 자매여, 어찌하여 울고 있습니까? (마태 28.9-10, 마가 16.9-11, 요한 20.11-18) ⋯ 460

222. 혼절한 경비병들이 깨어났다. (마태 28.11-15) ⋯ 463

223. 너희에게 평화가 있기를! (누가 24.36-43, 요한 20.19-23) ⋯ 464

224. 너는 나를 보아야 믿느냐? (마가 16.14, 요한 20.24-29) ⋯ 466

225. 그물을 배 오른편에 던져라. (요한 21.1-14) ⋯ 468

226. 네가 나를 사랑하느냐? (요한 21.15-23) ⋯ 470

편집 후기 ⋯ 473

제목 찾아보기 ⋯ 475

부제 찾아보기 ⋯ 485

제1편

파레시아

παρρησία

— 정의 —

산 너머 남촌에는

박재란(가수 1965년)

산 너머 남촌에는 누가 살길래
해마다 봄바람이 남으로 오네
아 꽃피는 사월이면 진달래 향기
밀 익는 오월이면 보리 내음새
어느 것 한 가진들 실어 안 오리
남촌서 남풍 불 때 나는 좋대나.

산 너머 남촌에는 누가 살길래
저 하늘 저 빛깔이 그리 고울까
아 금잔디 넓은 벌엔 호랑나비 떼
버들 가 실개천엔 종달새 노래
어느 것 한 가진들 실어 안 오리
남촌서 남풍 불 때 나는 좋대나.

001. 어찌하여 나를 찾으셨습니까?

(누가 2.41-52)

예수의 부모는 유월절을 지키러 해마다 예루살렘에 갔다. 예수가 12세 때도 관례에 따라 올라갔다. 절기가 끝나고 모두 집으로 돌아갈 때, 예수는 예루살렘에 그대로 남아있었다. 아들이 일행 중에 당연히 끼어있으려니 생각하고, 예수의 부모는 하룻길을 갔다.

그리고 친척과 친지들 가운데서 찾았으나 보이지 않았다. 이리저리 찾아 헤매며 예루살렘까지 되돌아갔다. 3일 뒤 성전 뜰에 있는 예수를 찾았다. 예수가 학자들 사이에 앉아 듣기도 하고 묻기도 하였다. 예수의 말을 듣는 사람마다 그 지혜와 답변에 경탄하여 마지 않았다. 예수의 부모도 그 모습을 보고 놀랐다.

예수의 어머니가 말하였다. "애야, 어찌하여 이리하였느냐? 네 아버지와 내가 얼마나 애를 태우며 너를 찾았는지 아느냐?"

예수가 대답하였다. "어찌하여 나를 찾으셨습니까? 내가 내 아버지의 집에(일에 관여하고) 있어야 할 줄을 모르셨습니까?"

그러나 예수의 부모는 그 말뜻을 이해하지 못하였다. 그리고 예수는 나사렛으로 돌아가 부모에게 순종하며 살았다. 마리아는 이 모든 일을 마음속 깊이 간직하여 두었다. 예수는 지혜와 키가 자라며 하나님과 사람들 앞에서 더욱 총애를 받았다.

〈소년 예수〉

유대인의 명절을 맞아 예수가 10세 때도 예루살렘에 올라가 제사장과 대화를 나누었다.

예수 : 무슨 이유로 짐승과 새를 이처럼 잔인하게 죽입니까?

제사장 : 우리의 속죄를 위해 하나님께서 그렇게 정하신 거란다.

예수 : 하나님께서 언제 그리 정하셨습니까? 다윗은 속죄를 위한 희생이 필요치 않으며, 짐승을 잡아 태우는 자체가 오히려 죄가 된다고 하였습니다. 예언자 이사야도 똑같이 말했습니다.

제사장 : 애야, 네가 제사장보다 율법을 더 많이 아느냐?

그리고 예수는 유대 최고의 교법사를 찾아가 말하였다.

예수 : 선생님, 저기서 들려오는 양과 비둘기의 울음소리가 들리지 않습니까? 피를 흘리고 살을 태우는 끔찍한 제사를 하나님께서 원하실 리가 없습니다. 우리는 사랑의 하나님을 찾아야 합니다.

교법사 : 그래, 그 사랑의 하나님을 우리가 함께 찾아보자꾸나.

예수 : 하나님께서는 언제 어디서나 계신다고 하셨습니다. 악한 생각을 떨쳐버리면 우리 마음속에도 모실 수 있다고 봅니다.

교법사 : 이 아이는 하나님께서 보내신 예언자가 틀림없구나!

이후 예수는 1년간 성전에 머물며 유대인의 율법과 교훈을 모두 배웠다.

당시 유대인은 10세부터 율법을 해석한 미쉬나[13]를 배웠고, 13세에 율법의 아들로 살아갈 규례와 법도를 익혔다. 지금도 유대인은 아들이 12세가 되면 통곡의 벽에 데리고 가서 성인식을 거행한다.

---

13 유대교의 경전은 토라, 미쉬나, 게마라, 탈무드, 미드라쉬, 할라카, 아가다로 7개 있다. 이들 가운데 율법서인 토라(모세오경)를 해석한 것이 미쉬나(mishnah, 반복)다. 농사, 축제, 결혼, 민사와 형사, 희생제, 정결법 등 모두 6권이다.

002. 이것이 하나님의 뜻입니다.

(마태 3.13-17, 마가 1.9-11, 누가 3.21-22)

예수님이 침례를 받기 위해 갈릴리에서 요단강으로 요한을 찾아오셨다. 모든 백성이 침례를 받을 때 예수님도 나아가셨다.

요한이 극구 사양하며 말하였다. "제가 도리어 선생님께 침례를 받아야 할 터인데, 선생님께서 제게 오셨습니까?"

예수님이 대답하셨다. "지금은 내 말대로 하십시오. 이것이 하나님의 뜻입니다."

그제야 요한이 허락하고 침례를 베풀었다. 예수님이 침례를 받고 기도하시자, 하늘이 홀연히 열리며 성령이 비둘기 같은 모습으로 예수님 위에 내려오셨다.

그때 하늘에서 소리가 들려왔다. "이는 내 사랑하는 아들이요, 내가 기뻐하는 그 아들이다."

〈침례〉

침례(浸禮)는 죄를 씻는 의식으로 죽음과 부활을 상징한다. 예수 그리스도를 구주로 믿고 침례를 받음으로써, 옛사람은 죽고 새사람으로 다시 태어난다는 의미가 있다. 하지만 침례가 구원의 조건은 아니며, 죄를 용서하는 수단도 아니다. 죄를 씻고 깨끗하게 되었다는 선포식이다.

예수님이 인간의 육신을 입고 침례를 받음으로써, 회개의 침례가 필요한 우리와 동질화되셨다. 죄인을 구원하시기 위해 율법의 저주를 홀로 감당하시고, 우리의 죄를 대속하시기 위해 죽음과 부활의 전조를 보이셨다. 세례(洗禮)는 침례의 약식이다.

003. 하나님만 섬기라고 하였다!

(마태 4.1-11, 마가 1.12-13, 누가 4.1-13)

예수님이 성령으로 충만하여 요단강에서 돌아오셨다. 그리고 성령에 이끌려 광야로 나가 마귀에게 시험을 받으셨다. 황량한 들판에서 들짐승과 함께 지내시며 밤낮 40일을 금식하고 기도하셨다. 그동안 아무것도 드시지를 않아 매우 허기지고 지치셨다.

그때 시험하는 자가 다가와 예수님을 꾀었다. "당신이 하나님의 아들이라면, 이 돌들에게 명하여 떡이 되라고 해보시오."

예수님이 대답하셨다. "성경에 사람이 떡으로만 사는 것이 아니라, 하나님의 입에서 나오는 말씀으로 산다고 하였소." (신명기 8.3)

그러자 마귀가 예수님을 이끌고 거룩한 성으로 가서, 성전 꼭대기에 세우고 부추겼다. "당신이 하나님의 아들이라면, 여기서 뛰어내려 보시오. 성경에 이른 대로 하나님께서 당신을 위해 천사들에게 명하실 것이고, 천사들은 손으로 당신을 떠받쳐 당신의 발이 돌에 부딪히지 않게 할 것이오." (시편 91.11-12)

예수님이 대답하셨다. "주 너의 하나님을 시험하지 말라는 말씀도 성경에 있소." (신명기 6.16)

그러자 마귀가 예수님을 이끌고 높은 산꼭대기로 가서, 순식간에 세상 모든 나라의 영광을 보여주며 꼬드겼다. "당신이 내 앞에 엎드려 절하면, 이 모든 나라의 권세와 영광을 당신에게 다 주겠소. 이는 내게 넘어온 것이니, 내가 원하는 사람에게 줄 수 있소."

예수님이 말씀하셨다. "사탄아, 물러가라! 성경에 주 너의 하나님 께 경배하고, 그분만 섬기라고 하였다!" (신명기 6.13)

그러자 마귀는 떠나고, 천사들이 와서 예수님께 시중을 들었다. 모 든 시험을 마친 마귀가 다음 기회를 노리며 잠시 떠나갔던 것이다.

〈시험〉

시험(試驗)은 악령의 함정이요, 마귀의 올가미다. 이 모양 저 모양 으로 성도를 미혹하여 실족시킨다. 성경에 나타난 시험은 사탄의 유혹만이 아니다. 하나님께서 선의로 사용하시는 연단이나 훈련도 있고, 자질이나 믿음을 가늠하는 성령님의 테스트도 있다.

그러나 사탄은 오로지 하나님의 말씀을 거역하고, 그분의 영광을 가리기 위해 발악한다. 사람의 인격을 파괴하고, 하나님과의 관계 를 단절시킨다. 어떻게 하든지 성도를 악의 축에 세워 하나님의 선 의를 무산시키려고 애쓴다.

그러므로 무턱대고 사탄과 맞서면 성도가 밀릴 수밖에 없다. 사 탄을 제압할 영적 무기를 갖춰야 한다. 이른바 하나님의 전신갑주 로 무장하고, 예수 그리스도의 이름으로 단호히 나아가야 한다. 그 래야 승리할 수 있다.

어느 때는 정말 목숨을 걸고 싸워야 하며, 금식과 기도가 필요할 수도 있다. 사탄은 단지 영적 존재인 반면, 사람은 영과 육을 동시에 가지고 있는바, 여러모로 제약이 따를 수밖에 없다. 이른바 육신적 고통과 정신적 혼란, 영적 갈등 등이 핸디캡으로 다가올 수 있다.

2000년 전에 예수님을 시험한 마귀가 지금도 똑같은 방법으로 성 도를 미혹한다. 첫째는 물질 시험이고, 둘째는 믿음 시험이며, 셋째 는 권세 시험이다. 이는 세상이 추구하는 공통적 관심사로서 아무

도 쉽게 거절할 수 없다. 늘 깨어서 기도하라는 주님의 말씀을 붙잡
고 살지 않으면, 누구나 순간적으로 넘어갈 수밖에 없는 고도의 시
험이다.

004. 내 심판은 공정합니다.

(요한 5.19-30)

예수님이 말씀하셨다. "내가 분명히 말합니다. 아들은 아버지께서
하시는 일을 보고 그대로 할 뿐입니다. 아무것도 마음대로 할 수 없
습니다. 아버지의 일이 무엇이든지 아들은 그대로 할 따름입니다.
아버지께서 아들을 사랑하여 친히 하시는 일을 아들에게 모두 보여
주십니다. 또한 이보다 더 큰일도 보이시고, 여러분을 놀라게 하실
것입니다.

아버지께서 죽은 사람을 일으켜 다시 살리시듯, 아들도 살리고
싶은 사람을 살릴 것입니다. 아버지께서는 친히 아무도 심판하시지
않고, 그 권한을 아들에게 모두 맡기셨습니다. 모든 사람이 아버지
를 공경하듯, 아들도 공경하게 하려는 것입니다. 아들을 공경하지
않는 사람은 아들을 보내신 아버지도 공경하지 않습니다.

내가 분명히 말합니다. 누구든지 내 말을 듣고 나를 보내신 분을
믿는 사람은 영생을 얻었습니다. 그는 심판을 받지 않을 뿐만 아니
라, 죽음에서 벗어나 이미 생명으로 옮겨졌습니다. 내가 다시 말합
니다. 죽은 사람이 아들의 음성을 들을 때가 오는데, 그 음성을 듣
는 사람은 살 것입니다. 지금이 바로 그때입니다. 아버지께서 생명
의 근원이신 것처럼, 아들도 생명의 근원이 되게 하셨습니다.

또 아버지께서 아들에게 심판하는 권한을 주셨습니다. 아들이 그리스도이기 때문입니다. 이 말에 놀라지 마십시오. 죽은 사람이 아들의 음성을 듣고 무덤에서 나올 때가 오는데, 그때 선한 일을 한 사람은 부활하여 생명의 나라에 들어가고, 악한 일을 한 사람은 부활하여 심판을 받을 것입니다.

나는 아무것도 내 마음대로 할 수 없고, 아버지께서 하라는 대로 심판할 따름입니다. 그러므로 내 심판은 공정합니다. 내 뜻대로 하지 않고, 나를 보내신 분의 뜻대로 심판하기 때문입니다."

〈삼강오륜(三綱五倫)〉

君爲臣綱(군위신강) 임금은 신하의 본보기가 되어야 한다.
父爲子綱(부위자강) 아버지는 자식의 본보기가 되어야 한다.
夫爲婦綱(부위부강) 남편은 아내의 본보기가 되어야 한다.
父子有親(부자유친) 부모와 자식 사이에는 사랑(仁)이 있어야 한다.
君臣有義(군신유의) 임금과 신하 사이에는 의리(義)가 있어야 한다.
夫婦有別(부부유별) 남편과 아내 사이에는 예의(禮)가 있어야 한다.
長幼有序(장유유서) 어른과 아이 사이에는 질서(知)가 있어야 한다.
朋友有信(붕우유신) 친구와 친구 사이에는 믿음(信)이 있어야 한다.

005. 성경이 나를 증언합니다.

(요한 5.31-47)

예수님이 말씀하셨다. "내가 나 자신을 위해 증언한다면, 그 증언은 참되지 못합니다. 나를 위해 증언하시는 분이 따로 계십니다. 나는 그 증언이 참되다는 것을 압니다. 여러분이 세례 요한에게 사람을 보냈을 때, 그가 이 진리에 대해 증언하였습니다. 내가 사람의 증언이 필요해서가 아니라, 여러분의 구원을 위해 이 말을 합니다.

요한은 환하게 타오르는 등불이었습니다. 여러분은 한때 그 빛을 보고 기뻐하였습니다. 그런데 내게는 요한의 증언보다 더 큰 증언이 있습니다. 아버지께서 완성하라고 내게 맡기신 일, 곧 지금 내가 하고 있는 이 일들이, 바로 아버지께서 나를 보내셨다는 것을 증언합니다.

그리고 나를 보내신 아버지께서도 친히 나를 증언하십니다. 여러분은 그 음성을 들은 적도 없고, 그 모습을 본 일도 없습니다. 또 아버지의 말씀이 여러분 속에 머물러 있지도 않습니다. 아버지께서 보내신 나를 여러분이 믿지 않기 때문입니다.

여러분은 성경에서 영원한 생명을 얻을 줄 알고 열심히 연구하고 있습니다. 그 성경이 바로 나를 증언하고 있다는 사실도 모르면서 말입니다. 그래서 여러분이 내게 와서 생명을 얻으려고 하지 않습니다. 나는 사람에게서 영광을 받으려고 하지 않습니다. 하나님을 사랑하는 마음이 여러분 안에 없다는 사실을 내가 잘 알고 있기 때문입니다.

내가 내 아버지의 이름으로 왔어도 나를 영접하지 않으면서, 다른 엉뚱한 사람이 자기 이름을 내세우고 오면 여러분이 그를 맞아들일 것입니다. 여러분은 여러분끼리 서로 영광을 주고받으면서, 정작 유일하신 하나님께서 주시는 영광은 바라지 않으니, 어떻게 나를 믿을 수 있겠습니까?

그렇다고 해서 내가 여러분을 걸어 아버지께 고소할 것이라고 생각지는 마십시오. 여러분을 고소할 사람은 오히려 여러분이 소망을 두고 있는 모세입니다. 여러분이 정말 모세를 믿었다면, 나도 믿었을 것입니다. 모세의 기록이 바로 나에 관한 것이기 때문입니다. 그러나 여러분이 모세의 글도 믿지 않으니, 어떻게 내 말을 믿겠습니까?"

〈성경의 증언〉

예수님은 자신이 그리스도라는 사실을 세례 요한이 와서 증언하였고, 그보다 더 큰 증언은 지금 자신이 하고 있는 이 일들이며, 자신을 세상에 보내신 아버지께서도 친히 증언하신다고 하였다. 그리고 성경이 영원한 생명을 주는 자신을 증언하며, 모세의 글도 자신을 위해 기록되었다고 하셨다.

사실 예수님은 하나님을 아버지라 불렀으며, 하나님께서도 예수님을 사랑하는 아들이라고 하셨다. 하지만 하나님께서는 영원히 유일하신바, 누구를 낳으실 수도 없고 누구에 의해 태어나실 수도 없다. 그러므로 하나님과 예수님의 관계는 결혼과 출산으로 맺어지는 생물학적 부자(父子)가 아니라, 본질적으로 속성과 관련이 있다. 이는 예수님이 태어나시기 750년 전에, 이미 예언자를 통해서 선포되었다.

'한 아기가 태어났으니, 우리에게 주신 아들이다. 그가 우리의 통치자가 되실 것이니, 그 이름은 위대한 스승, 전능하신 하나님, 영원히 계시는 아버지, 평화의 왕이라 하리라.' (이사야 9.6)

006. 마음이 가난한 사람이 행복합니다.

(마태 5.1–12, 누가 6.17–23)

예수님이 산에서 내려와 평지에 서셨다. 거기 다른 제자들도 많았고, 온 유대와 예루살렘과 바닷가 두로와 시돈에서 수많은 사람들이 예수님의 말씀도 듣고 병도 고치기 위해 와 있었다. 더러운 귀신이 들려 괴로움을 당하는 사람들도 있었다. 예수님이 큰 권세와 능력으로 그들을 모두 고쳐주셨다.

그러자 사람들은 저마다 예수님을 만지려고 하였다. 그 무리를 보시고, 예수님이 산기슭에 올라가 앉으셨다. 제자들이 곁으로 다가와 앉았다. 예수님이 눈을 들어 주위를 둘러보시고, 입을 열어 가르치기 시작하셨다.

"마음이 가난한 사람이 행복합니다. 하나님의 나라가 그들의 것입니다.

슬퍼하고 우는 사람이 행복합니다. 그들이 위로를 받고 웃을 것입니다.

마음이 온유한 사람이 행복합니다. 그들이 땅을 차지할 것입니다.

의에 주리고 목마른 사람이 행복합니다. 그들이 만족할 것입니다.

자비를 베푸는 사람이 행복합니다. 그들이 자비를 입을 것입니다.

마음이 깨끗한 사람이 행복합니다. 그들이 하나님을 볼 것입니다.

평화를 이루는 사람이 행복합니다. 그들이 하나님의 자녀라 불릴 것입니다.

의를 위해 핍박을 받는 사람이 행복합니다. 하나님의 나라가 그들의 것입니다.

여러분이 나로 인해 미움을 사고, 모욕을 당하고, 박해를 받고, 터무니없는 거짓말로 누명을 쓰고, 온갖 비난과 배척을 받으면 행복합니다. 오히려 기뻐하고 즐거워하십시오. 하늘에서 받을 상이 클 것입니다. 그 조상들도 예언자에게 그리 대하였고, 모든 예언자가 여러분에 앞서 똑같은 핍박을 받았습니다."

〈행복한 사람〉

지상에서 가장 큰 부자 크로이소스[14] 왕이 솔론[15]에게 물었다. "당신은 이 세상에서 가장 행복한 사람이 누구라고 생각하는가?"

솔론은 지극히 평범하게 살다가 죽은 몇 사람을 지목하였다. 그러자 왕이 크게 분노하여 솔론을 자기 왕국에서 내쫓았다.

그때 솔론이 왕에게 말하였다. "자신의 삶을 마칠 때까지는 어느 누구도 행복하다고 말할 수 없습니다."

그 후 크로이소스 왕은 매우 불행하게 인생을 마쳤다.

또 철권 통치자 디오니시오스[16]가 플라톤[17]에게 물었다. "당신은 이 세상에서 가장 행복한 사람이 누구라고 생각하는가?"

플라톤이 대답하였다. "소크라테스[18]가 가장 행복한 사람이었습니다."

그는 플라톤이 아첨하기 위해 자기를 지목할 줄로 알았다가 크게 분노하여 말하였다. "지금 하늘에 떠 있는 저 태양이 사라지기 전에

---

14 크로이소스(Croesus, BC 560~546년 재위)는 리디아의 마지막 왕으로 엄청난 부자였다.
15 솔론(Solon, BC 638~558년)은 고대 그리스의 7현인 가운데 하나로 정치가, 입법자, 시인이었다.
16 디오니시오스(Dionysios, BC 430~367년)는 시칠리아 시라쿠사의 군주였다.
17 플라톤(Platon, BC 428~348년)은 그리스 철학자로, 소크라테스의 제자이자 아리스토텔레스의 스승이었다.
18 소크라테스(Socrates, BC 470~399년)는 고대 그리스의 대철학자였다.

내 나라를 떠나라!"

철학자 플라톤과 현인 솔론이 지목한 행복한 사람은, 디오니시오스와 같은 철권 통치자도 아니고, 크로이소스와 같은 큰 부자도 아니었다.

007. 지금 부요한 자가 불행합니다.

(누가 6.24-26)

예수님이 말씀하셨다. "지금 부요한 자가 불행합니다. 그들은 이미 위로를 받았습니다.

지금 배불리 먹고 지내는 자가 불행합니다. 그들은 굶주리게 될 것입니다.

지금 웃고 지내는 자가 불행합니다. 그들은 슬퍼하며 울게 될 것입니다.

모든 사람에게 칭찬을 받는 자가 불행합니다. 그 조상들도 거짓 예언자를 그리 대했습니다."

〈불행한 사람〉

사무엘상 25장에 나발과 아비가일 부부 이야기가 나온다. 나발은 부자로서 성질이 완고하고 행실이 악했으나, 아비가일은 지혜롭고 용모도 아름다웠다. 부자로서 겸손하면 오죽이나 좋겠는가마는, 실상은 오만한 경우가 대부분이다.

요즘 가진 자의 갑질 논란이 끊이지 않고 사회적 이슈가 되는 것도, 나발과 같은 부자가 세상에 많다는 증거다. 그들의 특징은 자기

보다 높은 사람에게는 약하고, 자기보다 낮은 사람에게는 강하다는
것이다.

나발은 큰 부자가 되기까지 자기도 모르게 악하고 완고하게 되었
을 것이다. 그래서 도망자 신세인 다윗의 사정을 헤아리지 못하고
무시했을 수도 있다. 하지만 그에 따른 대가는 너무나 혹독하였는
바, 아무도 돌이킬 수 없는 죽음이었다.

오늘날 자본주의 사회에서 살다가 보면 누구나 나발과 같은 사람
이 되기 쉽다. 실로 나발은 자기를 위해서는 왕처럼 잔치를 베풀며
먹고 마셨으나, 정작 자기 주위의 어려운 이웃은 외면하고 무시하였
는바, 하나님의 심판을 자초하게 되었다.

그러나 그의 아내 아비가일은 현숙한 여인으로서, 남편의 부정직
함을 솔직하게 인정하고 용서를 구했던바, 자신은 물론이고 수많은
식솔들의 목숨까지 구할 수가 있었다.

008. 나다. 안심해라.

(마태 14.22–36, 마가 6.45–56, 요한 6.16–21)

예수님이 제자들을 재촉하여 먼저 벳새다 항구에 가 있으라고 하
셨다. 그리고 무리를 헤쳐 보내시고 따로 기도하시기 위해 산으로
올라가셨다. 날이 저물어 어두워졌으나 예수님은 제자들에게 돌아
오시지 않았다. 밤에 제자들이 호수로 내려가 배를 타고 가버나움
으로 건너가기 시작하였다.

예수님은 여전히 육지에 홀로 계셨고, 제자들이 탄 배는 10리[19]쯤 나아가 호수 한가운데 있었다. 그때 세찬 바람이 거슬러 불어 제자들은 풍랑에 시달리며 노를 젓느라 애를 먹었다. 그 모습을 보시고, 예수님이 밤 4경[20]쯤에 호수 위를 걸어 제자들에게 다가오셨다. 그런데 그들 곁을 그냥 슬쩍 지나가려고 하셨다.

제자들이 보고 겁에 질려 비명을 질렀다. "유령이다!"

예수님이 얼른 말씀하셨다. "나다, 안심해라. 두려워하지 마라."

베드로가 소리쳤다. "주여, 정말 주님이시면 저더러 물 위를 걸어오라고 하십시오."

예수님이 대답하셨다. "그래, 오너라."

베드로가 예수님을 바라보고 배에서 내려 물 위를 걷기 시작하였다. 그런데 거센 파도가 밀려오는 것을 보고 그만 겁이 덜컥 났다. 그 순간 물에 빠져들기 시작하였다.

베드로가 소리쳤다. "주님, 살려주십시오!"

예수님이 바로 손을 내밀어 베드로를 붙잡으며 말씀하셨다. "믿음이 적은 사람아, 왜 의심을 하였느냐?"

그리고 배에 오르시자 바람은 이내 잔잔해졌다. 제자들이 예수님 앞에 엎드려 절하며 말하였다. "주님은 참으로 하나님의 아들이십니다!"

제자들은 마음이 무뎌 예수님이 떡을 떼어 먹이신 일도 벌써 잊고 있었다. 그사이에 배는 어느덧 그들이 가려는 곳 가까이 이르러

---

19 10리(里)는 25~30스타디온(stadion)으로 4.5~5.5㎞쯤 되었다. 1스타디온은 400규빗으로 182m다. 다소 먼 거리를 재는 단위는 밀리온(million)이고, 1밀리온은 3,200규빗으로 1,460m쯤 되었다.
20 4경(四更)은 로마식 구분법에 따라서, 전날 저녁 6시부터 다음날 아침 6시까지 12시간을 3시간씩 4등분한 4번째 시간으로, 새벽 3시에서 6시까지를 말한다.

있었다. 그들이 게네사렛 땅에 배를 대고 닻을 내렸다. 예수님이 배에서 내리시자 그곳 사람들이 금방 알아보았다.

그들이 온 지역을 뛰어다니며 알리자, 사람들이 병자를 침상에 누인 채 짊어지고 나오기 시작하였다. 도시나 농촌이나 예수님이 어디를 가시든지, 그곳 사람들이 온갖 병자를 아고라[21]에 데려다 놓고, 예수님의 옷자락이라도 만질 수 있게 해 달라고 간청하였다. 그리고 예수님의 옷에 손을 댄 사람들은 무슨 병에 걸렸든지 다 깨끗이 나았다.

〈기도와 응답〉

제2차 세계대전 때의 일이다. 프랑스가 독일에게 패하자 영국군 29만 명이 도버해협을 건너 원정을 갔다. 그러나 전세가 불리하여 다시 도버해협으로 회군하게 되었다. 그때 히틀러가 베를린에서 도망하는 영국군을 전멸시키라고 명령하였다.

그 말을 듣고, 영국 왕 조지 6세가 전 국민에게 기도를 요청하였다. "어떻게 하든지 영국군을 구해달라고 하나님께 기도합시다."

그래서 온 국민이 한마음으로 간절히 기도하게 되었다. 그때 참으로 놀라운 일이 일어났다. 그날 독일군 진영에서 큰 폭풍우가 일어나 비행기도 뜰 수 없었고, 너무 많은 비가 내려 탱크도 움직일 수 없었다. 하지만 도버해협은 바람 한 점 없이 잔잔하고 고요하였는바, 29만 대군이 무사히 영국으로 귀환할 수 있었다.

---

21 아고라(agora)는 마을 어귀에 있는 광장을 말한다. 이곳을 중심으로 시장과 공공기관이 형성되었으며, 교제와 예술 공간, 법정 등으로 다양하게 사용되었다.

009. 어찌하여 표적을 요구하는가?

(마태 16.1-4, 마가 8.11-13)

바리새인과 사두개인들이 와서 예수님을 시험하였다. "하나님께서 당신을 보내셨다는 표적을 보여주십시오."

그 저의를 아시고, 예수님이 깊이 탄식하시며 말씀하셨다. "어찌하여 이 세대가 표적을 요구하는가? 내가 분명히 말합니다. 이 세대는 아무 표적도 받지 못할 것입니다.

여러분은 저녁에 하늘이 붉은 것을 보고, 내일은 날씨가 좋겠다고 합니다. 또 아침에 하늘이 붉은 것을 보고, 오늘은 날씨가 궂겠다고 합니다. 이렇듯 하늘의 징조는 분별할 줄 알면서, 어찌하여 시대의 징조는 분별하지 못합니까? 악하고 음란한 이 세대가 표적을 구하나, 요나[22]의 표적밖에는 아무것도 받지 못할 것입니다."

그리고 예수님은 그들을 떠나서, 다시 배를 타고 호수 건너편으로 가셨다.

〈요나〉

요나(Jonah)는 BC 8세기 북이스라엘 예언자다. 니느웨(아시리아 수도)에 가서 회개를 선포하라는 하나님의 명령을 거역하고, 다시스(스페인)로 가는 배를 탔다가 풍랑을 만났으며, 바다에 던져져 물고기 배 속에서 3일간 회개하였다. 그때 물고기가 요나를 해변에 토해내었고, 요나는 니느웨로 가서 하나님의 심판을 선포하였다. 그래

22　요나가 3일 동안 큰 물고기 배 속에 있었던 것처럼, 나도 3일 동안 땅속에 있을 것이다. (마태 12.40)

서 결국은 니느웨 사람들이 회개하여 구원을 받았다.

그런데 오늘날 천문학의 발달로 BC 763년 6월 15일에 개기일식이 발생한 사실을 드러났는바, 그것이 니느웨 사람들이 요나의 선포를 하나님의 뜻으로 받아들일 수밖에 없는 표적이 되었다. 이와 같이 하나님께서는 자연환경이나 재해, 상해나 질병, 사건이나 사고 등도, 사람들의 구원을 위해 유효적절하게 사용하신다.

010. 나를 누구라고 생각하느냐?

(마태 16.13–20, 마가 8.27–30, 누가 9.18–21)

예수님이 가이사랴 빌립보[23] 지방의 여러 마을로 가셨다. 하루는 따로 기도하시다가 제자들에게 물으셨다. "사람들이 인자를 누구라고 하더냐?"

제자들이 대답하였다. "어떤 사람은 세례 요한, 어떤 사람은 엘리야, 어떤 사람은 예레미야나 다른 예언자 가운데 한 분이 살아났다고 합니다."

예수님이 다시 물으셨다. "그러면 너희는 나를 누구라고 생각하느냐?"

시몬 베드로가 대답하였다. "주님은 그리스도시요, 살아계신 하나님의 아들이십니다."

예수님이 말씀하셨다. "요나의 아들 시몬아, 네가 복이 있다. 이를

---

23 가이사랴 빌립보(Caesarea Philippi)는 요단강 발원지 3개 중 하나인 바니아스샘이 있는 헤르몬산 서남쪽 기슭의 아름답고 조용한 마을로, 갈릴리호수 북쪽 40㎞쯤에 있었다. 지중해 연안의 항구도시 가이사랴는 다른 곳이다.

알게 하신 분은 사람이 아니라 하늘에 계신 내 아버지시다. 내가 말한다. 너는 베드로[24]다. 내가 이 반석 위에 내 교회를 세울 터이니, 지옥[25]의 문들(음부의 권세, 죽음의 세력)도 이기지 못할 것이다. 또 내가 네게 하늘나라의 열쇠를 주겠다. 네가 무엇이든지 땅에서 매면 하늘에서도 매일 것이요, 땅에서 풀면 하늘에서도 풀릴 것이다."

그리고 제자들에게 단단히 이르셨다. "내가 그리스도라는 사실을 아무에게도 말하지 마라."

『천국의 열쇠』 - A. J. Cronin(영국의 소설가이자 의사, 1896~1981)

1942년 제2차 세계대전이 한창일 때 출간된 책이다. 6개월 만에 60만 부가 팔리는 등 10년 이상 베스트셀러가 되었고, 1944년 영화로 제작되었다. 프랜시스 치섬 신부의 회고담으로 시작하며, 그의 일생을 통해 참다운 인간상을 제시하고 있다. 그리스도인의 여부를 떠나 모든 사람이 공감하는 부분은 인내와 청빈, 용기 있는 삶이다.

소설 전반에 걸쳐 하나님과 사람 앞에서 끊임없이 베푸는 신부의 뜨거운 사랑이 도드라지게 나타난다. 그는 지역에서 인정받는 성실하고 충성된 사제였으나, 교회라는 조직하에서 인정을 받지 못하고, 결국은 이단으로 정죄되었다.

이 책을 통하여 저자 크로닌은 나라와 민족, 종교와 사상 등이 다

---

24 베드로(Peter)의 그리스어 페트로스(petros)는 '돌멩이'를, 반석(磐石)의 그리스어 페트라(petra)는 넓고 평평한 '너럭바위'를 말한다. 그러나 아람어 게바(cephas)는 이 둘을 구분하지 않는다.

25 지옥(地獄, hell)의 그리스어 하데스(hades)는 죽은 자가 머무는 음침한 지하세계 곧 음부를 말하며, 히브리어 스올(sheol)에서 유래되었다. 한편 그리스어 게헨나(gehenna)는 힌놈의 골짜기를 말하는데, 히브리어 게 힌놈(ge hinnom)에서 왔으며, 암몬족의 신 몰록(moloch)에게 어린아이를 희생 제물로 불태워 바치던 예루살렘 남서쪽의 계곡이었다.

르다고 서로 반목하거나 대립하고 갈등할 것이 아니라, 온 인류가 그리스도의 사랑으로 화해하고 연합하여 하나 되는 평화의 길을 제시하고 있다.

베드로는 '주님은 그리스도시요, 살아계신 하나님의 아들이십니다.'라는 이 한마디 고백으로 천국의 열쇠를 받았다. 주님은 지금도 똑같은 신앙고백으로 우리에게 천국의 열쇠를 주신다. 하지만 베드로의 고백이 믿음이요, 그 믿음이 사랑의 열매로 세상에 드러난다는 사실을 아는 사람은 별로 없다.

사실 말과 행동, 믿음과 실천은 손바닥과 손등의 관계와 같다. 손등 없는 손바닥도 없고, 손바닥 없는 손등도 없다. 그리스도 안에서 사랑을 실천하지 않는 사람의 신앙고백은 허구이며, 행함이 없는 믿음도 헛것이다. 그에게 지옥의 문들을 깨뜨릴 권세를 주실 리가 만무하다.

011. 자기를 부인해야 합니다.

(마태 16.21-28, 마가 8.31-38, 9.1, 누가 9.22-27)

예수님이 제자들에게 비로소 자신의 수난을 밝히기 시작하셨다. "내가 예루살렘에 올라가 장로와 대제사장과 율법학자들에게 많은 고난을 받고, 죽임을 당했다가 3일 만에 다시 살아날 것이다."

예수님이 터놓고 이 말씀을 하시자, 베드로가 예수님을 붙잡고 거칠게 항의하였다. "주님, 무슨 말씀을 그렇게 하십니까? 절대로 그럴 수 없습니다. 그런 일이 있어서는 결코 안 됩니다."

예수님이 제자들을 둘러보시고, 베드로를 크게 꾸짖으셨다. "사탄아, 내 뒤로 썩 물러가라! 너는 내게 걸림돌이다. 네가 하나님의 일은 생각지 않고 사람의 일만 생각하고 있다!"

그리고 제자들과 무리를 함께 불러 말씀하셨다. "누구든지 나를 따르려면, 자기를 부인하고 날마다 자기 십자가를 져야 합니다. 자기 목숨을 구하려고 하면 잃을 것이요, 나와 복음을 위해 자기 목숨을 버리려고 하면 얻을 것입니다.

사람이 온 세상을 얻고도 자기 목숨을 잃으면 그게 무슨 소용이 있습니까? 자기 목숨을 무엇과 바꾸겠습니까? 음란하고 죄 많은 이 세대에서 누구든지 나와 내 말을 부끄럽게 여기면, 인자도 아버지의 영광에 휩싸여 거룩한 천사들을 거느리고 올 때 그를 부끄럽게 여길 것입니다. 그때 각자가 행한 대로 갚아줄 것입니다.

내가 분명히 말합니다. 여기 서 있는 사람들 중에는 죽지 않고 살아서 하나님의 나라가 권능으로 임하는 것과 인자가 자기·왕권을 가지고 오는 것을 볼 사람도 있습니다."

〈인자 예수〉

예수님은 처녀의 몸을 빌려 외양간에서 태어나 여물통에 눕혀졌다. 8일 만에 할례를 받고 성전에 올라가 하나님께 바쳐졌다. 어린 몸에 생명의 위협을 받고 이집트로 피난을 떠났다. 일찍 아버지를 여의고 가업을 이어받아 목수가 되었다. 가난하게 살면서 어머니와 동생들을 부양하였다.

하나님의 종으로서 아무도 지킬 수 없는 율법에 스스로 복종하였다. 창조주로서 피조물에게 모욕을 받고, 수많은 사람들 앞에서 조롱과 수치를 당하였다. 자기 제자에게 배신을 당하고, 동족의 시기로 십자가형을 받았다. 끔찍할 정도로 채찍을 맞았으며, 가시관을 쓰고 십자가에 못 박혀 죽었다. 죽은 후에도 창으로 옆구리가 찔렸으며, 인간의 무덤에 매장되어 죽음의 권세에 굴복하였다.

그러나 예수님은 3일 만에 부활하여 그리스도로 확증되셨고, 40일 동안 지상에 계시다가 승천하셨다. 그리고 하나님의 우편에 앉으셨고, 때가 되면 이 땅에 재림하여 만왕의 왕으로, 만주의 주로 드러나실 것이다.

012. 일어나라. 두려워하지 마라.

(마태 17.1–13, 마가 9.2–13, 누가 9.28–36)

예수님이 베드로와 야고보, 요한을 데리고 높은 산[26]에 올라가셨다. 거기서 기도하시다가 갑자기 모습이 변하셨다. 얼굴은 해같이 빛났고 옷은 눈같이 하얘졌다.[27] 세상의 어떤 빨래꾼도 그보다 더 희게 할 수 없을 정도로 아주 새하얗고 눈부시게 빛이 났다.

그때 난데없이 모세와 엘리야가 나타나 예수님과 대화를 나눴다. 머지않아 예루살렘에서 돌아가실 예수님에 대한 이야기였다. 제자들이 졸다가 깨어나 영광에 휩싸인 예수님과 두 사람이 함께 서 있는 것을 보았다.

그리고 모세와 엘리야가 떠나려고 하자 베드로가 엉겁결에 말하였다. "주님, 우리가 여기서 지내는 것이 좋겠습니다. 괜찮으시다면

---

26 이스라엘 북쪽에 위치한 다볼(Tabor)산으로 짐작된다. 해발 588m 고지대에 우뚝 솟아 있어 경관이 수려하고, 지금도 찾는 사람이 많다.
27 우리가 다 너울을 벗은 얼굴로 거울을 보듯 주님의 영광을 바라보며, 주님과 같은 모습으로 변화하여 영광에서 영광에 이르게 됩니다. 이는 영이신 주께서 하시는 일입니다. (고린도후서 3.18)

제가 초막 3개를 지어 하나는 주님께, 하나는 모세님께, 하나는 엘리야님께 드리겠습니다.”

제자들이 잔뜩 겁에 질려 있었는바, 무슨 말을 하는지도 모르고 베드로가 그렇게 말했던 것이다. 그 말이 끝나기도 전에 빛나는 구름이 홀연히 내려와 그들을 덮었다. 구름에 휩싸이자 제자들은 더욱 겁에 질렸다.

그때 구름 속에서 소리가 들려왔다. “이는 내가 사랑하고 내가 기뻐하는 그 아들이다. 내가 그를 뽑아 세웠으니 너희는 그의 말을 들어라!”

이 소리를 듣고, 제자들은 더욱 위축되어 얼굴을 땅에 대고 납작이 엎드렸다. 그러자 예수님이 다가와 그들을 어루만지며 말씀하셨다. “일어나라. 두려워하지 마라.”

제자들이 눈을 들어보니, 예수님 외에 아무도 보이지 않았다. 예수님이 하산하시며 제자들에게 단단히 이르셨다. “인자가 죽었다가 다시 살아날 때까지 지금 본 것을 아무에게도 말하지 마라.”

제자들은 그 말씀을 마음에 새겨두었으나, 죽었다가 다시 살아난다는 말씀이 무슨 뜻인지 몰라 서로 의논하여 물었다. “그런데 어찌하여 율법학자들은 엘리야가 먼저 와야 한다고 합니까?”

예수님이 대답하셨다. “과연 엘리야가 먼저 와서 모든 것을 회복시킬 것이다. 하지만 인자가 많은 고난과 멸시를 받을 것이라고 성경에 기록된 까닭이 어디 있겠느냐? 내가 분명히 말한다. 사실은 엘리야가 이미 왔다. 그런데 성경에 기록된 대로 사람들이 그를 함부로 대하였다. 이처럼 인자도 그들의 손에 넘어가 고난을 당할 것이다.”

그제야 제자들은 예수님이 말씀하신 사람이 세례 요한임을 깨달았다. 그리고 그들은 침묵을 지키고, 그들이 본 것을 얼마 동안 아무에게도 말하지 않았다.

〈다볼산〉

예수님은 돌아가시기 40일 전에 베드로와 야고보, 요한을 데리고 다볼산에 올라가 기도하셨다. 그때 모세와 엘리야가 나타나 예수님의 죽음에 대한 이야기를 나누었다. 예수님의 옷은 부활을 예고하듯 하얗게 빛이 났으며, 얼굴은 해와 같이 눈부셨다. 예수님의 공생애에서 정점이라 할 수 있는 거룩한 변모가 이루어지는 순간이었다.

이는 예수님이 자신의 죽음과 영광의 부활을 제자들에게 미리 보여주신 사건이었다. 예수님은 길이요, 진리요, 생명이시다. 우리를 영원한 하나님의 나라로 이끌어주신다. 그래서 하나님께서 말씀하셨다. '너희는 그의 말을 들어라!'

지상에서 죽음을 맛본 모세는 마지막 날 무덤에서 잠자다가 부활할 성도들을 상징하고, 살아서 하늘로 승천한 엘리야는 신령한 몸으로 변화될 성도들을 상징한다. 따라서 모세는 부활할 성도들의 대표자요, 엘리야는 변화될 성도들의 대표자다.

013. 인자는 다시 살아날 것이다.

(마태 17.22-23, 마가 9.30-32, 누가 9.44-45)

예수님의 일행이 갈릴리 지방을 지나가게 되었다. 그때 예수님은 사람들에게 알려지기를 원치 않으셨다. 제자들에게 따로 가르치는 것이 있었기 때문이다.

제자들이 갈릴리에 있을 때 예수님이 말씀하셨다. "너희는 이 말을 귀담아들어라. 인자가 곧 배반을 당해 사람들의 손에 넘겨질 것이고, 그들은 인자를 나무에 달아 죽일 것이다.[28] 그러나 인자는 3일 만에 다시 살아날 것이다."

제자들은 매우 슬퍼하면서도 그 말이 무슨 뜻인지 깨닫지 못하였다. 그 뜻이 숨겨져 있어서 알아들을 수도 없었고, 두려워서 감히 물어볼 수도 없었다.

〈소크라테스〉

그리스 철학자 소크라테스의 외모는 볼품이 없었다. 훌랑 벗겨진 이마, 툭 튀어나온 눈, 뭉텅한 코, 두툼한 입술, 작달막한 키, 불룩 솟아난 배, 어기적거리는 걸음걸이, 그야말로 사도 바울을 연상케 하는 인물이다. 하지만 신체는 건강하여 3번의 페르시아 전쟁에 참가하여 용맹을 떨쳤다.

그는 신을 모독하고 청년들을 타락시킨다는 불경죄로 사형선고를 받았다. 아테네를 떠나라는 권유도 받았지만, 철학자로서 목숨보다 귀한 신념과 가치를 지키기 위해 스스로 독배를 마셨다. 어쩌면 죽지 않을 수도 있었지만, 자신이 할 말은 다 하고 떳떳하게 죽음을 맞이하였다. 그가 목숨을 버리면서도 지키고 싶었던 것은, 바로 철학자로서의 양심, 곧 '정의'였다.

그는 침착하고 차분하게 독배를 마신 후, 반듯이 누워서 담담하게 죽음을 맞았다. 그때 얼굴을 가린 수건을 벗기고 마지막으로 제자들에게 말하였다. "내가 친구에게 닭 한 마리를 빚진 것이 있으니

---

28 율법에 의하면 거의 모든 것이 피로 깨끗하게 되며, 피 흘림이 없으면 죄 용서도 없습니다. (히브리서 9.22)

꼭 갚아주게."

소크라테스는 '너 자신을 알라!'고 부르짖으며, 사회의 정의와 시민의 양심을 회복하려고 애쓰다가 결국은 죽음을 맞이하였다. 그는 정의를 부르짖고, 정의를 실천하다가, 정의를 위해 스스로 목숨을 버린 대철학자였다.

오직 정의로운 사회를 구현하기 위해 자신의 목숨을 초개와 같이 버린 철학자 소크라테스의 모습에서, 우리는 죄로 물든 세상을 구원하기 위해 스스로 십자가를 지고 돌아가신 구세주 예수 그리스도의 모습을 엿볼 수 있다.

014. 우리의 성전세로 내어라.

(마태 17.24–27)

예수님의 일행이 가버나움에 도착하였다. 성전세 반 세겔[29]을 받는 사람이 와서 베드로에게 물었다. "당신네 선생님은 성전세[30]를 바치지 않습니까?"

베드로가 선뜻 대답하였다. "내십니다."

그리고 집에 들어가자 예수님이 먼저 말씀을 꺼내셨다. "시몬아, 너는 어떻게 생각하느냐? 세상 왕들이 관세나 인두세를 누구한테

---

29 세겔(shekel)은 무게 단위로 11.42g쯤 되었으나, 나중에 화폐 단위(노동자의 4일 품삯)로 바뀌었다. 당시 1/2세겔과 1세겔의 은전이 있었으며, '이스라엘 세겔'이란 글이 새겨져 있었다. 당시 유대 화폐는 세겔 외에 게라(gerah, 1/20세겔), 베가(beka, 1/2세겔), 므나(minah, 1/60달란트), 달란트(talent, 노동자의 6천 일 품삯) 등이 있었다.

30 인구조사를 받는 사람은 누구나 성소의 세겔로 반 세겔을 내야 한다. 한 세겔은 20게라다. 이 반 세겔은 주님께 올리는 예물이다. (출애굽기 30.13)

서 받느냐? 자기 자녀냐, 다른 사람이냐?"

"다른 사람입니다."

"그러면 자녀는 세금을 내지 않아도 되지만, 우리가 그들의 감정을 상하게 해서는 안 된다. 너는 호수에 가서 낚시를 던져라. 맨 먼저 잡히는 고기의 입을 벌리면 그 속에 은전 하나가 들어 있을 것이다. 그것을 가져다가 우리의 성전세로 내어라."

〈세금〉

2018년부터 한국 종교인도 세금을 내야 한다. 목회자도 사회 구성원으로 당연한 일이지만, 일부는 여전히 반대하고 있다. 종교인의 생활비에 대하여 세금을 내야 하느냐, 내지 않아도 되느냐의 문제는 오래전부터 논란이 있었다. 그동안 자발적으로 세금을 내는 사람도 있었고, 기를 쓰고 반대하는 사람도 있었다.

그러나 예수님의 생각은 달랐다. 종교인은 물론이고 종교단체도 자발적으로 세금을 내야 한다는 것이다. 그래서 바리새인들이 납세 문제로 시험할 때, 황제의 것은 황제에게, 하나님의 것은 하나님께 바치라고 하셨다.

015. 작은 자가 큰 사람이다.

(마태 18.1–5, 마가 9.33–37, 누가 9.46–48)

예수님이 가버나움의 집에 들어가 물으셨다. "너희가 오는 길에서 무슨 일로 다투었느냐?"

제자들은 아무 대답도 하지 못하였다. 누가 가장 큰 사람[31]인가로 서로 다투었기 때문이다.

그들이 다가와 아무 일도 없는 것처럼 넌지시 물었다. "하늘나라에서는 누가 가장 큰 사람입니까?"

그 속내를 아시고, 예수님이 자리에 앉으시며 12제자를 불러 말씀하셨다. "누구든지 으뜸이 되려는 사람은 꼴찌가 되어야 하고, 모든 사람을 섬기는 종이 되어야 한다. 너희 중에 가장 작은 자가 가장 큰 사람이다."

그리고 어린이[32] 하나를 불러 그들 가운데 세웠다가 껴안으며 말씀하셨다. "누구든지 내 이름으로 이런 어린이 하나를 영접하면 나를 영접하는 것이요, 누구든지 나를 영접하면 나를 보내신 분을 영접하는 것이다. 내가 분명히 말한다. 너희가 돌이켜 이 어린이와 같이 되지 않으면, 결코 하늘나라에 들어가지 못한다. 그러므로 하늘나라에서 가장 큰 사람은, 자기를 낮추어 이 어린이처럼 되는 사람이다."

〈어린이〉

오랜 가뭄으로 농작물이 말라 죽어가고 있었다. 타들어가는 논밭을 바라보는 농부들의 마음도 함께 타들어갔다. 고심 끝에 마을 사람들이 모여 기도회를 열기로 하였다. 그날 밤 어린이 하나가 우산을 들고 나왔다.

어떤 사람이 물었다. "얘야, 우산은 왜 들고 나왔니?"

---

31 사람이 교만하면 낮아지고, 겸손하면 존경을 받는다. (잠언 29.23)
32 어린이(child)는 그리스어 파이디온(paidion)으로, 6살에서 7살 정도의 아이를 말한다.

어린이가 대답하였다. "우리가 기도하면 하나님께서 비를 내려주실 거잖아요? 아저씨는 비 맞고 집에 가실 거예요?"

그런데 기도회를 마치고 문을 나설 때, 정말 거짓말같이 하늘에서 비가 쏟아지기 시작하였다. 교만은 사람의 생각을 지배하며 그를 옴짝달싹 못 하게 휘어잡는다. 교만한 자는 교만한 자를 극도로 싫어하나, 겸손한 자는 겸손한 자를 매우 좋아한다.

016. 막지 말고 허락하라.

(마가 9.38-41, 누가 9.49-50)

요한이 말하였다. "선생님, 어떤 사람이 선생님의 이름으로 귀신을 쫓아내는 것을 우리가 보았습니다. 그런데 그는 우리를 따르지 않는 사람이었습니다. 그래서 우리가 그 일을 하지 못하게 막았습니다."

예수님이 말씀하셨다. "막지 말고 허락하라. 내 이름으로 기적을 행하고 바로 나를 욕할 사람은 아무도 없다. 우리를 반대하지 않는 사람은 우리를 위하는 사람이다. 내가 분명히 말한다. 너희를 그리스도인이라는 이유로 물 한잔이라도 주는 사람은, 반드시 그 상을 받을 것이다."

〈스승과 제자〉

나는 스승들에게 많은 것을 배웠다. 그리고 내가 벗 삼은 친구들에게 더 많은 것을 배웠다. 그러나 내 제자들에게는 훨씬 더 많은 것을 배웠다. (탈무드)

스승은 스스로 진리를 낳아야 하며, 진리의 친구가 되어야 한다. 무엇보다도 지혜의 친구로 불려야 한다. 스승과 제자는 서로에게 기쁨을 주며, 서로를 변신시키는 관계가 되어야 한다. 스승이 무서운 심판자가 되어서는 참다운 제자를 얻을 수 없다. 신(神)도 그렇게 해서 얻을 것은 공포에 떨고 있는 신자들뿐이다. (니체)

017. 서로 화목하게 지내라.

(마태 18.6-9, 마가 9.42-50, 누가 17.1-2)

예수님이 말씀하셨다. "나를 믿는 이 작은 자들 가운데 하나라도 죄짓게 하는 사람은, 차라리 연자 맷돌[33]을 목에 달고 깊은 바다에 잠기는 편이 더 낫다. 사람을 죄짓게 하는 세상은 정말 불행하다. 범죄의 유혹이 없을 수는 없으나, 남을 죄짓게 하는 걸림돌 사람은 정말 불행하다. 남을 죄짓게 할 뿐만 아니라 자기도 죄짓기 때문이다.

만일 네 손이 너를 죄짓게 하거든 잘라버려라. 두 손을 가지고 영원히 불타는 지옥[34]에 들어가는 것보다, 한 손으로 영원한 생명을 누리는 하늘나라에 들어가는 편이 더 낫다.

만일 네 발이 너를 죄짓게 하거든 잘라버려라. 두 발을 가지고 영원히 불타는 지옥에 들어가는 것보다, 한 발로 영원한 생명을 누리는 하늘나라에 들어가는 편이 더 낫다.

---

33 연자 맷돌(millstone)은 사람이 손으로 돌리는 일반 맷돌(mill)보다 훨씬 크고 무거워서 나귀나 말 같은 가축을 이용하였다.
34 지옥(地獄)은 구원받지 못한 죄인이 마지막 심판을 받고 들어가는 고통의 장소를 말한다. 구원 받지 못해 겪을 수밖에 없는 고통의 상태를 의미하기도 한다.

만일 네 눈이 너를 죄짓게 하거든 빼어버려라. 두 눈을 가지고 영원히 불타는 지옥에 들어가는 것보다, 한 눈으로 영원한 생명을 누리는 하늘나라에 들어가는 편이 더 낫다. 지옥에서는 그들을 파먹는 구더기도 죽지 않고, 불도 꺼지지 않는다.

제물이 소금에 절여져 정결케 되듯이, 사람마다 불에 태워져 정결케 될 것이다. 소금은 좋은 것이나, 그 소금이 맛을 잃으면 무엇으로 짜게 하겠느냐? 그러니 너희 마음에 소금을 지니고, 서로 화목하게 지내라."

〈걸림돌과 디딤돌〉

연자 맷돌은 소나 말, 나귀 등을 이용하여 돌리는 큰 맷돌을 말하며, 그곳을 연자방앗간이라 한다. 오늘날 대부분의 연자방아는 올리브나무가 무성한 곳에서 발견되는바, 올리브기름을 짜기 위한 것이라는 사실을 알 수 있다. 일반 가정에서는 사람의 손으로 돌리는 작은 맷돌로 곡물을 갈거나 빻았다.

당시 로마에 사형수를 집행하는 2가지 방법이 있었다. 하나는 반역자 등을 십자가에 매달아 공개적으로 처형하는 것이고, 다른 하나는 파렴치한 범죄자에게 맷돌을 목에 달아 수장시키는 것이었다. 그런데 예수님이 이것을 비유로 들어 말씀하셨다. 사회적 약자를 실족시키는 죄가 얼마나 무거운지를 경고하신 것이다. 사실 예수님은 언제나 작은 자의 친구였다.

이 세상에는 걸림돌 같은 사람이 항상 있기 마련이다. 하지만 성령님의 인도로 살아가는 사람에게는 늘 디딤돌만 있게 된다. 걸림돌을 걸림돌로 여기지 않고 디딤돌로 삼아 건너가기 때문이다. 걸림돌을 디딤돌로 사용하는 용기와 지혜를 성령님이 주신다.

018. 작은 자를 무시하지 마라.

(마태 18.10–14)

예수님이 말씀하셨다. "너희는 이 작은 자들 가운데 하나라도 무시하지 마라. 내가 말한다. 그들의 천사들이 하늘에 계신 내 아버지의 얼굴을 항상 뵙고 있다.[35] 인자는 길 잃은 사람을 찾아 구원하러 왔다.

너희는 어떻게 생각하느냐? 어떤 사람이 양 100마리를 키우다가 그중에 1마리가 길을 잃었다면, 99마리를 산에 남겨두고 그 1마리를 찾아 나서지 않겠느냐? 내가 분명히 말한다. 그가 잃은 양 1마리를 찾으면, 다른 양 99마리보다 오히려 더 기뻐할 것이다. 이처럼 이 작은 자들 가운데 하나라도 잃는 것은, 하늘에 계신 너희 아버지의 뜻이 아니다."

〈수호천사〉

오늘날 대부분의 개신교는 수호천사를 무시하고 성령을 중시한다. 하지만 천주교와 정교, 이슬람교 등에서는 수호천사와 성령을 모두 인정한다. 영성이 풍부한 그리스도인은 수호천사의 보호와 성령의 인도, 예수 그리스도의 내주(來住)를 모두 체험할 수 있다. 하지만 그 역할에 따른 구체적 사항은 구분하기 어렵다.

여기서 '길을 잃다'의 단어 '플라나오(planao)'는, 스스로 목자 곁을 떠나 빗나간 것을 말한다. 이것이 문제요, 비극이다. 어쩌다 우

---

35 그가 천사들에게 명하여 네가 어디를 가든지 너를 지키게 하실 것이다. (시편 91.11)

연히 길을 잃은 것과 다르다. 바로 죄 때문이다. 성경에서 말하는 죄는, 사람이 하나님의 통제에서 벗어나 자기 마음대로 곁길을 간 경우다.

'우리는 다 길 잃은 양처럼 제각기 잘못된 길로 갔으나, 여호와께서는 우리 모든 사람의 죄를 그에게 담당시키셨다.' (이사야 53.6)

019. 단둘이 만나 잘 타일러라.

(마태 18.15–20)

예수님이 말씀하셨다. "어떤 형제가 네게 죄를 지으면, 먼저 단둘이 만나 잘 타일러라. 그가 네 말을 들으면, 너는 그 형제를 얻은 것이다. 그러나 그가 네 말을 듣지 않거든, 두세 증인의 입으로 확정하라[36]는 말씀대로, 한두 사람을 더 데리고 가서 모든 사실을 밝히고 권면하라. 그래도 그가 말을 듣지 않거든 교회에 알려 권고하고, 교회의 말도 듣지 않거든 그때 이방인(믿지 않는 사람)이나 세리(죄인)처럼 여겨라.

내가 분명히 말한다. 너희가 무엇이든지 땅에서 매면 하늘에서도 매일 것이요, 땅에서 풀면 하늘에서도 풀릴 것이다. 내가 다시 말한다. 무슨 일이든지 너희 가운데 두 사람이 땅에서 합심하여 구하면, 하늘에 계신 내 아버지께서 들어주실 것이다. 두세 사람이 내 이름으로 모인 곳에는 나도 그들 가운데 있다."

---

[36] 어떤 잘못이나 범죄라도 한 사람의 증언만으로는 판정할 수 없다. 반드시 두세 사람의 증언이 있어야 그 일을 확정할 수 있다. (신명기 19.15)

〈징계〉

원칙적으로 형제가 형제를 판단하고 징계할 권한은 없다. 우리가 우리의 과거를 돌아보면, 잘못을 저지른 형제의 허물이 곧 나의 허물임을 발견할 것이다. 지난날 나의 잘못을 솔직하게 고백하고, 그 때 회개하지 못해 어려움을 겪은 이야기를 들려주면, 그보다 더 좋은 권면은 없을 것이다. 간증은 그럴 때 필요한 것이지 자랑하라고 있는 것이 아니다.

사실 교회의 징계는 죄인의 회개를 목적으로 한다. 아무리 큰 죄를 지은 사람도 진심으로 회개하고 돌아오면, 조건 없이 용서하고 받아들여야 한다. 그렇지 않으면 단 한 사람도 온전하지 못할 것이다. 그래서 주님은 77번(또는 70번을 7번)이라도 용서하라고 하셨다.

020. 회개하거든 용서하라.

(마태 18.21-35, 누가 17.3-4)

예수님이 말씀하셨다. "너희는 스스로 조심하라. 형제가 죄를 지으면 책망하고, 회개하거든 용서하라.[37] 하루에 7번 죄를 짓고 돌아와도, 그때마다 회개하거든 용서하라."

베드로가 와서 물었다. "주님, 형제가 저에게 죄를 지으면 몇 번이나 용서해야 합니까? 7번까지면 되겠습니까?"

예수님이 대답하셨다. "7번이 아니라 77번(또는 70번을 7번)이라도

---

37 서로 친절하게 대하고 불쌍히 여기며, 하나님께서 그리스도 안에서 여러분을 용서하신 것같이 서로 용서하십시오. (에베소서 4.32)

용서해야 한다. 그러므로 하늘나라는 자기 종들과 빚을 정산하려는 어떤 임금에 빗댈 수 있다. 먼저 1만 달란트 빚진 종이 나왔다. 그런데 그는 그만한 빚을 갚을 능력이 없었다.

임금이 명령하였다. '네 몸과 네 아내와 네 자식과 네 재산을 다 팔아서라도 갚아라.'

종이 임금 앞에 무릎을 꿇고 엎드려 절하며 애원하였다. '조금만 참아주십시오. 제가 모두 갚겠습니다.'

임금이 그를 가엾게 여겨서 모든 빚을 탕감하고 놓아주었다. 그런데 그는 밖으로 나가자마자 자기에게 100데나리온 빚진 동료를 찾아 멱살을 잡고 호통을 쳤다. '내 돈을 당장 갚아라!'

그 동료가 무릎을 꿇고 애걸하였다. '반드시 갚을 테니 조금만 기다려주게나.'

그러나 그는 동료의 청을 들어주지 않고 그 빚을 갚을 때까지 교도소에 가두어버렸다. 다른 종들이 보고 매우 딱하게 여겨 임금에게 가서 그 일을 낱낱이 일러바쳤다.

임금이 그 종을 다시 불러 말하였다. '이 악한 종아, 네가 애원하기에 나는 그 많은 빚을 모두 탕감하지 않았느냐? 내가 너에게 자비를 베푼 것처럼 너도 네 동료에게 자비를 베풀어야 마땅치 않느냐?'

몹시 노한 임금이 그를 형무소 관리에게 넘겨주며 모든 빚을 갚을 때까지 가두어두라고 하였다. 이와 같이 너희가 진심으로 형제를 용서하지 않으면, 하늘에 계신 내 아버지께서도 그렇게 하실 것이다."

〈회개와 용서〉

용서(容恕)는 하나님께서 예수 그리스도를 통하여 우리에게 허락하신 가장 값진 선물이다. 예수님의 십자가로 우리의 모든 죄와 허물까지 용서되었지 않은가? 형벌 중에 가장 큰 형벌은 죽음이다. 하지만 그 죽음까지도 예수님의 십자가로 용서되었다. 조건 없는 용서는 구원의 필수불가결 요건이다. 예수 그리스도의 은혜로 용서받은 사람만이 하나님과 화해할 수 있고, 하나님과 화해한 사람만이 구원의 대열에 참여할 수 있다.

예수님은 죄인이 회개하면 언제든지 용서하고, 그가 회개하지 않아도 최대한 기회를 주며, 끝까지 회개하지 않으면 그때 가서 죄인으로 간주하라고 하셨다. 간주하라는 말은 그렇게 여기고 기다리라는 뜻이다. 후에라도 혹시 회개하고 돌아오면 즉시 받아주라는 말이다.

여기서 정말 중요한 사실은 '용서'가 목적이 아니고 '회개'가 목적이라는 것이다. 같은 허물투성이 인간으로서 최소한의 도리가 여기에 있다. 이것이 바로 우리를 향한 하나님의 뜻이요, 그리스도의 사랑이다.

021. 사람을 구원하러 왔다.

(누가 9.51–56)

예수님은 승천하실 때가 가까워지자, 예루살렘에 가시기로 마음을 굳히고 선발대를 보내셨다. 그들이 사마리아 마을로 들어가 예수님을 맞이할 준비를 하였다. 그러나 그곳 사람들은 예수님이 예루살렘에 가신다는 이유로 냉대하며 맞아들이지 않았다.

야고보와 요한이 감정에 북받쳐 말하였다.[38] "주님, 하늘에서 불을 불러다가 이들을 모두 태워버리는 것이 어떻겠습니까?"

예수님이 돌아서서 꾸짖으셨다. "지금 너희가 제정신이냐? 인자는 사람을 멸하러 온 것이 아니라 구원하러 왔다."

그리고 제자들을 데리고 다른 마을로 가셨다.

〈감정〉

사람은 이성적 존재이자 감정적 동물이다. 심각한 문제에 부딪히거나 양자택일의 기로에 설 때는 누구나 감정이 앞설 수 있다. 하지만 감정을 앞세우면 판단력이 흐려지고, 판단력이 흐려지면 하나님의 뜻을 그르치게 된다. 하나님의 뜻을 그르치면 대의명분까지 놓치게 된다.

당시 이스라엘은 남쪽 유대와 북쪽 갈릴리, 그리고 중간이 사마리아 지방이었다. 유대인이 유대에서 갈릴리, 갈릴리에서 유대로 갈 때, 사마리아 지방을 거치지 않으려고 일부러 요단강을 건너 동쪽으로 멀리 돌아다녔다. 이는 유대인과 사마리아인의 해묵은 감정 때문이었다.

유대인은 북이스라엘 왕국의 후손인 사마리아인을 동족으로 취급하지 않았다. BC 8세기, 아시리아의 혼혈정책에 의해 그들의 피가 이방인과 섞였기 때문이다. 마찬가지로 그들을 무시하고 업신여긴다는 이유로, 사마리아인도 유대인에게 안 좋은 감정을 가지고 있었다. 그래서 그들은 서로 상종하지 않았다.

그러나 예수님은 그 같은 사람의 감정에 치우치지 않고 당당하게

---

38 경험이 쌓일수록 말수가 적어지고, 슬기를 깨칠수록 감정을 억제한다. (잠언 17.27)

사마리아 지방을 지나가시며 그들에게 복음을 전하셨다. 이것이 바로 그리스도의 마음이다.

022. 하나님의 나라를 전파하라.

(마태 8.18-22, 누가 9.57-62)

무리가 자꾸 모여들어 에워싸는 것을 보시고 예수님이 말씀하셨다. "호수 건너편으로 가자."

그리고 길을 가실 때 한 율법학자가 와서 말하였다. "선생님, 선생님이 가시는 곳에 저도 따라가겠습니다."

예수님이 말씀하셨다. "여우도 굴이 있고 하늘의 새도 보금자리가 있지만, 인자는 머리 둘 곳도 없습니다."

그리고 다른 사람에게 말씀하셨다. "너는 나를 따라라."

그때 한 제자가 와서 청하였다. "주님, 먼저 집에 가서 아버지의 장례를 치르도록 허락하여 주십시오."

예수님이 말씀하셨다. "죽은 자의 장례는 죽은 자들에게 맡겨두고, 너는 하나님의 나라를 전파하라."

그러자 또 다른 제자가 와서 말하였다. "주님, 저는 주님을 따라가겠습니다. 다만, 가족에게 가서 작별인사만 하도록 허락하여 주십시오."

예수님이 말씀하셨다. "손에 쟁기를 잡고 자꾸 뒤를 돌아다보는 사람은, 하나님의 나라에 합당치 않다."

<미련>

　미국은 능력으로, 프랑스는 자격으로 사람을 평가하지만, 독일은 그 스승을 먼저 본다고 한다. 좋은 제자가 되려면 좋은 스승이 필요함은 두말할 나위도 없다. 우리의 스승은 오직 예수 그리스도시다. (마태 23.8) 그리스도의 영이 없으면 그리스도인이 아니다. (로마서 8.9)

　엘리사가 엘리야의 부름을 받았을 때, 그는 자신이 몰던 겨릿소를 잡고, 그 기구를 불사르고, 고기를 삶아 백성에게 나눠주고 따랐다. (열왕기상 19.19이하) 세리 마태도 세관에 앉아 일을 보다가, 예수님의 부르심을 받고 즉시 일어나 따라나섰다. (마태 9.9)

　하지만 안타깝게도, 영생을 얻기 위해 주님을 찾아온 부자 청년은, 재산이 많은 고로 끝내 예수님을 떠나고 말았다. (누가 18.18이하) 우리도 세상에서 살다가 보면, 우리의 운명을 갈라놓을 만한 결정적인 순간이 찾아올 수 있다. 그때 모든 것을 버리고 단호히 일어나 따라가는 용기가 필요하다.

023. 아직 때가 되지 않았다.

　　(요한 7.2–10)

　유대인의 명절 초막절[39]이 가까웠다. 예수님의 동생들이 말하였다. "형님, 여기를 떠나 유대로 가십시오. 형님이 하시는 일을 유대의 제자들에게 보이십시오. 세상에 알려지기를 바라는 사람치고 숨

---

[39] 초막절(草幕節, 수장절/장막절)은 유월절(무교절)과 오순절(맥추절/칠칠절)에 이어서 연중 마지막 지키는 유대인의 절기다. 그들의 조상이 40년간 광야에서 지낸 날을 되새기며 기념한다. 추수가 끝나는 10월 중순 야외에 초막을 짓고, 온 가족이 7일간 지키며, 8일째 되는 날 대성회로 모인다.

어서 일하는 사람은 아무도 없습니다. 이왕 이런 일을 하실 바에는 형님을 세상에 널리 드러내십시오.”

이는 예수님의 동생들도 예수님을 믿지 않았기 때문이다. 예수님이 말씀하셨다. “내 때는 아직 오지 않았으나 너희 때는 항상 준비되어 있다. 세상이 너희는 미워할 수 없어도 나는 미워한다. 내가 세상일을 들추어 악하다고 증언하기 때문이다. 그러니 너희는 명절을 지키러 올라가거라. 나는 아직 내 때가 되지 않아 지금은 올라가지 않겠다.”

이렇게 말씀하시고 그냥 갈릴리에 머물러 계셨다. 그러다가 동생들이 명절을 지키러 올라간 뒤에, 예수님도 남의 눈에 띄지 않게 조용히 올라가셨다.

〈종교인〉

오늘날 사회는 신자와 비신자가 서로 협력하며 살아간다. 직장이나 학교에서 여러 종교인이 함께 모여 일하고 공부한다. 각자 다른 종교를 가진 사람들이 자기 신앙과 관계없이 상거래도 하고, 교제도 하면서 더불어 살아가고 있다.

유대인과 같이 하나의 신앙으로 국가와 민족이 통일되지 않는 한, 특정 종교의 신자만 따로 살아갈 수가 없다. 서로 다른 점을 인정하고 존중해야 한다. 그렇지 않으면 중동 국가들처럼 종교분쟁이 일어날 수도 있다.

이런 점에서 다양한 종교인이 더불어 살아가는 사회와 환경을 조성하는 것이 중요하다. 종교적 배타성은 다른 사람도 힘들게 하고, 자기도 어렵게 된다는 사실을 명심해야 한다. 사실 모든 종교가 공통으로 지향하는 점이 있다. 바로 권선징악(勸善懲惡)이다. 선을 추구하고 악을 미워하는 것이다.

024. 마리아는 좋은 편을 택했다.

(누가 10.38-42)

예수님이 길을 가시다가 어느 마을에 들어가셨다. 마르다라는 자매가 나와서 자기 집으로 모셨다. 마르다에게 마리아라는 동생이 있었는데, 예수님 앞에 앉아[40] 말씀을 듣고 있었다. 그때 마르다는 이것저것 접대하는 일로 마음이 분주하였다.

마르다가 와서 말하였다. "주님, 제 동생이 제게만 일을 맡기고 가만히 있지 않습니까? 왜 그냥 두고만 보십니까? 얼른 가서 거들어주라고 하십시오."

예수님이 대답하셨다. "마르다야, 마르다야! 네가 많은 일로 염려하며 정신이 없구나. 그러나 실상 필요한 것은 하나뿐이다. 마리아는 좋은 편을 택했으니, 그것을 빼앗아서는 안 된다."

〈봉사〉

봉사(奉仕)는 남을 위해 헌신하고 충성하는 것이다. 어느 때는 귀찮음을 동반하지만, 반드시 선한 열매를 맺는다. 예배를 위한 봉사, 교회를 위한 봉사, 이웃을 위한 봉사 등이 있다. 예배를 위한 봉사에는 찬양과 기도, 설교 등이 있고, 교회를 위한 봉사에는 나눔과 섬김, 돌봄이 있다. 그리고 이웃을 위한 봉사에는 전도와 구제 등이 있다.

---

[40] 믿음은 들음에서 생기고, 들음은 그리스도의 말씀에서 비롯됩니다. (로마서 10.17)

025. 3일을 땅속에서 보낼 것입니다.

(마태 12.38-42, 누가 11.29-32)

무리가 계속 모여들고 있었다. 바리새인과 율법학자들이 말하였다. "선생님, 우리가 선생님의 표적을 보았으면 합니다."

예수님이 탄식하시며 말씀하셨다. "이 세대가 왜 이다지 악할까? 사악하고 음란한 세대가 표적을 구하나, 예언자 요나[41]의 표적 밖에는 따로 보여줄 것이 없습니다. 요나가 니느웨[42] 사람들에게 표적이 되어 밤낮 3일을 물고기 뱃속에서 지냈듯, 인자도 3일을 땅속에서 보낼 것입니다.

심판 날, 니느웨 사람들이 이 세대와 함께 일어나 그 죄를 심판할 것입니다. 그들은 요나의 선포를 듣고 회개하였기 때문입니다. 그러나 보십시오! 요나보다 더 큰 사람이 여기 있습니다.

남방의 여왕도 심판 날, 이 세대와 함께 일어나 그 죄를 심판할 것입니다. 그 여왕은 솔로몬의 지혜를 듣기 위해 땅끝에서 왔기 때문입니다. 그러나 보십시오! 솔로몬보다 더 큰 사람이 여기 있습니다."

〈표적〉

사도 바울이 유대인은 표적을 구하고 헬라인은 지혜를 찾으나, 우리는 십자가에 못 박힌 그리스도를 전한다고 하였다. 복음은 표적으로 드러나지 않고 선포될 뿐이다. 하지만 바리새인들은 메시아의 표적을 보이라고 요구하였다.

---

[41] 여호와께서 큰 물고기를 준비시켜 두셨다가 요나를 삼키게 하셨다. 요나는 밤낮 3일을 그 물고기 뱃속에서 지냈다. (요나서 1.17)
[42] 니느웨(Nineveh)는 아시리아 수도로 메소포타미아에서 가장 오래된 도시다.

요나(Jonah)는 BC 8세기 북이스라엘 예언자다. 니느웨에 가서 하나님의 심판을 선포하라는 명령을 받고도, 식민지 지배국이 회개하고 구원받는 것이 싫었던바, 다시스로 가는 배를 탔다가 거센 풍랑을 만났다. 그는 양심의 가책을 느끼고, 풍랑이 자기 때문이라는 사실을 고백하고 스스로 바다에 던져졌다.

그때 큰 물고기가 요나를 통째로 삼켜 밤낮 3일을 물고기 뱃속에서 지내게 되었다. 거기서 회개하자 물고기는 그를 뭍에 뱉어내었고, 결국은 니느웨로 가서 하나님의 심판을 선포하였다. 그래서 니느웨 왕을 비롯하여 모든 백성이 회개하고 구원을 받았다.

남방의 여왕은 역대하 9장에 나오는 스바의 여왕(the queen of Sheba)을 가리킨다. 솔로몬의 지혜를 듣기 위해 땅끝에서 예루살렘으로 찾아왔다. 스바는 예루살렘에서 2천 ㎞쯤 떨어진 아라비아 반도 서남쪽의 에티오피아(또는 예멘)로 짐작된다.

026. 눈은 몸의 등불입니다.

(마태 6.22–23, 누가 11.33–36)

예수님이 말씀하셨다. "등불[43]을 켜서 움 속에 두거나 됫박으로 덮어두는 사람은 아무도 없습니다. 누구나 등경 위에 올려놓아 방으로 들어오는 사람들에게 그 빛이 비치게 합니다. 눈은 몸의 등불입니다. 그대의 눈이 성하면 온몸도 밝을 것이며, 그대의 눈이 성하지 않으면 온몸도 어두울 것입니다.

---

43 너희는 허리띠를 띠고, 등불을 켜놓고 깨어있어라. (누가 12.35)

그러니 그대 안에 있는 빛이 사라져버리면, 그 어둠이 얼마나 심하겠습니까? 그대 안에 있는 빛이 어둡지 않은지 항상 살펴보십시오. 그대의 온몸이 빛으로 가득하여 어두운 데가 조금도 없으면, 마치 등불의 빛이 그대를 환하게 비추듯 그대의 몸도 온전히 밝을 것입니다."

<말씀>

주님의 말씀은 우리의 인생길을 안내하는 내비게이션과 같다. 가장 안전하고 평탄한 길로 이끌어주신다. 아무도 모르는 그 길을 주님만이 아시고 인도하신다. 그래서 링컨은 성경 안에 천국길이 있다고 하였으며, 칼뱅은 하나님을 경외하듯 성경도 그렇게 하라고 가르쳤다.

'주님의 말씀은 내 발의 등불이요, 내 길의 빛이다.' (시편 119.105)

027. 진심으로 자선하십시오.

(누가 11.37-54)

어떤 바리새인이 예수님을 만찬에 초대하였다. 예수님이 그의 집에 들어가 식탁에 기대어 앉으셨다. 예수님이 식사 전에 손 씻는 의식을 치르지 않는 것을 보고, 그가 깜짝 놀라는 표정을 지었다.

예수님이 말씀하셨다. "여러분 바리새인은 잔과 접시의 겉은 깨끗이 닦아놓지만, 여러분 속에는 탐욕과 악독으로 가득 차 있습니다. 어리석은 자여, 겉을 만드신 분이 속도 만들지 않았습니까? 먼저 여러분 속에서 우러나오는 진심으로 자선하십시오. 그러면 모든 것이 깨끗해질 것입니다.

여러분 바리새인에게 화가 있을 것입니다. 여러분은 박하와 운향과 온갖 채소의 십일조는 바치면서, 하나님의 정의와 사랑은 대수롭지 않게 여기고 있습니다. 십일조를 바치는 것도 소중하지만, 정의와 사랑은 더욱 중요하지 않습니까?

여러분 바리새인에게 화가 있을 것입니다. 여러분은 회당에서 높은 자리를 즐겨 찾고, 장터에서 인사받기를 좋아합니다. 그런 여러분에게 화가 있을 것입니다. 여러분은 평토장한 무덤과 같습니다. 사람들이 그 위를 밟고 다니면서도, 그것이 무덤인 줄 모릅니다."

그때 한 율법학자가 나서 말하였다. "선생님, 그렇게 말씀하시면 우리까지 모욕하시는 겁니다."

예수님이 말씀하셨다. "그렇습니다. 여러분 율법학자에게도 화가 미칠 것입니다. 여러분은 무거운 짐을 꾸려 남의 어깨에 지우면서, 여러분 자신은 새끼손가락 하나도 까딱하지 않습니다. 그런 여러분에게 화가 있을 것입니다.

여러분은 여러분의 조상들이 죽인 예언자의 무덤을 단장하고 있습니다. 여러분의 조상들은 예언자를 죽이고 여러분은 그 무덤을 단장하고 있으니, 여러분의 조상들이 행한 소행을 여러분 스스로 인정하는 꼴이 되었습니다.

그래서 하나님의 지혜가 말하였습니다. '내가 그들에게 예언자와 사도들을[44] 보내겠지만, 더러는 죽이고 더러는 핍박할 것이다.'

그러므로 창세 이래 모든 예언자가 흘린 피에 대하여 이 세대가

---

[44] 여호와께서 예언자들을 보내 자기에게 돌아오라고 경고하셨으나, 백성들은 그 말 듣기를 거절하였다. (역대하 24.19)

책임져야 할 것입니다. 그렇습니다. 내가 분명히 말합니다. 아벨[45]의 피를 비롯하여 제단과 성소 사이에서 살해당한 사가랴[46]의 피에 이르기까지, 이 세대가 그 모든 죗값을 치를 것입니다.

여러분 율법학자에게 화가 미칠 것입니다. 여러분은 지식의 열쇠를 가로채 가지고 있으면서, 여러분 자신도 들어가지 않고, 다른 사람들까지 못 들어가게 막고 있습니다."

예수님이 그 집에서 나오실 때, 바리새인과 율법학자들이 잔뜩 앙심을 품고 여러 가지 질문을 던지며 몰아붙였다. 예수님의 말씀에서 무슨 꼬투리를 잡아 체포할 구실을 삼을 속셈이었다.

〈바리새파〉

시리아 왕 안티오커스 에피파네스 4세(Antiocus Epiphanes IV, BC 175~164년 재위)가 예루살렘을 침공하여 성전을 더럽히고, 유대인의 제사와 율법을 금지하였다. (BC 169년) 그때 마카비 가문이 이스라엘 역사상 최초로 종교전쟁을 일으켜 승리하게 되었다. 그래서 잠시나마 하스몬 왕조(BC 167~63년)가 세워졌으며, 율법학자와 랍비들을 중심으로 바리새파가 형성되었다.

그때 바리새인들은 이방인의 지배를 받는 것이 자기 죄 때문임을 깨닫고 철저하게 회개하였다. 아침 일찍 일어나 손을 씻고 말씀을 읽었으며, 정결한 음식만 골라서 먹고 이방인과 사귀지 않았으며, 십일조를 바치고 정기적으로 금식하였으며, 절기와 안식일을 어김없이 지켰다.

---

45 아벨(Abel, 생기/공허)은 아담과 하와의 둘째 아들로, 첫아들 가인(Cain, 소유/획득)에 의해 살해되었다.
46 사가랴(Zechariah, 여호와는 기억하신다)는 유대 왕 요아스 시대의 예언자로, 왕과 백성에게 우상숭배를 책망하다가 성전 뜰에서 돌에 맞아 죽었다.

그런데 정작 그들이 예수님의 질책을 가장 많이 받았다. 그들의 행위가 가식과 위선으로 가득 차 있었기 때문이다. 사실 그 어떠한 방법이나 노력으로도 하나님의 의를 이룰 사람은 없다. 오직 믿음으로만 가능하다.

028. 그들의 위선을 경계하라.

(누가 12.1–12)

수천 명의 무리가 모여들어 서로 짓밟힐 지경이 되었다. 예수님이 제자들에게 말씀하셨다. "바리새인들의 누룩을 조심하라. 그들의 위선을 경계하라. 가려놓은 것은 벗겨지기 마련이고, 숨겨놓은 것은 알려지기 마련이다. 너희가 어두운 데서 한 말을 그들이 밝은 데서 들을 것이며, 너희가 골방에서 속삭인 말을 그들이 지붕 위에서 선포할 것이다.

나의 친구들아, 내 말을 들어라. 너희 몸은 죽일 수 있어도 그 이상 아무것도 할 수 없는 자를 두려워하지 마라. 너희가 정말 두려워해야 할 분을 내가 알려주겠다. 육신을 죽인 뒤 영혼까지 지옥에 던질 권세를 가지신 분이시다. 그렇다! 내가 말한다. 그분을 두려워하라.

참새 5마리가 앗사리온 동전 2닢에 팔리지 않느냐? 그러나 그 하찮은 참새 1마리도 하나님께서 잊지 않으신다. 실로 하나님께서는 너희 머리카락까지도 낱낱이 다 세고 계신다. 그러니 두려워하지 마라. 너희는 많은 참새보다 훨씬 더 귀하다.

내가 말한다. 누구든지 사람들 앞에서 나를 안다고 시인하면, 나도 하나님의 천사들 앞에서 그를 안다고 시인할 것이다. 그러나 누

구든지 사람들 앞에서 나를 모른다고 부인하면, 나도 하나님의 천
사들 앞에서 그를 모른다고 부인할 것이다.

누구든지 인자를 거슬러 욕하는 사람은 용서받을 수 있어도, 성
령을 거슬러 모독하는 사람은 용서받지 못할 것이다. 너희가 회당
이나 지도자 또는 권력자 앞에 끌려가더라도, '무슨 말을 하지?' '어
떻게 대답하지?'하고 미리 염려하지 마라. 너희가 마땅히 해야 할 말
을 바로 그 시각에 성령이 가르쳐주실 것이다."

〈행복한 위선자〉 Max Beerbohm(영국, 1872~1956)

험악한 얼굴에 성격도 난폭하여 인간미라고는 조금도 찾아볼 수
없는 남자가 있었다. 그는 얼굴과 성격만 삐뚤어진 게 아니라 사생
활도 엉망이었다. 사람들 사이에서 항상 분란만 일으키며 방탕하게
살았다.

그런데 언제부턴가 그의 가슴에 사랑이 싹트기 시작하였다. 그가
사랑하게 된 아름답고 순결한 아가씨에게 다가갔다. 그리고 정중하
게 청혼을 하였다. 그러나 그녀에게서 돌아온 말은 싸늘한 거절이
었다. '그 마음은 이해합니다만 당신처럼 험악하게 생긴 사람의 아
내는 될 수 없습니다.'

매몰차기 그지없는 거절이었지만 그는 포기하지 않았다. 어떻게
든 그녀의 마음을 사로잡아보려고 궁리에 궁리를 거듭하였다. 그러
다가 한 가지 묘안이 떠올랐다. 무도회에서 사용하는 가면을 사용
하는 것이었다. 그는 비싼 값을 치르고 인자하게 생긴 얼굴의 가면
을 사서 쓰고 다시 청혼을 하였다.

달콤한 사랑의 밀어와 인자한 모습에 감동한 여자는, 그 청혼을
받아들여 결혼을 허락하였다. 원래 선량함이란 눈을 씻고도 찾아

볼 수 없는 그였지만, 자신이 원하던 신부를 얻게 되자 그렇게 착하게 굴 수가 없었다.

그는 사랑스러운 아내를 기쁘게 해주기 위해 열심히 일하며 사랑한다는 말도 아끼지 않았다. 그렇게 단란한 가정을 이루고 행복하게 살아가던 어느 날, 한 손님이 찾아왔다. 그 손님은 그에게 유감이 많은 사람이었다. 마침 그가 편안한 낮잠을 즐기고 있었다.

손님은 잘됐다고 생각하면서, 그의 아내에게 가면 속에 감춰진 남편의 험악한 얼굴과 방탕한 과거의 생활을 낱낱이 일러주었다. 아내는 손님의 주장에 심한 갈등에 빠졌다. 도저히 믿기 어려운 충격적인 말이었기 때문이다.

하지만 어떻게든 사실을 확인해보고 싶었다. 그래서 잠든 남편의 가면을 슬그머니 벗겨보았다. 순간 남편의 과거를 폭로한 손님의 얼굴에 놀라움이 가득 찼다. 가면 속의 얼굴은 험악하고 비열한 얼굴이 아니라, 빙그레 미소를 지으며 편안하게 잠들어 있는 천사의 얼굴이었다. 평소 그가 쓰고 있던 가면의 얼굴보다 더 인자하고 포근하였던 것이다. (男兒當自强)

명심보감 계선편(明心寶鑑 繼善篇)에, '子曰, 爲善者 天報之以福 爲不善者 天報之以禍(자왈, 위선자 천보지이복 위불선자 천보지이화)'라는 말이 있다. 이는 '공자[47]가 이르기를, 선한 일을 하는 자에게는, 하늘이 복을 주시고, 악한 일을 하는 자에게는 하늘이 화를 주신다.'는 뜻이다.

---

[47] 공자(孔子, BC 551~479년)는 중국 노(魯)나라의 대학자다. 유교의 창시자로 이름은 구(丘)이고 자(字)는 중니(仲尼)다. 子는 夫子(부자)의 줄임말로 공자의 존칭이다.

029. 너희도 준비하고 있어라.

예수님이 말씀하셨다. "너희는 허리띠를 두르고, 등불을 켜놓고, 기다리고 있어라. 마치 주인이 혼인잔치에서 돌아와 문을 두드리면, 즉시 열어주려고 기다리는 종과 같이 되어라. 주인이 돌아와 그렇게 하고 있는 종을 보면 그 종은 복이 있다.

내가 분명히 말한다. 주인이 몸소 허리띠를 동이고 그를 식탁에 앉힌 후, 곁에 와서 시중들 것이다. 주인이 한밤중이나 새벽에 오더라도, 그렇게 기다리는 종은 복이 있다. 너희는 명심하라. 도둑이 언제 들지 주인이 안다면, 도둑이 들지 못하게 지킬 것이다. 그러니 너희도 준비하고 있어라. 아무도 생각지 않은 때 인자가 올 것이다."

베드로가 물었다. "주님, 이 비유를 저희만 들으라고 하신 겁니까, 아니면 다른 사람들까지 모두 들으라고 하신 겁니까?"

예수님이 대답하셨다. "누가 신실하고 슬기로운 청지기이겠는가? 주인이 종들을 맡기고 제때 양식을 나눠주라고 하였으면, 그가 어떻게 해야겠느냐? 주인이 돌아올 때까지 자신의 책임을 다하고 있다가, 주인을 맞이하는 종이 아니겠느냐? 그 종이 복이 있다. 내가 분명히 말한다. 주인이 그에게 자기 모든 재산을 맡길 것이다.

그러나 그가 악하여 속으로 주인이 늦게 오려니 생각하고, 자신이 맡은 남녀 종을 때리고 술친구와 어울려 먹고 마시며, 흥청대고 세월을 보낸다면 어떻게 되겠느냐? 아무도 생각지 않은 날, 뜻밖의 시간에 주인이 돌아와 그 몹쓸 꼴을 모두 보게 될 것이다. 그때 주인은 그를 즉시 해고하고, 위선자가 벌 받는 곳으로 보낼 것이다. 거기서 그는 가슴을 치며 통곡할 것이다.

주인의 뜻을 알면서도 제대로 준비하지 않고, 그 뜻대로 행하지 않은 종은 많이 맞을 것이며, 미처 주인의 뜻을 몰랐던 종은 그나마 적게 맞을 것이다. 그러므로 많이 받은 자에게 많이 요구할 것이고, 많이 맡은 자에게 많이 물을 것이다."

〈청지기〉

우리는 하나님의 청지기다. 변명할 여지가 없다. 우리의 인생을 통째로 하나님께 바쳐야 한다. 우리에게 100년의 인생길이 주어졌어도, 그것은 1,200개월, 즉 36,500일이요, 876,000시간이다. 따지고 보면 매우 짧다.

우리의 인생은 누군가 말한 대로 일장춘몽(一場春夢)이요, 한단지몽(邯鄲之夢)이다. 우리에게 아직 무엇이 남아있거든, 그것이 시간이든 물질이든 은사이든, 조금도 아끼지 말고 100% 다 사용해야 한다. 그렇지 않으면 쓰고 싶어도 쓸 수가 없고, 주고 싶어도 줄 수가 없을 때가 올 것이다.

030. 세상에 불을 지르러 왔다.

(누가 12.49–53)

예수님이 말씀하셨다. "나는 세상에 불을 지르러 왔다. 그 불이 이미 붙었으면 내가 얼마나 좋겠느냐? 그러나 나는 받아야 할 세례가 있다. 이 일을 이룰 때까지, 내가 얼마나 힘들지 모른다.

내가 세상에 평화를 주러 왔다고 생각하느냐? 내가 말한다. 아니다. 오히려 분쟁을 일으키러 왔다. 이제부터 한 집안의 다섯 식구가 서로 갈라져 셋이 둘과 맞서고, 둘이 셋과 맞서 싸울 것이다. 그들은 부자간에, 모녀간에, 고부간에 서로 맞서 대립할 것이다."

〈분쟁〉

요즘 가족 간의 분쟁은 대부분 재산과 결부되어 있다. 법정 소송은 말할 것도 없고, 부자나 형제간의 의절도 서슴지 않는다. 심하면 칼부림까지 벌인다. 재벌은 물론이고 교회나 자선단체도 예외가 아니다.

'이 시대에는 아들이 아버지를 멸시하고, 딸이 어머니를 대적하며, 며느리가 시어머니를 대적한다. 사람의 원수가 자기 집안의 식구이다.' (미가 7.6)

031. 왜 시대는 분별하지 못합니까?

(누가 12.54-57)

예수님이 말씀하셨다. "여러분은 구름이 서쪽에서 이는 것을 보고, 곧 소나기가 오겠다고 합니다. 과연 그렇습니다. 또 남풍이 불면 날씨가 덥겠다고 합니다. 그것도 그렇습니다. 그런데 위선자여, 하늘과 땅의 기상은 그렇게 분별할 줄 알면서, 왜 이 시대는 분별하지 못합니까? 어찌하여 옳은 일을 스스로 판단하지 못합니까?"

<불신>

　어느 마을에 잘되는 집안과 안되는 집안이 있었다. 그들은 각자 나름대로 열심히 일했으나, 가난한 사람은 항상 구차하였고, 부한 사람은 늘 넉넉하였다. 그래서 빈자가 부자를 찾아가 그 비결을 물어보았다.

　그때 부자가 머슴을 불러 말하였다. "마당을 쓸라."

　며느리를 불러 말하였다. "솥뚜껑을 가져오너라."

　큰아들을 불러 말하였다. "소를 지붕으로 몰고 올라가거라."

　부인을 불러 말하였다. "지붕에 올라가 물구나무를 서시오."

　그러자 그들은 즉시 순종하여 주어진 일을 하였다. 그래서 빈자도 자기 집에 돌아가 그대로 하였다.

　그런데 머슴이 꼬투리를 달았다. "아침에 했잖아요?"

　며느리가 빤히 처다보며 말하였다. "솥뚜껑은 왜요?"

　큰아들이 크게 당황하여 말하였다. "노망이 나셨나?"

　부인이 얼굴을 찡그리며 말하였다. "이제는 미쳤군!"

　그들은 모두 불평불만이 가득하여 한마디씩 하고 물러갔다. 그제야 빈자는 자기 집안이 안 되는 이유가, 식구들의 불신과 불순종에 있다는 사실을 깨달았다.

032. 아예 나무를 베어버려라.

(누가 13.6-9)

　예수님이 말씀하셨다. "어떤 사람이 자기 포도원에 무화과나무 한 그루를 심어놓고, 철이 되어 열매를 얻을까 하고 와서 보았으나 하나도 없었다.

주인이 포도원지기에게 말하였다. '내가 이 나무에서 열매를 얻을까 하고 3년째 와 보았으나 하나도 없으니, 아예 나무를 베어버려라. 무엇 때문에 땅만 차지하게 하느냐?'

그러자 포도원지기가 '주인님, 올해만 그대로 두고 보십시오. 제가 나무 둘레를 파고 거름을 주겠습니다. 이듬해라도 열매를 맺으면 좋지 않겠습니까? 하지만 끝내 열매를 맺지 않으면, 그때 가서 베어버리십시오.'라고 대답하였다."

〈평화의 기도〉

눈이 펑펑 내리는 어느 겨울밤이었다. 불을 끄고 잠을 청하려고 하였다. 누가 문을 두드렸다. 귀찮다는 생각이 들었지만, 그리스도인으로서 찾아온 사람을 그냥 돌려보낼 수가 없었다. 자리에서 일어나 문을 열었다. 대문 앞에 험상궂은 나환자가 벌벌 떨고 서 있었다. 그의 흉측한 얼굴을 보니 섬뜩하였다.

마음을 가라앉히고 물어보았다. "무슨 일로 찾아오셨습니까?"

"죄송하지만 너무 추워서 얼어 죽게 생겼네요. 몸 좀 녹이고 가도록 해주시면 고맙겠습니다."

속으로는 안 된다고 거절하고 싶었으나, 머리와 어깨에 쌓인 눈을 털어주며 안으로 안내하였다. 자리에 앉자 심한 악취가 코를 찔렀다.

"식사는 하셨습니까?"

"아니요, 사흘째 굶어 배가 등가죽에 붙었습니다."

빵과 우유를 갖다 주었더니 기다렸다는 듯 다 먹어치웠다. 몸이 녹아 떠나기를 기다렸으나, 오히려 이렇게 말했다. "지금 밖에는 눈이 내리고, 날씨도 추워서 가기가 어려울 것 같습니다. 하룻밤만 재워주시면 감사하겠습니다."

마지못해 승낙하였다. "할 수 없지요."

울화가 치밀어 올랐으나 꾹 참았다. 혼자 살고 있어 일인용 침대밖에 없었다. 침대는 그에게 양보하고 땅바닥에 자려고 하였다.

그가 말하였다. "제가 몸이 얼어서 잠을 이룰 수가 없네요. 미안하지만 제 몸을 체온으로 녹여주시면 안 되겠습니까?"

어처구니없는 요구에 자리에서 일어나 내쫓아버리고 싶었지만, 예수님의 십자가 은혜를 생각하니 차마 그럴 수가 없었다. 꾹 참고 알몸으로 그를 안고 침대에 누웠다. 잠자리도 불편하고 고약한 냄새도 났지만, 몸을 밀착시켜 잠을 청하였다. 도저히 잠을 못 이룰 것 같았으나 꿈속으로 빠져들었다. 꿈속에서 주님이 기쁘게 웃고 계셨다.

"프란치스코야, 네가 나를 이렇게 극진히 대접하였으니 하늘에서 상이 클 것이다."

"아, 주님! 저는 주님께 아무것도 해드린 것이 없습니다."

그러고 보니 벌써 날이 밝아 아침이 되었다. 같이 자고 있을 나환자가 보이지 않았다. 고름으로 배어있을 침대는 오히려 향긋한 냄새만 풍기고, 그가 다녀간 흔적도 없었다.

"아, 주님이셨군요! 주님이 부족한 저를 찾아주셨군요. 감사합니다."

그리고 프란치스코는 무릎을 꿇고 엎드렸다. 모든 사실을 깨닫고 나환자에게 불친절했던 자신을 회개하며 감사의 기도를 드렸다. 이것이 성 프란치스코의 '평화를 위한 기도'였다.

033. 내 길을 가야 합니다.

(누가 13.31-33)

바리새인 몇이 다가와 말하였다. "어서 이곳을 떠나십시오. 헤롯이 당신을 죽이려고 합니다."

예수님이 말씀하셨다. "그 여우에게 가서 이 말을 전하십시오. '오늘과 내일은 내가 귀신을 쫓아내고 병을 고칠 것이다. 그리고 3일째 되는 날, 모든 일을 마치고 내 뜻을 이룰 것이다.'

그러나 무슨 일이 있어도, 오늘과 내일과 모래는 내 길을 가야 합니다. 예언자가 예루살렘 밖에서는 죽을 수가 없기 때문입니다."

〈헤롯왕〉

첫째 헤롯왕은 이두매(에돔, 에서 후손)인으로 BC 37년 유대의 왕이 되었다. 그는 자기 출신에 대해 상당한 열등감을 갖고 있었는바, 하스몬 왕조의 마리암 공주와 결혼하였다. 하지만 자신의 왕위에 위협을 느끼고, 왕비 마리암과 그 사이에서 태어난 자기 아들까지 처형하였다. 그리고 장인과 장모, 처남을 비롯하여 하스몬 왕조의 피가 섞였다고 생각되는 사람들을 모조리 죽였다. 또 예수님이 태어났을 무렵에, 2살 이하의 베들레헴 유아를 모두 학살하였다.

둘째 헤롯왕은 안티파스로, 처음 헤롯왕과 사마리아 출신 말타스 사이에서 태어났다. 그는 이복동생 빌립의 아내 헤로디아를 빼앗아 자기 아내로 삼았는바, 세례 요한을 질책을 받고 감옥에 가두었다가 결국은 목을 베어 죽였다. 그리고 갈릴리 분봉왕으로 예수님을 심문하고 조롱하였으며, 그 일로 원수처럼 지내던 빌라도 총독과 다정한 친구가 되었다. 예수님에 의해 여우라 불렸던 그 사람이다.

셋째 헤롯왕은 아그리파 1세로 안티파스의 조카였다. 그는 사도 야고보를 칼로 죽인 후, 베드로까지 죽이려고 감방에 가두었으나 뜻을 이루지 못했다. 그리고 두로와 시돈 사람들 앞에서 연설하다가, 신이라는 소리를 듣고 으스대다가 벌레에 먹혀 급사하였다.

넷째 헤롯왕은 아그리파 2세로, 70세까지 장수하며 친유대 정책을 폈던 것으로 전해진다. 그는 바울이 상소하여 로마로 압송되기 전, 베스도 총독의 취임인사차 들렀다가 바울의 마지막 변론을 들었다. 그때 바울의 무죄를 인정하였으나, 복음을 받아들였다는 흔적은 없다. 그를 마지막으로 4대에 걸친 130년간의 헤롯 왕조가 끝이 났다.

034. 나와 아버지는 하나입니다.

(요한 10.22-42)

예루살렘에서 수전절(봉헌절)[48] 축제가 열리고 있었다. 때는 겨울이었다. 예수님이 성전 안에 있는 솔로몬 행각을 거닐고 계셨다.

유대인들이 예수님의 주변에 모여들어 말하였다. "당신이 언제까지 우리의 마음을 졸일 작정이오? 당신이 그리스도라면 그렇다고 분명히 말해주시오."

---

48 수전절(修殿節, Hanukkah) 또는 봉헌절(奉獻節, Feast of Dedication)은 시리아 왕 안티오커스 에피파네스 4세에 의해 더럽혀진 성전을, 유다 마카비(Judas Maccabee)가 3년간의 전쟁 끝에 복원하여 BC 168년 봉헌한 것을 기념하는 절기다. 12월 25일부터 시작하여 8일간 지켰으며, 촛불을 들고 선물을 주고받아 빛의 축제로, 집집마다 등불을 밝힌 데서 등화제로 불렸다.

예수님이 대답하셨다. "내가 이미 말했으나 여러분이 믿지 않을 뿐입니다. 내가 내 아버지의 이름으로 하는 이 일들이 나를 증거하고 있습니다. 여러분이 내 말을 믿지 않는 것은 내 양이 아니기 때문입니다. 내 양은 내 말을 알아듣습니다. 나는 내 양을 알고, 내 양은 나를 따릅니다.

나는 그들에게 영생을 줍니다. 그들은 영원히 멸망치 않을 것이며, 아무도 그들을 내 손에서 빼앗을 수 없습니다. 그들을 내게 주신 아버지는 만유보다 크시고 위대하십니다. 어느 누구도 그들을 내 아버지의 손에서 빼앗지 못합니다. 나와 아버지는 하나입니다.[49]"

이때 유대인들이 다시 돌을 들어 예수님을 치려고 하였다. 예수님이 말씀하셨다. "내가 아버지의 권능을 힘입어 선한 일을 여러분에게 많이 보여주었지 않습니까? 그중에서 어떤 일이 못마땅하여 내게 돌을 던지려고 합니까?"

유대인들이 대답하였다. "당신이 선한 일만 한다면 우리가 왜 돌을 들겠소? 선한 일이 아니라 하나님을 모독하잖소? 한갓 인간에 불과한 당신이 마치 하나님인 양 행세하니 말이오!"

예수님이 말씀하셨다. "여러분의 율법에 '내가 너희를 신이라 불렀다'는 기록이 있지 않습니까? 하나님께서 하나님의 말씀을 받은 사람을 신이라 불렀다는 것입니다. 성경은 폐할 수 없습니다.

그런데 아버지께서 거룩하게 구별하여 세상으로 보내신 사람이, 자기를 하나님의 아들이라 한 말을 가지고 어찌 하나님을 모독한다고 할 수 있습니까? 내가 내 아버지의 일을 하지 않으면 나를 믿지

---

49 그리스도 예수는 본질상 하나님과 똑같은 분이시나, 하나님과 동등이 여기지 않았습니다. (빌립보서 2.6)

않아도 좋습니다. 그러나 내가 내 아버지의 일을 한다면, 나는 믿지 않더라도 그 일은 믿어야 하지 않습니까? 그러면 아버지께서 내 안에 계시고, 내가 아버지 안에 있다는 사실을 여러분이 확실히 깨달을 것입니다.”

그때 유대인들이 다시 예수님을 잡으려고 하였으나, 예수님은 그들의 손에서 벗어나 몸을 피하셨다. 예수님이 요단강 동편, 전에 요한이 세례를 주던 곳으로 가서 머무르셨다.

그러자 사람들이 다시 몰려와 말하였다. “세례 요한은 아무 표적도 행하지 않았으나, 그가 이분을 두고 한 말은 모두 사실이었습니다.”

거기서도 많은 사람이 예수님을 믿었다.

〈신성과 인성〉

예수 그리스도의 신성에 대한 논란은 325년 니케아(터키 이즈니크) 공회에서 일단락되었다. 하지만 또 다른 문제가 대두되었다. 예수님이 그냥 평범한 사람인지, 아니면 특별한 사람인지에 대한 논쟁이었다. 이 또한 451년 칼케돈(터키 카드쾨이) 공회에서, 그리스도의 신성과 인성은 하나의 품성으로 연합되었으며, 분리되거나 변화되지 않는다는 신조를 통하여 마무리되었다. 이른바 예수님은 완전한 인간이요, 온전한 하나님이라는 것이다.

035. 여러분 가운데 있습니다.

(누가 17.20-21)

바리새인들이 물었다. “하나님의 나라는 언제 옵니까?”

예수님이 대답하셨다. "하나님의 나라는 눈으로 보이게 오지 않습니다. 또 여기 있다, 저기 있다고 말할 수도 없습니다. 하나님의 나라는 바로 여러분 가운데 있습니다."

〈하나님의 나라〉

하나님의 나라, 하늘나라, 천국, 왕국, 아버지의 나라, 주의 나라, 예수 나라, 예수 그리스도의 나라 등은 다 같은 말이다. 이는 관점에 따라 육적이고 영적이며, 현세적이고 내세적이며, 유형적이고 무형적이다. 하나님의 통치가 이루어지는 곳이 바로 하나님의 나라이다.

그러므로 우리 안에도, 교회 가운데도, 우주 속에서도 하나님의 나라가 있으며, 겨자씨 한 알 속에도, 한 톨의 밀알 속에도, 깊은 바닷속에도, 높은 구름 속에도, 저 하늘 은하수 끝에도 하나님의 나라는 있을 수 있다. 사실 하나님의 나라는 시공을 초월하여 언제 어디서나 항상 우리에게 있다.

036. 아이들을 막지 마라.

(마태 19.13-15, 마가 10.13-16, 누가 18.15-17)

사람들이 자기 아이를 데리고 와서 예수님께 안수해달라고 하였다. 제자들이 보고 나무라자, 예수님이 화를 내시며 오히려 제자들을 꾸짖으셨다.

그리고 아이들을 가까이 불러놓고 말씀하셨다. "내게 오는 아이들을 막지 마라. 하나님의 나라가 이들의 것이다. 내가 분명히 말한다. 누구든지 아이들과 같이 순수한 마음으로 하나님의 나라를 받아들이지 않는 사람은 결코 그 나라에 들어가지 못한다."

그리고 아이들을 일일이 꼭 껴안아 머리 위에 손을 얹어 축복하시고 그곳을 떠나셨다.

〈아이〉

아이는 세상에서 가장 빛나는 하나님의 선물이다. 죄악에 물들지 않은 아이의 생명은 한없이 귀하고 값지다. 아이를 통해 아름다움을 발견하고, 행복감을 느끼며, 천국을 엿볼 수 있다. 아이의 생활은 고스란히 천국에 속한다. (H. F. 아미엘)

037. 십자가에 달아 죽일 것이다.

(마태 20.17–19, 마가 10.32–34, 누가 18.31–34)

예수님이 앞장서 부지런히 예루살렘으로 올라가시자, 제자들은 어리둥절하였고 뒤따르는 사람들도 두려워하였다.

길에서 예수님이 12제자를 따로 불러 앞으로 당하실 일을 미리 일러주셨다. "보라, 지금 우리는 예루살렘으로 올라가고 있다. 인자를 두고 예언서에 기록된 일이 거기서 모두 이루어질 것이다. 인자가 배반을 당해 대제사장과 율법학자에게 넘겨질 것이고, 그들은 인자에게 사형을 선고하여 이방인에게 넘겨줄 것이다. 이방인은 인자를 조롱하고 침 뱉고 채찍질하여, 마침내 십자가에 달아 죽일 것이다.[50] 그러나 인자는 3일 만에 다시 살아날 것이다."

---

50 자기를 낮춰 죽기까지 순종하셨으니, 곧 십자가에 달려 죽으셨습니다. (빌립보서 2.8)

이 말을 듣고도 제자들은 그 뜻을 조금도 깨닫지 못하였다. 그 뜻이 숨겨져 있어 이해하지 못했던 것이다.

〈유혹〉

예수님이 공생애를 시작하기에 앞서 3가지 시험을 받으셨다.

'얼마나 배가 고프오? 이 돌덩이로 떡이 되게 해 보시오.'

'여기서 뛰어내려 보시오, 하나님의 천사가 손으로 받쳐줄 것이오.'

'나에게 딱 한 번만 절하시오. 이 세상 모든 영화와 권세를 다 주겠소.'

이는 사탄이 '당신의 하나님을 배반하면 이 세상의 모든 부귀영화와 공명을 한꺼번에 받을 것이오.'라는 달콤한 속삭임이었다.

그러나 예수님은 단호하였다. '사탄아, 물러가라! 성경에 주 하나님만 섬기라고 하였다. 나는 죽으면 죽을지언정 결코 하나님을 배반하지 않는다. 십자가의 죽음도 마다하지 않겠다. 나는 섬김을 받으러 온 것이 아니라 섬기러 왔고, 많은 사람의 죗값을 대신 치르기 위해 내 생명마저 내주러 왔다.'고 선언하셨다.

038. 이것을 당장 걷어치우시오.

(마태 21.12-17, 마가 11.15-19, 누가 19.45-48, 요한 2.13-25)

유월절이 가까워 예수님이 성전에 들어가셨다. 소와 양과 비둘기를 파는 상인들과, 돈을 바꿔주는 환전상[51]들이 성전 뜰에서 장사하고 있었다. 예수님이 노끈으로 채찍을 만들어 가축을 다 몰아내시고, 환전상의 돈을 흩어버리시며 그 상을 둘러엎으셨다.[52]

그리고 비둘기 장수의 의자를 내팽개치며 말씀하셨다. "이것을 당장 걷어치우시오. 내 아버지의 집을 시장터로 만들지 마시오. 성경에 이르기를 '내 집은 만민을 위한 만민의 기도처'라 하였소. 그런데 여러분은, 이 거룩한 성전을 시장터와 강도의 소굴로 만들어버렸소!"[53]

이후 아무도 장사하는 물건을 가지고 성전 뜰을 지나다니지 못하게 하셨다. 그때 제자들은 이 말씀을 생각하였다.

'주의 집을 향한 열정이 나를 삼키리라.' (시편 69.9)

그러자 유대인들이 따지고 들었다. "당신이 무슨 권한으로 이러시오? 그 권한을 입증할 무슨 증표라도 있소?"

예수님이 말씀하셨다. "여러분은 이 성전을 허무시오. 나는 3일 만에 다시 세우겠소!"

유대인들이 대들었다. "이 성전을 짓는데 자그마치 46년이나 걸렸소. 그런데 당신이 3일 만에 다시 세우겠다는 말이오?"

---

51 환전상(換錢商)은 성전세를 바치거나 제사를 드리는 사람들의 편의를 위해, 로마나 헬라 등의 외국화폐를 유대화폐로 바꿔주는 장사꾼이었다. 대제사장의 묵인 하에 엄청난 부당이득을 취하여 뇌물로 바치는 등, 하나님의 성전을 크게 더럽혔다. 소와 양과 비둘기를 파는 상인들도 마찬가지였다.

52 마태와 마가와 누가는 예수님의 사역 후기에 이 사건을 기록하였고, 요한은 초기에 기록하였다.

53 그래, 내 이름으로 불리는 이 성전이 너희 눈에는 강도의 소굴로 보이느냐? 여기서 벌어진 온갖 악행을 나도 똑똑히 보았다. 나 여호와의 말이다. (예레미야 7.11)

예수님이 말씀하신 성전은 자기 몸을 염두에 두신 것이었다. 예수님이 부활하신 뒤에야 제자들도 이 말씀을 기억하고, 성경과 예수님의 말씀을 믿었다. 대제사장과 율법학자, 백성의 지도자들은 무슨 수를 써서라도 예수님을 죽여야 한다는데 공감하고, 그 방도를 구체적으로 찾기 시작하였다.

하지만 온 백성이 예수님의 말씀을 열심히 들으며 그 곁을 떠나지 않았는바, 분히 여겨 이를 갈면서도 어찌할 방도가 없었다. 그때 앞을 보지 못하는 사람과, 다리를 저는 사람이 성전 뜰에 있다가 나왔다. 예수님이 보고 그들을 고쳐주셨다.

예수님이 성전에서 행하시는 여러 가지 놀라운 일들과, '호산나! 다윗의 자손이여!' 하면서 계속 외쳐대는 아이들을 보고, 대제사장과 율법학자들이 더욱 화가 치밀어 크게 소리를 질렀다. "이 아이들이 뭐라고 하는지 들리지 않소?"

예수님이 대답하셨다. "물론 듣고 있습니다. 그런데 주께서 어린 아이와 젖먹이의 입으로 찬양하게 하셨다는 말씀을 여러분은 읽어 보지 못했습니까?" (시편 8.2)

예수님은 날마다 성전에서 가르치시고, 저녁이 되면 으레 베다니로 가서 밤을 보내셨다. 유월절을 맞아 예수님이 예루살렘에 계시는 동안 숱한 사람이 예수님의 표적을 보고 믿었으나, 예수님은 그들의 마음을 다 알고 계셨다. 그래서 그들에게 자신의 몸을 맡기지 않으셨다. 예수님은 사람의 마음속까지 다 알고 계셨는바, 어느 누구의 증언도 들을 필요가 없었다.

〈돈〉

예수님은 유월절을 맞아 해마다 예루살렘에 올라가셨다. 그때 성전 바깥뜰에서 장사하는 상인들과 환전상을 보았다. 그곳은 이방인의 뜰로 아무나 들어갈 수 있었다. 그런데 예수님의 마음은 늘 아팠다. 성전이 하나님의 집으로 기도하는 곳이 아니라, 강도의 소굴이 되었기 때문이다.

성전은 유월절을 지키러 올라온 사람들로 항상 시끌벅적하였다. 소나 양, 비둘기를 사려고 했지만, 시세보다 훨씬 비싼 값을 치를 수밖에 없었다. 자신이 바칠 제물을 가지고 성전에 들어갈 수도 있었지만, 너무 까다로운 절차를 거쳐야 했기 때문이다. 상인들과 제사장들의 결탁으로 그야말로 수익의 극대화를 꾀했던 것이다.

그 대가로 상인들은 제사장들에게 많은 뇌물을 바쳤으며, 그 돈은 다시 실권자인 안나스와 가야바 같은 대제사장들의 손으로 건너갔다. 예수님은 그 사실을 익히 알고 있었으며, 그에 따른 백성들의 원성은 하늘을 찔렀다. 게다가 짐승들의 울부짖는 소리와 오물로 더러워진 성전은, 그야말로 소음과 악취가 진동하는 지옥이었다.

그 자리에 환전상이 있었다. 그들도 제사장들과 결탁하여 엄청난 이권을 챙겼다. 그래서 예수님은 그들의 책상과 의자를 둘러엎으시고, 노끈으로 채찍을 만들어 짐승들까지 모두 쫓아내었다. 하나님의 정의를 구현할 제사장들이 드러내 놓고 강도짓을 하였기 때문이다. 사실 그들은 사람들만 속인 게 아니라 하나님을 기만하였다.

오늘날 교회에도 비슷한 양상이 벌어지고 있다. 온갖 장사꾼들이 교회를 이용하여 돈을 벌려고 그저 대형교회만 찾아가 등록한다. 교회를 장삿속으로 생각하기 때문이다. 교회를 세습하는 것도 알고 보면 다 돈 때문이다. 그들은 하나님을 섬기는 것이 아니라 돈을 섬기고 있다.

039. 요한의 세례가 어디서 왔습니까?

(마태 21.23-27, 마가 11.27-33, 누가 20.1-8)

예수님이 성전에 들어가 백성을 가르치며 복음을 전하셨다. 대제사장과 율법학자들이 백성의 장로들과 함께 와서 말했다. "당신이 무슨 권한으로 이런 일을 하시오? 누가 당신에게 그런 권한을 주었는지, 어디 한번 말해보시오."

예수님이 대답하셨다. "그렇다면 나도 하나 물어보겠습니다. 요한의 세례가 어디서 왔습니까? 하나님께서 주셨습니까, 사람이 주었습니까? 여러분이 대답하면 나도 무슨 권한으로 이런 일을 하는지 말하겠습니다."

그들이 서로 의논하며 말하였다. "하나님께서 주셨다고 하면 왜 그를 믿지 않았느냐고 할 것이며, 그렇다고 해서 사람이 주었다고 할 수도 없지 않소? 온 백성이 요한을 참 예언자로 여기고 있으니, 그들이 우리를 돌로 칠 것이오."

그래서 그들이 고심 끝에 대답하였다. "우리는 알지 못하오."

예수님이 말씀하셨다. "그러면 나도 무슨 권한으로 이런 일을 하는지 말하지 않겠습니다."

〈예언자〉

예언자(預言者)는 앞날을 말하는 점쟁이가 아니라, 하나님께서 맡기신 말씀을 전하는 메신저이다. 그를 통해 주어진 말씀은 하나님의 고지(告知)로서, 능히 죽이기도 하고 살리기도 하였다. 우리의 마음을 꿰뚫어 영혼과 정신을 갈라놓고, 관절과 골수를 쪼개어 그 마

음속에 품은 생각과 속셈까지 드러낸다. (히브리서 4.12)

유대 지도자들이 다가와 성전에서 가르치시는 예수님께 시비를 걸었다. 그 가르치는 권한이 그들에게 있으며, 자기들이 허락하지 않았다는 것이다. 그때 예수님은 즉답을 피하시고, 세례 요한이 누구의 권한으로 회개의 세례를 주었는지 물었다. 그러자 그들은 진퇴양난에 빠졌다. 모든 백성이 요한을 예언자로 여기고 있었으나, 그들만이 애써 외면하였기 때문이다. 그래서 그들은 모른다고 발뺌을 하였다. 그러자 예수님도 답변하지 않겠다고 하셨다.

사실 그들은 예수님이 누구신지 몰라서 그렇게 물은 것이 아니었다. 어떻게 하든지, 무슨 트집을 잡아서 올무에 걸리게 하려고 잔꾀를 부렸던 것이다. 그래서 예수님은 그런 위선적 질문에 답변할 가치를 느끼지 않았는바, 역질문으로 오히려 그들을 난관에 빠뜨렸던 것이다.

040. 그들의 행실은 본받지 마라.

(마태 23.1–36, 마가 12.38–40, 누가 20.45–47)

예수님이 말씀하셨다. 모든 백성이 듣고 있었다. "율법학자와 바리새인들이 모세의 자리에 앉아 율법을 가르치고 있으니, 그들의 말은 듣고 지키되 행실은 본받지 마라. 그들은 말만 하고 실천하지 않는 위선자다. 지기 힘든 무거운 짐을 꾸려 남의 어깨에 지우고, 정작 자기는 새끼손가락 하나도 까딱하지 않는다.

그들의 일은 모두 남에게 보이기 위한 것이다. 그래서 그들은 이마나 팔에 성구 넣는 갑을 크게 만들어 달고, 긴 술이 달린 화려한 예복을 차려입고 다니며, 잔칫집에 가면 상석에 앉으려 하고, 회당에 가면 높은 자리를 찾으며, 시장에 가면 인사받기를 바라고, 랍비라 불러주기를 좋아한다.

그러니 너희는 랍비[54]라 불리지 마라. 너희 선생은 오직 한 분이요, 너희는 모두 학생이다. 너희는 땅에 있는 누구를 보고 아버지[55]라 부르지 마라. 너희 아버지는 오직 한 분으로 하늘에 계신다. 또 지도자라는 말도 듣지 마라. 너희 지도자는 오직 한 분으로 그리스도시다. 너희 가운데 으뜸이 되려는 사람은 너희를 섬기는 종이 되어야 한다. 누구든지 자기를 높이는 사람은 낮아지고, 자기를 낮추는 사람은 높아질 것이다.

율법학자와 바리새파 위선자들아, 너희에게 화가 있을 것이다. 너희는 천국으로 들어가는 문을 가로막고 서서, 너희도 들어가지 않고 들어가려는 사람마저 못 들어가게 한다.

율법학자와 바리새파 위선자들아, 너희에게 화가 있을 것이다. 너희는 과부의 가산을 등쳐먹으며 겉치레로 기도는 길게 한다. 그만큼 너희는 더 큰 심판을 받을 것이다.

율법학자와 바리새파 위선자들아, 너희에게 화가 있을 것이다. 너희는 개종자 하나를 얻으려고 바다와 육지를 두루 돌아다니다가, 하나를 얻으면 너희보다 갑절이나 더 악한 지옥자식으로 만들어버린다. 너희는 앞을 보지 못하는 인도자들이다.

너희에게 화가 있을 것이다. 너희는 성전을 두고 맹세한 것은 지키지 않아도 되지만, 성전의 황금을 두고 맹세한 것은 반드시 지켜

---

54 랍비(rabbi)는 '나의 주' '나의 크신 분'이란 뜻이다.

55 아버지(father)는 히브리어 아브(Ab)와 그리스어 파테르(Fater)의 복합어로, 육신의 아버지 외에 제사장, 왕, 주인, 예언자 등에게 불려졌다.

야 한다고 가르친다. 어리석고 눈먼 인도자들아, 어느 것이 더 중하냐? 황금이냐, 그 황금을 거룩하게 하는 성전이냐?

또 너희는 누구든지 제단을 두고 맹세한 것은 지키지 않아도 되지만, 제단 위에 있는 제물을 두고 맹세한 것은 반드시 지켜야 한다고 가르친다. 어리석고 눈먼 인도자들아, 어느 것이 더 중하냐? 제물이냐, 그 제물을 거룩하게 하는 제단이냐?

제단을 두고 맹세하는 것은 제단과 그 위에 있는 모든 것을 두고 맹세하는 것이며, 성전을 두고 맹세하는 것은 성전과 그 위에 앉으신 분을 두고 맹세하는 것이며, 하늘을 두고 맹세하는 것은 하늘의 보좌와 그 위에 앉으신 분을 두고 맹세하는 것이다.

율법학자와 바리새파 위선자들아, 너희에게 화가 있을 것이다. 너희는 박하[56]와 회향과 근채에 대한 십일조[57]를 바치라는 율법은 어김없이 지키면서, 정의와 자비와 신의와 같은 더 중요한 율법은 대수롭지 않게 여긴다. 이것도 소홀히 여겨서는 안 되지만, 저것도 무시해서는 안 된다. 어리석고 눈먼 인도자들아, 하루살이는 걸러내고 낙타는 통째로 삼키는 것이 바로 너희다.

율법학자와 바리새파 위선자들아, 너희에게 화가 있을 것이다. 너희는 잔과 접시의 겉은 깨끗이 닦아놓지만, 그 속은 탐욕과 방종으로 가득 차 있다. 어리석고 눈먼 인도자들아, 먼저 속을 깨끗이 닦아야 겉도 깨끗해질 것이다.

율법학자와 바리새파 위선자들아, 너희에게 화가 있을 것이다. 너희는 하얗게 회칠한 무덤이다. 겉은 그럴싸하게 보이지만, 속은 죽

---

56 박하(薄荷)와 회향(茴香)과 근채(芹菜)는 모두 식용 또는 약용식물로 극히 작은 수입을 의미한다.
57 십일조(十一條)는 모든 수입의 1/10을 말한다. 이스라엘 백성은 레위인에게 십일조를 주었고, 레위인은 다시 제사장에게 십일조를 주었다.

은 사람의 해골과 온갖 더러운 것으로 가득 차 있다. 이처럼 너희도 겉으로는 의롭게 보이나, 속에는 위선과 불법으로 가득 차 있다.

율법학자와 바리새파 위선자들아, 너희에게 화가 있을 것이다. 너희는 예언자들의 무덤을 단장하고, 성인들의 기념비를 장식하면서 이렇게 말한다. '우리가 조상들 시대에 살았더라면 예언자들을 죽이는 일에 가담하지 않았을 것이다.' 이는 너희가 예언자들을 죽인 자의 후손임을 스스로 실토하는 것이다. 그러므로 너희는 너희 조상이 시작한 악행을 마저 채워라.

뱀 같은 자식들아, 독사의 새끼들아! 너희가 어찌 지옥의 심판을 피할 수 있겠느냐? 내가 너희에게 예언자와 현인과 학자들을 보내겠다. 그러나 너희는 그들 가운데서 더러는 죽이고, 더러는 십자가에 매달고, 더러는 회당에서 채찍질하며, 이 마을 저 마을로 쫓아다니며 핍박할 것이다.

그리하여 결국은, 죄 없는 아벨의 피로부터 너희가 성소와 제단 사이에서 살해한 바라캬의 아들 사가랴의 피에 이르기까지, 이 땅에서 죄 없이 흘린 모든 피에 대한 책임을 너희가 지게 될 것이다. 내가 분명히 말한다. 이 모든 죄에 대한 형벌이 이 세대에 내리고야 말 것이다."

〈위선자〉

예수님이 책망하신 당시의 위선자와 오늘날 위선자의 뜻은 다소 다를 수 있다. 보통 위선자는 겉과 속이 다른 자, 즉 이중인격자를 말하지만, 예수님이 지적하신 위선자는 신앙적 개념으로서, 불신에 빠져 탐욕으로 가득 찬 종교인을 말한다.

그렇다면 오늘날 교회 목회자도 예외가 아니다. 누구나 일순간 무의식적으로 위선에 빠져들 수 있다. 자본주의 사회에서 살아가는 사람치고 아무도 장담할 수 없다. 늘 깨어서 기도하며 조심스럽게 살아갈 수밖에 없다.

누가복음 16장에 부자와 거지 나사로의 이야기가 나온다. 살아 생전의 부자는 행복한 사람이었고, 거지 나사로는 불행한 사람이었다. 하지만 사후에 두 사람의 처지는 180도 바뀌었다. 현세의 부자는 영원하지도 않고, 내세에 그 어떠한 영향도 미치지 못한다.

041. 생활비 전부를 드렸다.

(마가 12.41-44, 누가 21.1-4)

하루는 예수님이 헌금함 맞은편에 앉아 헌금하는 사람들을 지켜보셨다. 부자는 와서 저마다 많은 돈을 넣었으나, 한 가난한 과부는 와서 렙돈 2닢, 곧 고드란트[58] 1개를 달랑 넣었다.

예수님이 제자들을 가까이 불러 말씀하셨다. "내가 분명히 말한다. 이 가난한 과부가 어느 누구보다도 더 많은 헌금을 하였다. 다른 사람들은 다 넉넉한 가운데서 그 일부를 드렸으나, 이 가난한 과부는 형편이 구차한 가운데서 자신이 가진 모든 것, 곧 생활비 전부를 드렸다."

---

[58] 렙돈(lepton)은 가장 작은 헬라의 동전이고, 고드란트(kodrantes)는 가장 작은 로마의 동전이다. 1렙돈의 가치는 1/2고드란트에 해당하였고, 성전 규정상 1닢은 헌금하지 못해 2닢을 넣었던 것이다. 렙돈 2개는 과부가 구제금으로 받는 1일 생활비였다. 당시 헬라 화폐는 렙돈과 드라크마(drachma, 노동자의 1일 품삯)가 있었다.

과부가 말하였다. "당신의 하나님 여호와께서 살아계심을 두고 맹세합니다. 저는 떡이 없습니다. 다만, 뒤주에 밀가루 한 줌 정도와 병에 기름 몇 방울이 남았을 뿐입니다. 보시다시피 저는 지금 땔감을 줍고 있습니다. 이것을 가지고 가서, 저와 제 아들이 죽기 전에 마지막으로 떡을 만들어 먹으려고 합니다."

엘리야가 말하였다. "두려워하지 말고 가서, 방금 말한 대로 하십시오. 그러나 음식을 만들어 먼저 내게 가지고 오십시오. 그 뒤에 그대와 아들이 먹을 떡을 만들어 드세요. 이스라엘의 하나님 여호와께서, 이 땅에 다시 비를 내려주실 때까지 그 뒤주의 밀가루가 떨어지지 않을 것이며, 병의 기름이 마르지 않을 것이라고 말씀하셨습니다." (열왕기상 17.12-14)

042. 인자가 영광을 받게 되었다.

(마태 26.21-25, 마가 14.18-21, 누가 22.21-23, 요한 13.18-32)

예수님이 유월절 음식을 나누며 말씀하셨다. "이는 너희를 모두 두고 하는 말이 아니다. 나는 내가 택한 사람을 다 안다. 그러나 이 말씀은 반드시 이루어질 것이다.

'내 떡을 나눠먹던 자가 나를 대적하려고 자기 발꿈치를 들었다.' (시편 41.9)

내가 미리 이 말을 일러주는 이유는, 그 일이 일어날 때 내가 '바로 그 사람'이라는 사실을 너희로 믿게 하려는 것이다. 내가 분명히 말한다. 내가 보내는 사람을 영접하는 사람은 나를 영접하는 사람이요, 나를 영접하는 사람은 나를 보내신 분을 영접하는 사람이다."

이 말씀을 하시고, 예수님은 몹시 번민하다가 터놓고 말씀하셨다. "내가 분명히 말한다. 너희 열둘 가운데 하나가 나를 배반할 것이다."

제자들은 누구를 염두에 두고 하신 말씀인지 몰라 서로 얼굴을 빤히 쳐다보며 물었다. "우리 중에 그런 짓을 할 자가 대체 누구일까?"

그러다가 몹시 걱정이 되어 저마다 물어보기 시작하였다. "주님, 설마 저는 아니겠지요?"

예수님이 대답하셨다. "지금 나와 함께 그릇에 손을 넣는 자가 나를 배반할 것이다. 보라, 나를 넘겨줄 자의 손이 나와 함께 이 식탁 위에 있다. 인자는 성경에 기록된 대로 가지만, 인자를 넘기는 그에게는 화가 있다. 그는 차라리 태어나지 않았더라면 자기에게 좋았을 것이다."

예수님을 배반할 가룟 유다가 말하였다. "선생님, 제가 설마 그 사람이겠습니까?"

예수님이 대답하셨다. "그것은 네 말이다."

그때 한 제자가 예수님의 품에 비스듬히 기대어 있었다. 예수님이 사랑하시는 제자였다. 시몬 베드로가 그에게 고갯짓으로 누구를 가리켜 하신 말씀인지 여쭤보라고 하였다. 그 제자가 예수님의 가슴에 바싹 기대어 누우며 물었다. "주님, 그가 누구입니까?"

예수님이 대답하셨다. "내가 떡 하나를 찍어서 주는 자가 바로 그 사람이다."

그리고 예수님이 떡을 찍어 가룟 사람, 시몬의 아들 유다에게 주셨다. 유다가 그 떡을 받자 사탄이 그에게 들어갔다. 예수님이 말씀하셨다. "네가 하려는 일을 속히 하여라."

그러나 그 자리에 있던 제자들은 예수님이 무슨 뜻으로 그 말씀을 하셨는지 몰랐다. 유다가 돈을 관리하여 명절에 필요한 무슨 물건을 사라고 하셨거나, 아니면 가난한 사람에게 무엇을 사다가 주라고 하신 줄로 생각하였다. 그가 떡을 받고 곧 밖으로 나갔다. 밤중이었다.

유다가 떠나자 예수님이 말씀하셨다. "이제 인자가 영광을 받게 되었고, 하나님께서도 인자를 통해 영광을 받으시게 되었다. 하나님께서 인자를 통해 영광을 받으시면, 하나님께서도 인자를 영광스럽게 하실 것이다. 이제 곧 그렇게 하실 것이다."

〈유다〉

예수님의 12제자 가운데 베드로는 수제자였고, 유다는 엘리트였다. 베드로는 예수님을 3번 부인하고 자책하였으나, 유다는 딱 1번 배신하고 자살하였다. 베드로는 공적인 충성심에서 실족하였으나, 유다는 사적인 욕심에서 실패하였다. 베드로는 자신에게 속은 것을 알고 심히 통곡하였으나, 유다는 하나님을 속인 것을 알고도 회개하지 않았다.

오늘날 우리도 베드로 아니면 유다와 같다. 별반 차이가 없다고 본다. 자신을 과신하고 남을 무시하며, 진리를 외면하고 자기 꾀를 쫓아 살기 일쑤다. 우리는 하나님 앞에서 더욱 낮아져 겸손하기를 배우고, 또 배워야 한다.

유다는 평소 가장 유능하고 신뢰받는 사도였으나, 단 한번 잘못으로 가장 비참한 배신자가 되었다. 예수님은 그가 차라리 태어나지 않았더라면 좋았을 것이라고 하셨다. 다른 제자들은 추호도 유다를 의심하지 않았다. 적어도 예수님이 십자가에 못 박히기 전까지는, 아무도 그의 배신을 눈치채지 못하였다.

그는 사도들 가운데 회계를 맡을 정도로 가장 신망이 두텁고 장래가 촉망되는 제자였다. 다른 사도들보다 더 좋은 기회가 주어졌으나 가장 슬프고 가련한 신세가 되었다. 그 모든 것이 부질없는 돈욕심 때문이었다. 그는 처음부터 사사로운 욕심에 사로잡혀 수시로 공금에 손을 대었는바, 결국은 대제사장을 찾아가 은화 30개를 받고 예수님을 팔았다.

043. 내 평화를 주는 것이다.

(요한 14.27–31)

예수님이 말씀하셨다. "내가 너희에게 평화[59]를 준다. 내 평화를 주는 것이다. 내가 주는 평화는 세상의 것과 다르다. 너희는 마음에 근심하지도 말고 두려워하지도 마라. 내가 갔다가 다시 온다는 말을 너희가 들었다. 너희가 나를 사랑한다면 내가 아버지께 가는 걸 기뻐할 것이다. 아버지께서 나보다 크시기 때문이다.

내가 지금 이 일을 미리 일러주는 이유는, 그 일이 일어날 때 너희로 하여금 믿게 하려는 것이다. 너희와 얘기할 시간도 이제 얼마 남지 않았다. 이 세상의 통치자가 가까이 오고 있다. 하지만 그는 나를 어떻게 할 아무런 권한이 없다. 다만 내가 아버지를 사랑하고,

---

[59] 평화(平和)는 히브리어 샬롬(shalom), 그리스어 에이레네(eirene)로 평안, 평강, 화평, 번영, 안녕 등 다양한 뜻이 있으며, 문안이나 작별인사로도 사용하였다.

아버지께서 내게 명하신 대로 내가 다 행한다는 사실을 세상에 알리려는 것이다. 자, 일어나 여기를 떠나자."

〈평화〉

"주님, 남북정상회담이 긍정적인 결과를 낼 수 있도록 은혜를 베풀어주심에 감사드립니다. 핵무기가 없는 한반도를 위해 진정한 대화의 길에 나선 두 정상에게 용기를 주소서. 한반도의 평화로운 미래와 남북 간의 돈독한 형제적 우애를 주시어 계속 협력하고, 사랑하는 한국 국민과 전 세계를 위해 선의라는 열매를 맺게 하소서." (2018.4.29 프란치스코 교황의 부활절 기도 중에서)

평화(平和)는 전쟁이나 분쟁, 갈등 따위가 없이 모든 면에서 자유로워야 한다. 원수와 화해하고, 단절된 관계를 복원하며, 모든 두려움에서 벗어나야 한다. 그러므로 참 평화는 주님이 주셔야 하고, 그리스도 안에서만 찾을 수 있다.

사람이 제아무리 재산이 많고 만사가 형통하여도, 주님이 주시지 않으면 평화는 요원하다. 어딘가 모르게 불안하고, 무엇인가 초조하며, 쫓아오는 사람이 없어도 두려움에 시달린다. 평화는 주님과 함께하는 사람에게 주어지는 특권이다.

'사랑과 진실이 만나고, 정의는 평화와 서로 입을 맞춘다. 진실이 땅에서 돋아나고, 정의는 하늘에서 굽어본다.' (시편 85.10-11)

044. 내가 세상을 이겼다!

(요한 16.25-33)

예수님이 말씀하셨다. "이제까지 내가 이 모든 것을 비유로 말했으나, 다시는 비유를 쓰지 않고 아버지에 대해 밝히 일러줄 것이다. 그 날 너희가 내 이름으로 아버지께 직접 구할 것이다. 내가 너희를 위해 대신 구하지 않아도 된다는 말이다. 너희가 나를 사랑하고, 내가 아버지로부터 온 것을 믿기 때문에 아버지께서 너희를 사랑하시는 것이다. 내가 아버지로부터 세상에 왔다가, 이제 세상을 떠나 아버지께 돌아간다."

제자들이 말하였다. "이제 비유를 쓰시지 않고 밝히 말씀하시니, 주님이 모든 것을 다 알고 계시며, 어느 누구의 질문도 받으실 필요가 없다는 사실을 깨달았습니다. 이로써 저희는, 주님이 하나님으로부터 오신 것을 믿습니다."

예수님이 말씀하셨다. "이제야 너희가 믿느냐? 그러나 보라, 너희가 뿔뿔이 흩어질 때가 오고 있다. 이미 그때가 되었다. 너희가 저마다 자기 집으로 돌아가고, 나를 혼자 버려둘 것이다. 그러나 나는 혼자 있는 게 아니다. 아버지께서 나와 함께 계시기 때문이다. 내 안에서 평화를 누리라고 내가 이 말을 하였다. 세상에서는 너희가 환난을 당하기 마련이나, 용기를 내어라. 내가 세상을 이겼다!"

〈고별사〉

'용기를 내어라. 내가 세상을 이겼다!'는 말씀은, 예수님의 고별사 가운데 마지막 메시지다. 당시의 제자들만 아니라, 오늘날 우리에게도 위안과 용기를 준다. 우리가 그리스도 예수 안에서 참 자유와 평화를 누리면서도, 역시 세상은 사탄이 주장하는바, 만만찮은 인생 여정이 이어질 것이기 때문이다.

'전에 가난하고 학대받던 사람들이 이제 무너진 그 성을 밟고 다닌다. 여호와여, 주께서 의로운 사람들의 길을 곧게 하시므로 그들의 길이 평탄합니다. 우리는 주의 뜻에 따르기를 좋아하며, 우리의 소원은 주의 이름을 영광스럽게 하는 것입니다.' (이사야 26.6-8)

045. 아버지의 뜻대로 하십시오.
(마태 26.36-46, 마가 14.32-42, 누가 22.39-46)

예수님이 제자들과 함께 감람산으로 가셨다. [60]겟세마네라는 동산에 이르러 말씀하셨다. "내가 저기 가서 기도하는 동안 너희는 여기 머물러 있어라."

그리고 베드로와 세베대의 두 아들, 야고보와 요한을 따로 데리고 가셨다. 예수님이 근심과 번민에 싸여 말씀하셨다. "지금 내 마음이 괴로워 죽을 지경이니, 너희는 여기서 남아 나와 같이 깨어있어라."

그리고 돌을 던져 닿을 만큼 조금 더 나아가 땅에 엎드려 기도하셨다. "아바[61], 아버지! 아버지께서 원하시면 무슨 일이나 다 하실 수 있습니다. 이 잔을 제게서 거두어주십시오. 하지만 제 뜻대로 마

---

60 겟세마네(Gethsemane, 기름 짜는 곳) 동산은 예루살렘에서 동쪽으로 1.2㎞쯤 떨어진 감람산 기슭에 있었다. 조용하고 한적한 곳으로 예수님이 제자들과 함께 가끔씩 모여 기도하셨다.
61 아바(Abba)는 어린아이가 아버지를 친근하게 부르는 아람어로 '아빠'라는 뜻이다.

시고, 아버지의 뜻대로 하십시오.[62]"

그때 하늘에서 천사가 내려와 예수님께 힘을 북돋아주었다. 예수님이 얼마나 고뇌에 차서 간절히 기도하셨던지, 땀이 핏방울처럼 되어 땅에 떨어졌다. 예수님이 기도를 마치시고 돌아와 보니, 제자들은 모두 자고 있었다.

예수님이 탄식하시며 말씀하셨다. "시몬아, 기어이 자고 있느냐? 너희가 나와 함께 잠시도 깨어있을 수 없느냐? 유혹에 빠지지 않도록 기도하라. 마음은 간절하지만 육신이 약하여 말을 듣지 않는구나!"

그리고 저만큼 다시 가서 더욱 간절히 기도하셨다. "아버지! 제가 마시지 않고는 이 잔이 지나갈 수 없거든, 아버지의 뜻대로 하십시오."

그리고 돌아와 보니, 제자들은 여전히 자고 있었다. 너무 지치고 졸려서 그들의 눈이 저절로 감겼던 것이다. 그래서 그대로 두고, 3번째 가서 같은 말씀으로 기도하고 돌아와 말씀하셨다. "아직도 자고 있느냐?"

제자들이 무슨 말을 어떻게 해야 할지 몰라 허둥거리자, 예수님이 다시 말씀하셨다. "그래, 됐다. 이제 때가 되어 인자가 죄인들의 손에 넘어가게 되었다. 자, 일어나 가자. 나를 넘겨줄 자가 가까이 왔다!"

〈겟세마네〉

최후의 만찬을 마치고, 예수님이 기도하러 겟세마네 동산에 들어

---

[62] 그리스도 안에서 미리 세우신 하나님의 계획에 따라서, 하나님의 심오한 뜻을 우리에게 알려주셨습니다. (에베소서 1.9)

가셨다. 기도하는 중에 땀이 핏방울처럼 되어 땅에 떨어졌다. 이를 의학적으로 혈한증(血汗症, hematidrosis)이라 한다. 정신적 스트레스를 심하게 받으면 땀샘에 있는 모세관을 파괴하는 성분이 나오고, 땀샘으로 소량의 피가 들어오게 되며, 땀을 흘릴 때 피가 섞여서 나온다.

예수님은 자신의 죽음을 적어도 3번 이상 예고하셨으며, 어떻게 돌아가실지도 잘 알고 계셨다. 하지만 인간으로서 십자가를 목전에 두고, 땀에 피가 섞여 나올 정도로 간절히 기도하셨다. 사실 예수님은 하나님의 아들로서 창세 전부터 아버지와 풍성한 교제를 나누셨다. 하지만 세상 모든 죄를 짊어지고 하나님의 진노와 저주를 받을 필요가 있었는바, 인간으로서 그 고뇌가 너무나 컸던 것이다.

046. 보라! 내가 속히 오겠다.

(요한계시록 22.12-17, 20-21)

예수님이 말씀하셨다. "보라! 내가 속히 오겠다. 내가 상을 가지고 와서 너희가 행한 대로 갚아주고 베풀 것이다. 나는 알파와 오메가[63]요, 처음과 마지막이요, 시작과 끝이다. 자기 옷을 깨끗이 빠는 사람은 복이 있다. 그들은 생명나무 열매[64]를 먹을 것이며, 성문을 통해 그 성으로 들어갈 것이다.

---

63 알파와 오메가(Alpha and Omega)는 헬라어 알파벳의 첫 글자와 마지막 글자로, 처음과 마지막이라는 뜻이다.

64 생명나무(Tree of Life)는 에덴동산 중앙에 선악과와 함께 있던 나무다. 아담과 이브는 범죄로 그 열매를 먹을 수 없었으나, 예수 그리스도의 속죄와 구원으로 이제는 누구나 먹을 수 있게 되었다.

그러나 악하고, 마술을 행하고, 음란하고, 살인하고, 우상을 숭배하고, 거짓말을 일삼는 자들은 성 밖에 그대로 남을 것이다. 나 예수는 이 모든 말을 전하기 위해 온 교회에 천사를 보냈다. 나는 다윗의 뿌리[65]에서 나온 그 자손이요, 빛나는 새벽별[66]이다."

"성령님과 신부[67]가 말씀하십니다. '오십시오!'

이 말씀을 듣는 사람도 외치십시오. '오십시오!'

목마른 사람은 누구나 와서 마시십시오! 생명수[68]를 마시되 마음껏 마시십시오!

이 증언을 하신 예수님이 말씀하십니다. '그렇다! 내가 속히 오겠다!'

'아멘, 주 예수님! 어서 오십시오!' (마라나타[69]!)

주 예수의 은혜가 모든 사람에게 있기를 빕니다. 아멘."

〈재림〉

그리스어 파루시아(παρουσία)는 예수님의 재림(Second Coming)과 임재(Presence)를 동시에 의미한다. 신약에서 24번 기록되었다. 예수님이 마지막 날 심판을 위해 다시 오신다는 뜻과, 세상 끝날까지 우리와 함께하신다는 뜻이 들어있다.

그래서 스위스 신학자 칼 바르트(Karl Barth, 1886~1968년)는, 부활의 날인 주일뿐만 아니라 오순절 성령 강림의 날까지 포함한다고

---

65 다윗의 뿌리(Root of David)는 유대인의 그루터기에서 나온 새로운 가지, 즉 메시아를 말한다.

66 새벽별(Morning Star)은 샛별, 곧 금성으로 예수 그리스도를 가리킨다.

67 신부(新婦)는 성도를 상징한다. 성도는 신랑 되신 예수님의 신부로서, 순결하고 아름답게 단장해야 한다는 뜻이다.

68 생명수(生命水)는 하나님께서 은혜로 값없이 주시는 영원한 생명을 상징한다.

69 마라나타(maranatha)는 아람어로 '주여, 어서 오소서'라는 뜻이다. 초대교회 그리스도인의 통상적 인사이자 기도였다.

하였다. 이처럼 신약의 파루시아는 그리스도가 마지막 날 다시 오신다는 재림(再臨)에 국한하지 않고, 우리와 항상 함께하신다는 임재(臨在)[70]의 의미도 가지고 있다.

사실 '파루시아'는 '파라'와 '우시아'의 복합어로, '옆에'와 '존재'의 의미를 함께 가지고 있다. 예수 그리스도가 항상 우리 옆에 계신다는 임마누엘(immanuel)의 뜻이다. 그래서 그리스도가 옆에 나타나신다고 번역되기도 하고, 앞으로 강림하신다고 번역되기도 한다.

그러므로 파루시아는 예수님이 부활하심으로써 이미 세상에 드러났을 뿐만 아니라, 성령님이 강림하심으로써 지금도 우리와 함께하시며, 마지막 날 다시 오심으로써 최종적으로 완성될 것이다.

---

70 내가 너희에게 명령한 모든 것을 가르쳐 지키게 하라. 내가 세상 끝날까지 항상 너희와 함께 있겠다. (마태 20.28)

제2편

디닥시스
διδαξις

— 교육 —

서시(序詩)

윤동주(독립운동가, 1944년)

죽는 날까지 하늘을 우러러
한 점 부끄럼이 없기를,
잎새에 이는 바람에도
나는 괴로워했다.
별을 노래하는 마음으로
모든 죽어 가는 것을 사랑해야지.
그리고 나한테 주어진 길을
걸어가야겠다.

오늘밤에도 별이 바람에 스치운다.

047. 다시 태어나야 합니다.

(요한 3.1–21)

바리새인 가운데 니고데모[71]라는 사람이 있었다. 산헤드린[72] 공회원으로 유대인 지도자였다. 어느 날 밤에 그가 예수님을 찾아와 말하였다. "랍비님, 우리는 선생님을 하나님께서 보내신 분으로 알고 있습니다. 하나님께서 함께하시지 않고서야 어찌 그런 표적을 행하실 수 있겠습니까?"

예수님이 말씀하셨다. "내가 분명히 말합니다. 누구든지 다시 태어나지 아니하면 하나님의 나라를 볼 수 없습니다."

"나이가 들어 이미 늙은 사람이 어떻게 다시 태어날 수 있겠습니까? 어머니 뱃속에 다시 들어갔다가 나올 수야 없지 않습니까?"

"내가 분명히 말합니다. 누구든지 물과 성령으로 다시 태어나지 않으면, 아무도 하나님의 나라에 들어갈 수 없습니다. 육신에서 난 것은 육이요, 성령으로 난 것은 영입니다. 다시 태어나야 한다는 내 말을 이상히 여기지 마십시오. 바람은 불고 싶은 대로 불지만, 그 소리를 들어도 어디서 와서 어디로 가는지 모릅니다. 성령으로 난 사람도 다 이와 같습니다."

"어떻게 그런 일이 있을 수 있겠습니까?"

"당신은 이스라엘의 이름난 선생으로서 이 일을 이해하지 못하니

---

[71] 니고데모(Nicodemus, 승리한 백성)는 바리새파에 속한 율법학자로 산헤드린 공회원이었다. 인품이 고상하고 경제적으로 부유했으며, 공개석상에서 예수님에 대한 정죄가 부당하다고 주장하였다. 아리마대 요셉과 함께 예수님의 장례를 치렀다.

[72] 산헤드린(Sanhedrin) 공의회는 사두개파와 바리새파에 속한 대제사장과 율법학자, 백성의 장로들로 구성되었으며, 70명에서 72명쯤 되었다. 입법, 행정, 사법권까지 가진 유대 최고의 기관이었으나, 예루살렘이 멸망하면서 사라졌다.

까? 내가 분명히 말합니다. 우리는 아는 것을 말하고 본 것을 증언합니다. 그러나 여러분은 우리의 증언을 받아들이지 않습니다. 내가 땅의 일을 말해도 여러분이 믿지 않거든, 하물며 하늘의 일을 말하면 어찌 믿겠습니까?

하늘에서 내려온 인자 외에는 아무도 하늘에 올라간 사람이 없습니다. 모세가 광야에서 구리뱀을 높이 들었던 것[73]처럼 인자도 높이 들려야 합니다. 이는 나를 믿는 사람마다 영생을 얻게 하려는 것입니다.

하나님께서 세상을 이처럼 사랑하여 독생자를 주셨습니다. 누구든지 그를 믿는 사람은 멸망치 않고 영생을 얻습니다. 하나님께서 아들을 세상에 보내신 이유는, 세상을 심판하려는 게 아니라, 아들을 통해 세상을 구원하려는 것입니다.

아들을 믿는 사람은 심판을 받지 않지만, 아들을 믿지 않는 사람은 이미 심판을 받았습니다. 하나님의 외아들을 믿지 않았기 때문입니다. 이미 심판을 받았다는 말은, 빛이 세상에 왔으나 자기 행실이 악하여, 사람들이 빛보다 어둠을 더 사랑했다는 것입니다.

과연 악을 일삼는 사람은 누구나 빛을 미워하고 멀리합니다. 자신의 죄상이 드러날까 싶어서 그렇습니다. 그러나 진리를 따라 사는 사람은 빛으로 나옵니다. 자신의 행위가 하나님의 뜻에 따라 이루어지고 있음을 드러내려는 것입니다."

---

[73] 모세(Moses)는 구리로 만든 뱀을 장대 위에 높이 달았고, 뱀에 물린 사람들은 그것을 쳐다보고 살아났다. (민수기 21.9)

〈중생〉

　중생(重生)은 육의 사람이 영의 사람으로 다시 태어나는 일이다. 죄로 인해 죽은 사람이 신령한 생명으로 거듭나는 것이다. 이는 오직 예수 그리스도를 믿음으로 가능하다. 아담의 범죄로 죽은 사람이 예수 그리스도의 은혜로 다시 살아나는 것이다. 거듭난 사람만이 경험하는 신비한 일이며, 이성적 논리나 산술적 이해의 대상이 아니다. 인생의 의미를 상실한 사람이 그 진가를 되찾아 누리는 것이다.

　사람이 자신의 출생에 대해 아무런 역할을 못 하듯, 거듭나는 사람도 자신의 의지로 아무것도 할 수 없다. 오직 예수 그리스도를 인격적으로 받아들일 때 일어나는 놀라운 일이다. 이는 전적으로 하나님의 은혜에서 비롯된다. 거듭나지 못한 사람은 하나님의 나라를 볼 수 없고, 중생의 체험이 없으면 구원의 확신을 가질 수 없다. 죄로 물든 사람이 하나님의 나라에 들어가지 못함은 너무나 당연하다.

　거듭남의 체험은 성령의 역사를 통해 가능하며, 어떤 이는 순간적으로, 어떤 이는 전 생애에 걸쳐 인격의 변화를 가져온다. 이는 일시적 회개로 일어날 수도 있지만, 상당한 훈련이 필요할 수도 있다. 단순히 개과천선의 필요성을 깨닫는 정도가 아니라, 전혀 새로운 피조물로서 일생일대의 대변혁을 의미한다.

　그러므로 중생한 사람은 스스로 하나님의 일을 최우선적으로 여기며, 죄를 슬퍼하고 주님의 사랑을 간절히 사모함으로써, 하나님의 나라를 세워가는 중인의 길을 걷게 된다. 이것이 물과 성령으로 다시 태어난 사람의 표적이다.

048. 어찌 슬퍼하며 금식하겠습니까?

요한의 제자들과 바리새인들이 금식할 때, 어떤 사람[74]이 와서 예수님께 따지고 들었다. "요한의 제자들은 물론이고, 바리새인의 제자들까지 자주 금식하며 기도하지 않습니까? 그런데 어찌하여 선생님의 제자들은 금식하지 않습니까?"

예수님이 대답하셨다. "혼인잔치에 온 신랑의 친구들이 신랑과 함께 있는 동안 어찌 슬퍼하며 금식하겠습니까? 그러나 신랑을 빼앗길 날이 올 터인데, 그때는 그들도 금식할 것입니다."

그리고 비유를 들어 말씀하셨다. "새 옷[75]에서 한 조각을 떼어 낡은 옷에 대고 깁는 사람은 아무도 없습니다. 그렇게 하면 새 옷은 찢어져 못쓰게 되고, 새 옷 조각이 낡은 옷을 끌어당겨 낡은 옷은 더 심하게 찢어집니다. 새 옷 조각과 낡은 옷은 서로 어울리지도 않습니다.

또 새 포도주를 낡은 부대에 담는 사람도 없습니다. 그렇게 하면 새 포도주가 낡은 부대를 터뜨려 포도주는 쏟아지고 부대는 못 쓰게 됩니다. 새 포도주는 새 부대에 담아야 둘 다 보존됩니다. 그러나 묵은 포도주를 마셔본 사람은 묵은 포도주가 좋다고 하면서 새 포도주를 원치 않습니다."

---

[74] 금식에 대해 질문한 사람을 마태는 요한의 제자로, 마가는 몇 사람으로, 누가는 식사 시비를 걸었던 바리새인과 율법학자들로 기록하였다. 요한의 제자와 바리새인은 그들의 관례에 따라 1주일에 2번씩, 매주 월요일과 목요일에 정기적으로 금식하였다.

[75] 그리스도와 연합하여 세례를 받은 사람은, 모두 그리스도로 옷 입은 것입니다. (갈라디아서 3.27)

금식(禁食)은 식음을 전폐하는 것이다. 보다 순수하고 깨끗한 몸과 마음으로, 하나님과의 진지한 만남을 통해 그 뜻을 헤아리고, 그대로 실천하려는 믿음에서 출발한다. 따라서 기도가 병행되지 않는 금식은 단지 음식을 굶는 것이다.

'내가 기뻐하는 금식은 부당한 결박을 풀어주는 것, 멍에의 줄을 끌러주는 것, 압제받는 사람을 놓아주는 것, 모든 멍에를 꺾어버리는 것, 바로 이런 것들이 아니냐?' (이사야 58.6)

049. 인자는 안식일의 주인입니다.

(마태 12.1–8, 마가 2.23–28, 누가 6.1–5)

어느 안식일에 예수님이 밀밭 사이로 지나가시게 되었다. 배가 고픈 제자들이 길을 내며 이삭을 따서 손으로 비벼먹었다. 바리새인들이 보고 예수님께 트집을 잡았다. "저것 보시오! 당신 제자들이 율법을 어기고 안식일에 해서는 안 될 일을 하잖소?"

예수님이 대답하셨다. "다윗[76]과 그 일행이 굶주렸을 때, 다윗이 어떻게 했습니까? 여러분은 그 말씀을 읽어보지 못했습니까? 아비아달[77] 대제사장 때, 다윗이 하나님의 전에 들어가 제사장 외에는 먹을 수 없는 진설병[78]을 먹고, 그 일행에게도 주지 않았습니까?

---

76 다윗(David, 사랑)은 이스라엘 통일왕국 제2대 왕으로, 이새의 아들이자 솔로몬의 아버지다.

77 아비아달(Abiathar, 부유한 아버지)은 아히멜렉 제사장의 아들로, 사울과 다윗시대의 대제사장이다.

78 진설병(陳設餠)은 누룩 넣지 않은 고운 가루로 만든 떡이다. 1줄에 6개씩 2줄로 매 안식일마다 제사장이 성소 안에 진열하였다.

또 성전 안에서는, 제사장이 안식일 규정을 어겨도 죄가 되지 않는다는 사실을 여러분은 율법에서 읽어보지 못했습니까? 내가 여러분에게 말합니다. 안식일보다 더 크고 성전보다 더 큰 이가(하나님의 사랑이) 바로 여기에 있습니다.

'내가 바라는 것은 제물을 바치는 제사가 아니라 이웃에게 베푸는 자선이다.' (호세아 6.6)

이 말씀이 무슨 뜻인지 알았다면, 여러분이 무죄한 사람을 정죄하지는 않았을 것입니다. 안식일이 사람을 위해 생긴 것이지, 사람이 안식일을 위해 있는 것이 아니지 않습니까? 그러므로 인자는 안식일의 주인입니다."

〈안식일〉

안식일(安息日)은 하나님께서 반드시 지키라고 명하신 정기휴일이다. 엿새 동안 열심히 일하고 하루를 거룩하게 구별하여 쉬어야 한다. 하나님께서 세우신 안식일 제도는 지금도 유효하다. 안식일에 가벼운 운동이나 자선 등은 거리낌이 없지만, 향락이나 게임 등 과도한 놀이나 운동은 바람직하지 않다. 안식을 방해하는 상스러운 말이나 행동도 삼가야 한다.

안식일 정신은 안식일을 거룩히 지키라는 계명의 제정취지나 동기 등을 감안하여, 사람이 취할 태도나 자세를 말한다. 모세의 율법에 의해 안식일 준수가 더욱 엄해진 이유는, 하나님의 은혜를 기억하고 감사하라는 뜻이다. 하나님의 은혜에 대한 사람의 응답은 감사다. 감사는 하나님과의 관계를 더욱 돈독히 하는 지름길이다.

050. 여러분은 세상의 소금입니다.

(마태 5.13–16)

예수님이 말씀하셨다. "여러분은 세상의 소금[79]입니다. 소금이 만일 그 맛을 잃으면, 무엇으로 다시 짜게 하겠습니까? 그런 소금은 아무 쓸데가 없어, 밖에 버려져 사람에게 짓밟힐 뿐입니다. 여러분은 세상의 빛입니다. 산 위에 있는 마을은 숨겨지지 않고 드러나기 마련입니다.

등불을 켜서 됫박으로 덮어두는 사람은 아무도 없습니다. 누구나 등잔대 위에 두어, 그 빛이 온 집안의 사람들을 비추게 합니다. 이처럼 여러분도 여러분의 빛을 사람들에게 비추십시오. 그들이 여러분의 착한 행실을 보고, 하늘에 계신 아버지를 찬양하게 하십시오."

〈빛과 소금〉

썩은 것을 썩었다 하고, 어둠을 어둠이라 하는 것이 우리의 사명은 아닙니다. 우리의 사명은 그 썩음 가운데서 소금이 되는 것이고, 그 어둠 가운데서 빛이 되는 것입니다. 아주 작은 빛이라도, 아주 적은 소금이라도, 그 빛과 소금은 자신의 역할을 묵묵히 수행합니다. 짙은 어둠을 완전히 걷어내고 환하게 밝히진 못할지라도, 저마다 맛을 내는 식재료 가운데서 그 맛을 뚜렷이 드러내진 못할지라도, 우리는 각자의 위치에서 빛과 소금이 되어야 합니다.

지금 당장 우리 주변의 어둠을 완전히 물러나게 할 순 없어도, 비

---

[79] 소금(salt)은 부패를 방지하고 맛을 낸다는 의미에서 하나님의 언약을 상징한다.

판이나 조소보다 묵묵히 자신의 빛을 발하여 어두운 심령을 따뜻
이 감싸주십시오. 서로 다른 목소리의 화합을 이끌어내는 평화와
조화의 사람이 되어주십시오. 참된 사랑과 헌신에 목말라하는 세상
가운데서 그리스도의 빛과 소금이 되어주십시오. (난초)

051. 율법을 완성하러 왔습니다.

(마태 5.17–20)

예수님이 말씀하셨다. "내가 율법이나 예언서를 폐하러 온 줄로
생각지 마십시오. 폐하러 온 것이 아니라 완성하러 왔습니다. 내가
분명히 말합니다. 하늘과 땅이 없어지기 전에는 율법의 일점일획도
없어지지 않고 다 이루어질 것입니다.

그러므로 누구든지 이 계명[80] 가운데서 아주 작은 것 하나라도
어기거나, 다른 사람에게 그같이 하라고 가르치면, 하나님의 나라
에서 가장 작은 사람이 될 것입니다. 그러나 누구든지 스스로 계명
을 지키고, 다른 사람에게 그같이 하라고 가르치면, 하나님의 나라
에서 큰 사람이 될 것입니다.

내가 말합니다. 여러분의 행실이 율법학자나 바리새인보다 더 의
롭지 않으면, 결코 하나님의 나라에 들어가지 못할 것입니다."

〈율법〉

율법(律法)은 하나님께서 인간에게 주신 최고의 규범이다. 윤리적

---

80 계명(誡命)은 종교적, 도덕적으로 지켜야 하는 규범이다. 하나님의 십계명과 모세의 율법서, 예수님의 큰
　　계명과 새 계명이 있다. 넓은 의미로 모든 성경이 하나님의 계명이다.

계명과 사회적 율례, 의식적 규례가 있다. 이는 문자적 조문에 따라 죽기까지 복종하라고 주신 것이 아니라, 하나님을 제대로 알고, 그리스도를 확실히 믿어, 성령을 풍성히 누리라고 주신 것이다. 이로써 주님이 원하신바 율법을 완성하게 된다.

실로 하나님께서 우리에게 율법을 주신 목적은 속박이 아니라 자유를 위한 것이다. 우리 자신은 물론이고, 우리의 이웃과 하나님까지 기쁘시게 하는 전천후 자유이다. 진정한 자유는 무분별한 방종이 아니라, 그 방종까지 다스리게 한다. 이런 자유는 주님의 평화와 기쁨을 동반하기 마련이다.

052. 도중에 얼른 화해하십시오.

(마태 5.21-26, 누가 12.58-59)

예수님이 말씀하셨다. "여러분은 옛사람의 이 말을 들었습니다. '살인하지 마라. 살인자는 누구나 재판을 받을 것이다.' (출애굽기 20.13, 신명기 5.17) 그러나 나는 말합니다. 형제나 자매에게 까닭 없이 성내는 사람은 누구나 재판을 받게 되고, '라가[81]'라 욕하는 사람은 법정에 끌려가 심문을 받게 되며, '멍청이'라 모욕하는 사람은 지옥불에 던져질 것입니다.

그러므로 제단에 예물을 드리다가도, 형제나 자매가 무슨 원한을 품고 있다는 생각이 나거든, 그 예물을 제단 앞에 두고 먼저 가서 화해하고 돌아와 예물을 드리십시오. 여러분을 고소하는 사람

---

[81] 라가(raca)는 아람어로 바보, 골 빈, 쓸모없는, 얼간이, 멍청이 등으로 히브리인의 욕설이다.

과 법정으로 갈 경우에도 도중에 얼른 화해하십시오. 그렇지 않으면 그가 여러분을 재판관에게 넘기고, 재판관은 교도관에 내주어, 여러분은 교도소에 갇힐 것입니다. 내가 분명히 말합니다. 여러분이 마지막 한 푼(호리)[82]까지 다 갚기 전에는 결코 거기서 나오지 못할 것입니다."

〈분노〉

예수님이 성전을 정화하시며 사두개인에게 분노하셨다고 해서, 위선을 일삼으며 근엄한 척하는 바리새인을 욕했다고 해서, 우리도 예수님처럼 분노하고 욕할 수 있다는 생각은 위험하다. 우리의 분노는 단지 분노일 뿐이며, 우리의 욕설은 그냥 욕설일 뿐이다. 예수님의 분노는 인간의 분노가 아니며, 예수님의 욕설은 사람의 욕설이 아니다. 그 기준이 전혀 다르다는 것이다.

우리의 분노와 욕설은 심판의 대상이 되지만, 예수님의 분노와 욕설은 심판자의 판단일 뿐이다. 그것이 사회적으로 공감대를 이룬 공분이나 거룩한 의분이라 하더라도, 그것은 우리가 판단할 사안이 아니다. 천하보다 귀한 사람을 판단하고 심판하실 분은 오직 그리스도 한 분이시다.

사실 상한 마음의 치유는 말을 필요로 하지 않는다. 서로 손잡고 마주 쳐다보며, 고개를 끄덕이고 살짝 안아주면 된다. 그것으로 상한 심령은 봄눈 녹듯 스르르 녹아버린다.

---

[82] 한 푼(닢)은 1고드란트(kodrantes, penny)로, 1/4앗사리온에 해당하는 가장 작은 로마의 동전이다. 당시 로마 화폐는 고드란트와 앗사리온(assarius, 1/16데나리온), 데나리온(denarius, 노동자의 1일 품삯)이 있었다.

053. 마음으로 간음한 것입니다.

(마태 5.27-30)

예수님이 말씀하셨다. "여러분은 이 말을 들었습니다. '간음하지
마라.' (출애굽기 20.14, 신명기 5.18) 그러나 나는 말합니다. 누구든지
여인을 보고 음욕을 품는 사람은, 이미 마음으로 간음한 것입니다.
여러분의 오른쪽 눈이 죄짓게 하거든, 그 눈을 뽑아버리십시오. 지
체 가운데 하나를 잃는 한이 있더라도, 온몸이 지옥에 던져지는 것
보다 낫습니다. 여러분의 오른손이 죄짓게 하거든, 그 손을 잘라버
리십시오. 지체 가운데 하나를 잃는 한이 있더라도, 온몸이 지옥에
떨어지는 것보다 낫습니다."

〈간음〉

간음(姦淫)은 정식으로 혼인한 부부가 아닌 남녀 간의 관계를 말
한다. 음란, 음행, 행음과 비슷한 말이다. 십계명 가운데 제7계명에
서 간음하지 말라고 하였다. 이는 우리의 생각과 말, 행동까지 깨
끗하게 유지하여, 자신은 물론이고 이웃의 정조까지 보존하라는
뜻이다.

054. 간음하게 하는 것입니다.

(마태 5.31-32, 누가 16.18)

예수님이 말씀하셨다. "여러분은 이 말을 들었습니다. '누구든지

아내를 버리려면 이혼증서를 써주어라.' (신명기 24.1) 그러나 나는 말합니다. 누구든지 음행[83]한 경우를 제외하고 아내를 버리면, 자기도 간음하고 그 여자도 간음하게 하는 것입니다. 또 버림받은 여자와 결혼하는 사람도 간음하게 하는 것입니다."

〈이혼〉

이혼(離婚)은 결혼한 부부가 무슨 연유로 인연을 끊고, 정해진 절차에 따라 정식으로 헤어지는 것이다. 하나님께서 짝지어 함께 멍에를 메도록 묶어주신 것을, 사람이 임의로 갈라놓아서는 안 된다. 상대방이 음행한 경우라든지, 강제적으로 버림받은 경우라든지, 불신자인 배우자가 먼저 이혼을 요구한 경우 등에 한하여, 성경은 아주 예외적으로 이혼을 허용하고 있다.

055. 아무것도 맹세하지 마십시오.

(마태 5.33-37)

예수님이 말씀하셨다. "여러분은 이 말을 들었습니다. '거짓으로 맹세하지 말고, 주님께 맹세한 것은 반드시 지켜라.' (레위기 19.12, 민수기 30.2) 그러나 나는 말합니다. 아예 아무것도 맹세하지 마십시오. (신명기 23.22) 하늘을 두고도 맹세하지 마십시오. 하늘은 하나님의 보좌입니다. 땅을 두고도 맹세하지 마십시오. 땅은 하나님의 발판입니다. 예루살렘을 두고도 맹세하지 마십시오. 예루살렘은 위대

---

83 음행(淫行)은 독신자의 비도덕적 성행위를 말하나, 여기서는 간음과 동의어로 쓰였다.

한 임금님의 도성입니다. 여러분의 머리를 두고도 맹세하지 마십시오. 여러분은 머리카락 하나도 희게 하거나 검게 할 수 없습니다.

　그러므로 여러분은 그저 '예'라고 할 것은 '예'라 하며, '아니요'라고 할 것은 '아니요'라 하십시오. 그 이상의 말은 악에서 나오는 것입니다."

〈인생법칙〉 Jordan B. Peterson(미국 심리학 교수)

1. 어깨를 펴고 똑바로 서라.
2. 나 자신에게 도와줄 사람처럼 대하라.
3. 나에게 최고의 모습을 기대하는 사람만 만나라.
4. 나를 다른 사람과 비교하지 말고, 오직 어제의 나와만 비교하라.
5. 아이를 제대로 키우려면 처벌을 망설이거나 회피하지 마라.
6. 세상을 탓하기 전에 자신의 방부터 정리하라.
7. 쉬운 길이 아니라 의미 있는 길을 선택하라.
8. 언제나 진실만을 말하고, 적어도 거짓말은 하지 마라.
9. 다른 사람이 말할 때는, 나에게 꼭 필요한 말을 들려준다고 생각하라.
10. 분명하고 정확하게 말하라.
11. 아이들이 스케이트보드를 탈 때는 방해하지 말고 내버려 두어라.
12. 길에서 고양이와 마주치면 쓰다듬어 주어라.

056. 악한 자에게 맞서지 마십시오.

(마태 5.38-42, 누가 6.29-30)

예수님이 말씀하셨다. "여러분은 이 말을 들었습니다. '눈은 눈으로, 이는 이로 갚아라.'[84] (출애굽기 21.24) 그러나 나는 말합니다. 악한 자에게 맞서지 마십시오. 누가 여러분의 오른뺨을 치거든 왼뺨마저 돌려대십시오. 누가 여러분을 고소하여 속옷을 가지려고 하거든 겉옷마저 내어주십시오. 누가 억지로 5리를 가자고 하거든 10리를 동행[85]하여 주십시오. 누구든지 달라는 사람에게 주고, 꾸려는 사람을 내치지 말며, 빼앗는 사람에게 찾으려고 하지 마십시오."

⟨양보⟩

요즘 보복운전으로 사고가 많이 난다고 한다. 사고를 미연에 방지하기 위해서는 양보가 필요함은 두말할 나위도 없다. 사실 양보 없이 안전운전은 기대할 수 없다. 사람은 누구나 그날 컨디션과 상황에 따라 감정조절이 힘들 때가 있다. 평소 온순한 사람도 운전대만 잡으면 난폭해지는 경우가 있다. 양보와 보복이 안전과 사고라는 극단의 상황으로 몰고 간다는 사실을 알아야 한다.

---

[84] 동해보복(同害報復, Talion)은 피해자가 입은 상처나 손해를 가해자에게 똑같이 안겨주는 법이었으나, 모든 사람의 신체가 똑같을 수 없다는 논리에 따라 점차 금전으로 보상하는 제도로 바뀌었다.

[85] 5리(里)는 1밀리온(million)으로 1,460m(3,200규빗)쯤 되었으며, 보통 사람의 보폭(30cm)으로 약 5,000보에 해당하였다. 1규빗은 45.6cm이다.

057. 여러분의 원수를 사랑하십시오.

(마태 5.43-48, 누가 6.27-28, 32-36)

예수님이 말씀하셨다. "여러분은 이 말을 들었습니다. '네 이웃을 사랑하고, 원수를 미워하라.' (레위기 19.18) 그러나 나는 말합니다. 여러분의 원수를 사랑하고, 여러분을 미워하는 사람을 선대하십시오. 여러분을 저주하는 사람을 축복하고, 핍박하는 사람을 위해 기도하십시오.

여러분이 여러분을 사랑하는 사람만 사랑하면, 그게 무슨 장한 일이 되겠습니까? 세리도 그렇게 합니다. 여러분이 여러분을 선대하는 사람만 선대하면, 그게 무슨 대단한 일이 되겠습니까? 죄인도 그만큼은 합니다. 여러분이 여러분의 형제자매에게만 인사하면, 다른 사람보다 나을 게 뭐가 있겠습니까? 이방인도 그같이 합니다. 여러분이 되받을 생각으로 빌려주면, 칭찬받을 게 무엇이 있겠습니까? 죄인도 도로 받을 요량으로 빌려줍니다.

그러나 여러분은 원수를 사랑하고, 선히 대하며, 아무것도 바라지 말고 그냥 빌려주십시오. 그러면 여러분이 큰 상을 받을 것이며, 지극히 높으신 분의 자녀가 될 것입니다. 하나님께서는 은혜를 아는 사람에게나 모르는 사람에게나 똑같이 인자하십니다. 선한 사람에게나 악한 사람에게나 똑같이 햇빛을 주시며, 의로운 사람에게나 불의한 사람에게나 똑같이 비를 내려주십니다.

그러므로 하늘에 계신 여러분의 아버지께서 온전하시고 자비하신 것처럼, 여러분도 온전하고 자비한 사람이 되십시오."

〈원수〉

　어떤 사람에게 조우라는 노예가 있었다. 주인은 모든 일을 그에게 맡기고 의논하였다. 어느 날 주인이 조우와 함께 노예시장에 갔다. 노예 가운데 유달리 늙고 병든 사람이 있었다. 주인은 힘 좋고 젊은 노예를 사려고 하였으나, 조우가 그 늙은 노예를 사자고 간청하여 그 말을 들어주었다. 그 병든 노예는 집에 와서 일도 하지 못했으나, 조우는 정성껏 간호하고 돌봐주었다.

　주인이 이상히 여겨 조우에게 물어보았다. "일도 못 하는 노예를 어찌하여 그토록 보살피는가?"

　조우가 눈물을 흘리며 말하였다. "주인님, 저 노예는 제 원수입니다. 제가 어릴 때 저를 유괴하여 노예상인에게 팔았던 사람입니다. 그런데 지금은 그도 노예가 되어 병이 들었습니다. 제가 저분을 보는 순간, 하나님께서 원수를 사랑하라고 하셨습니다. 그래서 저분이 세상을 떠날 때까지, 제가 돌보고 사랑할 책임이 주어졌습니다."

　이웃은 자기 가족과 친인척을 포함하여 가까이 사는 모든 사람을 말한다. 특히 보호자 없는 아이, 후손 없는 노인, 거동이 불편한 장애인, 질병으로 고생하는 환자, 생활고에 시달리는 빈자 등이 가장 가까운 이웃이다. 이런 사람들을 보살필 책임이 우리 모두에게 있다. 특히 구호의 손길이 미치지 않는 사회적 소외계층에 더욱 관심을 가져야 한다.

058. 여러분의 자선을 숨겨두십시오.

(마태 6.1-4)

예수님이 말씀하셨다. "여러분은 남에게 보이려고 일부러 선을 행하지 않도록 조심하십시오. 그렇지 않으면 하늘에 계신 여러분의 아버지로부터 상을 받지 못할 것입니다. 그러므로 여러분은 자선할 때, 위선자가 칭찬을 받으려고 회당과 거리에서 하듯이, 스스로 나팔을 불지 마십시오. 내가 분명히 말합니다. 그들은 이미 자기네 상을 다 받았습니다.

여러분은 자선할 때, 오른손이 하는 일을 왼손이 모르게 하여 그 자선을 숨겨두십시오. 그러면 은밀한 일도 보시는 여러분의 아버지께서 갚아주실 것입니다."

〈양말 한 켤레〉 트레버 B. 쿼크

나는 작은 사업체를 운영하면서, 이따금 무료급식소에 가서 자원봉사자로 일하였다. 어느 날 식당 뒷골목을 청소하다가 한 늙은 부인이 걸어오는 것을 보았다. 꽃무늬가 새겨진 낡은 치마에 색 바랜 노란 털스웨터를 입고, 다 닳은 고무신을 신고 있었다.

그날 밤은 몹시도 추웠다. 부인은 양말조차 신지 않았다. 양말을 어디다 두었는지 묻자 원래 없다고 고개를 저었다. 마지막으로 양말을 신어본 것이 언제인지 기억에도 없다고 하였다. 그 부인을 바라보면서 많은 도움이 필요하다는 사실을 깨달았다.

하지만 내가 도울 수 있는 것은 양말 한 켤레뿐이었다. 나는 운동화를 벗고 양말을 벗어 부인에게 신겨주었다. 그건 아주 사소한 친절에 지나지 않았으나, 부인은 큰 감동을 받은 듯하였다. 마치 할머니가 손자를 바라보듯, 사랑이 넘치는 시선으로 나를 쳐다보았다.

그리고 내 손을 꼭 잡으며 말하였다. "고마워요. 정말 고마워요. 내가 세상에서 가장 원하는 것이 하나 있다면, 밤에 따뜻한 발로 잠자리에 드는 일이라오. 언제 그랬는지 기억조차 없지만 말이에요."

그래서 나는 가슴 뭉클한 기분으로 집에 돌아왔다. 이튿날 저녁 다시 무료급식소에서 일할 때, 2명의 경찰관이 찾아왔다. 그들은 한 여성에 대한 신상정보를 수집하고 있었다. 이웃이 그 부인의 죽음을 발견했다고 하였다. 그때 경찰이 내게 그 부인의 사진을 보여주었다. 사진 속의 얼굴을 보고 깜짝 놀랐다. 바로 어젯밤 내가 양말을 신겨준 그 부인이었기 때문이다.

나는 너무 놀라서 물었다. "무슨 일이죠? 이 부인에게 무슨 일이 있었나요?"

경찰은 그 부인이 가족도 없고 친구도 없는 과부라고 하였다. 난방도 안 되는 낡은 판잣집에서 홀로 살았으며, 부인을 이따금 방문하는 이웃이 아침에 부인이 죽은 걸 발견했다는 것이다.

나는 경찰에게 커피를 따라주며 말하였다. "정말 슬픈 이야기군요."

경찰이 커피를 마시다 말고 나를 쳐다보며 말하였다. "그런데 정말 이상한 점이 있었소. 검시관이 시신을 살펴볼 때 내가 그 자리에 있었는데, 부인의 얼굴에 잔잔한 미소가 깃들어 있었소. 맹세코 말하지만, 아주 행복하고, 평안하고, 평화로운 모습이었소. 나도 죽을 때 저런 표정을 지을 수 있다면 얼마나 좋을까 하는 생각이 들었소. 그처럼 불행한 처지에 있던 부인이, 어떻게 그다지 만족스러운 미소를 지으며 돌아가실 수 있었는지, 정말 이상한 일이었소."

나는 부인이 겪었을 힘들고 궁핍한 삶을 생각하며 집으로 돌아왔다. 그러다가 문득 내가 양말을 신겨줄 때 부인이 한 말이 생각났다. '내가 세상에서 가장 원하는 것이 하나 있다면, 밤에 따뜻한 발로 잠자리에 드는 일이라오.'

내가 그 부인을 도와준 것은 아주 작은 친절에 불과하였으나, 부인이 지상에서 보낸 마지막 날 밤을 따뜻한 발로 잠자리에 들 수 있었다는 것만은, 나는 지금도 기억하고 있다.

059. 빈말을 되풀이하지 마십시오.

(마태 6.5-8)

예수님이 말씀하셨다. "여러분은 기도할 때, 위선자들처럼 하지 마십시오. 그들은 남에게 보이려고 회당이나 큰길 모퉁이에 서서 기도하기를 좋아합니다. 내가 분명히 말합니다. 그들은 이미 자기네 상을 다 받았습니다. 그러니 여러분은 골방에 들어가 문을 닫아걸고, 보이지 않는 아버지께 기도하십시오. 은밀한 중에 계시는 아버지께서 들어주실 것입니다.

또 여러분은 기도할 때, 이방인들처럼 빈말을 되풀이하지 마십시오. 그들은 말을 많이 해야 하나님께서 들어주실 줄로 생각합니다. 그러므로 그들을 본받지 마십시오. 여러분의 아버지께서는 여러분이 구하기도 전에, 여러분에게 필요한 것이 무엇인지 다 알고 계십니다."

기도(祈禱)는 아버지와 허심탄회하게 나누는 대화이다. 자신의 소원을 진지하게 아뢰며 하나님의 뜻을 여쭤보는 것이다. 그리고 주님의 뜻대로 살아가는 것이다. 그러므로 예수 그리스도를 주님으로 영접한 사람은, 누가 시키지 않아도 스스로 기도하게 된다.

우리가 보다 풍성한 신앙생활을 하려면, 스스럼없이 하나님과 대화하는 법을 배워야 한다. 절친한 친구를 만나면 밤새도록 이야기를 나눠도 시간이 부족하듯, 하나님과의 대화도 마찬가지다. 그래서 우리는 단 하루도 기도하지 않고는 살아갈 수 없다.

060. 남의 잘못을 용서하십시오.

(마태 6.14-15)

예수님이 말씀하셨다. "여러분이 남의 잘못(죄)을 용서하면, 하늘에 계신 아버지께서도 여러분의 잘못을 용서하실 것입니다. 그러나 여러분이 남의 잘못을 용서하지 않으면, 아버지께서도 여러분의 잘못을 용서하지 않으실 것입니다."

〈용서〉

용서(容恕)는 그리스도 안에서 하나님이 우리에게 허락하신 가장 아름다운 선물이다. 예수님의 십자가로 우리의 모든 죄와 허물이 용서되었다. 형벌 중에 가장 큰 형벌이 죽음이지만, 그 죽음까지도 면제되었다. 사실인바 조건 없는 용서는 구원의 요건이다. 그리스도의 은혜로 용서받은 사람이 하나님과 화해할 수 있고, 하나님과 화해한 사람이 구원의 대열에 참여할 수 있다.

사람의 죄와 허물은 하나님의 법과 명령, 판단의 기준에 따라야 한다. 하나님의 기준이 아니라 사람의 기준으로 판단하는 자체가 잘못이다. 우리는 하나님의 기준으로 자신의 잘못과 남의 잘못을 객관적으로 살펴보아야 한다. 그렇지 않으면 위선이 된다.

061. 은밀하게 금식하십시오.

(마태 6.16-18)

예수님이 말씀하셨다. "여러분은 금식할 때, 외식(外飾)하는 자와 같이 침통한 표정을 짓지 마십시오. 그들은 금식하는 것을 남에게 보이려고 일부러 초췌한 모습을 하고 다닙니다. 내가 분명히 말합니다. 그들은 이미 자기네 상을 다 받았습니다.

여러분은 금식할 때, 얼굴을 씻고 머리에 기름을 바르십시오. 그리하여 금식하는 것을 남에게 드러내지 말고, 은밀하게 계시는 여러분의 아버지께 보이십시오. 은밀한 일도 보시는 아버지께서 갚아주실 것입니다."

〈금식과 외식〉

금식(禁食)의 문자적 의미는 음식을 먹지 않는 것이다. 당시의 유대인들처럼 종교적 의식에 따라 금식을 한다든지, 또는 단순히 남에게 보이려고 한다면, 그건 금식이 아니라 굶는 것이다. 그리고 기도가 따르지 않는 금식도 참 금식이 아니다. 이를 일컬어 외식(外飾)이라 한다. 외식의 사전적 의미는 다른 사람에게 보이려고 배우의 역할을 하는 것이다.

062. 재물을 하늘에 쌓아두십시오.

(마태 6.19-21)

예수님이 말씀하셨다. "여러분은 재물을 땅에 쌓아두지 마십시오. 땅에서는 좀이 먹거나 녹이 슬어 망가지기도 하고, 도둑이 뚫고 들어와 훔쳐가기도 합니다. 그러니 재물을 하늘에 쌓아두십시오. 거기는 좀이 먹거나 녹이 슬어 망가지는 일도 없으며, 도둑이 뚫고 들어와 훔쳐가지도 못합니다. 여러분의 재물이 있는 곳에 여러분의 마음도 있습니다."

〈재물〉

1980년대 중반쯤으로 기억된다. 6개월 과정의 유학 영어를 공부하려고 행정학교에 들어갔다. 첫날 첫 교시에 한국인 노(老) 교수님이 들어와 다짜고짜 이렇게 썼다. 그 글은 일직선으로 칠판을 가득 채웠고, 손놀림은 얼마나 빠른지 다들 깜짝 놀랐다.

'The most foolish man in the world is a man who lives poor to die rich!'

이는 '세상에서 가장 어리석은 사람은 부자로 죽기 위해 가난하게 사는 사람이다!'라는 뜻이다. 그리고 한 시간 내내 최대한 베풀며 살아야 한다고 인생 공부만 하였다. 당시에는 그리스도인으로 덕담을 나눈 것이라 생각하고 대수롭지 않게 여겼으나, 이제 그 의미가 새롭게 다가온다. 그 교수님의 마음을 어느 정도 이해할 것만 같다.

사실 그리스도인은 누구나 재물관이 분명하고 투철해야 한다. 모든 재물의 주인이 하나님이라는 사실을 인식하고, 자신은 선한 청지기로서 책임과 의무를 다해야 하며, 나눔과 섬김을 실천해야 한다. 그렇지 않으면 세상에서 가장 가련하고 불쌍한 사람이 된다. 자신에게 알뜰하고, 이웃에게 관대하며, 하나님께 넉넉해야 한다.

063. 두 주인을 함께 섬기지 못합니다.

(마태 6.24-27)

예수님이 말씀하셨다. "아무도 두 주인을 함께 섬기지 못합니다. 이편을 미워하고 저편을 사랑하든가, 이쪽을 존중하고 저쪽을 무시하기 마련입니다. 여러분은 하나님과 맘몬(재물)을 아울러 섬길 수 없습니다.

그러므로 내가 말합니다. 여러분의 목숨을 위해 무엇을 먹고 마시며, 여러분의 몸을 위해 무엇을 입을까 염려하지 마십시오. 목숨이 음식보다 중하고, 몸이 옷보다 귀하지 않습니까? 공중의 새들을 보십시오. 씨를 뿌리지도 않고 거두지도 않으며, 곳간에 모아들이지도 않습니다. 그러나 하늘에 계신 아버지께서 다 먹여주십니다. 여러분은 새들보다 훨씬 귀합니다. 여러분 가운데 누가 걱정한다고 해서, 자기 목숨을 한순간인들 더 늘릴 수 있습니까?"

〈맘몬〉

맘몬(mammon)은 물질적 부요와 탐욕을 일컫는 말이다. 부정한 재물이나 의인화된 물질의 우상을 의미한다. 4세기 니사의 그레고

리오(Gregorio) 주교는 맘몬이 베엘제붑(바알제붑/바알제불)의 다른 이름이라고 주장하였다. 중세의 맘몬은 일반적으로 탐욕과 부유, 부정직함을 관장하며, 2개의 새 머리, 검은 몸, 발톱을 가진 악마로 그려졌다. 천사들의 아홉 계층 가운데 가장 낮은 계급이었다.

물질(物質)은 재물이나 재산을 뜻한다. 돈으로 환가되는 모든 것이다. 원래 물질은 철학에서 나온 이원적 용어로서 인간의 내면세계, 즉 정신적 부분을 제외한 것이었다. 우주에 물질을 이루는 원소(元素)의 수가 10의 90승이나 된다고 한다. 이 모든 것을 하나님이 창조하셨다. 그러므로 하나님은 우주만물의 주인이시다.

064. 내일 일은 내일에 맡기십시오.

(마태 6.28-34)

예수님이 말씀하셨다. "여러분은 어찌하여 옷 걱정을 합니까? 들꽃(백합)이 어떻게 자라는지 보십시오. 수고도 하지 않고 길쌈도 하지 않습니다. 내가 말합니다. 이 세상 모든 영화를 한 몸에 누린 솔로몬도 이 꽃 하나만큼 화려하게 입어보지 못했습니다.

그런데 여러분은 어찌하여 그리 믿음이 적습니까? 오늘 피었다가 내일 아궁이에 던져질 들풀도 하나님께서 이처럼 입히시거든, 하물며 여러분을 입히시지 않겠습니까? 그러니 무엇을 먹을까, 무엇을 마실까, 무엇을 입을까 하면서 걱정하지 마십시오. 그런 걱정은 이방인이 하는 것입니다. 하늘에 계신 여러분의 아버지께서 그 모든 것이 여러분에게 필요한 줄을 알고 계십니다.

여러분은 먼저 하나님의 나라와 그 의를 구하십시오. 그러면 그 모든 것을 더하여 주실 것입니다. 그러므로 내일 일을 걱정하지 마십시오. 내일 일은 내일에 맡기십시오. 하루의 괴로움은 그날로 족합니다."

〈미녀 바실리사〉 알렉산드르 아파나셰프(러시아 민속학자, 1826~1871)

러시아 동화집에 나오는 인형 이야기다. 바실리사는 8살에 엄마를 잃고 새엄마와 언니들을 맞았다. 그들은 바실리사의 미모를 시기하여 시도 때도 없이 일을 시키며 구박하였다. 바실리사에게 유일한 위안이 있다면 엄마가 유품으로 남긴 인형이었다.

바실리사가 밤마다 인형에게 하소연하였다. "오늘도 새엄마와 언니들이 일을 시켰어. 저걸 내가 다 할 수 있을까?"

그때 인형이 조용히 속삭인다. "너무 걱정하지 말고 일단 좀 쉬어. 바실리사!"

그래서 바실리사가 한숨 자고 아침에 일어나면, 그 일이 감쪽같이 다 되어 있었다. 밤새 인형이 일을 하였던 것이다. 이 동화 속의 인형은 다름 아닌 죽은 엄마의 분신이었다. 이와 같이 우리에게도 '내일 일은 내일에 맡기고 푹 쉬어라!'고 하시는 참 좋은 주님이 계신다.

065. 비판하지 마십시오.

(마태 7.1–5, 누가 6.37–42)

예수님이 말씀하셨다. "비판(비난, 판단)하지 마십시오. 그래야 여러분도 비판받지 않을 것입니다. 여러분이 남을 비판하면, 남을 비판하는 그 비판으로 여러분도 비판받을 것입니다.

헤아리지(저울질하지) 마십시오. 그래야 여러분도 헤아림을 받지 않을 것입니다. 여러분이 남을 헤아리면, 남을 헤아리는 그 헤아림으로 여러분도 헤아림을 받을 것입니다.

심판(단죄, 정죄)하지 마십시오. 그래야 여러분도 심판받지 않을 것입니다. 여러분이 남을 심판하면, 남을 심판하는 그 심판으로 여러분도 하나님께 심판받을 것입니다.

용서하십시오. 그래야 여러분도 용서받을 것입니다. 여러분이 남을 용서하면, 남을 용서하는 그 용서로 여러분도 용서받을 것입니다.

후히 주십시오. 그래야 여러분도 후히 받을 것입니다. 하나님께서 누르고 흔들어 차고 넘치도록 주실 것입니다. 여러분이 되질하여 주는 대로, 여러분도 되질하여 받을 것입니다."

그리고 비유를 들어 말씀하셨다. "눈먼 사람이 어찌 눈먼 사람을 인도할 수 있겠습니까? 그러면 둘 다 구덩이에 빠집니다. 제자가 스승보다 나을 수 없지만, 다 배우고 나면 스승과 같이 될 것입니다.

그런데 여러분은 어찌하여 형제의 눈 속에 있는 티는 보면서, 자기 눈 속에 있는 들보는 깨닫지 못합니까? 자기 눈 속에 있는 들보는 보지 못하면서, 어찌 남의 눈 속에 있는 티를 빼내주겠다고 할 수 있습니까?

위선자여, 먼저 그대의 눈 속에 있는 들보를 빼내십시오. 그래야 밝히 보고 남의 눈 속에 있는 티도 빼낼 수 있을 것입니다."

〈선악〉

사람들은 대체로 생명의 소중함보다 선악의 가치에 기준을 둔다. 에덴동산 중앙에 생명나무도 있었지만, 인간은 선악의 열매에 매혹되었다. 그래서 죽는 날까지 선악의 기준으로 자신을 정의한다. 형제의 눈 속에 있는 작은 티가 보이는 이유는, 내 안에 고정된 선악의 렌즈가 있기 때문이다. 선악과를 따먹은 사람들을 대신하여 예수님은 십자가에 달려 죽으셨고, 성령님은 그 십자가의 죽음에 사람들을 참여시켰다.

그러므로 죄와 사망의 법이 우리의 인격과 자유의지를 모두 뛰어넘어 덮쳤듯이, 그리스도 예수 안에 있는 생명의 성령의 법이 선악을 향한 우리의 의지를 모두 뛰어넘어, 예수 그리스도의 죽음을 우리에게 적용시켰다. 이제 그 죽음에 합류하는 사람은, 자신을 옭아매는 선악의 가치와, 그로 인해 얽매인 죄와 사망의 법에서 벗어나 자유롭게 된다. (티와 들보)

066. 진주를 돼지에게 던지지 마십시오.

(마태 7.6)

예수님이 말씀하셨다. "거룩한 것을 개에게 주지 말고, 진주를 돼지 앞에 던지지 마십시오.[86] 그들이 그것을 발로 짓밟고 돌아서서, 여러분을 물어뜯을지 모릅니다."

〈율법과 복음〉

기독자로 신앙생활에서 가장 어려움을 겪는 것이 율법과 복음을 바로 이해하는 일입니다. 선교 초기에 한국 개신교는 공자와 맹자

---

86 거룩한 것은 하나님의 율법을, 개는 율법을 무시하는 사람을, 진주는 예수 그리스도의 복음을, 돼지는 복음을 대적하는 사람을 가리키는 것으로 보인다.

등 유교 사상을 상당히 많이 강조했습니다. 부모를 공경하고 도덕적으로 깨끗하게 사는 것이 기독교인의 삶처럼 생각하였습니다.

그래서 종교는 다 비슷한 것이라는 얘기가 떠돌게 되었습니다. 물론 기독자는 도덕적이어야 합니다. 그러나 도덕적이라고 해서 다 기독자는 아닙니다. 도덕이나 윤리는 사람들 사이에서 필요한 것이지, 하나님과의 관계에서는 별로 도움이 되지 않습니다.

도덕은 사람이 힘써 지키는 것을 말하지만, 하나님 앞에 서게 하는 것은 복음입니다. 복음은 하나님께서 우리를 위해 베푸신 은총입니다. 하나님께서 행하신 은총의 복음만이 우리를 죄에서 자유롭게 하고, 하나님 앞에 당당히 서도록 합니다. 그러므로 모든 기독자는 율법과 복음의 긴장 관계를 떠나서 살아갈 수 없습니다. (삶 사랑)

067. 먼저 남을 대접하십시오.

(마태 7.12, 누가 6.31)

예수님이 말씀하셨다. "무엇이든지 남에게 대접을 받고 싶은 대로, 여러분이 먼저 남을 대접하십시오. 이것이 율법과 예언서의 정신입니다."

〈율법의 정신〉

율법(律法)은 신정시대의 문화와 사정에 따라 주어졌다. 오늘날 문화와 맞지 않을 수밖에 없다. 문자대로 가르치고 지켜야 한다는 생각은 어느 모로 보아도 무리다. 하지만 율법에 내포된 정의와 그 정신은 영원히 살아있다. 율법의 정신은 시대를 초월하여 변하지 않지만, 율법의 조문은 시대에 따라 문화의 옷으로 갈아입는다.

그러므로 율법은 죄를 고발하는 정의의 사자와 같다. 그래서 바울은 몽학선생이라 하였다. 몽학선생은 자신이 직접 가르치고 지키게 할 수는 없지만, 그렇게 하는 학교까지 이끄는 역할을 한다. 율법이 직접 사람을 구원할 수는 없지만, 죄를 깨닫게 하고 회개시키는 복음까지, 예수 그리스도를 믿음으로 구원을 받는 데까지 인도하는 역할을 한다는 것이다.

068. 좁은 문으로 들어가십시오.

(마태 7.13-14)

예수님이 말씀하셨다. "좁은 문으로 들어가십시오. 멸망에 이르는 문은 크고 그 길도 넓어, 그리로 들어가는 사람이 많습니다. 생명에 이르는 문은 작고 그 길도 좁아, 그리로 찾아드는 사람이 적습니다."

〈좁은 문〉

어떤 사람은 돈을 많이 벌어 잘 살아보려고 밤잠을 설치며 열심히 일한다. 간혹 너무 쉽게 돈을 벌려고 하다가 사기를 치거나, 나쁜 일을 저질러 쇠고랑을 차기도 한다. 그들은 인생의 가치를 오로지 돈에 두고 일희일비하며 살아간다. 그러다가 주어진 인생을 다 허비하고 나서 후회하게 된다.

한편 재물의 욕심을 떨쳐버리고 하나님만 바라보며 열심히 살아가는 사람도 있다. 이들은 하나님의 나라에 인생의 모든 가치와 의미를 둔다. 예수님이 영원한 생명에 이르는 문은 좁고, 그 길도 험하여 찾는 사람이 적다고 하셨다. 사실 좁은 문으로 들어갈 때는 머리를 숙여야 하고, 좁은 길을 걸을 때는 매사에 조심할 수밖에 없다.

069. 땅에 씨앗을 뿌려놓았습니다.

(마가 4.26–29)

예수님이 말씀하셨다. "하나님의 나라는 이렇게 비유할 수 있습니다. 어떤 사람이 땅에 씨앗을 뿌려놓았습니다. 하루하루 자고 일어나는 사이에 씨앗은 싹이 트고 자랍니다. 그러나 그것이 어떻게 자라는지 모릅니다. 땅이 스스로 곡식을 자라게 합니다. 처음은 싹이요, 다음은 이삭이요, 그 다음은 알찬 낟알입니다. 그리고 곡식이 다 익으면 농부가 낫으로 거둬들입니다. 추수 때가 되었기 때문입니다."

〈용정차〉

중국 항저우에 용정차(龍井茶)를 생산하는 곳이 있다. 1200년의 역사를 가진 용정차는 여린 새순만을 취하여 여러 차례 힘든 공정을 거쳐서 만든다. 그 맛이 구수하면서도 향내가 좋다. 그리고 황제에게 바치는 차만 생산하는 나무를 어차수(御茶樹)라고 한다. 그 어차수에서 생산된 용정차의 경매가가 수억 원을 호가한다.

보통 씨앗의 가격이 100원쯤 하는 데 비하여, 유독 어차수에서 난 용정차만 고가인 것을 보면 참으로 놀랍다. 어차수도 작은 씨앗에서 비롯되지만, 그것이 황제에게 바치는 차를 생산하는 나무가 되었을 때, 엄청난 가치를 발하게 된다. (구름)

070. 추수 때까지 내버려 두어라.

(마태 13.24-30, 36-43)

예수님이 말씀하셨다. "하나님의 나라는 어떤 사람이 자기 밭에 좋은 씨를 뿌린 것과 같습니다. 모든 사람이 잠잘 때, 원수가 와서 밀밭에 가라지[87]를 덧뿌리고 갔습니다. 밀이 자라서 이삭이 팰 때, 가라지도 함께 자란 것이 보였습니다.

종이 물었습니다. '주인님, 밭에 좋은 씨를 뿌리지 않았습니까? 가라지가 어디서 생겨났습니까?'

주인이 대답하였습니다. '원수가 그렇게 하였구나.'

종이 다시 물었습니다. '그러면 저희가 가서 그 가라지를 모두 뽑아버릴까요?'

그러자 주인이 '아니다. 가라지를 뽑다가 밀까지 뽑을까 염려되니, 추수 때까지 같이 자라게 내버려 두어라. 그러나 추수 때, 가라지를 먼저 뽑아 단으로 묶어 불사르고, 밀은 내 곳간에 거둬들일 것이다.' 라고 대답하였습니다."

그리고 무리를 떠나 집으로 들어가시자, 제자들이 다가와 말하였다. "밀밭의 가라지 비유를 자세히 설명해주십시오."

---

87 가라지(weed)는 강아지풀이다. 여기서는 독보리 일종으로 가짜 밀을 말한다. 싹이 나올 때부터 결실할 때까지 사람의 눈에 띄지 않게 위장하고 있다가, 이삭이 팰 때 비로소 그 정체를 드러낸다. 곡식만이 아니라 사람에게도 큰 피해를 주는 독성을 가지고 있다.

예수님이 말씀하셨다. "좋은 씨를 뿌린 사람은 인자요, 밭은 세상이요, 좋은 씨는 하나님 나라의 자녀요, 가라지는 악한 자의 자식이요, 가라지를 뿌린 원수는 마귀요, 추수 때는 세상이 끝나는 날이요, 추수하는 일꾼은 천사다.

그러므로 추수 때 가라지가 뽑혀 불태워지듯, 세상이 끝나는 날도 그렇게 될 것이다. 그날 인자가 보낸 천사들이 남을 죄짓게 하는 자와, 악을 일삼는 자를 모조리 가려내어 활활 타오르는 불구덩이 속에 처넣을 것이다. 그들은 거기서 가슴을 치며 통곡할 것이다. 그때 의인은 아버지의 나라에서 해같이 빛날 것이다. 들을 귀가 있는 사람은 알아들어라."

〈가라지〉

세상에는 합법과 불법, 정의와 불의가 있기 마련이며, 합리적인 일과 부조리한 일도 있다. 어찌 보면 불법과 불의, 부조리가 방치되는 것처럼 보이기도 한다. 이에 대하여 예수님이 가라지의 비유를 통해 확실한 답변을 준다. '가라지를 뽑다가 밀까지 뽑을까 염려되니, 함께 자라도록 내버려 두어라.'

이는 방치가 아니라 사랑이다. 추수 때가 되면 먼저 가라지를 뽑아서 불태워버리고, 알곡은 모아서 곳간에 들일 것이다.

071. 겨자씨 같습니다.

(마태 13.31-32, 마가 4.30-32, 누가 13.18-19)

예수님이 말씀하셨다. "하나님의 나라는 누군가 자기 밭에 갖다 심은 겨자씨[88] 같습니다. 땅에 심을 때는 다른 어떤 씨보다 작으나, 심은 후에는 어떤 푸성귀보다 더 크게 자라나 나무처럼 됩니다. 그러면 공중의 새들이 와서 그 가지에 둥지를 틀고, 그늘에 깃들이게 됩니다."

〈겨자씨〉

겨자는 길거리에서 흔히 볼 수 있는 잡초 가운데 하나다. 어떤 사람이 겨자씨를 자기 정원에 갖다 심었다는 것은, 예수님이 즐겨 사용하시는 역설적 이야기다. 오히려 정원에는 화초가 잘 자라도록 겨자 같은 잡초를 뽑아주어야 한다.

그리고 겨자를 아무리 잘 가꾸어도 새가 깃들일 만큼 크게 자라지는 않는다. 이 또한 당시 랍비들이 즐겨 사용하는 과장법이다. 갈릴리 사람들은 봄이 되면 호수 주변을 노랗게 물들이는 겨자를 잘 알고 있었다. 이런 잡초의 씨를 자기 정원에 심어 새들이 깃들 정도로 가꾼다는 비유는, 제자들에게 큰 감동을 주었을 것이다. 실제로 갈릴리 출신의 제자들은 나중에 큰 나무와 같이 되었다.

---

[88] 겨자씨(mustard seed)는 사람이 재배할 수 있는 가장 작은 푸성귀 씨앗이다. 보통 3m에서 4m까지 자라며, 어른 팔뚝만큼 커서 나무처럼 무성하게 된다.

072. 누룩과 같습니다.

(마태 13.33, 누가 13.20-21)

예수님이 말씀하셨다. "하나님의 나라를 무엇에 비길 수 있을까? 누룩[89]과 같습니다. 어떤 여인이 밀가루 서 말[90] 속에 누룩을 살짝 섞어 넣었더니, 마침내 온 덩이가 부풀어 올랐습니다."

⟨누룩⟩

누룩(yeast)은 적은 양으로 크게 부풀어 오르게 하는 발효제로 강한 생명력을 상징한다. 이는 개인을 변화시키고 교회를 확장시키는 복음을 의미하기도 한다. 누룩은 통 속의 가루를 부풀게 하고, 복음은 사람의 내적 성장과 변화를 일으킨다.

073. 보물과 같습니다.

(마태 13.44)

예수님이 말씀하셨다. "하나님의 나라는 밭에 숨겨놓은 보물과 같습니다. 사람이 그 보물을 발견하게 되면, 제자리에 숨겨두고 기뻐하며 돌아가 자기 소유를 다 팔아 그 밭을 삽니다."

---

89 여러분은 잘난 체하지 마십시오. 적은 누룩이 온 반죽을 부풀게 한다는 사실을 모르십니까? (고린도전서 5.6)

90 서 말(斗)을 신약시대 부피 단위 사톤(saton, 12ℓ)으로 환산하면 36ℓ가 되고, 구약시대 부피 단위 세아(seah, 7.33ℓ)로 환산하면 약 22ℓ가 된다.

<보물>

당시에는 돈이나 귀중품을 맡길 만한 곳이 없었다. 전쟁 등으로 피치 못할 사정이 생겨 집을 떠날 경우, 부자들은 자기 밭이나 바위 아래 등 은밀한 곳에 보물을 숨겨두었다. 그런데 그가 다른 사람에게 알리지 못하고 죽으면, 그 밭을 산 사람이 보물의 주인이 되었다. 그래서 품꾼이 일하다가 그 보물을 발견하면, 자기 소유를 다 팔아 그 밭을 샀다. 그 밭을 사지 않고 보물을 취하면 도둑이 되었기 때문이다.

074. 상인과 같습니다.

(마태 13.45-46)

예수님이 말씀하셨다. "하나님의 나라는 좋은 진주를 구하는 상인과 같습니다. 그가 아주 값진 진주를 발견하면, 서둘러 집으로 돌아가 자기 전 재산을 팔아 그 진주를 삽니다."

<진주>

당시 사람들은 진주에 특별한 관심을 보이지 않았다. 장사꾼이 진주를 구하기는 하였으나 그렇게 큰 가치를 두지는 않았다. 그런데 주님은 극히 값진 진주라고 하시며 사람들의 주의를 환기시켰다. 실로 예수님은 세상에서 진주를 구하다가 극히 값진 진주를 발견하고, 그 진주를 사기 위해 자신의 모든 소유를 팔았다.

예수님이 천국의 영광을 버리고 세상에 와서 자신의 몸을 팔아 교회를 사셨다. 사람들이 보기에는 교회가 그리 값진 것 같지 않았으나, 주님이 보시기에는 극히 값진 진주였다. 진주가 주님의 몸에 상처를 입히고 힘들게 하였으나, 주님은 그것을 다 싸매시고 회복하셨다. 그래서 교회는 더욱 값진 진주가 되었다.

그때 사람들이 진주의 가치를 몰랐듯, 오늘날 사람들도 교회의 가치를 모른다. 그러나 주님은 교회의 가치를 아신다. 비록 세상은 교회의 가치를 인정하지 않으나, 주님은 교회에 가장 큰 가치를 부여하신다. 그래서 지금도 모든 것을 팔아 교회를 사신다.

075. 그물과 같습니다.

(마태 13.47-53)

예수님이 말씀하셨다. "하나님의 나라는 바다에 던져 다양한 고기를 잡아 올리는 그물과 같습니다. 그물에 고기가 가득 차면, 어부들이 해변에 끌어올려 좋은 고기는 그릇에 담고, 나쁜 고기는 던져 버립니다. 마지막 날도 그럴 것입니다. 천사들이 와서 의인 틈에 끼어있는 악인을 가려내어, 활활 타오르는 불구덩이 속에 던질 것입니다. 거기서 그들은 슬피 울며 이를 갈 것입니다."

그리고 제자들에게 물으셨다. "이 모든 것을 알아들었느냐?"

제자들이 대답하였다. "예."

예수님이 말씀을 맺으셨다. "그러므로 하나님의 나라를 위해 훈련받은 율법학자는, 자기 곳간에서 새것도 꺼내고 헌것도 꺼내는 집주인과 같다."

이 모든 비유를 마치시고, 예수님은 그곳을 떠나셨다.

<그물>

바다에는 온갖 종류의 고기가 살고 있다. 아직 이름도 짓지 못한 고기가 90% 넘는다고 한다. 특히 심해에는 더욱 많은 고기가 살지만, 그 모습을 볼 수도 없는 실정이다. 여기서 '바다'는 세상을, '그물'은 복음을, '고기'는 다양한 부류의 사람을, '어부'는 주님을 상징한다.

세상의 바다에 복음의 그물을 치면, 좋은 사람과 나쁜 사람의 고기가 다 들어오게 된다. 그때 어부가 좋은 고기와 나쁜 고기를 선별하듯, 주님이 좋은 사람은 천국에, 나쁜 사람은 지옥에 던진다. 사실 주님은 알곡과 쭉정이를 고르듯, 양과 염소를 갈라놓듯, 그렇게 사람들을 따로 세우고 심판하실 것이다.

076. 사람의 교훈을 조심하라.

(마태 16.5-12, 마가 8.14-21)

호수를 건너가면서 제자들이 깜빡 잊고 떡[91]을 가져가지 않았다. 그래서 배 안에는 떡이 하나밖에 없었다. 예수님이 말씀하셨다. "너희는 정신을 바짝 차리고, 바리새인과 사두개인, 헤롯 일당의 누룩을 조심하라."

제자들이 서로 의논하며 수군거렸다. "이것은 우리가 떡을 두고 와서 하시는 말씀이 아닌가?"

예수님이 아시고 말씀하셨다. "믿음이 적은 자들아, 어찌하여 떡

---

91 떡(bread)은 밀가루나 보릿가루로 납작하고 둥글게 만들었다. 지름이 15㎝, 두께가 1.5㎝쯤 되었다.

이 없는 것을 두고 서로 묻느냐? 너희가 아직도 알지 못하고 깨닫지 못하느냐? 너희 마음이 그렇게 무디어 있느냐? 너희는 눈이 있어도 보지 못하고, 귀가 있어도 듣지 못하느냐? 그리고 벌써 다 잊어버렸느냐? 내가 떡 5개로 5천 명에게 떼어줄 때, 먹고 남은 조각을 몇 바구니 거두었느냐?"

"12바구니입니다."

"떡 7개로 4천 명을 먹이고 몇 광주리 거두었느냐?"

"7광주리입니다."

"그래도 아직 깨닫지 못하겠느냐? 내가 떡을 두고 한 말이 아님을 말이다. 너희는 바리새인과 사두개인, 헤롯 일당의 누룩을 조심하라."

그제야 제자들은 떡의 누룩이 아니라, 사람의 교훈을 조심하라는 것임을 깨달았다.

〈교훈〉

윌리엄 부스[92]가 술 취한 사람에게 복음을 전하자 그가 대뜸 말하였다. "이보시오, 목사 양반! 내가 정말 지옥과 천국이 있다는 것을 믿는다면, 당신처럼 그렇게 소극적으로 전도하지는 않겠소. 좀 더 열정적으로 할 거란 말이요."

이 말을 듣고 부스는 적극적으로 전도하게 되었으며, 구제 활동도 더욱 활기차게 하였다. 그리고 1878년 구세군을 창설하였다.

오늘날 교회가 복음을 전하고 있지만, 어딘가 모르게 부족한 구석이 있다. 자기는 하고 싶은 대로 다 하고 살면서, 예수님을 본받으

---

92 윌리엄 부스(William Booth 1829~1912)는 영국 감리교 목사로 구세군 창시자다.

라고 하니 누가 그 말을 따르겠는가? 이렇듯 사람의 교훈은 어디까지나 한계가 있다. 더욱 낮은 자세로 이웃을 섬기며, 예수님처럼 단순하게 살기를 배워야 한다. 그래야 전도자로서 진정성을 보일 수 있다.

077. 공정하게 판단하십시오.

(요한 7.11-24)

초막절에 유대인들이 예수님의 행방을 물으며 찾아다녔다. "그가 어디에 있습니까?"

예수님을 두고 무리 가운데 이러쿵저러쿵 말들이 많았다. 더러는 선한 사람이라 하고, 더러는 백성을 미혹하는 사람이라 하였다. 그러나 유대인들이 두려워 드러내 놓고 말하는 사람은 없었다. 명절이 절반쯤 지나서, 예수님이 성전에 올라가 가르치기 시작하셨다.

유대인들이 놀라 말하였다. "아니, 저 사람은 제대로 배우지 못했지 않습니까? 어디서 저런 지식을 얻었을까요?"

예수님이 말씀하셨다. "이 교훈은 내 것이 아니라 나를 보내신 분의 것입니다. 누구든지 하나님의 뜻을 따르기 원하는 사람은, 이 교훈이 하나님의 것인지, 내가 마음대로 말하는 것인지 알 것입니다. 자기 뜻대로 말하는 사람은 자신의 영광을 구하기 마련이나, 자기를 보내신 분의 영광을 구하는 사람은 진실하며, 그에게 불의가 있을 수 없습니다.

모세가 여러분에게 율법[93]을 주었지 않습니까? 그러나 여러분 가운데 율법을 지키는 사람이 없습니다. 그러면서 어찌하여 나를 죽이려고 합니까?"

유대인들이 말하였다. "이제 보니 당신은 귀신이 들렸소. 누가 당신을 죽이려 한단 말이오?"

예수님이 말씀하셨다. "내가 안식일에 한 가지 일을 하였다고 해서, 여러분은 모두 나를 이상히 여기고 있습니다. 모세가 할례의 규정을 주었다고 해서, 사실은 할례도 모세가 준 게 아니라 옛 조상에서 비롯된 것이지만, 여러분은 안식일에도 할례를 행하면서 말입니다.

이와 같이 여러분은 모세의 율법을 어기지 않으려고 안식일에 할례도 행하면서, 내가 안식일에 한 사람의 몸을 온전히 고쳐주었다고 해서, 어찌 그렇게 분개합니까? 겉모양을 보고 판단하지 말고, 올바른 기준으로 공정하게 판단하십시오."

〈라과디아〉

뉴욕에 라과디아[94] 공항이 있다. 라과디아는 뉴욕시장을 3번이나 역임한 사람의 이름을 딴 것이다. 그가 뉴욕 치안판사로 있을 때 유명한 일화가 있다. 어느 날 굶주림을 이기지 못하고 빵을 훔쳐 먹은 노인을 재판하게 되었다. 이런 사건은 으레 무죄로 판결할 라과디아 판사가 어쩐지 10달러의 벌금형을 선고하였다.

---

93 율법(律法)은 히브리어 토라(Torah)를 번역한 모세오경을 말하며, 예언서와 시편 등을 포함한 구약성경 전체를 의미하기도 한다.

94 라과디아 공항(LaGuardia Airport)은 미국 뉴욕시 퀸스구에 있다. 공항 이름은 뉴욕의 전 시장이자 공항 건립의 주역인 피오렐로 라과디아의 이름을 딴 것이다.

그러자 방청석은 술렁거리기 시작하였고, 그는 계속해서 판결 이유를 설명하였다. "이는 우리 사회가 이런 분을 보호하지 못해 일어난 사건인바, 판사인 나에게 10달러의 벌금을 선고한다. 아울러 방청객 여러분도 사회 구성원으로서 그 책임을 다하지 못한바, 1인당 벌금 50센트를 선고한다."

그리고 자신이 직접 모자를 벗어 벌금을 모금하였다. 총 57달러 50센트였다. 벌금 10달러를 제하고, 47달러 50센트를 그 노인의 손에 쥐어주었다. 이는 인류애에 입각한 세기적 판결이었다.

078. 그분이 나를 보내셨습니다.

(요한 7.25-36)

예루살렘 사람들이 말하였다. "우리 지도자가 죽이려고 하는 이가 바로 이 사람이 아닙니까? 그런데 보십시오. 그가 대중 앞에서 드러내 놓고 거침없이 말하고 있지 않습니까? 우리 지도자들은 아무 대꾸도 하지 못하고 말입니다. 그렇다면 혹시, 우리 지도자들도 이 사람을 정말 그리스도로 아는 것이 아닐까요? 하지만 그리스도가 오실 때, 어디서 오는지 아무도 모른다고 하지 않았습니까? 우리는 이 사람이 어디서 왔는지 다 알고 말입니다."

그때 예수님은 성전 뜰에서 여전히 외치고 계셨다. "그렇습니다! 여러분은 나를 알고, 또 내가 어디서 왔는지 알고 있습니다. 그러나 나는 나 스스로 온 것이 아닙니다. 나를 보내신 분이 따로 계십니다. 그분은 참되십니다. 여러분은 그분을 모르지만, 나는 그분을 압니다. 내가 그분에게서 왔고, 그분이 나를 보내셨기 때문입니다."

이 말을 듣고 사람들이 예수님을 잡으려고 하였으나, 막상 손을 대는 사람은 없었다. 아직 예수님의 때가 되지 않았기 때문이다. 그러나 무리 가운데 예수님을 믿는 사람도 많았다.

그들이 말하였다. "그리스도가 오신다고 하여도, 이분이 행하신 것보다 더 많은 표적을 보이실 수 있을까요?"

예수님을 두고 이러쿵저러쿵 수군거리는 소리를 바리새인들이 들었다. 그래서 대제사장과 바리새인들이 예수님을 잡아오라고 성전 경비대를 보냈다.

예수님이 말씀하셨다. "내가 잠시 여러분과 함께 있다가, 나를 보내신 분께 돌아갈 것입니다. 여러분은 나를 찾아도 만나지 못할 것이며, 내가 있는 곳에 여러분이 오지도 못할 것입니다."

유대인들이 서로 말하였다. "이 사람이 어디를 가기에 우리가 자기를 찾지 못할 것이라고 하는가? 이방인 가운데 흩어져 사는 유대인에게 가서, 이방인을 가르칠 셈인가? 우리가 그를 찾아도 만나지 못하고, 그가 있는 곳에 우리가 갈 수도 없다니 대체 무슨 소린가?"

〈논쟁〉

그리스도에 대한 논쟁은 매우 중요하지만, 그 해결의 실마리를 찾기는 심히 어렵다. 우리의 구원과 직결된 문제로서 피할 수도 없지만, 학문이나 논리로 설명되지 않는 부분이 있기 때문이다. 우리는 각자의 신앙적 체험과 삶의 열매를 통해 드러나는 인격적 변화를 보고, 그리스도에 의한 구원을 확신할 수 있다.

사실 커피 마니아는 커피의 정체성에 대해 설명하지 않는다. 실제로 먹어봐야 그 맛을 알기 때문이다. 성령을 통한 구원의 경험도 이와 같다. 주님을 영접하고 인격적으로 만난 사람만이 그리스도를 알고 믿어 누릴 수 있다.

079. 내게 와서 마십시오.

(요한 7.37-44)

초막절 마지막 날, 축제 분위기가 절정에 달했을 때, 예수님이 일어나 크게 외치셨다. "목마른 사람은 다 내게 와서 마십시오. 누구든지 나를 믿는 사람은, 성경에 이른 바와 같이, 그 배에서 생수의 강이 흘러나올 것입니다."

이는 예수님을 믿는 사람이 장차 받을 성령을 가리켜 하신 말씀이었다. 그러나 그때는 예수님이 영광을 받지 않았는바, 아직 성령이 사람에게 계시지 않았다.[95]

이 말씀을 듣고 어떤 사람이 말하였다. "이분이 정말 그 예언자시다!"

다른 사람이 말하였다. "저분은 그리스도시다!"

그러나 더러는 이렇게 말했다. "그리스도가 어찌 갈릴리에서 나올 수 있겠소? 성경에 이르기를, 다윗의 동네 베들레헴[96]에서 다윗의 후손으로 오신다고 하지 않았소?"

이렇듯 예수님에 대한 의견이 분분하더니, 결국은 서로 편이 갈리게 되었다. 그들 가운데 예수님을 잡으려는 사람들도 있었으나, 막

---

[95] 그러나 하나님의 영이 여러분 안에 계시면, 여러분은 육신 안에 있지 않고 성령 안에 있습니다. 누구든지 그리스도의 영이 없으면, 그리스도의 사람이 아닙니다. (로마서 8.9)

[96] 그러나 에브라다 베들레헴아, 너는 유다 족속 가운데 비록 작을지라도, 나를 대신하여 이스라엘을 다스릴 자가 네게서 나올 것이다. 그의 핏줄은 까마득한 옛날, 태초까지 거슬러 올라간다. (미가 5.2)

상 손을 대지는 못하였다.

〈생수〉

사람들은 저마다 크고 작은 소망을 가지고 있다. 어떤 사람은 돈을 많이 벌어 원 없이 써보기를 바라고, 어떤 사람은 명예를 최고의 가치로 여기며, 어떤 사람은 출세하여 존경받는 사람이 되거나, 자식이 잘되기를 원하기도 한다. 이는 사람에 따라 그 소망이 다 다르다는 것이다.

그런데 잘 살아갈 일은 하지 않고 잘 살기를 바라며, 복 받을 일은 하지 않고 복 받기를 원하며, 돈을 벌 일은 하지 않고 돈을 구하기만 하는 사람이 많다. 빗나간 믿음의 종교적 세뇌라 할까? 물질을 추구하다가 맘몬의 우상에 걸려든 사람이 의외로 많다는 것이다. 정말 안타까운 일이다. 이들의 특징은 예수 그리스도를 따라 사는 것이 아니라, 돈이 인생의 전부인 양 생각하고, 그 돈을 따라 산다는 것이다.

목마른 자가 먼저 우물을 판다는 속담이 있다. 필요한 사람이 스스로 수고해야 한다는 뜻이다. 하지만 무엇을 어떻게 해야 할지, 어디서부터 매듭을 풀어야 할지, 살다가 보면 정말 답답할 때가 많다 이렇듯 답답하고 막막할 때, 누구나 던지는 공통적 질문이 있다. '산다는 게 무엇인지?'

이 질문에 대해 예수님이 세기적 답변을 하셨다. '누구든지 목마르거든 내게 와서 마십시오. 나를 믿는 사람은 그 배에서 생수의 강이 흘러나올 것입니다.'

이는 인류의 가장 심오하고 심각한 문제에 대한 가장 명료하고 확실한 대답이다. 다른 방법이 없다. 예수 그리스도만이 길이요, 진리요, 생명이다. 이로써 인류의 영적 목마름은 말끔히 해소될 수 있다. 먹어봐야 맛을 알 듯, 믿어봐야 주님을 알 수 있다. (시골뜨기)

080. 누가 선한 이웃입니까?

(누가 10.25–37)

한 율법학자가 예수님을 떠보려고 물었다. "선생님, 제가 무엇을 해야 영생을 얻겠습니까?"

예수님이 도로 물으셨다. "율법에 무엇이라 기록되었으며, 그대는 어떻게 이해하고 있습니까?"

"네 마음을 다하고, 네 목숨을 다하고, 네 힘을 다하고, 네 뜻을 다하여 주 너의 하나님을 사랑하라고 하였으며(신명기 6.5), 또 네 이웃을 네 몸과 같이 사랑하라고 하였습니다."

"그 대답이 옳습니다. 그대로 실천하면 살 것입니다."

그러자 율법학자는 짐짓 자기가 옳다는 것을 드러내 보이려고 다시 물었다. "그러면 누가 제 이웃입니까?"

예수님이 비유를 들어 대답하셨다. "어떤 사람이 예루살렘에서 여리고[97]로 내려가다가 강도떼를 만났습니다. 강도들이 그가 가진 것을 다 빼앗고 옷까지 벗긴 후, 두들겨 패서 거반 죽은 것을 버려두고 갔습니다.

---

[97] 여리고(Jericho, 향기 성읍)는 요단강 남서쪽의 고대도시로 해수면보다 250m 아래 있다. 해발 760m에 있는 예루살렘과 36㎞쯤 떨어져 있었으며, 길이 험하고 암석이 많아 AD 4세기까지 강도떼가 자주 출몰하였다.

마침 한 제사장[98]이 그 길을 내려가다가 그를 보았습니다. 그러나 그를 피해 다른 길[99]로 지나갔습니다. 얼마 후 한 레위인[100]도 그곳에 이르러 그를 보았습니다. 그런데 그도 그를 피해 다른 길로 지나갔습니다.

그런데 어떤 사마리아인[101]은 여행 중에 그곳을 지나다가, 그를 보고 측은한 마음이 들었습니다. 그래서 가까이 가서 기름과 포도주를 상처에 붓고 싸맨 뒤, 자기 나귀에 태워 여관으로 데려갔습니다. 그리고 밤새 정성껏 간호하였습니다.

그리고 다음 날, 자기 주머니에서 데나리온 2개를 꺼내 여관집 주인에게 주면서 말했습니다. '이 사람을 잘 돌봐주십시오. 부비가 더 들면 제가 돌아오는 길에 갚겠습니다.'

그대의 생각에는 이들 3명 가운데 누가 강도 만난 사람의 이웃이 되겠습니까?"

"그에게 자비를 베푼 사람입니다."

"그대도 가서 그와 같이 하십시오."

〈이웃〉

'선한 사마리아인의 법'은 긴급구조가 필요한 사람을 보고도 도와주지 않을 경우 처벌하는 법이다. 물론 그를 구조할 때 자신에게 특별한 위험이 따르지 않아야 한다. 반드시 살신성인을 하라는 뜻은 아니다. 이 법은 프랑스를 비롯하여 유럽 여러 국가들이 폭넓게 시

---

98 제사장(祭司長)은 제사를 주관한 성직자로 하나님과 사람 간의 중보자 역할을 하였다.
99 죄가 계명의 틈을 타고 들어와 나를 속이고, 그 계명으로 나를 죽인 것입니다. (로마서 7.11)
100 레위인(Levite, 연합)은 레위 지파의 사람들로 성전에서 거룩한 일을 수행하였다.
101 사마리아인(Samaritan, 살피다)은 혼혈인으로 이스라엘 후손임을 주장하였으나 배척을 받았다.

행하고 있다.

그러나 한국에는 그런 법이 없다. 대신 그와 비슷한 '응급 의료에 관한 법률(구호자 보호법)'이 있다. 하지만 어려움에 처한 사람을 도와주지 않는다고 해서, 바로 법적 책임을 묻지는 않는다. 헌법 제19조에 의한 양심의 자유를 침해한다는 이유이다.

우리는 '선한 사마리아인의 법'의 강제성 유무를 떠나서, 예수님이 가르쳐주신 '선한 이웃의 법'을 반드시 지켜야 한다. 아니, 그가 참 그리스도인이라면 지키지 말라고 해도 스스로 지키게 된다. 예수 그리스도 안에 있는 '생명의 성령의 법'이 세상의 그 어떤 법보다 완전하기 때문이다. 그래서 예수님은 우리를 위하여 자신의 목숨을 스스로 내놓으셨던 것이다.

081. 너희는 이렇게 기도하라.

(마태 6.9-13, 누가 11.1-4)

예수님이 어느 곳에서 기도하고 계셨다. 기도를 마치시자 한 제자가 다가와 말하였다. "주님, 요한이 자기 제자들에게 기도를 가르쳐주었듯이 저희에게도 가르쳐주십시오."

예수님이 말씀하셨다. "너희는 이렇게 기도하라. 하늘에 계신 우리 아버지, 아버지의 이름을 거룩히 받들게 하시며, 아버지의 나라가 속히 임하게 하시며, 아버지의 뜻이 하늘에서처럼 땅에서도 이루어지게 하십시오. 오늘(날마다) 우리에게 필요한(일용할) 양식을 주시고, 우리가 우리에게 잘못한(빚진) 사람을 용서하오니, 우리의 잘못(빚)을 용서(탕감)하시고, 우리를 시험(유혹)에 들지(빠지지) 않게 하

시고, 악(악한 자)에서 구해주십시오. 나라와 권세와 영광이 영원히
아버지께 있습니다. 아멘."

〈주기도문〉

주기도문(主祈禱文)의 하나는 누가복음 11장에 비교적 짧게 기록
되었고, 다른 하나는 마태복음 6장에 조금 길게 기록되었다. 이는
예수님이 제자들에게 직접 가르쳐주신 기도로, 초대교회부터 지금
까지 모든 교회가 인정하고 있다. 기도문의 내용상 누가복음이 원
문에 가까울 것으로 보이지만, 기자들이 각자의 관점에서 용어를
선정하여 사용하였는바, 그 의미는 크게 다르지 않다.

082. 구하라! 받을 것이다.

(마태 7.7–11, 누가 11.5–13)

예수님이 말씀하셨다. "너희 중에서 누가 한 친구를 두었다고 하
자. 그가 한밤중에 찾아와 말하였다. '여보게, 빵 3개만 꾸어주게.
내 벗이 여행길에 찾아왔으나, 내놓을 게 아무것도 없어서 그러네.'
그때 그가 안에서 듣고 이렇게 말할 수 있겠느냐? '귀찮게 하지 말
게. 문은 이미 잠겼고, 나는 애들과 함께 벌써 잠자리에 들었네. 그
러니 일어나 자네의 청을 들어줄 수 없네.'
내가 말한다. 그가 친구라는 이유만으로 일어나 빵은 주지 않을
지라도, 끈질기게 구하므로 마침내 일어나 필요한 만큼 줄 것이다.
그러므로 내가 말한다. 구하라! 받을 것이요, 찾아라! 얻을 것이요,
문을 두드려라! 열릴 것이다. 누구든지 구하면 받을 것이요, 찾으면

얻을 것이요, 문을 두드리면 열릴 것이다.

너희 가운데 어떤 아비가 자식이 빵을 달라는데 돌을 주며, 생선을 달라는데 뱀을 주며, 달걀을 달라는데 전갈을 주겠느냐? 그런 사람이 어디 있겠느냐? 너희가 악할지라도 자녀에게 좋은 것을 줄 줄 알거든, 하물며 하늘에 계신 너희 아버지께서 구하는 자에게 더 좋은 것, 성령을 주시지 않겠느냐?"

〈권리〉

무엇을 구해야 받는다는 것은 구하지 않으면 받을 수 없다는 말과 같다. 잘 구하면 받을 것이고, 잘못 구하면 받지 못한다는 것이다. 그렇다면 우리가 무엇을 잘못 구하기에 받을 수 없는가? 사사로운 욕심에 사로잡혀 이기적으로 구하거나, 정욕으로 쓰려고 잘못 구하기 때문이다. 그런 것은 차라리 구하지 않는 편이 더 낫다.

요즘 사람들이 구하는 것은 부귀영화, 무병장수, 사업번창, 교회부흥 등 대부분이 물질적 복과 관련이 있고, 정의와 자비, 믿음 등 영적 복과는 관련이 없다. 눈에 보이는 것보다 보이지 않는 것이 더 중요하다는 사실을 몰라서 그렇다.

우리가 진심으로 하나님의 나라와 그 의를 이루기 원한다면, 지상의 세속적 복만 추구하는 탐욕에서 벗어나야 한다. 그때 비로소 천상의 신령한 복을 받아 누릴 수 있다. 세상에서도 잠자는 권리는 보호하지 않는다. 자신이 직접 주님께 구해야 한다. 그래야 주님이 허락하신 권리를 받을 수 있다.

083. 하나님의 말씀을 지켜라.

(마태 12.43-45, 누가 11.24-26)

예수님이 말씀하셨다. "더러운 악령이 어떤 사람 안에 들어 있다가 나오게 되면, 먼저 쉴만한 곳을 찾아 물 없는 광야를 헤매고 다닌다. 그러다가 찾지 못하면 이렇게 말한다. '내가 전에 있던 곳으로 되돌아가야지.'

그리고 가서 보니, 그 집이 아직 비어있을 뿐만 아니라 말끔히 치워지고 정돈되어 있었다. 그러자 다시 나와서, 자기보다 더 흉악한 악령 일곱을 데리고 들어가 자리를 잡고 살게 된다. 그러면 그 사람의 형편이 처음보다 더 비참하게 된다. 악한 이 세대도 그렇게 될 것이다."

예수님이 말씀하실 때, 무리 속에서 한 여인이 소리를 질렀다. "선생님을 낳아 젖을 먹이시고 기르신 어머니는 정말 행복하겠습니다."

예수님이 말씀하셨다. "오히려 하나님의 말씀을 듣고 지키는 사람이 행복합니다."

〈악령〉

여기서 '물 없는 광야'는 생명이 없는 척박하고 메마른 땅, 하나님의 말씀이 선포되지 않고 지켜지지 않는 세상을 말한다. 그래서 악령은 물 없는 광야를 찾아 헤매고 다닌다. 사람은 하나님의 성령이 거하시는 집이다. (고린도전서 6.19) 사람이 성령을 모시지 않고 살아가면, 하나님의 말씀을 듣고 지키지 않으면, 그 영은 '악령의 쉼터'가 되고 만다. 그의 형편은 날이 갈수록 나빠질 수밖에 없다.

이 말씀의 의도는 생명의 주인이신 하나님을 중심에 모시고 살아야 한다는 뜻이다. 인간의 나약함을 잘 알고 계신 예수님이, 제자들로 하여금 영적 해이에 빠지지 않도록 경계함과 아울러, 하나님의 전신갑주로 무장하고 신령하게 살아야 한다는 뜻으로 말씀하신 것이다.

084. 구원의 문은 좁습니다.

(누가 13.22-30)

예수님이 여러 성읍과 마을에 들러 가르치시며, 예루살렘을 향해 계속 여행하셨다. 그때 어떤 사람이 와서 물었다. "선생님, 구원받을 사람이 그리 많지는 않겠지요?"

예수님이 대답하셨다. "좁은 문으로 들어가기를 힘쓰십시오. 내가 말합니다. 많은 사람이 구원의 문으로 들어가기를 원하겠으나, 결국은 들어가지 못할 것입니다. 일단 집주인이 일어나 문을 닫아버리면, 여러분이 밖에 서서 문을 두드리며, '주인님, 우리에게 문 좀 열어주십시오!'하고 아무리 졸라도, 주인은 '나는 너희가 어디서 왔는지 도무지 모른다!'고 할 것입니다.

그때 여러분은 '주인님이 길거리에서 우리를 가르치지 않았습니까?' 하며 묻기도 하고, '우리가 주님과 함께 먹고 마시지 않았습니까?' 하고 애원도 하겠으나, 주인은 '나는 너희가 어디서 왔는지 도무지 모른다. 불의를 일삼는 자들아, 모두 내게서 물러가라!'고 하며 외면할 것입니다.

아브라함과 이삭과 야곱과 모든 예언자가 하나님의 나라에 들어가 있는데, 여러분만 밖으로 쫓겨난 것을 보고, 거기서 가슴을 치며 통곡할 것입니다. 그리고 사방팔방에서 사람들이 모여들어 하나님 나라의 잔치에 참석할 것입니다.

그러나 보십시오. 지금은 뒤떨어져도 나중에 앞설 사람이 있고, 지금은 앞서도 나중에 뒤떨어질 사람이 있을 것입니다."

〈브로드웨이〉

미국 뉴욕에 '브로드웨이(Broadway)'라는 길이 있다. '넓은 길'이라는 뜻이다. 브로드웨이는 그 길이가 200㎞나 되며, 세계에서 가장 길고 넓은 길로 유명하다. 사람들이 뉴욕에 가면 으레 가보고 싶어 하며 걷고 싶어 하는 길이다. 브로드웨이가 단순히 길고 넓기 때문에 유명한 것이 아니라, 거리에 볼거리와 즐길 거리가 많아 사람들의 정신을 홀딱 빼앗기 때문이다.

브로드웨이에는 세계의 경제를 주무르는 유명한 금융가 '월스트리트'가 있고, 세계 최첨단 패션을 자랑하는 상점들이 즐비하여 세계의 멋쟁이가 다 모여든다. 특히 브로드웨이 42번가에 '타임스 광장'이라는 곳이 있는데, 24시간 상영되는 포르노 영화관이 즐비하고, 도박장, 유흥가, 영화관, 뮤지컬 공연장 등이 가득하다.

거기서 술과 마약, 도박에 빠져 헤어 나오지 못하는 사람이 부지기수라고 한다. 그런 이유로 브로드웨이는 항상 범죄가 끊이지 않고 시끄러운 곳이다. 하지만 세상 사람들에게 매력을 주는 즐거움의 거리이기도 하다.

그 길의 이름이 '브로드웨이'이라고 지어진 것도 결코 우연이 아니다. 그 이름대로 사람들은 그곳에서 육신의 즐거움을 쫓아 '멸망의 길'에 이른다. 향락과 쾌락을 좇아 살아가는 사람들의 넓은 길은 언제나 환호를 받는다.

  하지만 주님을 믿고 따르는 사람들에게 주어진 길은 좁고 협착하여 인기가 없다. 하지만 '생명의 길'이다. 그래서 주님은 그 길을 찾는 사람이 적다고 하셨다. 복음이 점점 빛을 잃어가고, 향락의 문화가 소돔과 고모라를 방불케 하는 세상이다. 우리가 어떻게 살아야 하는지에 대해 심각히 고민해야 한다.

  참되고 바른 신앙은 '좁은 문'으로 들어가 '좁은 길'을 걸어가는, 즉 예수 그리스도를 붙잡고 따라가는 길이기 때문이다. (성모세)

085. 나는 선한 목자입니다.

(요한 10.1-21)

  예수님이 말씀하셨다. "내가 분명히 말합니다. 양의 우리에 문으로 들어가지 않고, 다른 데로 넘어서 들어가는 사람은 도둑이요, 강도입니다. 문으로 떳떳하게 들어가는 사람만이 양의 목자입니다. 문지기는 목자에게 문을 열어주고, 양은 목자의 음성을 알아들으며, 목자는 양의 이름을 일일이 부르며 밖으로 데리고 나갑니다. 이렇게 양을 다 불러낸 목자가 앞장서 가면, 양은 목자의 음성을 알고 뒤따라갑니다. 양은 낯선 사람을 결코 따라가지 않습니다. 그 음성을 모르기 때문에 오히려 피해 달아납니다."

  예수님은 누구나 알아듣기 쉬운 비유로 말씀하셨으나, 사람들은 무슨 뜻으로 그 말씀을 하셨는지 깨닫지 못했다. 그래서 예수님이 다시 말씀하셨다. "내가 분명히 말합니다. 나는 양의 문입니다. 나보다 먼저 온 사람은 다 도둑이고 강도여서, 양이 그의 말을 듣지 않왔습니다.

나는 문입니다. 누구든지 나를 통해 들어오는 사람은 구원을 얻고, 들어오기도 하고 나가기도 하며 좋은 꼴을 얻을 것입니다.[102] 도둑은 양을 훔쳐다가 죽이고 없애러 오지만, 나는 양이 생명을 얻고 더 얻어 풍성하게 하려고 왔습니다.

나는 선한 목자입니다. 선한 목자는 양을 위해 자기 목숨을 바칩니다. 삯꾼은 목자도 아니고 양도 자기의 양이 아니므로, 이리가 오는 것을 보면 양을 버리고 도망칩니다. 그러면 이리가 양을 공격하고, 양은 뿔뿔이 흩어집니다. 그는 단지 삯꾼으로 양에게 관심이 없기 때문입니다.

나는 선한 목자입니다. 나는 내 양을 알고 내 양도 나를 압니다. 이는 아버지께서 나를 아시고, 내가 아버지를 아는 것과 같습니다. 나는 양을 위해 내 목숨을 바칩니다. 내게는 이 우리에 들지 않은 다른 양들도 있습니다. 나는 그 양들도 인도해야 합니다. 그들도 내 음성을 듣고, 한 목자 아래서 한 무리의 양 떼가 될 것입니다.

아버지께서 나를 사랑하시는 것은 내가 목숨을 버리기 때문입니다. 그러나 나는 그 목숨을 다시 얻을 것입니다. 누가 내 목숨을 빼앗는 게 아니라, 나 스스로 목숨을 버리는 것입니다. 나는 내 목숨을 버릴 권세도 있고, 다시 얻을 권세도 있습니다. 이것은 내가 내 아버지로부터 받은 계명입니다."

이 말씀으로 유대인들 사이에 다시 편이 갈리고 논란이 일어났다. 그들 가운데 여럿이 말하였다. "이 사람은 귀신이 들려 제정신이 아

---

[102] 유대인이나 헬라인이나, 종이나 자유인이나, 남성이나 여성이 아무 차별이 없습니다. 그리스도 예수 안에서는 모두가 하나이기 때문입니다. (갈라디아서 3.28)

니잖소? 그런데 왜 그 말을 듣고 있소?"

그러자 어떤 사람이 말하였다. "이것은 귀신들린 사람의 말이 아니잖소? 귀신이 어떻게 소경의 눈을 뜨게 하겠소?"

〈선한 목자〉

양들은 스스로 길을 찾을 수도 없고, 자신의 먹이를 구할 수도 없다. 자기 생명은 물론이고, 자신이 낳은 새끼들의 안전까지도 책임질 수 없다. 우리도 마찬가지다. 우리 자신뿐만 아니라 우리 자녀들의 안전도 책임질 수 없다. 반드시 선한 목자이신 주님의 인도를 받아야 한다. 양의 문이신 주님을 통해 들어가고 나가며 꼴을 얻어야 한다. 그때 우리와 우리 자녀들의 안전은 보장된다.

하나님 아버지와 그 아들 예수님이 서로 잘 아는 사이라는 말은, 본질적으로 그 속성이 같다는 뜻이다. 하나님의 절대적 공의와 무한한 사랑을 예수님이 완전하고 완벽하게 세상에 드러낸다는 것이다. 그러므로 우리는 선한 목자이신 예수님의 인도를 받는 양으로서, 우리의 인생을 전적으로 맡기고 따라갈 수 있으며, 하나님의 사랑을 받는 자녀로서 안전하게 살아갈 수 있다.

086. 상석에 앉지 마십시오.

(누가 14.7-11)

초대받은 사람들이 저마다 윗자리에 앉으려는 것을 보시고, 예수님이 비유를 들어 말씀하셨다. "누가 여러분을 혼인잔치에 초대하거든, 상석으로 가서 앉지 마십시오. 혹시 여러분보다 더 높은 사람이 초대받아 오게 되면, 주인이 그와 함께 와서 이렇게 말할 것입니다. '이분에게 자리를 양보하시지요.' 그때 여러분은 손님 앞에서 무안만 당하고, 맨 끝자리로 내려가게 될 것입니다.

그러므로 여러분이 초대를 받거든, 차라리 말석으로 가서 앉으십시오. 그러면 주인이 와서 이렇게 말할 것입니다. '저 자리로 올라가 앉으시지요.' 그때 여러분은 손님 앞에서 영예를 얻고, 윗자리로 올라가게 될 것입니다. 이와 같이 누구든지 자기를 높이는 사람은 낮아지고, 자기를 낮추는 사람은 높아질 것입니다."

〈상석〉

상석은 윗사람이 앉는 자리, 말석은 아랫사람이 앉는 자리를 말한다. 요즘 기업문화는 과거와 달리 소통을 중시하고, 격의 없이 업무에 대해 의논하는 것을 권장하고 있다. 따라서 상석과 말석을 구분 짓고 지키는 것은 상당히 시대착오적 발상이라 아니할 수 없다. 하지만 아직도 상석과 말석을 아느냐, 모르느냐로 개념과 무개념의 여부를 판단하는 사람이 많다.

요즘 직장인들은 보통 출근길, 퇴근길, 점심시간마다 승강기를 타야 한다. 사회 초년생들은 직장 상사와 같이 승강기를 탈 때, 별다른 생각 없이 타고 벽에 기대어 선다. 그런데 이때도 상석과 말석이 존재한다. 먼저 출입문에서 가장 먼 자리가 상석이다. 반대로 출입구와 가까운 쪽이 말석이다. 말석 중에서도 버튼을 조작하는 장치 바로 앞이 막내의 자리이고, 그 반대편 안쪽이 가장 높은 상석이다.

회의실 구조나 테이블 모양에 따라서도 상석과 말석이 다르다. 보통 직사각형 테이블이 놓인 회의실에서는 출입구와 가장 가까운 자리가 말석이다. 반대로 출입구에서 가장 멀리 떨어진 자리가 상석이다. 원형 테이블의 경우도 마찬가지다. 출입구에서 가장 먼 자리가 상석이다. 그리고 상석 옆으로 서서히 직급이 낮은 사람이 앉는다. 상석을 마주 보며 출입구에서 가장 가까운 자리가 말석이다.

요즘은 디귿자 모양의 테이블이 배치된 회의실도 있다. 보통 테이블 가운데 연결부가 입구와 가장 멀리 배치된다. 따라서 연결부 가운데 자리, 즉 출입구와 가장 먼 곳이 상석이다. 반대로 맨 끝부분, 출입구와 가장 가까운 쪽이 말석이다.

자동차에 탈 때도 상석과 말석이 있다. 택시를 탈 때는 일반적으로 뒷좌석 좌우에 낀 자리가 가장 말석이다. 상황에 따라 조수석이 상석이 될 수도 있지만, 높은 사람은 뒤쪽 오른편 좌석을 선호한다. 어디서나 마찬가지지만 가장 편안한 자리가 상석이다. 그런데 상급자가 직접 운전할 때는 조수석이 상석이 된다. 최상급자가 운전할 때는 보통 그 바로 아래 직급이 조수석에 앉는다. 말석은 뒷좌석 가운데로 그대로다.

사실 직급이 높다고 인격이 높은 것도 아니고, 인품이 고상한 것도 아니다. 반대로 직급이 낮다고 모든 수고와 불편을 감수해야 하는 것도 아니다. 상석과 말석, 어쩌면 요즘 추세와는 완전히 동떨어진 구시대의 유물이라 생각할 수 있다. 심지어 최근에는 상사가 먼저 부하를 배려하고, 권위나 위계를 벗어나려는 움직임도 있다. (공감신문)

087. 소외된 이웃을 초대하십시오.

(누가 14.12-24)

예수님이 자신을 초대한 주인에게 말씀하셨다. "오찬이나 만찬을 베풀 때, 친구나 형제, 친척이나 부유한 이웃을 부르지 마십시오. 그렇게 하면 그들도 당신을 초대하여 그 은공을 도로 갚을지 모릅니다. 그러므로 잔치를 베풀 때, 오히려 가난한 사람, 걷지 못하는 사람, 다리 저는 사람, 보지 못하는 사람을 초대하십시오. 그러면 당신이 복될 것입니다. 그들은 비록 갚지 못할지라도, 의인이 부활할 때 하나님께서 대신 갚아주실 것입니다."

이 말씀을 듣고 식탁에 앉은 사람 가운데 하나가 말하였다. "하나님의 나라에서 잔칫상을 받는 사람은 참으로 행복하겠습니다."

예수님이 비유로 대답하셨다. "어떤 사람이 큰 잔치를 베풀고 많은 사람을 초대했습니다. 그리고 시간에 맞춰 종을 보냈습니다. '어서 오십시오. 모든 것이 준비되었습니다.'

그런데 초대를 받은 사람들은 하나같이 핑계를 대며 거절하였습니다. 한 사람은 말했습니다. '내가 이제 막 밭을 사서 나가봐야 하니 부디 양해해주시오.'

다른 사람은 말했습니다. '내가 겨릿소 다섯 쌍을 사서 시험하러 가는 길이라 정말 미안하오.'

또 다른 사람은 말했습니다. '내가 지금 막 결혼하여 아내를 맞았으니 어찌 갈 수 있겠소?'

종들이 돌아와 그대로 전하자 주인이 몹시 노하였다. '지금 당장 시내 거리와 골목으로 가서 가난한 사람, 걷지 못하는 사람, 보지

못하는 사람, 다리 저는 사람을 데리고 오너라.'

얼마 뒤 종들이 돌아와 말했습니다. '주인님, 분부대로 하였으나 아직도 자리가 남았습니다.'

그러자 주인이 '그러면 다시 가서, 큰길과 산울타리 곁에 서 있는 사람들을 데려다가 내 집을 채워라. 내가 말한다. 처음 초대받은 사람들은 하나도 내 잔칫상을 받지 못할 것이다.'라고 했습니다."

〈아버지 마음〉

지금 이 시대의 교회와 성도들의 비극이 무엇일까요? 그것은 하나님 아버지의 마음을 잃어버렸다는 데 있습니다. 사실 우리의 불행은 하나님 아버지의 마음을 헤아리지 못하는 데 있습니다. 아버지의 마음은 잃어버린 영혼에게 있습니다. 울타리 안에 있는 99마리의 양들보다 울타리 밖에 있는 1마리의 잃은 양에게 있습니다.

전도는 잃어버린 영혼을 찾아내는 영적 전쟁입니다. 사탄에게 빼앗긴 사람을 되찾는 거룩한 전쟁입니다. 성도는 이 싸움에서 용사가 되어야 합니다. 교회와 성도가 병들었을 때 나타나는 증상은, 잃은 영혼에 대한 아버지의 마음을 상실하고 안타까워하지 않는다는 것입니다. 이것이 바로 병든 신앙입니다. (토토박사)

088. 십자가를 져야 합니다.

(누가 14.25-35)

큰 무리가 예수님을 따르고 있었다. 예수님이 돌아서서 말씀하셨다. "누구든지 나를 따르는 사람은, 자기 부모나 처자식, 형제자매,

심지어 자기 목숨까지도 미워할 수 있어야 합니다. 그렇지 않으면 내 제자가 될 수 없습니다. 그리고 자기 십자가를 지고 나를 따르지 않는 사람도, 내 제자가 될 수 없습니다.

여러분 가운데 누가 망대를 세우려고 한다면, 완공할 때까지 어느 정도의 비용이 들어가는지, 또 그만한 자금을 마련할 수 있는지, 먼저 앉아서 따져봐야 하지 않겠습니까? 만일 기초공사만 하고 완공하지 못한다면, 사람들이 이렇게 비웃을 것입니다. '저 사람이 시작만 하고 끝내지는 못하는군!'

또 어떤 왕이 다른 왕과 싸우려고 한다면, 1만 명의 아군으로 2만 명의 적군과 싸워서 이길 수 있을지, 먼저 앉아서 헤아려봐야 하지 않겠습니까? 만약 승산이 없다면, 아직 적이 멀리 있을 때 사신을 보내 화친을 청할 것입니다.

그러므로 여러분 가운데 누구라도, 자기 소유를 다 버리지 않으면 내 제자가 될 수 없습니다. 소금은 좋은 것이나, 그 소금이 맛을 잃으면 무엇으로 짜게 하겠습니까? 땅에도 소용이 없고 거름에도 쓸모가 없어, 밖에 내다 버릴 수밖에 없습니다. 들을 귀가 있는 사람은 알아들으십시오."

〈제자의 길〉

제자의 길은 고난당하신 그리스도를 따라가는 헌신을 말한다. 그리스도인에게 고난을 받으라는 요구는 그리스도에 대한 은혜의 증거이다. 초대교회 순교자들의 행동은, 그리스도가 말로 표현할 수 없는 임재의 확신을 주심으로써, 그들이 죽음의 고통을 당할 때, 어떻게 아름답게 하셨는지를 보여준 확실한 증거이다.

그들이 그리스도를 위해 무자비한 고문을 받을 때, 그리스도와 함께하는 완전한 기쁨과 아울러 축복의 참여자가 되었다. 십자가를 지는 것은 고난에서 승리하는 유일한 길이다. 이 승리의 길은 그리스도께 분명히 나타났는바, 그리스도를 따르는 사람들에게도 의심의 여지가 없다. (디트리히 본회퍼)

089. 재물을 섬길 수 없다.
(누가 16.1-13)

예수님이 말씀하셨다. "어떤 부자가 청지기 하나를 두었다. 그가 주인의 재산을 낭비한다는 소문이 들렸다. 주인이 청지기를 불러 말하였다. '자네에 대한 이런저런 소문이 들리니 대체 어찌 된 일인가? 자네에게 더 이상 내 재산을 맡길 수 없으니, 자네가 맡은 청지기 일을 정리하게.'

청지기가 속으로 생각하였다. '주인이 내 청지기 직분을 박탈하려고 하니 어떻게 하면 좋을까? 땅을 파자니 힘에 부치고, 빌어먹자니 낯이 부끄럽구나. 옳지, 좋은 수가 있다. 내가 이 자리에서 물러날 때, 나를 영접할 사람들을 미리 만들어두자. 그러면 내가 주인에게 쫓겨나더라도, 그들이 나를 자기네 집으로 맞아주겠지.'

그래서 그는 자기 주인에게 빚진 사람을 하나씩 불러들였다. 그가 먼저 온 사람에게 물었다. '우리 주인에게 진 빚이 얼마요?'

'감람기름 100말[103]입니다.'

---

[103] 100말(斗)은 100바토스(batos)이며, 1바토스는 22ℓ로 10데나리온이다. 따라서 불의한 청지기가 탕감한 기름 50바토스는 1,100ℓ로 500데나리온이다.

'그래요, 여기 당신의 빚 문서가 있소. 어서 50말이라고 쓰시오.'

또 나중 온 사람에게 물었다. '당신의 빚은 얼마요?'

'밀 100섬[104]입니다.'

'그래요, 여기 당신의 빚 문서가 있소. 어서 80섬이라고 쓰시오.'

그런데 주인은, 그 불의한 청지기가 일을 슬기롭게 처리한 것을 보고 오히려 칭찬하였다. 이 세상의 자녀들이 자기네끼리 거래하면서, 빛의 자녀들보다 더 약삭빠르기 때문이다. 내가 말한다. 비록 불의한 재물이라도 그것으로 친구를 사귀면, 그 재물이 없어질 때 그들이 너희를 영원한 집으로 맞아들일 것이다.

누구든지 지극히 작은 일에 충성한 사람은 큰일에도 충성하고, 지극히 작은 일에 불의한 사람은 큰일에도 불의하다. 그러니 불의한 재물을 다루는 데 충실하지 못하면, 누가 너희에게 참된 재물을 맡기겠느냐?

또 너희가 남의 재산을 다루는 데 충실하지 못하면, 누가 너희에게 너희 몫인들 내어주겠느냐? 한 종이 두 주인을 동시에 섬기지 못한다. 이 주인을 미워하고 저 주인을 사랑하든지, 이 주인에게 헌신하고 저 주인에게 소홀하기 마련이다. 그러므로 너희는 하나님과 재물을 겸하여 섬길 수 없다.”

〈불의한 재물〉

하나님을 사랑하면 재물이 멀어지고, 재물을 사랑하면 하나님이 멀어진다. 그리스도인은 하나님과 재물을 겸하여 섬기지 못한다. 오

104　100섬(石)은 100코로스(koros)이며, 1코로스는 220ℓ로 25데나리온이다. 따라서 불의한 청지기가 탕감한 밀 20코로스는 4,400ℓ로 500데나리온이다.

늘날 사람들은 하나님보다 재물을 더 섬기고 있다. 재물이 온 세상을 지배하고 있다. 교인은 탐욕으로 얼룩졌고, 교회는 비자금으로 물들어졌다.

자본주의 사회에서 의로운 재물과 불의한 재물의 경계는 모호하다. 어느 재물이 의롭고 어느 재물이 불의한지는 하나님만 아시고 판단하신다. 그때 사정과 형편에 따라서, 그의 처지와 상황에 따라서 다르기 때문이다. 하지만 원칙적으로 깨끗한 부자도 없고 거룩한 재벌도 없다.

원래 재물은 하나님의 영광을 드러내는 수단으로 주어졌다. 하나님의 영광을 드러낼 때 재물의 가치는 한없이 빛난다. 하지만 하나님께서 선히 여기시고 기뻐하시는 일은 산술적으로 기술하거나 학문적으로 논할 수 없다. 그 재물의 가치와 선악의 기준도 오직 하나님만 아시고 판단하신다.

090. 율법과 예언자는 마감되었습니다.

(누가 16.14-17)

하나님과 재물을 함께 섬길 수 없다는 예수님의 말씀을 듣고, 돈을 좋아하는 바리새인들이 비웃었다. 그래서 예수님이 말씀하셨다. "여러분은 사람들 앞에서 스스로 의로운 체하나, 하나님께서는 그 마음보를 다 알고 계십니다. 사람들에게 떠받들려 높아지려는 것이, 하나님 앞에서 얼마나 가증스러운 일인지 모릅니다.

율법과 예언자는 요한으로 마감되었습니다. 이후는 하나님 나라의 복음이 전파되고 있습니다. 이제는 그 나라에 들어가려고 누구나 힘쓰고 있습니다. 그러나 율법의 한 획이 빠지는 것보다 천지가 없어지는 편이 더 쉬울 것입니다."

〈세례 요한〉

세례 요한은 율법과 복음 사이의 과도기 사역을 수행하였다. 그는 그리스도를 하나님의 어린양으로 소개하면서, 죄를 용서하는 속죄양으로 증언하여 복음의 본질을 드러내었다. 그러나 그리스도의 부활로 드러난 권능과 영광은 보지 못했다. 그래서 사도들과 동등하지 않았다.

'여자가 낳은 사람들 중에서 세례 요한보다 더 큰 인물은 없다. 그러나 하늘나라에서는 아무리 작은 사람도 그보다 더 크다.' (마태 11.11)

091. 기도하고 낙심하지 마라.

(누가 18.1-8)

항상 기도하고 낙심하지 말라는 뜻으로 예수님이 비유를 들어 말씀하셨다. "어느 도시에 하나님도 두려워하지 않고 사람도 무시하는 재판관이 있었다. 또 아주 끈질긴 과부[105]도 있었다. 과부가 날마다 재판관을 찾아가 말했다. '억울합니다. 제 권리를 찾아주십시오.'

---

[105] 과부(寡婦)는 남편과 사별한 여인으로 과부의 옷을 입고 다녔으며, 화장이나 치장도 하지 않았다. 고아와 나그네, 장애인과 함께 도움의 손길이 가장 필요한 소외계층이었다.

재판관은 한동안 과부의 청을 들어주지 않다가, 이렇게 중얼거리며 마침내 들어주게 되었다. '내가 하나님도 두려워하지 않고 사람도 무시하지만, 이 과부가 이렇듯 나를 귀찮게 하니 그 청을 들어줄 수밖에 없구나. 그렇지 않으면 자꾸 찾아와 나를 괴롭힐 것이다.'

너희는 이 불의한 재판관의 말을 귀담아들어라. 하물며 하나님께서 밤낮 부르짖는 택하신 백성의 권리를 찾아주시지 않고, 오랫동안 내버려 두시겠느냐? 내가 말한다. 하나님께서 그 권리를 속히 찾아주실 것이다. 그러나 인자가 다시 올 때, 이 세상에서 믿음을 찾아볼 수 있겠느냐?"

〈과부〉

기도는 하나님과 소통할 수 있는 가장 소중한 채널입니다. 하나님의 마음을 움직일 수 있는 가장 좋은 방법은 끈질기게 기도하는 것입니다. 얼마간 기도하다가 응답이 없다고 해서 포기하지 마십시오. 힘없는 과부가 불의한 재판관에게 끈질기게 매달렸는바, 그 소원이 들어졌습니다. 하나님은 그와 같은 재판관과 비교가 안 되는 분이십니다. 불의한 재판관도 끈덕진 과부의 간청을 들어주었는데, 하물며 좋으신 하나님께서 그 자녀들의 끈질긴 기도를 들어주시지 않겠습니까?

그러므로 믿음을 가지고 끝까지 기도하십시오. 우리는 어리석어 어떤 길이 좋은지 잘 모릅니다. 하지만 하나님께서는 모든 것을 다 알고 계십니다. 믿음을 가지고 끈질기게 기도하면, 하나님께서 반드시 좋은 길로 이끌어주실 것입니다. 포기하지 마십시오! 낙심하지 마십시오! 우리의 기도는 언젠가 분명히 이루어집니다. (김기식)

092. 낮추는 사람이 높아집니다.

(누가 18.9-14)

스스로 의롭다고 여기며 남을 무시하는 사람들에게 예수님이 비유로 말씀하셨다. "두 사람이 기도하러 성전에 올라갔습니다. 하나는 바리새인[106]이고, 다른 하나는 세리였습니다. 바리새인은 따로 서서 누가 보란 듯이 기도했습니다. '오! 하나님, 감사합니다. 저는 저기 서 있는 저 세리와 달리 사기를 쳐서 남의 물건을 빼앗지도 않았고, 부정직하거나 음탕한 짓도 하지 않았습니다. 그리고 1주일에 2번씩 금식하고, 모든 수입의 십일조를 바칩니다.'

그러나 세리는 멀찍이 서서, 눈을 들어 하늘을 쳐다보지도 못하고 가슴을 치며 기도했습니다. '오! 하나님, 저는 죄 많은 사람입니다. 저에게 자비를 베풀어주십시오.'

내가 말합니다. 진정 의롭다는 인정을 받고 집으로 돌아간 사람은, 바리새인이 아니라 세리였습니다. 누구든지 자기를 높이는 사람은 낮아지고, 자신을 낮추는 사람은 높아질 것입니다."

〈세리〉

예수님은 왜 바리새인이 아닌 세리의 기도를 의롭다고 하셨을까요? 바리새인의 기도는 하나님이 필요 없는 기도였지만, 세리의 기도는 하나님이 필요한 기도였습니다. 바리새인의 기도는 자신이 중

---

[106] 바리새인(Pharisee, 분리주의자)은 BC 165년부터 AD 70년까지 활동한 율법학자와 경건한 사람들로서, 성문법인 토라(모세오경)에 기초를 두지 않은 가르침은 효력이 없다고 주장한 사두개인과 달리, 율법을 문자적으로 적용하여 그대로 따르기보다는, 인간의 이성과 양심에 따라 토라를 폭넓게 해석하고, 현실에 맞춰 발전시켜 나가야 한다고 주장하였다.

심이었지만, 세리의 기도는 하나님이 중심이었습니다. 바리새인의 기도는 모든 결정권이 자기에게 있었지만, 세리의 기도는 모든 결정권을 하나님께 맡겼습니다.

그러므로 하나님께서 받으시는 기도는 '내가 이러이러하니 나를 도와주십시오.'가 아니라, '하나님만이 제 잘못을 아시니 저를 도와주십시오.'라는 것입니다. (섬김이)

093. 둘이 아니라 한 몸입니다.

(마태 19.1-12, 마가 10.1-12)

예수님이 갈릴리를 떠나 요단강 건너편 유대 지방으로 가셨다. 큰 무리가 다시 모여들었고, 예수님은 평소와 같이 그들을 가르치시고 병자를 고쳐주셨다.

바리새인들이 와서 예수님을 시험하여 물었다. "무슨 이유가 있으면 남편이 아내를 버려도 좋습니까?"

예수님이 대답하셨다. "여러분은 아직 이 말씀을 읽어보지 못했습니까? '하나님께서 사람을 만드실 때, 처음부터 남자와 여자로 만드셨다.' 그러니 '남자는 부모를 떠나 아내와 합하여 한 몸이 되어야 한다.' (창세기 2.24)

그러므로 이제는 둘이 아니라 한 몸입니다. 하나님께서 짝지어 함께 멍에를 메도록 묶어주신 것을 사람이 임의로 갈라놓아서는 안 됩니다."

바리새인들이 물었다. "그러면 어찌하여 모세는 이혼증서를 써주는 조건으로 아내를 버려도 좋다고 했습니까?" (신명기 24.1)

예수님이 대답하셨다. "여러분의 마음이 워낙 완악해서 모세가 부득이 그렇게 허락한 것이지 원래부터 그랬던 것은 아닙니다."

그리고 집에 들어가시자, 제자들이 그 말씀에 대해 다시 물었다. 예수님이 대답하셨다. "내가 말한다. 누구든지 부정을 저지른 경우를 제외하고, 자기 아내를 버리고 다른 여자와 결혼하는 남자는, 그 여자와 더불어 간음죄를 짓는 것이다. 마찬가지로 자기 남편을 버리고 다른 남자와 결혼하는 여자도, 그 남자와 더불어 간음죄를 짓는 것이다."

제자들이 말하였다. "남편과 아내의 관계가 그런 것이라면, 차라리 결혼하지 않는 편이 낫겠습니다."

예수님이 대답하셨다. "아무나 이 말을 받아들일 수는 없고, 하나님께서 허락하신 사람만이 받아들일 수 있다. 그러니까 처음부터 결혼하지 못하게 고자[107]로 태어난 사람도 있고, 남의 손에 의해 그렇게 된 사람도 있고, 하나님의 나라를 위해 스스로 결혼하지 않는 사람도 있다.[108] 이 말을 받아들일 만한 사람은 받아들여라."

〈이혼 사유〉

이혼 사유는 재정 문제뿐만 아니라 잦은 다툼, 성격 차이, 고부간 갈등, 배우자 외도, 폭력, 음주, 도박 등으로 다양하다. 하지만 이혼은 누구나 힘들고 어려운 과정이다. 대부분의 부부가 협의 이혼이 이루어지지 않아 재판 이혼과 더불어 재산 분할, 양육권, 위자료

---

[107] 고자(皷子)는 생식기가 거세된 남자로, 오래전부터 중동지역과 중국, 한국 등에 있었다. 여성 경호원이나 하인, 왕의 시종 내시로 일했으며, 환관으로 권세를 누리기도 하였다.

[108] 모든 사람이 나처럼 독신으로 살았으면 좋겠습니다. 그러나 사람마다 하나님께 받은 은사가 달라서, 이런 사람도 있고 저런 사람도 있습니다. (고린도전서 7.7)

등을 다툰다. 자녀가 있을 경우에는 더욱 복잡하다. 그러다 보니 아예 포기하거나 눈물을 머금고 그냥 사는 사람들도 있다.

결혼은 해도 후회하고 안 해도 후회한다는 말이 있다. 이혼은 더욱 그렇다고 본다. 그래서 사도 바울은 자기처럼 독신으로 지내는 것이 좋다고 하였다. 물론 이것도 각자의 사정과 형편, 은사에 따라 모두 다를 것이다.

어떤 사람은 결혼이 필요하고, 어떤 사람은 독신이 필요하며, 어떤 사람은 이혼이 필요하고, 어떤 사람은 별거가 필요할 수 있다. 간혹 재혼이 필요하거나 재결합이 필요한 사람도 있을 것이다. 이렇듯 남녀 간, 또는 부부간에 얽히고설킨 문제는, 하나님께서 선히 여기시는 대로 각자가 판단할 일이라고 본다. 다른 사람이 왈가불가할 문제가 아니다.

094. 이 돈으로 장사하라.

(누가 19.11-27)

예수님이 예루살렘 가까이 이르시자, 하나님의 나라가 당장 나타날 줄로 생각하는 사람들이 있었다. 그래서 예수님이 비유로 말씀하셨다. "어떤 귀인이 왕위를 받아 오려고 먼 길을 떠나게 되었습니다. 자기 종 10명을 불러 1므나[109]씩 나눠주며 말했습니다. '내가 돌아올 때까지 이 돈으로 장사하라.'

---

[109] 므나(mina)는 1/60달란트에 해당하는 유대 화폐로, 헬라 화폐 100드라크마, 로마 화폐 100데나리온의 가치가 있었다. 유통된 화폐로 가장 큰 단위는 므나였고, 가장 작은 단위는 렙돈이었다. 달란트는 가장 큰 화폐였으나 실제로 유통되지는 않았다.

그런데 그의 백성은 그를 미워했습니다. 그들이 사절단을 구성하여 뒤따라 보내며 왕위를 물려줄 사람에게 진정하였습니다. '그가 우리의 왕이 되는 것을 원치 않습니다.'

그러나 귀인은 왕위를 받아 돌아왔습니다. 그리고 먼저 돈을 맡긴 종들을 불러 어떻게 장사하였는지 알아보았습니다.

첫째 종이 와서 말했습니다. '주인님이 주신 1므나를 10개로 늘렸습니다.'

주인이 말했습니다. '착하고 충성된 종아, 참으로 잘했다. 네가 지극히 작은 일에 충성하였으니, 10고을 다스리는 권세를 주겠다.'

둘째 종이 와서 말했습니다. '주인님이 주신 1므나를 5개로 늘렸습니다.'

주인이 말했습니다. '그래, 너도 참 잘했다. 네게 5고을 다스리는 권세를 주겠다.'

그런데 그 다음 종은 와서 이렇게 말했습니다. '주인님의 1므나가 여기 그대로 있습니다. 제가 수건에 싸서 잘 간수해두었습니다. 주인님은 엄하신 분이라 맡기지 않은 것을 찾아가시고, 심지 않은 것을 거둬 가시기에 제가 두려워서 이렇게 했습니다.'

그러자 주인이 호통을 쳤습니다. '이 악하고 몹쓸 종아, 내가 네 말로 너를 심판하겠다. 내가 엄한 사람이라 맡기지 않은 것을 찾아가고, 심지 않은 것을 거둬가는 줄로 알았다면, 너는 어째서 그 돈을 은행에 맡기지 않았느냐? 그랬다면 내가 와서 이자와 원금을 함께 받을 수 있지 않겠느냐?'

그리고 곁에 선 사람에게 말했습니다. '저 종이 가진 1므나를 빼앗아 10므나 가진 종에게 주어라.'

그러자 사람들이 말했습니다. '주인님, 그는 이미 10므나를 가지

고 있습니다.'

그러나 주인은, '내가 말한다. 누구든지 가진 사람이 더 받을 것이고, 가지지 못한 사람은 그 있는 것마저 빼앗길 것이다. 그리고 내가 왕이 되는 것을 반대한 저 원수들을 이리 끌어내어 내 앞에서 죽여라!'고 하였습니다."

〈므나〉

마태복음 25장에 므나 비유와 유사한 달란트 비유가 나옵니다. 스토리 전개는 같으나 한 가지 다른 점은, 므나 비유는 1므나씩 동일하게 주었고, 달란트 비유는 10달란트와 5달란트, 1달란트로 다르게 주었다는 것입니다. 여기서 므나가 '복음'이라면, 달란트는 '은사'입니다. 복음은 동일하게 받지만, 은사는 사람마다 다르게 받음을 의미합니다.

그런데 결론은 똑같습니다. 우리가 구원받는 기준은 얼마나 많이 남겼느냐, 얼마나 많이 받았느냐가 아니라, 얼마나 주인을 믿고 신뢰하였느냐에 달려 있습니다. 주인을 믿고 부지런히 일한 사람은 누구나 칭찬을 받습니다.

그러나 주인을 믿지 못하고 자기 마음대로 살면서, 받은 은사를 소홀히 여기고 믿음의 반응을 보이지 않는 사람은, 책망을 듣고 바깥 어두운 데로 쫓겨나게 됩니다. 아무 차별 없이 주어진 주님의 복음을 믿고, 각자에게 주신 성령의 은사대로 열심히 살아가면, 누구나 천국에 들어갈 뿐만 아니라, 일한 만큼 상급도 받게 된다는 것이, 바로 므나 비유와 달란트 비유의 핵심 주제입니다. (곰팅이)

095. 하나님을 믿어라.

(마태 21.18–22, 마가 11.12–14, 11.20–26)

이른 아침, 예수님이 베다니에서 예루살렘으로 가시며 시장기를 느끼셨다. 약간 떨어진 길가에 무화과나무가 하나 있었다. 혹시 열매가 있을까 하여 가까이 가보셨으나, 잎사귀만 무성하고 열매는 없었다. 제철이 아니었기 때문이다.

예수님이 나무에게 이르셨다. "이제부터 너는 영원히 열매를 맺지 못할 것이다. 네게서 열매를 따먹을 사람이 아무도 없을 것이다."

그러자 무화과나무가 곧 시들기 시작하였다. 예수님의 제자들도 그 말씀을 들었다. 그리고 다음 날 아침, 예수님과 제자들이 그곳을 지나며 나무가 뿌리째 마른 것을 보았다.

베드로가 문득 생각이 나서 말하였다. "선생님, 저것 좀 보십시오. 어제 저주하신 나무가 바싹 말라 죽었습니다."

다른 제자들도 보고 놀라 서로 말하였다. "어떻게 저 나무가 저리 빨리 마를 수 있을까?"

예수님이 말씀하셨다. "하나님을 믿어라. 내가 분명히 말한다. 누구든지 끝까지 믿고 의심하지 않으면, 내가 이 나무에게 한 일을 너희도 할 수 있을 것이다. 또 이 산더러 '번쩍 들려 바다에 빠져라!'고 하여도, 의심치 않고 믿으면 그대로 될 것이다.

그러니 내 말을 잘 들어라. 너희가 기도하고 구하는 것이 무엇이든지, 이미 받은 줄로 믿어라. 그러면 그대로 이루어질 것이다. 너희가 서서 기도할 때, 어떤 사람과 등진 일이 생각나거든 먼저 용서하라. 그래야 하늘에 계신 너희 아버지께서 너희 죄를 용서하실 것이다. 너희가 용서하지 않으면, 하늘에 계신 너희 아버지께서도 너희 죄를 용서하시지 않을 것이다."

〈무화과나무〉

'이는 정말 이상한 이야기다. 배가 고프다는 이유로 제철도 아닌 무화과나무를 저주하여 말라 죽게 하시다니?'

영국 수학자 러셀(B. Russell, 1872~1970)이 『나는 왜 크리스천이 아닌가?』라는 책에서 한 말이다. 예수가 진정한 성자라면, 배고픈 것을 참지 못하고 죄 없는 나무에게 화를 내면 안 된다는 것이었다.

또 슈바이처(A. Schweitzer, 1875~1965) 박사도 『역사적 예수의 연구』라는 책에서 이렇게 말했다.

'무화과나무를 저주할 당시의 예수는, 죽음을 목전에 두고 극도의 불안과 정신적 혼란으로 정상이 아닐 수도 있었다.'

언뜻 보면 합리적 의심처럼 보이지만, 지극히 인간적인 생각에서 비롯된 오해이다. 지중해 연안의 무화과나무는 4월부터 10월까지 모두 5번에 걸쳐 열매를 맺는다. 첫 열매는 '파게'이고, 그다음부터 열리는 열매가 제철의 '테에나'이다.

그때 예수님은 첫 열매 '파게'가 있을까 싶어 가보셨던 것이고, 아직 4월, 즉 유월절 때라 '테에나'의 철이 아니었던 것이다. 따라서 러셀이나 슈바이처는 무화과나무의 제철에 대한 오해를 하였던 것이다.

그리고 예수님은 성전을 정화하시는 과정에서 무화과나무도 저주하셨다. 단순히 배가 고파서 무화과나무를 저주하셨다고 볼 수 없다. 동족인 유대인의 불신과 타락을 경고하신 것으로 보아야 한다. 사실 무화과나무는 유대인을 상징하는 나무였고, 당시 유대인은 제사보다 재물에 관심이 많았다. 하나님보다 맘몬을 섬기고 있었던 것이다.

이러한 현상은 오늘날 교회도 비슷한 양상을 보이고 있다. 정한 날이 되면 의례적으로 예배드리고, 헌금하고, 기도하고, 봉사한다. 그리고 신앙인으로서 도리를 다한 것처럼 생각하며, 물질적 축복을 은근히 기다린다. 이들이야말로 잎사귀만 무성하고 열매가 없는 무화과나무가 아니고 무엇이겠는가? 참으로 답답한 사람들이다.

게다가 어떤 사람들은 주님의 영성이 부족하여 메마른 나뭇가지처럼 댕그랑거리고, 성령의 지성이 부족하여 기독교 무당처럼 행동하기도 하는바, 이 세상에서 주님의 영광을 어디서 찾을 수 있겠는가? 그때 그 무화과나무처럼 오늘날 교회도 바싹 마르지 않는다는 보장을 누가 할 수 있겠는가?

096. 세리와 창녀는 믿었습니다.

(마태 21.28-32)

예수님이 유대인들에게 말씀하셨다. "여러분의 생각은 어떻습니까? 어떤 사람에게 두 아들이 있었는데, 그가 먼저 맏아들[110]에게 가서 말했습니다. '애야, 오늘 포도원에 가서 일해라.'

맏아들이 대답했습니다. '예, 아버지! 가겠습니다.' 그러나 그는 대답만 그렇게 하고 끝내 가지 않았습니다.

그가 둘째 아들에게 가서 말했습니다. '애야, 오늘 포도원에 가서

---

110 맏아들과 둘째 아들의 역할이 바뀐 사본도 있다.

일해라.'

둘째 아들이 대답했습니다. '싫습니다!' 그러나 그는 나중에 뉘우치고 갔습니다. 그렇다면 이 두 아들 중에 누가 아버지의 뜻에 순종했습니까?"

유대인들이 대답하였다. "둘째 아들이라 생각하오."

예수님이 말씀하셨다. "내가 분명히 말합니다. 세리와 창녀가 여러분보다 먼저 하나님의 나라에 들어갈 것입니다. 요한이 와서 바른길을 보여주었으나, 여러분은 끝내 믿지 않고 세리와 창녀는 믿었습니다. 여러분은 그 길을 보고도 끝내 뉘우치지 않고, 그를 믿지도 않았습니다."

〈존 뉴톤〉

존 뉴톤(John Newton, 영국, 1725~1807)은 11세부터 아버지의 노예선에서 일했다. 아프리카에 가서 흑인들을 잡아다가 미국 상인들에게 팔았다. 나중에는 자신이 직접 선장이 되어 수많은 사람들을 잡아다 팔았다.

그러다가 깊이 뉘우치게 되었으며, 신령한 체험까지 하고 자신의 인생을 하나님께 바치기로 서원하였다. 이후 안수를 받고 평생 교회를 섬기다가 세상을 떠나며 말하였다. "내 기억력은 거의 쇠퇴하였으나, 이 두 가지 사실만은 결코 잊을 수 없다. 하나는 내가 얼마나 큰 죄인인가 하는 것이고, 또 하나는 그리스도가 구세주라는 사실이다."

그리고 그는 자전적 찬송가(새찬송 305장/통일 405장)를 남겼다.

'나 같은 죄인 살리신 주 은혜 놀라워 잃었던 생명 찾았고 광명을 얻었네.

큰 죄악에서 건지신 주 은혜 고마워 나 처음 믿은 그 시간 귀하고
귀하다.

이제껏 내가 산 것도 주님의 은혜라 또 나를 장차 본향에 인도해
주시리.

거기서 우리 영원히 주님의 은혜로 해처럼 밝게 살면서 주 찬양
하리라. 아멘.'

097. 포도원 밖에서 죽었습니다.

(마태 21.33-46, 마가 12.1-12, 누가 20.9-19)

예수님이 말씀하셨다. "어떤 사람이 포도원을 일구고, 둘레에 울
타리를 치고, 즙 짜는 확을 파고, 망대까지 세워 농부들에게 세를
주고, 멀리 여행을 떠나 오래 있었습니다. 그리고 포도를 거둘 때가
되어 소출의 얼마를 받아오라고 종을 보냈습니다.

그러나 농부들은 그를 잡아 때리고 빈손으로 돌려보냈습니다. 주
인이 다른 종을 보냈으나, 그들은 그의 머리를 때리고 모욕하며 돌
려보냈습니다. 주인이 또 다른 종을 보냈으나, 이번에는 돌로 쳐서
부상을 입히고 쫓아 보냈습니다. 주인이 계속 많은 종을 보냈으나,
그들은 번번이 똑같은 짓을 하고 심지어 죽이기까지 하였습니다.

이제 주인에게는 외아들만 남았습니다. 주인이 마지막으로 외아
들을 보내며 말했습니다. '어찌 하겠는가? 이제 내 사랑하는 아들을
보내야겠다. 그들이 아무리 악해도 내 아들은 존중하겠지.'

그러나 농부들은, 그가 주인의 외아들이라는 사실을 알고 서로
의논하며 말했습니다. '이는 주인의 상속자다. 아예 없애버리고, 그

가 상속할 포도원을 우리가 차지하자.'

그래서 주인의 외아들은 포도원 밖으로 끌려 나가 죽게 되었습니다. 그렇다면 포도원 주인이 돌아와 그 악한 농부들을 어떻게 하겠습니까?"

유대인들이 말하였다. "그들을 모조리 잡아 가차 없이 죽이고, 포도원은 제때 세를 바칠 다른 농부들에게 맡길 것입니다. 그러나 어찌 그런 일이 있을 수 있겠습니까? 그런 일이 없기를 바랍니다."

예수님이 그들을 똑바로 바라보시며 말씀하셨다. "그러면 성경에 기록된 이 말씀은 무슨 뜻입니까? '건축자가 버린 돌이 집 모퉁이의 머릿돌이 되었으니, 이는 주께서 하신 일이라 우리 눈에 기이하다.' (시편 118.22-23)

그러므로 내가 말합니다. 여러분은 하나님의 나라를 빼앗길 것이며, 그 나라에 합당하고 열매 맺는 다른 민족이 차지할 것입니다. 무릇 이 돌 위에 떨어지는 사람은 산산이 부서질 것이며, 이 돌 아래 깔리는 사람은 아예 가루가 되고 말 것입니다." (로마서 9.32)

이 비유가 자기들을 겨냥한 것임을 알고, 대제사장과 바리새인들이 바로 예수님을 잡으려고 하였다. 그러나 온 백성이 예수님을 예언자로 여기고 있었는바, 그들이 두려워 뜻을 이루지 못하고 애간장만 태우다가 떠나갔다.

〈농부〉

악한 농부의 비유는 인류의 역사를 대변하고 있다. 인간을 향한 하나님의 무한한 사랑과 하나님을 떠난 인간의 끝없는 욕심을 드러낸다. 그래서 성경은 말합니다.

'욕심이 잉태한즉 죄를 낳고, 죄가 장성한즉 사망을 낳는다.' (야고

보서 1.15)

하나님께서 포도밭을 일구어 유대인들에게 세를 주시고, 그 소출의 얼마를 받아오라고 종들을 보내셨다. 그런데 그들은 부질없는 욕심을 부렸다. 하나님께서 보낸 종들을 조롱하고 핍박하는 것도 모자라 죽이기까지 하였다. 그럼에도 하나님께서는 그들을 사랑하여 외아들을 보내주셨다. 그들은 끝까지 강퍅하여 그 외아들마저 포도밭 밖으로 끌어내 죽이고 말았다.

그래서 하나님께서 그 포도밭을 빼앗아 이방인들에게 주셨다. 이제 우리는 새로운 소작인으로 하나님의 무한한 사랑을 받고 있다. 풍성한 열매를 수확하여 하나님께서 바쳐야 한다. 이것이 우리에게 주어진 사명이자 의무이다.

098. 선택받은 사람은 적습니다.

(마태 22.1-14)

예수님이 말씀하셨다. "하나님의 나라는 자기 아들의 혼인잔치를 베푼 어떤 임금에 빗댈 수 있습니다. 임금이 종을 보내 초대한 사람들을 불렀으나, 그들은 모두 핑계를 대며 오지 않았습니다. 그래서 다른 종을 다시 보내 전했습니다. '내가 잔칫상을 차리되, 황소와 살진 짐승을 잡아 맛있는 음식을 푸짐하게 준비하였으니, 어서 잔치에 오십시오.'

그러나 그 말도 대수롭지 않게 여기고, 어떤 사람은 밭으로 가고, 어떤 사람은 장사하러 가고, 어떤 사람은 심부름 갔던 종을 잡아 때리기도 하고, 심지어 어떤 사람은 그 종을 모욕하고 죽이기까지 하였습니다. 격분한 임금이 군대를 풀어 살인자들을 죽이고, 그 도시를 불살라버렸습니다. 그리고 종들에게 다시 말했습니다. '혼인잔치는 성대하게 준비하였으나 초대받은 자들은 그만한 자격이 없으니, 너희는 거리로 나가 만나는 사람마다 잔치에 초대하라.'

그래서 종들이 거리로 나가 좋은 사람이건 나쁜 사람이건 만나는 대로 다 불러들였습니다. 그러자 잔칫집은 손님으로 가득 찼습니다. 임금이 손님을 보러 들어왔다가 예복[111]을 입지 않은 한 사람을 보았습니다. 임금이 물었습니다. '친구여, 그대는 어찌하여 예복을 입지 않고 여기 들어왔는가?'

그는 아무 말도 하지 못했습니다. 임금이 종들에게 말했습니다. '이 사람의 손발을 묶어 바깥 어두운 곳으로 던져라. 거기서 슬피 울며 이를 갈 것이다.'

이와 같이 초대받은 사람은 많으나, 선택받은 사람은 적습니다."

(에베소서 4.1)

〈초대〉

혼인잔치 비유는 구원의 초대에 합당한 사람과 그렇지 않은 사람을 드러내고 있다. 임금은 하나님을, 아들은 예수님을, 처음 보낸 종은 구약시대의 예언자를, 나중 보낸 종은 신약시대의 전도자를, 그리고 처음 초대받은 사람은 유대인을, 나중 초대받은 사람은 이방인을 가리킨다. 유대인이 스스로 구원의 초대를 거절하였는바, 이방인이 대신 구원의 초대를 받게 되었다. 하지만 그에 합당치 않은 사람

---

111 예복(禮服)은 깨끗한 옷을 말하나 여기서는 순결한 성품, 즉 예수 그리스도의 마음을 뜻한다. 혼인식에 참석하는 손님이 예복을 입지 않음은 주인에게 큰 결례였다.

도 있음을 드러내고 있다.

우리는 예수님을 구세주로 받아들임으로써 죄에서 해방되고, 그리스도와 연합함으로써 인격이 변화되며, 주님과 동행함으로써 거룩한 생활을 할 수 있다. 그렇지 않으면 구원과 영생은 보장되지 않는다. 영생은 하나님의 선물이나, 구원은 조건적이고 선택적이다. 우리가 하나님의 뜻에 순종치 않으면 하나님께서 심판하실 수밖에 없다. 사랑의 하나님께서 공의의 하나님이시기 때문이다.

'예루살렘아, 예루살렘아! 네가 예언자들을 죽이고 하나님이 보내신 사람들을 돌로 치는구나! 암탉이 병아리를 날개 아래 품듯, 내가 네 자녀를 모으려고 한 적이 몇 번이냐? 그러나 너희는 원치 않았다.' (마태 23.37)

099. 돈을 가져와 보이십시오.

(마태 22.15-22, 마가 12.13-17, 누가 20.20-26)

대제사장과 율법학자들이 예수님의 말씀을 책잡아 고발하려고, 호시탐탐 기회를 노리며 엿보고 있었다. 그때 바리새인들이 예수님을 함정에 빠뜨리려고 공모하였다. "어떻게 하면 그의 말을 트집 잡아 올가미를 씌울 수 있을까요?"

그들은 궁리 끝에 밀정을 보내기로 하였다. 자기 제자들을 헤롯 당원들과 함께 예수님께 접근시켜 의로운 사람인양 행세케 하면서, 예수님의 말씀을 꼬투리 잡아 총독의 치리권과 사법권에 넘기려고 하였다.

그 밀정들이 예수님께 와서 말했다. "선생님, 우리는 선생님의 말씀과 가르치심이 모두 옳다고 봅니다. 선생님은 진실하게 말씀하시고, 참되게 가르치시며, 사람의 겉모습을 보고 판단하시지 않고, 아무에게도 얽매이지 않는 분이십니다. 그래서 우리가 선생님의 고견을 듣고자 합니다. 가이사에게 세금[112]을 바쳐야 합니까, 바치지 말아야 합니까? 어느 것이 옳은지 저희에게 가르쳐주십시오."

그들의 간악한 속셈을 아시고 예수님이 말씀하셨다. "위선자여, 어찌하여 나를 시험합니까? 세금으로 바치는 돈을 가져와 보이십시오."

그들이 데나리온[113] 한 닢을 가지고 와서 예수님께 보여드렸다. 예수님이 물으셨다. "여기에 새겨진 초상과 글이 누구의 것입니까?"

"가이사의 것입니다."

"그러면 가이사의 것은 가이사에게 주고, 하나님의 것은 하나님께 바치십시오."

그러자 그들은 말문이 막혀 아무 트집도 잡지 못하고, 예수님의 곁을 떠나갔다.

〈납세〉

예수님은 대제사장들로부터 권한 문제, 바리새인들로부터 납세 문제, 사두개인들로부터 부활 문제, 율법학자들로부터 계명 문제, 그리고 간음하다가 현장에서 잡힌 여인 문제에 대하여 질문을 받으

---

112 여기서 세금은 인두세(人頭稅)를 말한다. 남자는 14세부터 65세까지, 여자는 12세부터 65세까지 누구나 1데나리온씩 로마에 바쳐야 했다. 당시 황제는 티베리우스(BC 12년~AD 37년 재위)였고, 14년마다 식민지 국가의 인구조사를 실시하여 세금을 부과하였다.

113 데나리온(denarius)은 로마의 은화로, 앞면에는 월계관을 쓰고 있는 티베리우스 황제의 초상과, '신적인 아우구스투스, 신의 존엄한 아들 티베리우스 황제'라는 글이 새겨져 있었고, 뒷면에는 라틴어로 '지극히 높은 사제'라는 글과, 왼손에는 올림피아의 긴 홀을, 오른손에는 감람나무 가지를 들고, 마치 평화의 화신인양 신들의 보좌에 앉은 황태후 리비아의 초상이 새겨져 있었다.

셨다. 이는 하나같이 답변하기 곤란한 문제였다.

여기서 예수님이 로마에 세금을 바쳐야 한다고 하면 바리새파와 열심당 등 민족주의자들이 반발할 것이고, 바치지 말아야 한다고 하면 로마를 추종하는 사두개파와 헤롯당이 반발할 것이 뻔하였다. 그래서 예수님은 데나리온 하나를 가져오라고 하여, 거기 새겨진 초상과 글이 누구의 것이냐고 물었던 것이다.

그리고 예수님은 황제의 것은 황제에게, 하나님의 것은 하나님께 바치라고 하셨다. 그야말로 세기적 명답변으로 그들의 잔꾀를 물리쳤던 것이다. 그러므로 우리는 지상의 시민으로서 국가와 민족에게도 납세의 의무를 다해야 하고, 천상의 시민으로서 교회와 단체에도 연보의 의무를 다해야 한다.

100. 하늘의 천사와 같습니다.

(마태 22.23-33, 마가 12.18-27, 누가 20.27-40)

이번에는 부활[114]이 없다고 주장하는 사두개인들이 와서 예수님을 시험하였다. "선생님, 아시다시피 모세의 법에 이런 것이 있습니다.

'어떤 사람이 아내를 두고 자식 없이 죽으면, 그 동생이 형수와 결혼하여 대를 이어주어야 한다.[115]' (신명기 25.5)

그런데 선생님, 우리 가운데 7형제가 있었습니다. 맏이가 결혼해

---

114 부활(復活)은 죽은 사람이 살아나 영생하는 것으로 예수님이 첫 열매가 되셨다. 예수님이 살리신 나인 성 과부의 독자나 야이로의 외딸, 베다니 나사로 등은 모두 소생(甦生)한 것이다.

115 계대결혼법(繼代結婚法)은 수혼, 수계혼, 취수혼, 형사취수제, 레비레이트혼 등으로 불렸으며, 죽은 형제의 가문과 기업을 이어준다는 취지와 민족의 순결성 유지, 미망인 보호를 위해 만들어진 관습이었다. 이 제도는 아시리아를 비롯해 이스라엘의 주변 국가에도 있었고, 한국의 고대사회에도 있었다.

아내와 같이 살다가 자식을 두지 못하고 죽었습니다. 그래서 둘째와 셋째, 나중에는 일곱째까지 모두 그 여인과 결혼하여 살았습니다. 하지만 안타깝게도, 7형제 모두 자식을 두지 못하고 죽었습니다. 그리고 마침내 그 여인도 죽었습니다. 이렇듯 7형제가 한 여인을 아내로 맞이하고 죽었으니, 그들이 부활할 때 그 여인은 누구의 아내가 되겠습니까?"

예수님이 대답하셨다. "여러분이 성경도 모르고 하나님의 능력도 몰라서 오해한 것입니다. 이 세상 사람들은 장가도 가고 시집도 가지만, 죽었다가 부활하여 하나님의 나라에서 살 자격이 주어진 사람들은 장가도 가지 않고 시집도 가지 않습니다. 하늘의 천사[116]와 같아서 다시 죽지도 않습니다. 그들은 부활하여 하나님의 자녀가 된 것입니다.

죽은 사람의 부활에 대하여 하나님께서 모세의 떨기나무 이야기에서 말씀하시지 않습니까?

'나는 아브라함의 하나님이요, 이삭의 하나님이요, 야곱의 하나님이다.' (출애굽기 3.6)

이는 하나님께서 죽은 사람의 하나님이 아니라, 산 사람의 하나님이라는 뜻입니다. 그러므로 하나님의 나라에서는 모든 사람이 살아 있는 것입니다. 여러분이 크게 오해하였습니다."

이 말씀을 듣고 율법학자 몇 사람이 말하였다. "선생님의 말씀이 옳습니다!"

백성들은 그 가르치심에 크게 감탄하였고, 사두개인은 더 이상 물을 엄두도 내지 못하고 돌아갔다.

---

116 천사(天使)는 영적 존재로 하나님의 메시지를 전달하거나 성도의 수호자로 나타난다.

〈부활 증거〉

1. 빈 무덤 - 사도들과 여인들에 의해 확인.

2. 목격자들 - 베드로와 사도들, 막달라 마리아와 다른 여인들, 엠마오로 가던 두 제자, 갈릴리호수에서 고기 잡던 7제자들, 500여 형제들, 야고보, 다메섹 도상의 바울.

3. 천사들의 증언 - '그분은 여기 계시지 않고 전에 말씀하신 대로 살아나셨습니다. 여기 와서 그분을 뉘셨던 곳을 보세요.' (마태 28.6)

4. 성경의 예언 - '주께서 나를 무덤에 버려두지 않으시고, 주의 거룩한 자를 썩지 않게 하실 것이다.' (시편 16.10)

5. 예수님의 예언 - '그때부터 예수님은, 자신이 반드시 예루살렘에 올라가야 하며, 장로와 대제사장과 율법학자들에게 많은 고난을 받고 죽임을 당해야 하며, 사흘째 되는 날에 살아나야 한다는 것을 제자들에게 밝히기 시작하셨다.' (마태 16.21)

6. 제자들의 변화 - 사리사욕에 사로잡혀 자리다툼을 벌이던 제자들이 변하여, 자신의 목숨까지 초개와 같이 여긴 담대한 전도자가 되었으며, 지금도 온 세상 방방곡곡에서 수많은 사람들이 부활하신 예수님을 영접하여 새로운 피조물이 되고 있다.

7. 순교자들의 희생 - 거짓을 수호하기 위해 목숨을 바치는 사람은 아무도 없다.

8. 선교사들의 양심 - 믿음의 확신이 없는 사람은 목숨을 걸고 복음을 전할 수 없다.

101. 하나님은 유일하신 분입니다.

(마태 22.34-40, 마가 12.28-34)

예수님이 사두개인들의 말문까지 막아버렸다는 소식을 듣고, 바리새인들이 다시 모여 의논하였다. 그리고 그들 가운데 있는 한 율법학자를 내세워 다시 시험하기로 하였다.

그가 예수님께 와서 질문하였다. "선생님, 율법 중에 어느 계명이 가장 크고 중요합니까?"

예수님이 대답하셨다. "가장 크고 중요한 계명은 이것입니다. 이스라엘 사람은 모두 들으십시오.

'우리 주 하나님은 유일하신 분입니다. 네 마음을 다하고, 목숨을 다하고, 뜻을 다하고, 힘을 다하여 주 너의 하나님을 사랑하라.' (신명기 6.4-5)

그리고 다음은 이것입니다.

'네 이웃을 네 몸과 같이 사랑하라.' (갈라디아서 5.14)

그러므로 이보다 더 크고 중요한 계명은 없습니다. 모든 율법과 예언자의 말씀이 이 두 계명에서 나온 것입니다."

이 말씀을 듣고 율법학자가 말하였다. "선생님, 옳으신 말씀입니다. 우리 주 하나님은 유일한 분이시요, 그 외에 다른 신이 없다고 하신 말씀이 옳습니다. 또 마음을 다하고, 지혜를 다하고, 힘을 다하여 하나님을 사랑하는 것과, 이웃을 자기 몸처럼 사랑하는 것이 모든 번제와 희생제보다 훨씬 더 중요합니다."

그가 매우 슬기롭게 대답하는 것을 보고, 예수님이 말씀하셨다. "그대는 하나님의 나라에서 그리 멀지 않습니다."

이후 감히 묻는 사람이 없었다.

〈계명〉

우리가 성령 안에서 하나님의 계명을 지킨다는 것은, 율법의 조문에서 해방되어 참 자유와 평화와 기쁨을 누린다는 뜻이다. 사실 율법을 조문대로 지킬 사람은 이 세상에 아무도 없다. 예수님의 십자가 은혜로 구원을 받아 풍성히 누리는 사람만이, 참으로 율법에서 해방된 것이다.

아직도 율법의 의미를 제대로 깨닫지 못하고 조문대로 지키려고 애쓰는 사람은, 죄에 대해 종노릇하는 것이다. 그에게 구원의 확신이 있을 리 만무하다. 또 율법에서 해방되었다고 해서 율법을 깡그리 무시하는 사람도, 주님의 십자가 보혈의 의미를 몰라도 너무 모르는 것이다.

그러므로 우리는 상반되는 듯 아닌 듯, 서로 보완하고 있는 갈라디아서[117]와 마태복음[118]의 말씀을 동시에 보고, 복음의 은혜와 율법의 정의를 함께 누릴 수 있어야 한다.

---

[117] 그러나 우리는, 사람이 율법을 지켜서 의롭게 되는 게 아니라, 예수 그리스도를 믿음으로 의롭게 된다는 사실을 아는바, 우리도 그렇게 되려고 예수 그리스도를 믿고 있습니다. 그 누구도 율법을 지켜서 의롭게 될 사람은 없습니다. (갈라디아서 2.16)

[118] 누구든지 이 계명 가운데 가장 작은 것 하나라도 어기거나, 다른 사람에게 그렇게 하라고 가르치면, 하늘나라에서 가장 작은 사람이 될 것이다. 그러나 누구든지 계명을 실천하고 가르치면, 하늘나라에서 위대한 사람이 될 것이다. (마태복음 5.19)

102. 그는 누구의 자손입니까?

(마태 22.41-46, 마가 12.35-37, 누가 20.41-44)

예수님이 성전에서 가르치실 때, 바리새인들이 여전히 주변에 모여 있는 것을 보고 물으셨다. "여러분은 그리스도를 어떻게 생각합니까? 그는 누구의 자손입니까?"

그들 가운데 있던 율법학자들이 대뜸 대답하였다. "다윗의 자손입니다."

예수님이 말씀하셨다. "어째서 당신네 율법학자들은 그리스도를 다윗의 자손이라 생각합니까? 다윗이 성령의 감동을 받아 이렇게 말하지 않았습니까?

'여호와께서 내 주님에게 말씀하셨다. 내가 네 원수들을 네 발 앞에 굴복시킬 때까지, 너는 내 오른편에 앉아있어라.' (시편 110.1)

이렇듯 다윗이 그리스도를 '주님'이라 불렀는데, 어찌 그 자손이 되겠습니까?"

그러자 대답하는 사람이 아무도 없었고, 이후 감히 묻는 사람도 없었다. 그리고 사람들은 계속 예수님의 말씀을 즐겁게 들었다.

⟨다윗⟩

다윗은 이스라엘 제2대 왕으로 40년 동안 다스리며 나라의 기틀을 견고히 하였다. 메시아가 '다윗의 후손'으로 오신다는 말씀은 사무엘하 7.12, 이사야 11.1, 예레미야 23.5 등 여러 곳에서 나온다. 율법학자들이 그 말씀을 모를 리가 없었다. 그래서 그들은 대뜸 메시아를 '다윗의 자손'이라고 대답하였다.

그런데 정작 예수님이 그 말씀에 대해 이의를 제기하셨다. 시편 110.1을 예로 들었다. 다윗이 메시아를 '주님'이라 부르며 찬양하였는데, 어찌 '다윗의 자손'이 되겠느냐는 반문이었다. 메시아가 '다윗의 자손'으로 태어나기는 하겠으나, '하나님의 아들'로서 그 이상의 권세와 영광을 가지고 오신다는 뜻이었다. 결론은 하나만 알고 둘을 모르는 율법학자들을 꾸짖은 것이다.

사실 그들은 예수님을 어느 정도 알고 있었으나, 메시아 곧 그리스도로 인정하기가 싫었던 것이다. 메시아에 대해 아무리 정통한들, 바로 눈앞에 있는 그리스도를 받아들이지 않고 거절해서야 무슨 소용이 있겠는가?

103. 이제 너희를 친구라 부르겠다.

(요한 15.12–17)

예수님이 말씀하셨다. "내 계명은 이것이다. 내가 너희를 사랑한 것같이, 너희도 서로 사랑하라. 친구를 위해 자기 목숨을 내놓는 것보다 더 큰 사랑은 없다. 내가 너희에게 명한 것을 지키면 너희는 내 친구다. 이제 너희를 종이라 부르지 않고 친구라 부르겠다. 종은 주인이 하는 일을 모른다.

나는 내 아버지께 들은 것을 너희에게 다 알려주었다. 너희가 나를 택한 것이 아니라 내가 너희를 택하여 세웠다. 너희는 세상에 나가 열매를 맺되, 영원히 썩지 않는 열매를 맺어라. 너희가 내 이름으로 무엇이든 구하면, 아버지께서 다 들어주실 것이다. 서로 사랑하라. 이것이 내 계명이다."

<새 계명>

　레오나르도 다 빈치(Leonardo Da Vinci, 이탈리아 미술가 1452~1519년)가 '최후의 만찬'을 그릴 때의 일이다. 그가 그림의 주역인 예수님과 가룟 유다의 모습을 구상하였으나, 아무리 생각해도 배신자로서 사악한 자의 표상인 가룟 유다의 영상이 떠오르지 않았다. 고심 끝에 자기 경쟁자로서 늘 어려움을 주던 사람을 모델로 가룟 유다를 그렸다.

　그리고 예수님의 모델을 찾았으나 도무지 떠오르지 않았다. 그러다가 문득 놀라운 사실에 눈을 뜨게 되었다. 증오와 경쟁심으로 가득 찬 자신의 마음이 예수님의 영상을 떠오르지 않게 막고 있다는 사실이었다. 그래서 가룟 유다의 이미지로 그린 동료 작가의 모습을 지워버리고 다시 그리기 시작하였다.

　우리가 주님의 제자로 살아가기 위해서는 반드시 주님의 가르침을 따라야 한다. 그 교훈의 핵심이 '서로 사랑하라!'는 새 계명이다. 우리가 예수님을 본받아 서로 사랑하면, 그것으로 그리스도인이 되었다는 증거가 된다. 이는 주님의 명령이요, 주님과 맺은 계약이다.

　그래서 사도 요한은 '사랑하는 자들아, 우리가 서로 사랑하자. 사랑은 하나님께 속한 것이니, 사랑하는 자마다 하나님으로부터 나서 하나님을 알고, 사랑하지 아니하는 자는 하나님을 알지 못하나니, 이는 하나님은 사랑이심이라.' (요한1서 4.7-8)고 하였다. (하늘양식)

제3편

케리그마

κηρυγμα

- 전도 -

주의 길

임동훈(목사, 1992년)

주의 길을 가고자 길을 나섰더니
가는 길 바로 앞에 큰 산이 막힌지라.

멈칫멈칫하다가 산기슭을 바라보니
준수한 말 두세 필이 준비되어 있는지라.

'그래, 저 말을 타고 산을 넘자!'

기뻐하며 다가가 말고삐를 잡았더니
말은 말없이 순응하였도다.

104. 하나님의 어린양이시다!

(요한 1.35–42)

요한이 두 제자와 함께 서 있다가, 예수님이 지나가시는 모습을 보고 소리쳤다. "보라, 하나님의 어린양이시다!"

이 말을 듣고 제자들이 예수님을 따라갔다. 예수님이 돌아서 물으셨다. "무엇을 원하느냐?"

그들이 도로 물었다. "선생님, 어디서 머물고 계십니까?"

예수님이 대답하셨다. "와서 보라."

그래서 그들이 따라가 예수님이 계신 곳을 보고, 그날 예수님과 함께 지냈다. 오후 4시쯤이었다. 요한의 말을 듣고 예수님을 따라간 제자 중에 하나는 시몬 베드로[119]의 동생 안드레였다.

안드레가 먼저 자기 형 시몬을 찾아가 말하였다. "우리가 찾던 메시아를 만났소."

그리고 시몬을 예수님께 데려왔다. 예수님이 눈여겨보시며 말씀하셨다. "너는 요한의 아들 시몬이구나. 이제부터 너를 게바라 부르겠다." 게바는 '베드로'라는 뜻이다.

〈안드레〉

안드레와 베드로의 부르심에 대한 기록이 요한복음과 공관복음이 서로 다른 것처럼 보이지만, 다른 장소에서 2번 있었던 일이다. 그 전후의 사정은 자세히 알 수 없지만, 얼마간의 시차를 두고 있었

---

119 시몬(Simon)은 베드로의 히브리어 이름이고, 예수님이 지어주신 새 이름 게바(Cephas, 반석/바위)는 아람어이며, 게바를 그리스어로 번역하면 베드로(Peter, 돌/돌멩이)가 된다.

던 일을 복음서 기자들이 서로 다른 관점에서 기록한 것이다.

안드레는 세례 요한의 제자로 있다가, 하나님의 어린양이라는 선포를 듣고 즉시 예수님을 따라갔으며, 그날 예수님과 하룻밤을 지내게 되었다. 그때 깊은 감동을 받아 자기 형을 예수님께 소개하였으며, 그리고 다시 생업으로 돌아가 그물질을 하다가, 얼마 후 '나를 따르라'는 예수님의 소명을 받았다. 그래서 형과 함께 사람 낚는 어부로서 예수님의 제자가 되었던 것이다.

105. 나를 따라오너라.

(요한 1.43–51)

예수님이 갈릴리로 가려고 하시다가 빌립을 만나 이르셨다. "나를 따라오너라."

빌립도 안드레와 베드로처럼 벳새다 사람이었다. 빌립이 나다나엘[120]을 찾아가 말했다. "모세가 율법서에 기록하였고, 예언자들도 기록한 그분을 우리가 만났소. 그는 나사렛 출신으로 요셉의 아들 예수입니다."

나다나엘이 말했다. "나사렛에서 무슨 선한 것이 나올 수 있겠소?"

빌립이 대답하였다. "와서 보시오."

나다나엘이 가까이 오는 것을 보고 예수님이 말씀하셨다. "보라, 여기 참 이스라엘 사람이 있다. 그에게는 거짓이 조금도 없다."

---

[120] 나다나엘(Nathanael)은 예수님의 12제자 가운데 하나인 바돌로매로 보인다.

나다나엘이 물었다. "나를 어떻게 아십니까?"

예수님이 대답하셨다. "빌립이 너를 부르기 전에 무화과나무 아래 있는 너를 보았다."

나다나엘이 말했다. "선생님! 선생님은 하나님의 아들이시요, 이스라엘의 왕이십니다."

예수님이 말씀하셨다. "네가 무화과나무 아래 있는 것을 보았다고 해서 나를 믿느냐? 앞으로 그보다 더 큰일을 볼 것이다."

그리고 예수님이 말씀하셨다. "내가 분명히 말한다. 하늘이 열리고 하나님의 천사들이 인자 위에 오르내리는 모습[121]을 너희가 보게 될 것이다."

〈빌립〉

예수님이 모세와 예언자의 글에 기록된 메시아다. 빌립과 나다나엘은 경건한 사람으로서 메시아가 오시기를 기다리며 기도하고 있었다. 그래서 빌립은 나다나엘을 찾아가 자신이 만난 메시아를 소개하였다. '일단 와서 보시오.'

이 말은 아주 훌륭한 전도방법이다. 우리도 친구를 초대할 때, '일단 와서 보라!'고 하면 된다. 예수님이 무화과나무 아래서 기도하는 나다나엘을 먼저 보셨듯이, 우리의 사정과 형편을 주님이 다 알고 계신다.

---

[121] 야곱이 브엘세바를 떠나 하란으로 가다가, 날이 저물어 어느 곳에서 하룻밤을 지내게 되었다. 그가 돌 하나를 주워 베개로 삼고, 거기서 누워 자다가 꿈을 꾸었다. 땅에서 하늘에 닿은 층계가 보였고, 하나님의 천사들이 그 층계를 오르락내리락하고 있었다. (창세기 28.10-12)

106. 내게 물 좀 주시겠습니까?

(요한 4.1–42)

예수님이 요한보다 더 많은 사람을 제자로 삼고, 세례를 주신다는 소문이 바리새인들의 귀에 들어갔다. 사실은 예수님이 세례를 주신 게 아니라 제자들이 준 것이다. 바리새인들의 수군거림을 아시고, 예수님이 유대를 떠나 다시 갈릴리로 가려고 하셨다. 그러자면 사마리아[122] 지방을 거쳐서 가실 수밖에 없었다.

예수님이 사마리아 수가라는 마을에 들어가셨다. 지난날 야곱이 그 아들 요셉에게 준 땅에서 가까웠고, 야곱의 우물이 거기 있었다. 오랜 여행으로 피곤하신 예수님이 그 우물가에 앉으셨다. 정오쯤이었다. 그때 한 사마리아 여인이 물을 길으러 왔다.

예수님이 먼저 여인에게 말을 거셨다. "내게 물 좀 주시겠습니까?"

그때 제자들은 먹을 것을 사러 시내에 들어가고 없었다. 여인이 말하였다. "선생님은 유대인이시고, 저는 사마리아 여자가 아닙니까? 그런데 어찌 저에게 물을 좀 달라고 하십니까?"

당시 유대인과 사마리아인이 상종하지 않았기 때문이다. 예수님이 말씀하셨다. "그대가 하나님의 선물이 무엇인지, 또 그대에게 물을 청한 사람이 누구인지 알았다면, 오히려 그대가 먼저 나에게 청하였을 것이고, 나는 그대에게 생수를 주었을 것입니다."

"선생님, 우물은 이렇게 깊고 선생님은 두레박도 없습니다. 어디서

---

122 사마리아(Samaria)는 BC 10세기 이스라엘 10지파가 북왕국을 세운 곳이다. 북왕국 이스라엘은 남왕국 유다보다 세력도 강했고 번영도 누렸으나, BC 722년 아시리아에 의해 멸망하였다. 그때 아시리아의 혼혈정책으로 그들은 순수한 혈통과 신앙을 잃게 되었는바, AD 1세기까지 유대인과의 반목이 지속되었다.

그런 생수를 구하여 저에게 주시겠다는 말씀입니까? 선생님이 우리 조상 야곱보다 더 위대하십니까? 그는 우리에게 이 우물을 주었고, 그의 자녀와 가축까지 다 여기서 물을 마셨습니다."

"이 물을 마시는 사람은 다시 목마를 것이나, 내가 주는 물을 마시는 사람은 영원히 목마르지 않을 것입니다. 내가 주는 물은 그 사람 속에서 끊임없이 솟아나 영생에 이르는 샘물이 될 것입니다."

"선생님, 그 물을 제게도 좀 주십시오. 다시 목마르지도 않고, 물을 길으러 여기까지 나오지 않아도 되겠습니다."

"가서 그대의 남편을 데려오십시오."

"저는 남편이 없습니다."

"남편이 없다는 그대의 말이 맞습니다. 그대에게 남편이 다섯이나 있었고, 지금도 같이 사는 남자가 있지만, 사실은 그도 남편이 아니니 그대가 바른 말을 하였습니다."

"선생님, 이제 보니 예언자이십니다. 우리 조상은 이 산에서 예배를 드렸지만, 유대인은 예루살렘에서 예배를 드려야 한다고 합니다."

"자매여, 나를 믿으십시오. 이 산이든 예루살렘이든, 아버지께 예배할 장소가 문제되지 않을 때가 올 것입니다. 사마리아인은 알지 못하는 것을 예배하고, 유대인은 알고 있는 분을 예배합니다. 구원이 유대인에서 나오기 때문입니다. 이제 진실하게 예배하는 사람이 영과 진리로 예배할 때입니다. 지금이 바로 그때입니다. 아버지께서 이렇게 예배하는 사람을 찾으십니다. 하나님은 영이십니다. 예배하는 사람은 반드시 영으로 진실하게 드려야 합니다."

"저도 그리스도라는 메시아가 오실 줄을 압니다. 그분이 오시면 우리에게 모든 것을 알려주실 것입니다."

"지금 그대와 말하고 있는 이가 바로 그 사람입니다."

그때 제자들이 돌아와 사마리아 여인과 대화하시는 예수님을 보고 놀랐으나, '여인에게 무엇을 청하셨습니까?' 또는 '여인과 무슨 말씀을 나누셨습니까?'라고 묻는 사람이 없었다.

여인이 물동이를 내버려두고 마을로 달려가 소리쳤다. "다들 나와 보세요! 저의 과거를 죄다 아시는 분이 계십니다. 이분이 그리스도가 아닐까요?"

그러자 마을 사람들이 다 나와서 예수님께 모여들었다.

그때 제자들은 예수님께 음식을 권하고 있었다. "선생님, 무엇을 좀 드십시오."

예수님이 말씀하셨다. "내게는 너희가 알지 못하는 양식이 있다."

제자들이 서로 수군거렸다. "누가 벌써 음식을 갖다 드렸을까?"

예수님이 말씀하셨다. "내 양식은 나를 보내신 분의 뜻을 행하고, 그분의 일을 온전히 이루는 것이다. 너희는 아직 4개월이 있어야 추수 때가 온다고 하지만, 나는 말한다. 눈을 들어 들판을 보아라. 곡식이 익어 추수할 때가 되었다. 추수하는 사람이 이미 삯을 받고, 영원한 생명의 나라로 알곡을 거둬들이고 있다. 그래서 씨를 뿌린 사람과 추수하는 사람이 함께 기뻐하게 되었다. 과연 한 사람은 뿌리고 다른 사람은 거둔다는 속담이 맞다. 나는 너희가 수고하지 않은 것을 거두라고 보냈다. 수고는 다른 사람이 하고, 너희는 그들이 수고한 결실을 거두는 것이다."

여인이 자신의 과거를 죄다 알아맞혔다고 증언하여 많은 사마리아인이 예수님을 믿었다. 그들이 며칠만 더 머물러 달라고 간청하여 예수님은 2일을 그 마을에 머무르셨다. 그래서 예수님의 말씀을 듣고 더욱 많은 사람이 믿게 되었다.

사마리아인들이 여인에게 말하였다. "이제 우리가 믿는 것은 그대
의 말 때문이 아니라, 우리가 직접 이분의 말씀을 듣고, 이분이 참
으로 세상의 구주라는 사실을 알았기 때문이오."

〈사마리아 여인의 고백〉 석소영

우물가에 핀 한 송이 꽃도 내겐 아무런 의미 없었죠.

하루하루 저 구름처럼 흐르고 있었죠.

어느 날 문득 내게 오신 분, 물 한 잔 달라 말씀하셨죠.

나의 모든 걸 알고 계시는 그분, 그 눈길, 그 목소리 내 안에 살아

생명의 물 마셔라. 다시는 목마르지 않으리라.

솟는 샘물처럼 영원한 생명 누리리라.

그 순간 난 알았죠. 주님이심을

나 이제 달라졌어요. 나를 찾았죠.

주님의 말씀 나를 구했죠.

사막에 가시덤불조차 아름다워요.

이 기쁜 평화 무엇일까요. 주님이 주신 신비로운 선물

생명의 물 마셔라. 다시는 목마르지 않으리라.

솟는 샘물처럼 영원한 생명 누리리라.

그 순간 난 알았죠. 주님이심을

나 이제 달라졌어요. 나를 찾았죠.

주님의 말씀 나를 구했죠.

주님이 주신 구원의 길 따라갈래요.

전하고 싶어 내가 만난 분. 말하고 싶어 주님이심을.

107. 회개하고 복음을 믿어라!

(마태 4.12-17, 마가 1.14-15, 누가 4.14-15, 요한 4.43-45)

요한이 감옥에 갇혔다는 소식을 듣고, 예수님이 갈릴리로 물러나셨다. 예수님이 갈릴리에 도착하시자 사람들이 반갑게 맞았다. 그들도 유월절을 지키러 예루살렘에 올라갔다가, 예수님이 하신 일을 모두 보았기 때문이다.

예언자가 자기 고향에서는 존경을 받지 못한다고, 예수님이 전에 말씀하신 적이 있었다. 그래서 예수님은 나사렛에 머물지 않고, 스불론과 납달리 지방의 호숫가에 있는 가버나움으로 가서 사셨다. 그리하여 예언자 이사야의 말씀이 이루어졌다.

'스불론[123]과 납달리[124] 땅, 호수로 가는 길목, 지중해 동쪽과 요단강 서편에 있는 이방인의 갈릴리여! 어둠 속에 앉은 백성이 큰 빛을 보았고, 죽음의 그늘진 땅에 사는 사람들에게 빛이 비치었다.' (이사야 9.1-2)

이때부터 비로소 예수님이 복음을 선포하기 시작하셨다. "때가 찼고 하나님의 나라가 가까이 왔다. 회개하고 복음을 믿어라!"

그때 예수님이 성령의 능력을 가득히 받아 갈릴리로 돌아오셨다는 소문이 사방에 퍼져 있었다. 그래서 예수님이 회당[125]을 찾아가 가르치시자 뭇사람의 칭찬이 자자하였다.

---

123 스불론(Zebulun)은 야곱과 레아 사이에서 태어난 아들이다.
124 납달리(Naptali)는 야곱과 라헬의 여종 빌하 사이에서 태어난 아들이다.
125 회당(會堂)은 예배당, 기도처, 학교, 법정, 회의장, 행사장 등으로 다양하게 사용되었다.

BC 6세기 하박국 예언자는 자신의 심경을 이렇게 고백하였다.

'무화과나무에 과일이 없고 포도나무에 열매가 없어도, 올리브나무에 딸 것이 없고 밭에서 거둬들일 것이 없어도, 우리에 양이 없고 외양간에 소가 없어도, 나는 주님 안에서 즐거워하련다. 나를 구원하신 하나님 안에서 기뻐하련다.' (하박국 3.17-18)

그때 하박국은 극도의 절망적 상황에 처해 있었다. 하지만 600년 후에 임할 하나님의 나라를 바라보았던 것이다. 실로 유대 광야에서 펼쳐진 세례 요한의 회개운동을 통해 선포된 하나님의 나라는, 예수 그리스도에 의한 갈릴리의 전도로 구원의 복음이 온 세상에 드러나게 되었다.

108. 은혜의 해를 선포하셨다.

(누가 4.16-30)

예수님이 자라나신 고향 나사렛으로 가셨다. 안식일을 맞아 평소대로 회당에 들어가셨다. 성경을 읽으려고 일어나시자, 핫잔[126]이 이사야 예언서를 건네주었다.

예수님이 두루마리를 펼쳐 이 대목을 찾아 읽으셨다.

'주의 영이 내게 내리셨다. 주께서 내게 기름을 부어[127] 가난한 자

---

126 핫잔(hazzan)은 회당장을 보좌하는 사람으로 회당 건물과 두루마리 관리, 나팔을 불어 회중을 모으는 일 등, 주로 행정업무를 담당하였다.

127 기름부음(anointing)은 하나님께서 거룩하게 구별하여 일꾼을 세우신 의식으로 왕과 제사장과 예언자에게 행하였다. 여기서 '주께서 내게 기름을 부어'라는 말은, 하나님께서 예수님을 메시아로 보내셨다는 뜻이다.

에게 복음을 전하게 하셨다. 포로 된 자에게 자유를, 눈먼 자에게 다시 보게 함을, 억눌린 자에게 해방을 선언하고, 주님이 베푸실 은혜의 해[128]를 선포하게 하셨다.' (이사야 61.1-2)

예수님이 두루마리를 말아 돌려주시고 자리에 돌아와 앉으셨다. 회당 안에 있던 사람들의 눈길이 일제히 예수님께 쏠렸다. 예수님이 말씀하셨다. "오늘 이 말씀이, 바로 이 자리에서 이루어졌습니다!"

그러자 모든 사람이 탄복하며 은혜로운 말씀에 칭찬을 아끼지 않았다. 하지만 의심하며 머뭇거리는 사람도 있었다. "아니, 저 사람은 요셉의 아들이 아닙니까?"

예수님이 말씀하셨다. "여러분은 틀림없이 '의사야, 네 병이나 고쳐라!'는 속담을 들이대며, '가버나움에서 행한 기적을 여기 네 고향에서도 해보라!'고 말하고 싶을 것입니다. 내가 분명히 말합니다. 어떤 예언자도 자기 고향에서는 환영을 받지 못합니다.

잘 들어두십시오. 엘리야 시대, 3년 6개월 동안 하늘이 닫혀 온 땅에 심한 흉년이 들었을 때, 이스라엘에 많은 과부가 있었으나, 하나님께서 그들 가운데 아무에게도 보내시지 않고, 오직 시돈 지방의 사렙다 마을에 사는 한 과부에게만 엘리야를 보내셨습니다. 또 엘리사 시대에도 많은 나환자가 있었으나, 그들 가운데 하나도 고침을 받지 못하고, 오직 시리아 사람 나아만 하나만이 깨끗함을 받았습니다."

이 말씀을 듣고, 회당 안에 있던 사람들이 크게 분개하여 들고 일

218　예수 미션

어났다. 그들이 예수님을 벼랑까지 끌고 가서 아래로 밀쳐 떨어뜨리려고 하였다. 그 마을이 산 위에 있었기 때문이다. 그러나 예수님은 그들 사이를 유유히 지나서 가실 길을 가셨다.

〈고향〉

육신을 입고 이 땅에 오신 예수님도 어린 시절 살았던 고향이 있었다. 30세에 가버나움으로 이사하여 공생애를 시작하실 때까지 나사렛에 사셨다. 예수님은 사람들에게 천국 복음을 전하셨고, 숱한 병자를 고치셨으며, 놀라운 기적과 표적을 행하셨다. 그래서 예수님의 명성은 사방으로 퍼져나갔다.

그즈음 예수님이 제자들을 데리고 나사렛을 방문하셨다. 그러나 고향 사람들은 냉대하며 맞아들이지 않았다. 30년 동안 같이 살면서 지켜보았으나, 거저 평범한 목수였다는 것이다. 이는 그들의 편견이자 고정관념이었다.

109. 이제부터 사람을 낚을 것이다.

(마태 4.18–22, 마가 1.16–20, 누가 5.1–11)

예수님이 갈릴리 호숫가[129]를 거니시다 두 형제, 베드로라는 시몬과 그 동생 안드레를 보셨다. 그들은 어부였고, 호수에 그물을 던지고 있었다. 예수님이 호숫가에 서 계신 것을 보고 무리가 다시 몰려

---

[129] 갈릴리호수(Galilee Lake)는 가로 12㎞, 세로 21㎞, 둘레 53㎞, 면적 166㎢로 해수면보다 200m 아래에 위치하고, 수심은 26m(깊은 곳은 43m), 주요 수원은 요단강이다.

들었다. 그들이 예수님을 에워싸고 하나님의 말씀을 들었다.

그때 호숫가에 배 2척이 대어 있었고, 어부들은 배에서 내려 그물을 씻고 있었다. 예수님이 보시고 한 배에 오르셨다. 시몬의 배였다. 예수님이 시몬에게 이르셨다. "배를 물에서 조금 떼어놓아라."

그리고 배에 앉아 계속 무리를 가르치셨다. 예수님이 말씀을 마치시고 시몬에게 이르셨다. "깊은 데로 가서 그물을 내려 고기를 잡아라.[130]"

시몬이 대답하였다. "선생님, 저희가 밤새 애써 보았으나 아무것도 잡지 못하고 그냥 돌아왔습니다. 그러나 선생님이 말씀하시니, 다시 가서 그물을 내리겠습니다."

그리고 그대로 하였더니, 너무 많은 고기가 잡혀 그물이 찢어질 정도였다. 다른 배에 있는 동료에게 손짓하여 도와달라고 하였다. 그들과 같이 두 배에 고기를 가득 채우자, 모두 가라앉을 지경이 되었다.

시몬 베드로가 보고 예수님 앞에 엎드려 말하였다. "주님, 저는 죄인입니다. 저를 떠나주십시오."

너무 많은 고기가 잡힌 것을 보고, 베드로가 지레 겁을 먹어 그리 말했던 것이다. 베드로만 아니라 안드레도 보고 놀랐고, 그들과 함께 있던 동료들도 보고 놀랐다. 또 시몬의 동업자인 세베대[131]의 두 아들, 야고보와 요한도 그 모습을 지켜보고 놀랐다.

예수님이 말씀하셨다. "두려워하지 마라. 이제부터 사람을 낚을 것이다."

---

[130] 주님이 말씀하시니 그대로 이루어졌고, 그가 명령하시니 견고히 자리를 잡았다. (시편 33.9)
[131] 세베대(Zebedee, 여호와의 주심)는 야고보와 요한의 아버지로 갈릴리의 부유한 어부였다.

그러자 시몬과 안드레가 배를 끌어 뭍에 대고, 모든 것을 버리고 예수님을 따랐다. 그리고 조금 더 가시다가 다른 두 형제, 야고보와 요한이 배에서 그물을 손질하는 것을 보고 부르셨다. 그들도 아버지 세베대와 일꾼들을 배에 남겨두고, 즉시 일어나 예수님을 따라나섰다.

〈물고기〉

요즘 사람들은 구석기 식단으로 체중도 조절하고 건강도 회복하기 원한다. 구석기 인류의 식생활을 그대로 받아들이는 것이다. 인류가 수렵 생활을 마감하고 농사를 지어 곡물을 먹기 시작한 것은 1만 년이 안 된다. 현대 인류와 원시인과의 유전적 차이도 거의 없다. 그래서 곡류 중심의 식생활에 부작용이 많다는 것이다. 그 대표적인 것이 바로 밀가루의 글루텐[132]이다.

우리는 주님이 허락하신 자연식품이 몸에 좋다는 사실을 알지만, 편의주의에 빠져 가공식품을 즐긴다. 그로 인해 알레르기성 질환이나 암과 같은 난치병이 많이 생겼다. 그래서 어떤 사람이 말하였다. '우리가 주님의 품으로 돌아가기 전에는 결코 안식을 취할 수 없다!'

초대교회에서 물고기는 그리스도인의 상징이었다. 카타콤(cata-combs, 지하 묘지교회)의 성도들은 물고기를 그리며 자신의 신분을 드러내었다. 물고기를 의미하는 익투스(Ichthus)는 'Jesus Christ, God's Son, Savior(예수 그리스도, 하나님의 아들, 구세주)'라는 머리글자(initials)다.

---

132 글루텐(gluten)은 곡류에 들어있는 회갈색의 끈적끈적한 불용성 단백질로 셀리악병(Celiac disease, 알레르기성 장 질환)과 같은 소화기관의 병을 유발한다.

110. 복음을 전해야 한다.

(마태 4.23-25, 마가 1.35-39, 누가 4.42-44)

이른 새벽에 일어나 예수님이 한적한 곳으로 가서 기도하고 계셨다. 시몬 일행이 예수님을 찾아와 말하였다. "모두 선생님을 찾고 있습니다."

예수님을 자기 곁에 모셔두고 떠나지 못하게 하려고 그리 말했던 것이다. 예수님이 말씀하셨다. "그래, 이 부근 다른 마을로 가자. 거기서도 복음을 전해야 한다. 나는 이 일을 하려고 왔다."

그리고 온 갈릴리를 두루 다니며 회당에서 가르치시고, 하나님 나라의 복음을 선포하시며, 더러운 귀신을 쫓아내시고, 모든 사람의 질병과 아픔을 고쳐주셨다. 그래서 예수님의 소문은 시리아까지 퍼지게 되었다.

여러 질병으로 고생하는 사람들, 귀신에 사로잡혀 신음하는 사람들, 간질병과 중풍에 걸린 사람들이 다 나아왔으며, 예수님은 그들을 모두 고쳐주셨다. 그러자 갈릴리, 데가볼리, 예루살렘, 유대, 요단강 동편에서 온 수많은 사람들이 예수님을 따랐다.

〈운동〉

여기서 예수님의 3대 운동이 드러난다. 디닥시스(말씀 가르치기), 케리그마(복음 선포하기), 테라퓨오(질병 치유하기, 장애 고쳐주기, 귀신 쫓아내기)이다. 그리고 파레시아(진실 드러내기, 정의 구현하기)와 소테리아(생명 살려내기, 기근 해소하기)를 더해 5대 운동이 된다.

111. 죄인을 회개시키러 왔습니다.

(마태 9.9-13, 마가 2.13-17, 누가 5.27-32)

예수님이 호숫가로 나가시자 다시 무리가 모여들어 가르치셨다. 그리고 길을 가시다가 마태, 곧 알패오의 아들, 레위라는 세리[133]가 세관에 앉은 것을 보고 부르셨다. "나를 따라라."

그러자 그가 자리에서 벌떡 일어나 모든 것을 버려두고 예수님을 따랐다. 마태가 자기 집에서 예수님을 위해 큰 잔치를 베풀었다. 많은 세리와 죄인들이 초대를 받아 예수님의 제자들과 함께 음식을 먹고 있었다.

바리새인과 율법학자들이 보고 못마땅하여 예수님의 제자들에게 따지고 들었다. "어찌하여 당신네 선생님은 세리와 죄인을 용납하고, 그들과 함께 어울려 먹고 마십니까?"

예수님이 대답하셨다. "성한 사람에게는 의사가 필요치 않으나, 상한 사람에게는 꼭 필요합니다. 여러분은 가서 '내가 바라는 것은 제사가 아니라 자비다!'(호세아 6.6)라고 하신 말씀이 무슨 뜻인지 먼저 배우십시오. 나는 의인을 부르러 온 것이 아니라 죄인을 불러 회개시키러 왔습니다."

〈마태〉

레위는 세리로서 예수님의 부르심을 받고 마태(하나님의 선물)라는 새 이름을 얻었다. 그리고 12사도 가운데 들었다. 그가 잔치를 베풀

---

133 세리(稅吏)는 세금을 징수하는 관리로 로마의 부역자였다. 큰돈을 쉽게 벌 수 있었으나, 동족에게는 죄인으로 취급받을 수밖에 없었다.

고 죄인을 많이 초대하였는바, 어려운 이웃을 매우 사랑한 것으로 짐작된다. 실제로 그는 세리로서 부유하게 살아온 것을 속죄하며, 가난한 사람을 많이 도와주었다고 한다. 그렇게 하여 피해를 본 사람들에게 보상하기를 원하였던 것이다. 예수님이 돌아가신 후에는 15년 동안 육식을 금하고, 이스라엘 모든 지역을 순회하며 전도하였다고 전해진다.

112. 권세와 능력을 주셨다.

(마태 10.1–4, 마가 3.13–19, 누가 6.12–16)

하루는 예수님이 산에 올라가 밤을 지새우며 기도하셨다. 그리고 날이 밝자 제자들을 불러 모으고, 그들 가운데 12명을 뽑아 사도라 부르셨다. 그들을 파송하여 복음을 전하게 하시려고, 더러운 귀신을 제어하고 쫓아내는 권세와 온갖 질병과 허약한 체질을 고치는 능력을 주셨다. 그리고 그들을 자기와 함께 지내도록 하셨다.

그들은 베드로(게바)라는 새 이름을 받은 시몬, 보아너게 곧 우레의 아들이란 별명을 받은 세베대의 두 아들 야고보와 요한, 베드로의 동생 안드레, 그리고 빌립, 바돌로매(나다나엘), 세리 마태(레위), 디두모(쌍둥이) 도마, 알패오의 아들 야고보(작은 야고보), 다대오(야고보의 아들 유다), 가나안 출신 열심당(셀롯당) 시몬, 그리고 예수님을 판 가룟 유다였다.

〈사도〉

베드로는 로마에서 거꾸로 십자가에 못 박혀 죽었으며,

안드레는 터키에서 X자형 십자가에 달려 죽었으며,

요한의 형 야고보는 헤롯 아그립바 1세에 의해 가장 먼저 참수되었으며,

요한은 로마로 압송되어 끓는 기름 솥에 던져졌다가 밧모섬에 유배되었으며,

빌립은 54년경 터키에서 기둥에 묶여 돌에 맞아 죽었으며,

마태는 60년경 에티오피아에서 미늘창에 찔려 죽었으며,

시몬은 74년경 영국에서 십자가형을 받았으며(페르시아에서 톱으로 잘려 죽었다는 설도 있음),

도마는 인도에서 쇠몽둥이로 맞고 창에 찔려 몸이 관통되어 죽었으며,

바돌로매(나다나엘)는 인도에서 폭행을 당해 피부가 벗겨져 죽었으며,

다대오는 페르시아에서 전도하다가 육신이 두 동강 나서 죽었으며,

알패오의 아들 야고보는 높은 탑에서 떨어졌다가 나무망치로 머리를 맞고 죽었으며,

맛디아는 예루살렘에서 돌팔매질을 당하고 목이 베여 죽었다.

따라서 요한을 제외한 11사도가 모두 복음을 전하다가 순교하였다. 그리고 바울은 네로 황제의 박해 시 로마에서 참수형을 받았고, 이그나티우스는 111년 사자의 밥이 되었으며, 폴리갑은 156년 화형에 처해졌다.

이와 같이 AD 30년대 초반 스데반이 최초로 돌에 맞아 죽은 후, 기독교 역사상 복음을 전하다가 순교한 사람이 6천만 명이 넘는다고 한다.

113. 거짓 예언자를 조심하십시오.

(마태 7.15-20, 누가 6.43-44)

예수님이 말씀하셨다. "거짓 예언자를 조심하십시오. 그들은 양의 탈을 쓰고 다가오지만, 속은 굶주린 이리(늑대)입니다. 여러분은 그 열매를 보고 그들을 알아야 합니다. 그가 참 예언자인지 거짓 예언자인지, 그 행실을 보고 알아야 한다는 말입니다.

나무는 그 열매를 보면 알 수 있습니다. 어찌 가시나무에서 포도송이를 따겠으며, 찔레나무(엉겅퀴)에서 무화과를 따겠습니까? 좋은 나무가 좋은 열매를 맺고, 나쁜 나무가 나쁜 열매를 맺습니다. 좋은 나무가 나쁜 열매를 맺을 수 없고, 나쁜 나무가 좋은 열매를 맺을 수 없습니다. 좋은 열매를 맺지 않는 나무는 다 찍혀서 불속에 던져질 것입니다.

그러므로 여러분은 그 행실을 보고, 그가 어떤 사람인지 알아야 합니다."

〈악인〉

애당초 악인은 그대로 악할 뿐이나, 선으로 위장한 악인은 더욱 큰 해악을 끼친다. 처음부터 이리는 이리로서 나쁘지만, 양의 탈을 쓴 이리는 양떼에게 이만저만 피해를 입히는 게 아니다. 오늘날 교회를 힘들게 하고 교인의 영혼을 병들게 하는 사람은, 교회 밖의 적대자가 아니라 교회 안의 목회자들이다. 그 인품을 보고 그가 참 목자인지 거짓 목자인지 알아야 한다.

114. 누가 어머니고 형제입니까?

(마태 12.46–50, 마가 3.31–35, 누가 8.19–21)

예수님이 말씀하실 때, 예수님의 가족[134]이 할 말이 있다고 찾아왔다. 그러나 사람이 많아 가까이 갈 수 없었다. 밖에서 서성거리다가 한 사람을 들여보냈다.

예수님의 주변에 있던 사람이 말하였다. "보십시오, 선생님의 어머니와 형제들이 밖에서 기다리고 있습니다."

예수님이 말씀하셨다. "누가 어머니고 형제입니까?"

그리고 손을 내밀어 둘러앉은 사람들을 가리키며 말씀하셨다. "자, 여기 있는 내 어머니와 형제들을 보십시오. 누구든지 하늘에 계신 내 아버지의 말씀을 듣고 실천하는 사람이 내 형제요, 자매요, 어머니입니다.[135]"

〈가족〉

예수님이 귀신을 쫓아내시자, 눈이 멀고 말을 못 하는 사람이 고침을 받았다. 그러자 율법학자들이 귀신의 왕인 바알세불의 힘을 빌려 귀신을 쫓아낸다고 호도하였다. 그 소문이 예수님의 가족에게 들렸다. 그래서 예수님을 붙잡아 집으로 데려가려고 찾아왔다.

그들은 나름대로 예수님의 신변을 보호할 생각이었으나, 근본적으로 예수님에 대한 믿음이 부족하였던 것이다. 그래서 예수님은

---

134 예수님의 가족은 어머니 마리아를 비롯하여 남동생 야고보, 요셉, 유다, 시몬, 그리고 2명 이상의 누이들이 있었던 것으로 보인다.

135 참 올리브나무 가지 가운데 얼마를 잘라내고 그 자리에 야생 올리브나무를 접붙였다면, 그 접붙인 가지는 참 올리브나무 뿌리에서 양분을 같이 받게 됩니다. 말하자면 여러분은 야생 올리브나무 가지입니다. (로마서 11.17)

냉정하리만큼 아주 단호하게 말씀하셨다. '누가 내 어머니고 형제입니까?'

사실 하나님의 말씀을 듣고 실천하는 사람이 하나님의 자녀이다. 예수님의 사역은 하나님의 나라 운동이었다. 공생애 첫 일성이 하나님의 나라가 가까이 왔다는 것이었고(마가 1.15), 부활하신 후 40일 동안의 사역도 하나님의 나라에 대한 일이었다. (사도행전 1.3)

하나님의 나라는 아버지의 통치권이 미치는 곳, 즉 하나님의 뜻이 이루어지는 영역을 말하며, 이는 아버지의 말씀을 듣고 실천하는 사람들에 의해 드러나게 된다. 이른바 교회와 단체 등을 통해 하나님의 나라가 이 땅에 이루어지는 것이다.

115. 밭에 씨를 뿌렸습니다.

(마태 13.1-23, 마가 4.1-20, 누가 8.4-15)

예수님이 다시 호숫가로 나가셨다. 여러 마을에서 사람들이 모여들어 큰 무리를 이루었다. 예수님은 호수에 배를 띄워 그 위에 올라가 앉으셨고, 무리는 호숫가에 그대로 서 있었다.

예수님이 여러 가지 비유를 들어 가르치기 시작하셨다. "한 농부가 밭에 나가 씨를 뿌렸습니다. 어떤 씨는 길가에 떨어져 사람들의 발에 밟히기도 하고, 공중의 새가 와서 쪼아 먹기도 하였습니다. 어떤 씨는 돌밭에 떨어져 싹이 나오기는 하였으나, 흙이 얕고 물기가 없어 뿌리를 내리지 못한 채, 해가 뜨자 타서 말라버렸습니다. 어떤 씨는 가시밭에 떨어져 어느 정도 자라기는 하였으나, 가시덤불 기운에 막혀 결국은 결실하지 못하였습니다. 그러나 어떤 씨는 옥토에 떨어져 100배, 60배, 30배의 결실을 하였습니다. 들을 귀가 있는 사람은 알아들으십시오."

그리고 예수님이 따로 계실 때, 사람들이 제자들과 함께 와서 물었다. "어찌하여 비유로 말씀하십니까?"

예수님이 대답하셨다. "내가 비유로 말하는 이유는, 그들이 보기는 보아도 알아보지 못하고, 듣기는 들어도 알아듣지 못하게 하려는 것입니다. 여러분에게는 하나님의 나라에 대한 비밀을 아는 것이 허락되었으나, 다른 사람에게는 허락되지 않았습니다. 그래서 그들에게는 모든 것이 수수께끼처럼 들리게 됩니다.

무릇 가진 사람은 더 받아 넉넉하게 되고, 가지지 못한 사람은 그 가진 것마저 빼앗길 것입니다. 그래서 이사야가 예언하였습니다.

'너희가 듣기는 들어도 알아듣지 못하고, 보기는 보아도 알아보지 못할 것이다. 이 백성이 마음의 문을 닫고, 귀를 막고, 눈을 감은 탓이다. 그렇지 않다면, 그들이 눈으로 보고 귀로 듣고 마음으로 깨닫고 돌아와, 내게 온전히 고침을 받을 것이다.' (이사야 6.9-10)

그러나 여러분은 마음으로 깨닫고, 눈으로 보고, 귀로 들을 수 있으니 얼마나 복된 일입니까? 내가 분명히 말합니다. 그동안 숱한 예언자와 의인들이 나를 보기 원했으나 보지 못하였고, 내 말을 듣기 원했으나 듣지 못하였습니다."

그때 그들이 물었다. "그러면 씨 뿌리는 비유가 무슨 뜻입니까?"

예수님이 말씀하셨다. "여러분은 이 비유도 알아듣지 못하면서, 어떻게 다른 비유를 알아들을 수 있겠습니까? 씨 뿌리는 비유는 하나님의 나라에 대한 것입니다. 씨는 하나님의 말씀이고, 씨를 뿌리는 농부는 하나님의 말씀을 전하는 사람입니다.

길가에 떨어진 씨는 하나님의 말씀을 듣고 깨닫지 못하여, 마귀가 와서 그 마음에 뿌려진 말씀을 빼앗아가는 것을 말합니다. 돌밭에 떨어진 씨는 하나님의 말씀을 듣고 기꺼이 받아들이나, 그 마음에 뿌리를 내리지 못해 오래가지 못하는 것을 말합니다. 이런 사람은 그 말씀으로 인해 환난이나 핍박이 다가오면 곧 넘어지고 맙니다. 가시밭에 떨어진 씨는 하나님의 말씀을 듣고 살아가면서, 세상의 염려와 재물의 유혹과 육신의 향락에 빠져, 그 말씀대로 살아가지 못하는 것을 말합니다.

그러나 옥토에 뿌려진 씨는, 바르고 착한 마음으로 하나님의 말씀을 듣고 지키며, 인내로 꾸준히 결실하는 것을 말합니다. 이런 사람은 100배, 60배, 30배의 결실을 합니다.”

〈비유〉

예수님의 비유는 복음서 전체 가르침의 약 1/3에 이르고, 가짓수로도 70개가 넘는다. 누구나 알 수 있는 당시의 친숙한 상황을 빗대어 설명함으로써, 추상적 개념의 영적 진리나 종교적 원리, 윤리적 교훈 등을 가장 효과적으로 가르치셨다. 사람들의 머릿속에 금방 그려낼 수 있는 속담이나 격언, 짧은 대화를 주로 사용하셨다.

사실 예수님은 당시의 환경이나 실제 생활에서 쉽게 접할 수 있는 소재를 많이 사용하셨다. 빛과 소금, 좁은 문, 씨와 토양, 밀과 가라지, 겨자씨와 푸성귀, 밀가루와 누룩, 보물과 마음, 진주와 상인, 그물과 고기, 생수의 강, 세상의 빛, 등불의 빛, 선한 사마리아인, 어리석은 부자, 불의한 청지기, 열매 없는 나무, 구원의 문, 천국의 열쇠, 선한 목자, 아들과 아버지, 큰 잔치, 잃은 양, 잃은 은전, 잃은 아들, 부자와 거지, 과부와 재판관, 포도원 품꾼, 달란트와 므나, 두 아들, 악한 농부, 혼인잔치, 열 처녀, 양과 염소, 포도나무와 가지, 해산의 진통, 반석 위에 지은 집, 좋은 고기와 나쁜 고기, 마른 무화과나무 등이다.

이 모든 비유의 주안점은 하나님의 나라를 세상에 드러내는 것이었다. 하나님 나라의 성격과 도래, 그 가치와 성장, 그에 따른 희생과 예수 그리스도의 구원, 그리고 노동, 봉사, 보상, 기도, 이웃 사랑, 겸손, 세속적 부귀, 하나님의 사랑, 종말의 자세, 마지막 심판 등이었다. 따라서 메시지의 핵심은 예수 그리스도가 세상에 오심으로써 하나님의 나라가 도래하였는바, 회개하고 복음을 받아들이라는 것이다.

그러므로 예수님의 비유는 단순히 재치 있게 표현한 풍유 이야기가 아니라, 보다 효율적으로 복음을 전하기 위한 최선의 방법이었다. 비유를 들은 사람들은 누구나 구원의 초대에 응할 책임이 주어졌으며, 반대자들은 그 말뜻을 이해하지 못해 수수께끼처럼 들릴 수밖에 없었다. 그래서 제자들에게는 따로 일일이 설명하여 하나님의 초대에 적극 참여토록 하셨다.

116. 그 빛이 비치게 합니다.

(마가 4.21–25, 누가 8.16–18)

예수님이 말씀하셨다. "등불을 켜서 됫박으로 덮어두거나 침상 밑에 숨겨두는 사람은 아무도 없습니다. 누구나 등잔대 위에 올려놓아 방으로 들어오는 사람들에게 그 빛이 비치도록 합니다. 무엇이든지 숨겨둔 것은 드러나기 마련이고, 감춰둔 것은 나타나기 마련입니다. 들을 귀가 있는 사람은 알아들으십시오.

그러므로 여러분은 내 말을 잘 새겨들으십시오. 여러분이 되질하여 주는 대로 여러분도 되질하여 받을 것이며, 덤까지 얹어서 더 받을 것입니다. 누구든지 가진 사람이 더 받을 것이고, 가지지 못한 사람은 그 있는 것마저 빼앗길 것입니다."

⟨등불⟩

예수님은 하나님의 나라를 쉽게 드러내려고 세상 이야기나 은유적 표현을 많이 사용하셨다. 사실 하나님께서는 만유를 포함하시고 만사에 무궁무진하시나, 인간은 모든 방면에서 지극히 제한적인 바, 하나님의 나라에 대한 계시를 사람의 문화나 이해의 범위 안에서 전달할 필요가 있었다.

그리고 예수님은 사람들이 빛에서 이탈하여 어둠 속에 살고 있다는 사실을 분명히 깨달아 알기를 원하셨다. 제자들도 하나님의 나라에 대한 이해력이 어둡다는 것, 곧 귀가 있어도 듣지 못하고 눈이 있어도 보지 못한다는 사실을 깨닫기 원하셨다. 그래서 더욱 많은 비유를 통하여 그들을 구원의 장으로 인도하려고 하셨다.

117. 일꾼을 보내 달라고 청하라.

(마태 9.35-38)

예수님이 모든 도시와 마을을 두루 다니시며 유대인의 회당에서 가르치시고, 하늘나라의 복음을 선포하시며, 온갖 질병과 아픔을 고쳐주셨다. 또 목자 없는 양과 같이 고생하며 허덕이는 무리를 보시고, 그들을 불쌍히 여기셨다.

그리고 제자들에게 말씀하셨다. "추수[136]할 것은 많으나 일꾼이 적다. 추수하는 주인에게 일꾼을 보내 달라고 청하라."

〈일꾼〉

추수할 일꾼은 하나님의 말씀을 가르치고, 천국 복음을 선포하며, 모든 병자를 고쳐주는 사람이다. 요즘 신학교를 졸업하는 사람은 많으나, 추수에 뛰어드는 일꾼은 적다고 한다. 한때 십자가만 세우면 교회가 부흥하던 시대도 있었지만, 지금은 수십 년 된 교회도 문을 닫는 실정이니 오죽하겠는가?

1970년대는 민족복음화운동, 학원복음화운동, 전군복음화운동 등이 요원의 불길처럼 퍼져나갔다. 그 일환으로 모든 부대에 교회를 세우고 군목도 경쟁적으로 파송하였다. 하지만 지금은 교회 없는 부대와 군목 없는 교회도 많다고 한다.

또 일촌일교회운동으로 마을마다 교회를 세우기도 하였으나, 지금은 교인이 없어 문을 닫는 교회가 늘어나고 있다. 앞으로 10년 후에는 농어촌교회 절반이 사라진다는 통계도 있다. 사실 농어촌교회 기피 현상으로 요즘 시골에서는 젊은 일꾼을 찾아보기 힘들다. 간혹 40대가 있어도 자비량 일꾼이 대부분이다. 본인이 직접 농사를 짓거나 건설현장 등에서 막노동을 한다. 그렇지 않으면 부인이 간호사나 요양보호사, 가사도우미 등으로 일한다. 그러다 보니 목회자 부부의 얼굴에는 항상 수심이 가득하다.

한국교회는 도시와 농어촌이 양극화된 지 오래되었다. 도시의 대

---

136 이스라엘의 추수(秋收)는 연간 3번쯤 하였다. 4, 5월에 보리를, 6, 7월에 밀을, 9, 10월에 과일을 거두었다. 여기서는 곡식이나 과일의 추수가 아니라, 불신에 빠져 어려움을 겪는 사람들을 구원하는 일이다.

형교회는 빈사 상태에 빠져 허덕이는 농어촌교회에 눈길을 돌려야 한다. 해외선교에 앞서 농어촌교회를 먼저 돌보아야 한다. 하지만 그들은 외유성 선교에만 치중하고 자랑하기 일쑤다.

간혹 약간의 돈으로 농어촌교회를 돕는 교회도 있지만, 돈보다는 젊고 유능한 일꾼을 파송하는 것이 바람직하다. 예전에는 일꾼을 세우기 전에 2년간 의무적으로 농어촌교회를 섬기도록 하였으나, 지금은 그마저 사라지고 없다.

이제 도시의 대형교회가 농어촌 미자립교회 살리기에 눈길을 돌려야 한다. 신학교를 졸업한 새 일꾼들을 뽑아 세우되, 먼저 농어촌교회 선교사로 파송하여 훈련을 받도록 함으로써, 일꾼들의 역량도 강화하고 어려운 교회에 신선한 바람을 일으켜주어야 한다. 내 교회와 우리 교회만이 아니라, 농어촌교회와 한국교회를 함께 생각해야 한다.

그때 비로소 추수하는 주인에게 일꾼을 보내달라고 청하라는 주님의 말씀이 우리 한국교회에 이루어질 것이다.

118. 하나님의 나라가 가까이 왔습니다!

(마태 10.5–16, 마가 6.7–11, 누가 9.1–5)

예수님이 악한 귀신을 제어하고, 온갖 병과 아픔을 고치는 권세를 12제자에게 주셨다. 그리고 2명씩 짝지어 보내시며 분부하셨다. "이방인의 길로도 가지 말고, 사마리아인의 마을에도 들어가지 말며, 오직 이스라엘 집안의 잃어버린 양들에게 가서 이렇게 선포하라. '하나님의 나라가 가까이 왔습니다!'

아픈 사람을 고치고, 죽은 자를 살리며, 나환자를 깨끗이 하고, 귀신을 내쫓아라. 너희가 거저 받았으니 거저 주어라. 지갑에 돈을 넣어 다니지 말고, 여행을 위한 가방이나 식량 자루, 갈아입을 옷, 여분의 신발, 예비 지팡이도 가지고 다니지 마라. 일꾼은 자기가 먹을 양식이나 생필품을 받을 자격이 있다.

어느 성이나 마을에 들어가든지 너희를 기꺼이 영접하는 사람을 찾아서, 그곳을 떠날 때까지 그 집에 머물러 있어라. 이집 저집을 옮겨 다니지 마라. 그리고 어느 집에 들어가든지 먼저 이렇게 인사하라. '이 집에 평화가 있기를 빕니다!'

그 집이 평화를 받아 누릴 만하면 너희가 빈 평화가 그 집에 임할 것이고, 그렇지 않으면 그 평화가 너희에게 되돌아올 것이다. 어디서든지 너희를 맞아들이지 않거나 너희 말을 듣지 않거든, 그곳을 떠날 때 너희 발에 묻은 먼지를 떨어버려라. 내가 분명히 말한다. 심판 날, 소돔과 고모라가 그 성이나 마을보다 오히려 견디기 쉬울 것이다.

이제 내가 너희를 보내는 것이 마치 양을 늑대소굴로 보내는 것과 같다. 그러니 너희는 뱀같이 지혜롭고 비둘기같이 순결해야 한다.”

〈사람〉

그리스어 원문 기준으로 신약성경에서 500번 이상 나오는 단어는 사람(안트로포스)과 하나님(데오스), 주님(퀴리오스)이다. 그리고 성도(하기오스), 형제(아델포스), 남자(아네르), 여자(귀네), 제자(마테떼스), 아버지(파테르), 믿음(피스띠스), 영(프뉴마), 아들(휘오스) 등이 200번 이상 나온다.

그 다음으로 천사(앙겔로스), 죄(하마르띠아), 왕국(바실레이아), 세상(코스모스), 율법(노모스), 도시(폴리스), 은혜(카리스), 사랑하다(아가파오), 종(둘로스), 생명(조에), 백성(라오스), 선(아가토스), 사랑(아가페), 진리(알레테이아), 권능(뒤나미스), 교회(에클레시아), 죽음(타나토스), 길(호도스), 혼(프쉬케), 피(하이마), 음식(아르토스), 평화(에이레네) 등이 이어진다.

성경은 하나님께서 허락하신 특별계시로서 말씀인바, 우리에게 무엇이 가장 중요한가를 드러내고 있다. 바로 사람이다. 하나님과 사람과의 관계가 무엇보다도 중요하다는 뜻이다. 그리스도인은 주님이 파송한 일꾼으로서 언제 어디서나 복음을 전해야 한다. 복음의 목적은 하나님의 나라를 이루는 것이며, 하나님의 나라는 주님의 증인을 통해 교회를 세움으로써, 하나님의 영광을 드러내게 된다.

119. 그들을 두려워하지 마라.

(마태 10.17-26)

예수님이 말씀하셨다. "너희를 법정에 넘겨주고, 회당에서 매질할 사람들이 있을 것이다. 그들을 조심하라. 또 너희는 나로 인해 총독과 제왕들 앞에 끌려가 재판을 받을 것이다. 그때 그들과 이방인들 앞에서 나를 증언하게 될 것이다.

그러니 그들에게 붙잡혀가더라도 '무슨 말을 어떻게 할까?'하고 미리 걱정하지 마라. 그때 할 말을 일러주실 것이다. 말하는 이는 너희가 아니라 너희 안에 계시는 아버지의 영이시다. 그분이 너희 안에서 말씀하시는 것이다.

형제가 형제를, 아버지가 자식을, 자식이 부모를 고발하여 죽게
할 것이다. 내 이름으로 인해 너희가 모든 사람에게 미움을 받을 것
이나, 끝까지 견디는 사람은 구원을 얻을 것이다. 이 마을에서 너희
를 핍박하거든 저 마을로 피하라. 내가 분명히 말한다. 너희가 이스
라엘 마을을 다 돌기 전에 인자가 올 것이다.

제자가 스승보다 나을 수 없고, 종이 주인보다 높을 수 없다. 제
자는 스승만큼 되면 족하고, 종은 주인만큼 되면 충분하다. 그들이
집주인을 바알세불이라 불렀거든, 하물며 그 식구야 오죽하겠느냐?
그러므로 너희는 그들을 두려워하지 마라. 덮어둔 것은 벗겨지기
마련이고, 숨겨둔 것은 드러나기 마련이다."

〈남풍 부는 언덕에 봄볕이〉 들꽃 이순남

봄빛 하늘이 너무나 고운
햇살이 눈부신 어느 날에
나는 무작정 길을 나섰다.

잿빛 구름 잠시 쉬는 곳
성주산 약수터 산길에는
노란 민들레가 날 반긴다.

겨우내 움츠린 마음 저편
묵은 먼지를 훌훌 털면서
과수원 길목 봄 마중 간다.

코끝에 상큼한 보리 내음

둑길 따라 맴돌아 나르고

종달새 하늘가 짝을 부른다.

120. 자기 십자가를 져라.

(마태 10.27–39)

예수님이 말씀하셨다. "내가 어두운 데서 말한 것을 너희는 밝은 데서 전하고, 내가 귀에다 대고 속삭인 것을 너희는 지붕 위에서 크게 외쳐라. 육신은 죽여도 영혼은 죽이지 못하는 자들을 두려워하지 말고, 영혼과 육신을 동시에 지옥에 던져 멸망시키는 분을 두려워하라.

참새 2마리가 앗사리온[137] 동전 한 닢에 팔리지 않느냐? 그러나 그 하찮은 참새 1마리도 너희 아버지께서 허락하시지 않으면 땅에 떨어지지 않는다. 아버지께서는 너희 머리카락[138]까지도 낱낱이 다 세고 계신다. 그러니 두려워하지 마라. 너희는 무수한 참새보다 훨씬 더 귀하다.

누구든지 사람들 앞에서 나를 안다고 시인하면, 나도 하늘에 계신 내 아버지 앞에서 그를 안다고 시인할 것이다. 그러나 누구든지 사람들 앞에서 나를 모른다고 부인하면, 나도 하늘에 계신 내 아버지 앞에서 그를 모른다고 부인할 것이다.

---

137 앗사리온(assarion)은 1/16데나리온에 해당하는 로마의 동전으로, 하찮은 것을 사고팔 때 비유로 사용하였다.
138 머리카락(hair)은 생명과 권력의 상징으로, 당시 대부분의 사람들이 머리털을 길게 길렀다.

내가 세상에 평화를 주려고 온 줄 아느냐? 평화가 아니라 검을 주러 왔다. 아들이 아버지를, 딸이 어머니를, 며느리가 시어머니를 거슬러 서로 다투게 하려고 왔다. 그러므로 사람의 원수가 자기 집안의 식구가 될 것이다. (미가 7.6)

나보다 자기 부모를 더 사랑하는 자도 내 제자가 되기에 적합하지 않고, 나보다 자기 자식을 더 사랑하는 자도 내 제자가 될 자격이 없다. 또 자기 십자가를 지고 나를 따르지 않는 자도 내 제자가 되기에 합당치 않다. 자기 목숨을 아끼는 자는 잃을 것이며, 나를 위해 자기 목숨을 버리는 자는 얻을 것이다."

〈일사각오〉

이는 1935.12.17.부터 3일간 열린 평양신학교 부흥회에서 주기철 목사가 설교한 제목이다. 마지막 시간에 설교하여 학생과 교수들에게 큰 감동을 주었다. 그때 설교한 내용은 일본 경찰에 의해 압수되어 사라졌으나, 그 자리에서 설교를 들었던 김린서 목사가 줄거리를 요약한 내용이 전해지고 있다.

1. 예수 따라 일사각오

예수를 떠나 사느냐? 예수를 따라 죽느냐? 예수를 떠나 사는 것은 죽는 길이요, 예수를 따라 죽는 것은 사는 길이다. 그래서 예수님의 12제자 가운데 가장 솔직하였던 도마가 '우리도 주와 함께 죽으러 가자'고 하였다.

2. 이웃 위해 일사각오

예수님은 자신을 위해 살지 않고 이웃을 위해 사셨다. 이 세상에 태어난 자체가 남을 위한 것이었고, 십자가에 죽으신 것도 죄인을 위한 것이었다. 우리도 이웃을 위해 희생하며 살아야 한다. 세상 사

람들은 이웃을 희생시켜 자신의 이익을 도모하지만, 우리는 자신을
희생하여 이웃을 구원해야 한다.

3. 복음 위해 일사각오

부활의 복음이 우리에게 이르기까지 피로 전하여 왔다. 로마제국
의 박해로 50만 성도가 피를 흘렸고, 로마 교황의 핍박으로 100만
성도가 피를 흘렸다. 우리가 읽고 있는 이 성경도 피로 쓰였고, 피로
전해졌다. 이 복음을 우리가 지키고 전해야 한다. 예수님과 함께 죽
으러 가자고 했던 도마의 일사각오 다짐이 오늘 우리에게 요청된다.

그러므로 우리가 예수를 믿는다는 것은 선택과 결단을 의미한다.
예수냐, 세상이냐의 선택에 달려있고, 복음의 증인으로 사느냐, 세
상의 풍조로 사느냐의 결단에 달려있다.

121. 반드시 그 상을 받을 것이다.

(마태 10.40-42, 11.1, 마가 6.12-13, 누가 9.6)

예수님이 말씀하셨다. "너희를 영접하는 사람은 나를 영접하는
사람이요, 나를 영접하는 사람은 나를 보내신 분을 영접하는 사람
이다. 누구든지 예언자를 예언자로 여겨서 영접하는 사람은 예언자
의 상을 받을 것이요, 의인을 의인으로 여겨서 맞아들이는 사람은
의인의 상을 받을 것이다. 내가 분명히 말한다. 아무리 하찮은 자라
도, 그를 내 제자라는 이유로 냉수 한 그릇이라도 대접하는 사람은
반드시 그 상을 받을 것이다."

예수님이 말씀을 마치시자 12제자가 길을 떠났다. 여러 마을을
두루 다니며 회개를 선포하고 복음을 전하였다. 가는 곳마다 귀신

을 쫓아내고 숱한 환자에게 기름을 발라 병을 고쳐주었다. 예수님
도 그곳을 떠나 여러 마을에 들러 가르치고 전하셨다.

〈상〉

우리가 복음을 전하다가 보면 생각지 않은 의외의 대접을 받을
수 있다. 그때 보답할 방법이 없다고 너무 부담스러워하거나 조바심
을 피울 필요는 없다. 주님이 말씀하신 대로, 예언자의 이름으로 예
언자를 대접한 자에게는 예언자의 상이, 의인의 이름으로 의인을 대
접한 자에게는 의인의 상이 주어질 것이기 때문이다.

실로 예수님은 자신의 이름으로 파송된 제자들에게 물 한잔이라
도 대접하는 사람에게는 반드시 그 상을 주신다고 하셨다. 이것이
주님의 제자들에게 주어진 권위요, 특권이다.

122. 내가 생명의 양식입니다.

(요한 6.22-59)

벳새다 호숫가에 있던 사람들은 그곳에 배가 한 척밖에 없었으
며, 예수님은 타시지 않고 제자들만 타고 떠난 사실을 알게 되었다.
그때 디베랴[139]에서 작은 배 몇 척이 와서 상륙하였다. 예수님이 축
사하시고 떡을 떼어 나눠주신 곳에서 가까웠다. 거기서도 예수님의
일행이 없다는 사실을 알고, 사람들은 배를 나눠 타고 예수님을 찾

---

139 디베랴(Tiberias, 지키다)는 갈릴리호수 서쪽에 있는 도시로, AD 25년경 헤롯 안티파스에 의해 세워졌
으며, 티베리우스 황제의 이름을 따서 지었다. 교통의 요충지요, 자연경관이 뛰어난 휴양지였다.

으러 가버나움으로 갔다.

그들이 호수 건너편에 있는 예수님을 발견하고 물었다. "랍비여, 언제 이쪽으로 오셨습니까?"

예수님이 대답하셨다. "내가 분명히 말합니다. 여러분이 나를 찾아온 것은, 내가 베푼 기적의 의미를 깨달아서가 아니라, 떡을 실컷 먹고 배가 불렀기 때문입니다. 썩어 없어질 양식을 위해 애쓰지 말고, 영생을 주는 양식을 위해 힘쓰십시오. 인자가 여러분에게 그 양식을 줄 것입니다. 하나님 아버지께서 인자에게 그 권능을 주셨습니다."

"하나님의 일을 하려면 저희가 무엇을 해야 합니까?"

"하나님께서 보내신 사람을 믿는 것이 하나님의 일입니다."

"그러면 저희가 보고 믿을 수 있도록 무슨 표적을 보여주십시오. 선생님은 무슨 일을 하시겠습니까? '그가 하늘에서 양식을 내려 백성을 먹이셨다.'(시편 78.24)는 말씀대로, 우리 조상은 광야에서 만나를 먹었습니다."

"내가 분명히 말합니다. 하늘에서 양식을 내려 백성을 먹이신 분은 모세가 아닙니다. 내 아버지께서 하늘의 참된 양식을 내려주신 겁니다. 하나님의 양식은 하늘에서 내려와 세상에 생명을 주는 것입니다."

"선생님, 그 양식을 항상 저희에게 주십시오."

"내가 바로 생명의 양식입니다. 내게 오는 사람은 결코 굶주리지 않을 것이며, 나를 믿는 사람은 영원히 목마르지 않을 것입니다. 내가 이미 말했듯이, 여러분은 나를 보고도 여전히 믿지 않습니다. 그러나 아버지께서 내게 주신 사람은 다 내게로 올 것이며, 내게 오는 사람은 내가 결코 외면하지 않을 것입니다.

나는 내 뜻을 이루기 위해 하늘에서 내려온 것이 아니라, 나를 보내신 분의 뜻을 이루기 위해 왔습니다. 나를 보내신 분의 뜻은, 내게 주신 사람을 하나도 잃지 않고 마지막 날 다시 살리는 것입니다. 그렇습니다. 내 아버지의 뜻은 아들을 보고 믿는 사람에게 영생을 주는 것입니다. 마지막 날 내가 그들을 다시 살릴 것입니다.”

이 말씀을 못마땅하게 여기고 유대인들이 서로 수군거리기 시작하였다. “저 사람은 요셉의 아들 예수가 아닙니까? 우리가 그 부모를 다 알고 있는데, 어찌하여 하늘에서 내려왔다고 합니까?”

예수님이 말씀하셨다. “여러분은 서로 수군거리지 마십시오. 나를 보내신 아버지께서 이끌어주시지 않으면 아무도 내게 올 수 없습니다. 그리고 내게 오는 사람을 내가 마지막 날 다시 살릴 것입니다. 그래서 예언서에 기록되었습니다.

‘그들은 모두 하나님의 가르침을 받을 것이며, 아버지의 말씀을 듣고 배운 사람은 다 내게로 올 것이다.’ (이사야 54.13)

그렇다고 해서 아버지를 본 사람이 있다는 말이 아닙니다. 오직 하나님으로부터 온 사람만이 아버지를 보았습니다. 내가 분명히 말합니다. 누구든지 나를 믿는 사람은 영생을 누릴 것입니다. 내가 바로 생명의 양식이기 때문입니다.

여러분의 조상은 광야에서 만나를 먹었으나 다 죽었습니다. 하늘에서 내려온 양식이 여기 있습니다. 누구든지 이 양식을 먹는 사람은 결코 죽지 않을 것입니다. 나는 하늘에서 내려온 생명의 양식입니다. 누구든지 이 양식을 먹으면 영원히 살 것입니다. 이 양식은 세상에서 생명을 위해 주는 내 살입니다.”

유대인들이 서로 말하였다. “이 사람이 어떻게 자기 살을 먹으라고 우리에게 줄 수 있겠소?”

예수님이 말씀하셨다. "내가 분명히 말합니다. 내 살을 먹지 않고 내 피를 마시지 않는 사람은 그 안에 생명이 없습니다. 그러나 내 살을 먹고 내 피를 마시는 사람은 영생을 얻을 것입니다. 마지막 날 내가 그를 살릴 것입니다.

그러므로 내 살이 참된 양식이요, 내 피가 참된 음료입니다. 내 살을 먹고 내 피를 마시는 사람은 내 안에서 살고, 나도 그 안에서 삽니다. 살아계신 아버지께서 나를 보내셨고, 내가 아버지의 힘으로 사는 것처럼, 나를 먹는 사람도 내 힘으로 살 것입니다. 이것이 하늘에서 내려온 양식입니다. 여러분의 조상이 먹고 죽은 그런 양식이 아닙니다. 이 양식을 먹는 사람은 영원히 살 것입니다."

이는 예수님이 가버나움 회당에서 가르치실 때 하신 말씀이다.

〈생명의 양식〉

예수님은 광야의 만나가 아니라 하늘에서 내려온 생명의 양식이며, 그 살을 먹고 피를 마셔야 영생을 얻을 수 있다. 이는 당시의 제자들은 물론이고, 오늘날 우리에게도 어렵기는 마찬가지이다. 예수님의 살은 하나님의 말씀과 그 영광을 상징하고, 예수님의 피는 십자가의 사랑과 그 구원을 상징한다고 볼 수 있다. 따라서 우리는 하나님의 말씀이신 주님의 살을 먹고, 십자가의 구원이신 주님의 피를 마셔야 한다.

땅에는 썩을 양식이 있고, 하늘에는 썩지 않을 양식이 있다. 썩을 양식은 자기 욕심을 채우기 위해 지상에서 추구하는 물질을 의미하고, 썩지 않을 양식은 주님의 영광을 드러내기 위해 추구하는 영원한 생명을 의미한다. 그러므로 단순히 예수님을 믿어 부자가 되겠다는 생각은 정말 썩을 양식을 구하는 것이다.

주님의 살이 참된 음식이고 주님의 피가 참된 음료인바, 우리는 그 살을 먹고 피를 마셔야 한다. 사실 우리를 영원히 주리지 않게 하고 목마르지 않게 하실 분은 오직 주님이시다. 우리는 육신의 배를 채우려는 신앙에서 벗어나 영혼을 충만하게 하시는 주님을 맞아들여야 한다. 자기 이익만을 위해 살던 사람이 남을 생각할 줄 알고, 기꺼이 자신을 내어줄 줄 아는 사람이 실제로 생명의 양식을 먹어본 것이다.

사람은 무엇을 먹고 마시느냐에 따라 성격이 형성된다. 주님의 살을 먹고 피를 마실 때 우리는 주님과 연합하여 하나가 될 수 있다. 소는 풀을 먹고 사는 초식 동물이다. 강제로 고기를 먹여 광우병이 생긴 것이다. 하나님께서 우리의 육신을 만드시고 생령을 불어넣어 주셨다. 그래서 우리가 살아있는 영의 사람이 되었다.

영의 사람은 반드시 하나님의 영으로 자신의 그릇을 채워야 한다. 그래야 육의 사람에서 벗어나 신령한 사람으로 살아갈 수 있다. 우리가 신령한 영의 양식은 먹지 않고 썩어질 육의 양식만 먹는다면, 우리의 영은 빈사 상태에서 벗어날 수가 없다. 입에 달콤한 육의 양식은 우리의 영을 결코 윤택하게 하지 못한다.

123. 생명을 주는 것은 영이다.

(요한 6.60–71, 7.1)

예수님이 자기 살을 먹고 피를 마셔야 한다고 하시자 제자들이 서로 수군거렸다. "이 말씀은 정말 어렵다. 누가 알아들을 수 있겠는가?"

그 생각을 아시고 예수님이 말씀하셨다. "내 말이 너희 마음에 걸리느냐? 인자가 전에 있던 곳으로 올라가는 것을 보면 어떻게 하겠느냐? 생명을 주는 것은 영이다. 육은 아무 소용이 없다. 내가 너희에게 한 말(레마)[140]이 영이요, 생명이다. 하지만 너희 가운데 믿지 않는 사람이 있다."

예수님은 누가 믿지 않고 누가 배반할지 처음부터 알고 계셨다. "그래서 내가 이르기를, 내 아버지께서 허락하시지 않으면 아무도 내게 올 수 없다고 하였다."

이때부터 많은 사람이 예수님을 버리고 떠났으며, 더 이상 함께하지 않았다. 예수님이 12제자를 보고 물으셨다. "너희는 어찌하겠느냐? 너희도 떠나고 싶으냐?"

시몬 베드로가 대답하였다. "주님, 저희가 주님을 두고 누구에게 가겠습니까? 주님께 영생의 말씀이 있습니다. (히브리서 1.3) 주님은 하나님께서 보내신 거룩한 분(살아계신 하나님의 아들, 그리스도)이심을 저희가 믿고, 또 압니다."

예수님이 말씀하셨다. "내가 너희 12명을 택하지 않았느냐? 그러나 너희 가운데 하나는 악마다."

이는 시몬의 아들, 가룟 유다를 두고 하신 말씀이었다. 유다는 12제자 가운데 하나였으나 예수님을 배반할 자였다. 이후 예수님은 갈릴리 지방을 두루 다니시고 유대에 가기를 꺼리셨다. 유대인들이 예수님을 죽이려고 하였기 때문이다.

---

140 성경에 기록된 말씀(Word)의 대부분이 로고스(Logos)이고, 레마(Rhema)는 지극히 제한적으로 사용되었다. 로고스는 보편적으로 주어진 말씀이고, 레마는 주관적으로 주어진 말씀이다. 하지만 엄격히 구분하지는 않았다.

〈주님의 살과 피〉 작은 자 바오로

주님의 살과 피는 주님의 모든 것을 담고 있습니다.
주님의 살과 피는 곧 주님입니다.
하늘과 땅을 다시 이으시려는 주님의 간절함을
함께 사는 세상을 이루시려는 주님의 열렬함을
죽음에서 생명을 돋게 하시는 주님의 생생함을
작은 이들과 먹고 즐기시는 주님의 소탈함을
허물 많은 이들과 어울리시는 주님의 관대함을
아픈 이들을 어루만지시는 주님의 부드러움을
쫓겨난 이들을 품으시는 주님의 따스함을
짓눌린 이들을 일으키시는 주님의 강건함을
하나님을 왜곡하는 이들을 내리치시는 주님의 매서움을
불의한 이들을 일깨우시는 주님의 엄함을
재물과 권력에 얽매인 이들을 풀어주시는 주님의 자유로움을
그러기에 주님의 살과 피는 입으로 먹고 마시는 것이 아닙니다.
입으로 먹고 마실 수 있는 것이 아닙니다.
주님의 살과 피를 입으로 먹고 마신다면
주님의 살과 피를 제대로 먹고 마실 수 없고
주님의 살과 피를 제 입맛에 맞추게 됩니다.
내가 아무리 주님의 살과 피를 먹고 마셔도
나는 나이고 주님의 살과 피는 주님의 살과 피일 뿐입니다.
그러기에 주님의 살과 피는 가슴으로 삶으로 먹고 마시는 것입니다.
가슴으로 삶으로만 제대로 먹고 마실 수 있습니다.
가슴으로 삶으로 주님의 살과 피를 먹고 마실 때

내가 주님의 살과 피를 먹고 마실 뿐만 아니라

주님의 살과 피가 나를 먹는 것이고

서서히 주님의 살과 피가 내 안에 퍼져

나는 주님의 살과 피가 되어갑니다.

가슴으로 삶으로 주님의 살과 피를 먹고 마심으로써

주님을 그리고 주님의 모든 것을 내 안에 담고

나를 그리고 나의 모든 것을 주님께 봉헌합니다.

그리하여 주님이 내 안에 머무르시게

내가 주님 안에 머무르려고

어제도 오늘도 내일도

가슴으로 삶으로 온 정성을 다하여

주님의 살과 피를 먹고 마십니다.

124. 나는 세상의 빛입니다.

(요한 8.12–20)

예수님이 말씀하셨다. "나는 세상의 빛입니다. 나를 따르는 사람은 어둠속을 다니지 않고 생명의 빛을 얻을 것입니다."

바리새인들이 이의를 제기하며 대들었다. "당신이 스스로 증언하지 않습니까? 그런 증언은 참되지 못합니다."

예수님이 대답하셨다. "내가 비록 나 자신을 증언하여도, 내 증언은 참됩니다. 나는 내가 어디서 와서 어디로 가는지 알고 있기 때문입니다. 그러나 여러분은 내가 어디서 와서 어디로 가는지 모릅니다. 여러분은 사람의 기준에 따라 판단하지만, 나는 아무것도 판단하지 않습니다. 설령 내가 무슨 판단을 하더라도, 내 판단은 공정합니다. 내가 혼자서 판단하는 게 아니라, 나를 보내신 아버지께서 함께 판단하기 때문입니다. 여러분의 율법에도 두 사람의 증언은 참되다고 했지 않습니까? (신명기 19.15) 내가 나 자신을 증언하고, 나를 보내신 아버지께서 나를 증언하십니다.”

그러자 바리새인들이 다시 대들었다. “당신의 아버지가 어디에 있소?”

예수님이 대답하셨다. “여러분은 나도 모르고 내 아버지도 모릅니다. 여러분이 나를 알았더라면 내 아버지도 알았을 것입니다.”

이 말씀은 예수님이 성전 뜰에 있는 헌금함 앞에서 사람들을 가르치며 하셨다. 그러나 아무도 잡는 사람이 없었다. 아직 때가 되지 않았기 때문이다.

〈빛〉

예수님이 초막절 행사에 참석하여 '나는 세상의 빛이다!'라고 선언하셨다. 그때 축제를 위해 성전 곳곳에 큰 횃불이 걸려 있었다. 그 빛이 바로 어둠을 물리치는 메시아, 예수 그리스도라는 뜻이었다. 사람들은 메시아를 고대하며 성전에 빛을 밝혔으나, 정작 빛으로 오신 메시아는 알아보지 못했다.

또 예수님은 자신이 십자가를 지고 죽으면, 그들이 대신 세상의 빛이 되어야 한다는 뜻으로 그 말씀을 하셨다. 사실 예수님은 십자가에 달려 돌아가심으로써, 어둠 속을 헤매는 죄인들을 세상의 빛이 되게 하셨다. 우리가 예수님 안에 있으면, 이미 그리스도의 빛을 비추고 있다는 말이다. 우리가 별도로 힘쓰고 애쓰지 않아도, 우리 안에 계신 그리스도의 빛이 스스로 빛을 발한다는 것이다.

'여러분이 전에는 어둠이었으나 지금은 주님 안에서 빛입니다. 빛의 자녀답게 사십시오.' (에베소서 5.8)

125. 자, 이제 가거라.

(마태 11.20-24, 누가 10.1-16)

예수님이 72명[141]의 제자를 뽑아 공개적으로 세우시고, 2명씩 짝을 지어 친히 찾아가실 성읍과 마을로 미리 보내시며 말씀하셨다. "추수할 것은 많으나 일꾼이 적다. 주인에게 추수할 일꾼을 보내달라고 청하라. 자, 이제 가거라. 내가 너희를 보내는 것이 어린양을 이리떼 속으로 보내는 것과 같다.

지갑이나 가방이나 신발을 챙기지 말고, 길에서 누구와 만나 인사한다고 시간을 낭비하지도 마라. 어느 집에 들어가든지 먼저 이렇게 인사하라. '이 집에 평화가 있기를 빕니다!' 그 집에 평화를 바라는 사람이 있으면 너희가 빈 평화가 그에게 임할 것이고, 그렇지 않으면 너희에게 되돌아올 것이다. 그리고 너희는 그 집에 머물며 거기서 주는 것을 먹고 마셔라. 일꾼이 자기 삯을 받는 것이 마땅하다. 이집 저집을 옮겨 다니지 마라.

어느 곳에 가든지 너희를 영접하면 그들이 차려주는 음식을 먹고, 거기 있는 병자를 고쳐주며 말하라. '하나님의 나라가 여러분에

---

141 예수님이 12사도 외에 따로 세운 제자가 72명이 아니라 70명으로 기록된 사본도 있다. 이스라엘 장로 72명, 산헤드린 공회원 72명 등은 이스라엘 12지파 가운데 6명씩 뽑아 세운 것으로 보이며, 72명이 모여 히브리어 성경을 그리스어 성경으로 번역한 70인(LXX)역도 비슷한 경우다. 당시 유대인은 숫자에 상징성을 부여하였는바, 전 세계에 72개의 나라와 언어가 있는 것으로 보았다.

게 가까이 왔습니다!' 그러나 너희를 영접하지 않거든, 길거리로 나와서 말하라. '우리 발에 묻은 이곳의 먼지까지 다 떨고 갑니다. 그러나 하나님의 나라가 가까이 왔다는 것만은 명심하십시오!'

내가 말한다. 심판 날, 소돔이 그 동네보다 견디기 쉬울 것이다. 고라신[142]아, 네게 화가 미칠 것이다. 벳새다야, 네게도 화가 있을 것이다. 너희에게 베푼 기적이 두로[143]와 시돈에서 나타났다면, 그들은 벌써 굵은 베옷을 입고 재를 뒤집어쓴 채 회개하였을 것이다.

내가 말한다. 심판 날, 두로와 시돈이 너희보다 더 견디기 쉬울 것이다. 가버나움[144]아, 네가 하늘까지 치솟을 성싶으냐? 지옥까지 떨어질 것이다. 네게 베푼 기적을 소돔[145]에서 행하였다면, 그 성이 오늘까지 있었을 것이다. 내가 말한다. 심판 날, 소돔이 너희보다 더 견디기 쉬울 것이다."

이는 기적을 가장 많이 베푼 도시들이 회개하지 않아 그들을 꾸짖은 것이다. 그리고 예수님이 다시 말씀하셨다. "너희 말을 듣는 사람은 내 말을 듣는 사람이요, 너희를 배척하는 사람은 나를 배척하는 사람이요, 나를 배척하는 사람은 나를 보내신 분을 배척하는 사람이다."

〈전도자〉

추수는 구원의 장으로 인도할 사람들이 대상이고, 일꾼은 주님의 뜻에 따라 추수에 나선 사람들이다. 파송된 제자들에게 추수로 비

---

142 고라신(Korazin, 나무가 많은 곳)은 가버나움에서 북쪽으로 3㎞ 남짓 떨어진 큰 도시였다.
143 두로(Tyre, 바위)와 시돈(Sidon, 어장)은 팔레스타인 북쪽, 지중해 연안에 있는 페니키아 항구였다.
144 가버나움(Carpernaum, 위로의 마을)은 갈릴리호수 북서쪽의 도시로, 예수님이 나사렛에서 이주하여 사신 곳이다.
145 소돔(Sodom, 둘러싸인 곳)은 사해 부근의 도시였으나, 타락과 죄악으로 고모라와 함께 멸망하였다.

유된 사람들을 구원으로 인도할 책임과 의무가 있다는 뜻이다. 전도자는 과다한 준비를 지양하고 주님만 의지하라는 뜻으로, 지갑이나 가방, 여분의 신발 등을 가지고 다니지 말라고 하셨다.

126. 내가 너희에게 권세를 주었다.

(마태 11.25-27, 누가 10.17-24)

72명의 제자가 기뻐하며 돌아와 보고하였다. "주님, 주님의 이름으로 저희가 귀신을 복종시켰습니다."

예수님이 말씀하셨다. "사탄이 하늘에서 번갯불같이 떨어지는 것을 보았다. 내가 너희에게 뱀과 전갈을 짓밟고 원수의 모든 힘을 꺾는 권세를 주었으니, 이제는 아무도 너희를 해치지 못할 것이다. 그러나 귀신이 복종한다고 해서 기뻐하지 말고, 너희 이름이 하늘에 등재된 것으로 기뻐하라."

그때 예수님이 성령으로 충만하여 기뻐하며 말씀하셨다. "하늘과 땅의 주인이신 아버지를 찬양합니다. 이 모든 일을 지혜롭고 똑똑하다는 사람들에게 숨기시고, 오히려 철부지 같은 사람들에게 나타내시니 감사합니다.

그렇습니다. 아버지! 이것이 아버지께서 원하신 뜻이었습니다. 아버지께서 이 모든 것을 저에게 맡겨주셨습니다. 그러나 아버지 외에는 아들이 누구인지 아는 사람이 없고, 아들과 아버지를 계시하려고 아들이 택한 사람 외에는 아버지가 누구신지 아는 사람이 없습니다."

그리고 돌아서 제자들에게 말씀하셨다. "너희가 지금 보는 것을 보는 눈은 복이 있다. 그동안 숱한 예언자와 제왕들이 너희가 보는 것을 보기를 원했으나 보지 못하였고, 너희가 듣는 것을 듣기 원했으나 듣지 못하였다."

〈제자〉

예수님이 72명의 제자를 파송하시며 돈이나 의복, 지팡이, 여분의 신발 등을 챙기지 말고, 빈털터리로 다니며 복음을 전하라고 하셨다. 그리고 어느 곳에 가든지 병자를 고쳐주라고 하셨다. 돈이나 의술 등도 전도에 필요하지만, 상처받은 영혼은 돈이나 의술보다 복음을 받아들임으로써 빨리 치유될 수 있다.

그래서 제자들은 어디를 가든지 먼저 '하나님의 나라가 가까이 왔습니다! 회개하고 복음을 믿으십시오!'라고 선포하였다. 그리고 예수님의 이름으로 귀신을 쫓아내고 병을 고쳐주었다. 그때 비로소 제자들은 예수 그리스도를 믿음으로써 구원을 받을 수 있다는 확신을 갖게 되었다.

127. 내가 잃은 양을 찾았습니다!

(누가 15.1-7)

세리와 죄인들이 예수님의 말씀을 들으려고 모여들었다. 바리새인과 율법학자들이 못마땅하여 웅성거렸다. "저 사람이 죄인들을 맞아들이고, 음식까지 함께 먹지 않습니까?"

그래서 예수님이 비유를 들려주셨다. "여러분 가운데 누가 양 100마리를 키우다가, 그중에 1마리가 길을 잃었다고 합시다. 그러면 그가 어떻게 하겠습니까? 99마리를 들판에 남겨두고, 그 1마리를 찾을 때까지 헤매고 다니지 않겠습니까? 그러다가 찾으면, 기뻐서 어깨에 메고 집으로 돌아와 친구와 이웃을 불러 말할 것입니다. '여러분, 나와 함께 기뻐해주십시오. 내가 잃은 양을 찾았습니다!'

내가 말합니다. 이와 같이 하늘에서는, 회개할 필요가 없는 의인 99명보다 회개하는 죄인 1명을 두고 더 기뻐할 것입니다."

〈잃은 양〉

우리는 잃은 양의 비유를 통해 하나님의 마음을 알 수 있다. 하나님은 사랑이시다. 우리 가운데 하나도 잃지 않고 다 구원하기를 원하신다. 하나님께서는 우리의 사정과 형편을 우리보다 더 잘 알고 계신다. 날마다 우리를 하나님의 품으로 인도하신다. 우리는 하나님의 마음을 알고 의지하면 된다.

우리의 믿음을 방해하는 것은 외부의 세력이 아니라, 바로 우리 자신의 그릇된 생각이다. 우리는 우리의 생각에서 벗어나 하나님의 마음으로 돌아가야 한다. 그래야 하나님께서 주시는 참 자유와 평화와 기쁨을 누릴 수 있다.

128. 내가 잃은 은전을 찾았습니다!

(누가 15.8-10)

예수님이 말씀하셨다. "어떤 여인이 드라크마[146] 10닢을 가지고 있다가 그중에서 1닢을 잃었다면, 등불을 켜고 온 집안을 쓸며 찾을 때까지 샅샅이 뒤지지 않겠습니까? 그러다가 찾으면 친구와 이웃을 불러 말할 것입니다. '여러분, 나와 함께 기뻐해주십시오. 내가 잃은 은전을 찾았습니다!'

내가 말합니다. 이와 같이 회개하는 죄인 1명을 두고, 하나님의 천사들이 크게 기뻐할 것입니다."

〈잃은 은전〉

이스라엘에서는 신랑이 아내를 맞아들이는 증표로, 가이사의 초상이 새겨진 드라크마 10닢을 실에 꿰어 머리에 얹거나 목에 걸어주는 관습이 있었다. 따라서 10닢의 드라크마는 결혼을 기념하는 신랑의 예물로서, 신부에게는 화폐 이상의 가치를 지니고 있었다.

게다가 여인이 결혼을 앞둔 예비신부이거나 막 결혼한 사이라면, 사랑하는 신랑의 증표를 잃었으니 얼마나 당황하겠는가? 그러다가 은전을 되찾으면 얼마나 기뻐하겠는가? 이와 같이 우리도 잃은 생명을 예수 그리스도를 만나 되찾는다면, 그 기쁨이 오죽하겠는가?

---

[146] 드라크마(drachma)는 헬라의 은화로, 로마의 은화 데나리온과 같이 노동자의 1일 품삯이었다. 신부를 맞이하는 신랑이 결혼예물이나 지참금 조로 드라크마 10닢을 실에 꿰어 신부에게 주었으며, 신부는 장신구로 고이 간직하다가 요긴할 때 비상금으로 사용하였다.

129. 내 아들은 죽었다가 살아났다!

(누가 15.11–32)

예수님이 말씀하셨다. "어떤 사람이 아들 둘을 두었습니다. 작은 아들이 날마다 졸랐습니다. '아버지, 제 몫의 유산을 미리 주십시오.' 아버지는 마지못해 두 아들에게 살림을 나눠주었습니다.

며칠 뒤 작은아들이 자기 재산을 다 챙겨 먼 나라로 떠났습니다. 거기서 방탕한 생활을 하다가 재산을 몽땅 탕진하고 말았습니다. 그가 알거지가 되었을 때, 설상가상으로 그 나라에 심한 흉년이 들었습니다. 그는 아주 궁핍하게 되었습니다. 부득이 그 나라의 어떤 사람에게 가서 더부살이를 하게 되었습니다.

주인이 그를 들판으로 보내 돼지[147]를 치게 하였습니다. 그는 하도 배가 고파서 돼지가 먹는 쥐엄나무[148] 열매로 배를 채워보려고 하였으나, 그마저 주는 사람이 없었습니다. 그제야 제정신이 들어 중얼거렸습니다. '내 아버지의 집에는 양식이 풍부하여 그 많은 일꾼이 다 먹고도 남지 않는가? 그런데 나는 여기서 굶어죽게 되었구나. 그래, 아버지께 돌아가자. 가서 터놓고 솔직하게 말씀드리자. 아버지, 제가 하나님과 아버지께 죄를 지었습니다. 이제는 아버지의 아들이라 불릴 자격도 없습니다. 저를 아버지의 품꾼 가운데 하나로 삼아 주십시오.'

그리고 일어나 아버지의 집으로 발길을 돌렸습니다. 아버지는 날

---

147 돼지는 굽이 갈라져 쪽발이긴 하지만, 새김질을 하지 않아 부정한 것이다. (레위기 11.7)
148 쥐엄나무(honey locust, 구주콩나무/일명 메뚜기)는 20m쯤 자라는 콩과의 식물로, 8㎝에서 30㎝쯤 되는 꼬투리 안에 5개에서 15개가량의 열매가 맺힌다. 주로 가축 사료로 사용하였으나, 기근에는 가난한 사람의 식량이었다. 요한이 광야에서 먹었다고 하여 '세례 요한의 떡'이라 불리기도 하였다.

마다 동구 밖에 서서 작은아들이 돌아오기를 기다리고 있었습니다. 그러던 어느 날, 저 멀리서 터덜터덜 걸어오는 작은아들이 눈에 띄었습니다. 아버지는 측은한 마음이 들어 단숨에 달려가 작은아들의 목을 얼싸안고 연거푸 입을 맞췄습니다.

작은아들이 울면서 말했습니다. '아버지, 제가 하나님과 아버지께 죄를 지었습니다. 이제는 아버지의 아들이라 불릴 자격도 없습니다.' 그때 아버지가 종들에게 말했습니다. '어서 가서 가장 좋은 옷을 꺼내다가 아들에게 입혀라. 손가락에 반지를 끼워주고, 발에 신발을 신겨라. 그리고 살진 송아지를 끌고 와서 잡아라. 우리가 함께 먹고 마시며 즐기자. 내 아들은 죽었다가 살아났고, 내가 잃었다가 되찾았다.'

그래서 성대한 잔치가 베풀어졌고, 모두가 함께 먹고 마시며 즐기기 시작하였습니다. 그때 큰아들이 들에서 돌아왔습니다. 집 가까이 이르러 풍악 소리를 듣고, 종을 불러 무슨 일인지 물어보았습니다. '이게 어찌 된 일인가?'

종이 대답하였습니다. '아우님이 집으로 돌아왔습니다. 건강하게 무사히 돌아온 것을 반겨서 주인어른이 살진 송아지를 잡았습니다.'

큰아들은 화가 잔뜩 나서 집에 들어가려고 하지 않았습니다. 결국 아버지가 밖으로 나와서 사정을 이야기하고 큰아들을 달랬습니다. 그러나 큰아들은 투덜거렸습니다. '아버지, 저는 여러 해 동안 종과 다름없이 아버지를 섬겨왔고, 아버지의 명령을 한 번도 어긴 일이 없습니다. 그런 저에게는 친구들과 함께 즐기라고 염소 새끼 한 마리 주신 적이 없습니다. 그런데 창녀와 어울려 아버지의 재산을 탕진한 아들이 돌아오자, 그를 위해서는 살진 송아지를 잡으셨습니다.'

그러자 아버지는 '아들아, 너는 항상 나와 함께 있었으니 내 것이 다 네 것이 아니냐? 그러나 네 동생은 죽었다가 살아났고, 내가 잃 었다가 되찾았다. 그러니 우리가 기뻐하는 것이 마땅치 않느냐?'고 하였습니다."

〈잃은 아들〉

잃은 아들의 비유, 즉 탕자의 비유로 알려진 이 이야기는, 하나님 의 사랑과 긍휼, 구원에 대한 복음을 드러내고 있다. 작은아들은 허 물투성이 죄인을, 큰아들은 선민의식에 사로잡힌 유대인을, 아버지 는 두 아들을 모두 사랑하시는 하나님을 상징한다. 사람은 누구나 죄를 지을 수 있으며, 회개하고 돌아오는 마음이 중요하다는 것이다.

렘브란트(Rembrandt, 네덜란드, 1606~1669)의 그림 '돌아온 탕자'에서 우리는 작은아들의 모습을 자세히 엿볼 수 있다. 눈을 지그시 감은 아버지의 품에 얼굴을 파묻고, 흐느껴 울고 있는 작은아들의 몰골 은 그야말로 초라하기 그지없다.

너덜너덜한 신발에 굳은살이 가득한 발뒤꿈치를 드러내고, 남루 한 옷차림에 무릎을 꿇고 우는 작은아들의 등을 아버지가 어루만지 며 감싸고 있다. 그 한 손은 아버지의 손이고, 다른 한 손은 어머니 의 손이다. 아버지의 위엄과 어머니의 사랑을 동시에 표현하고 있다.

그동안 허랑방탕하게 살면서 모든 재산을 탕진한 아들을 나무라 거나 꾸짖는 모습이 전혀 없다. 회개하고 돌아온 것만으로 마냥 기 뻐하며, 그동안 고생한 아들을 위로하는 아버지의 긍휼이 역력하 다. 이런 아버지의 마음은 예나 지금이나 조금도 변함이 없다.

사실 아버지는 아들의 생각과 그 앞길을 훤히 내다보고 계셨다. 아들이 집을 떠난 이유가 아버지에 대한 미움이 아니라, 젊음이의 모험심과 새로운 세계에 대한 동경, 그리고 장래에 대한 야망 때문이라는 사실을 잘 알고 계셨다. 시골의 젊은이가 도시로 가서 새로운 세계를 경험하고 싶어 하는, 그런 충동이 작은아들에게도 있었다는 것이다.

아버지는 미리 재산을 상속하여 달라는 작은아들을 말릴 수도 있었고, 심하게 꾸짖으며 거절할 수도 있었지만, 그 뜻대로 다 들어주었다. 어쩌면 작은아들의 실패가 그의 인생길에서 꼭 필요했을 수도 있다.

130. 노아의 때와 같을 것이다.

(누가 17.22-37)

예수님이 말씀하셨다. "너희가 인자의 영광스러운 날을 단 하루만이라도 보고 싶어 할 때가 오겠으나, 결국은 보지 못할 것이다. 사람들이 '보라, 그리스도가 여기 있다!' 또는 '저기 있다!'고 해도, 너희는 그들을 따라나서지도 말고 찾아다니지도 마라. 마치 번개가 하늘 이편에서 번쩍하며 저편까지 순식간에 비치듯, 인자의 날도 그럴 것이다.

그러나 인자는 먼저 많은 고난을 겪어야 하고, 이 세대 사람들에게 버림을 받아야 한다. 그 날은 노아의 때[149]와 같을 것이다. 노아가 방주에 들어가는 날까지, 사람들은 먹고 마시고 장가가고 시집

---

149 노아(Noah, 쉼/위로)는 창세기의 홍수 시대 사람이다. 480세에 하나님의 계시를 받아 120년간 방주를 지었으며, 그의 아내와 세 아들 셈과 함과 야벳, 그리고 세 며느리만 방주로 들어가 구원을 받고, 다른 사람은 모두 멸망하였다.

가고 하다가, 마침내 홍수가 나서 모두 멸망하고 말았다.

또 롯의 때[150]와 같을 것이다. 사람들이 먹고 마시고 사고팔고 심고 집 짓고 하다가, 롯이 소돔을 떠나는 날 하늘에서 불과 유황이 비 오듯 쏟아져 모두 멸망하고 말았다. 인자의 날도 그럴 것이다. 그날 지붕 위에 있는 사람은 집안에 세간이 있더라도 꺼내러 내려가지 마라. 또 들에서 일하고 있는 사람도 무엇을 가지러 집으로 돌아가지 마라.

롯의 아내를 기억해보라. 누구든지 자기 목숨을 지키려고 하면 잃을 것이요, 버리려고 하면 얻을 것이다. 내가 말한다. 그날 밤 두 사람이 함께 침대에 누워있어도, 하나는 데려가고 하나는 버려둘 것이다. 두 여자가 함께 맷돌질을 하고 있어도, 하나는 데려가고 하나는 버려둘 것이다. 두 남자가 함께 밭을 갈고 있어도, 하나는 데려가고 하나는 버려둘 것이다."

제자들이 물었다. "주님, 어디서 그런 일이 일어나겠습니까?"

예수님이 대답하셨다. "시체가 있는 곳에 독수리가 모여들기 마련이다.[151]"

〈재림의 약속〉

주님의 재림(再臨, Second Coming)은 그리스어 파루시아($\pi\alpha\rho o\upsilon\sigma\iota\alpha$)로 도착(到着)이나 내방(來訪)의 뜻이 있다. 부활하여 승천하신 예수

---

150 롯(Lot, 가려지다)은 데라의 손자이자 하란의 아들로, 삼촌 아브라함을 따라 갈대아 우르에서 가나안 땅으로 이주하였다. 거기서 아브라함과 헤어져 소돔과 고모라 땅에 살게 되었으며, 그 땅이 죄로 인해 심판을 받게 되었을 때, 아브라함의 중보로 그는 구원을 받았으나, 아내는 끝내 미련을 버리지 못하고 뒤를 돌아보았다가 소금기둥이 되었다.

151 주께서 땅끝 먼 곳에서 한 민족을 일으켜 독수리처럼 너희를 덮치게 하실 것이다. 그들은 너희가 모르는 말을 쓰는 민족이다. (신명기 28.49)

님이 때가 되면 산 자와 죽은 자를 심판하기 위해 다시 오실 것이다. 이는 사도들의 서신과 천사들의 증언, 그리고 예수님도 친히 밝히셨다.

예수님의 재림에 대한 약속은 우리에게 소망을 주고 고난을 이길 힘을 준다. 신약뿐만 아니라 구약에도 희미하게 묘사되어 있다. 하지만 그 시기나 방법에 대해서는 아무도 모르고, 오직 아버지만 아신다.

131. 내 포도원에 들어가 일하십시오.
(마태 20.1-16)

예수님이 말씀하셨다. "하나님의 나라는 이렇게 비유할 수 있다. 포도원 주인이 일꾼을 구하러 아침 일찍 집을 나서 거리로 나갔다. 하루에 1데나리온씩 주기로 약속하고 일꾼을 모아 포도원에 들여보냈다.

그리고 9시쯤 나가보니, 시장에서 빈둥거리며 서 있는 사람이 더 있었다. '여러분도 내 포도원에 들어가 일하십시오. 일한 만큼 품삯을 쳐주겠습니다.' 그래서 그들도 포도원에 들어가 일하게 되었다.

주인이 낮 12시와 오후 3시에 나가보니, 그런 사람이 또 있어 그리하였다. 그리고 오후 5시에 나가보니, 아직도 빈둥거리며 놀고 있는 사람이 있었다. 주인이 물었다. '여러분은 왜 종일 여기서 빈둥거리며 놀고 있습니까?'

그들이 대답하였다. '우리에게 일을 시켜주는 사람이 없어서 그렇습니다.'

주인이 말하였다. '그러면 여러분도 내 포도원에 들어가 일하십시오.'

그리고 날이 저물어 주인이 청지기를 불러 말하였다. '일꾼들을 불러 품삯을 주되, 맨 나중 온 사람부터 시작하여 처음 온 사람까지 차례로 지급하라.'

그래서 오후 5시에 온 일꾼들이 와서 1데나리온씩 받았다. 그러자 먼저 온 일꾼들은 당연히 더 많이 받으려니 생각하였다. 그러나 그들도 똑같이 1데나리온씩 받았다. 먼저 온 일꾼들이 주인에게 불만을 터뜨렸다. '나중 온 이 사람들은 겨우 1시간밖에 일하지 않았습니다. 그런데 온종일 뙤약볕에서 고생한 우리와 똑같은 품삯을 줍니까?'

그러자 주인이 그들 가운데 한 사람에게 말하였다. '친구여, 내가 그대에게 잘못한 것이 있습니까? 그대는 나와 1데나리온으로 품삯을 정하지 않았습니까? 그대의 품삯이나 받아 돌아가십시오. 일자리가 없어 나중 온 이들에게 하루의 품삯을 쳐주는 것이 무슨 잘못이란 말입니까? 내 것을 가지고 내 뜻대로 하는 후한 처사가 그대의 비위에 거슬린다는 말입니까?'

이와 같이 앞선 사람이 뒤질 수도 있고, 뒤진 사람이 앞설 수도 있을 것이다."

⟨품꾼⟩

하나님의 사랑을 벗어나서는 어느 누구도 행복할 수 없다. 하나님의 통치가 미치지 않는 곳이 바로 지옥이다. 우리는 포도원 품꾼의 비유를 통해 하나님의 지고지순한 사랑을 엿볼 수 있다. 이는 사회정의의 차원도 아니고, 수익의 극대화를 위한 자본주의 논리는 더욱 아니다. 일용직 노동자의 의식주 문제를 가장 먼저 생각하시는 하나님의 사랑에서 비롯된 이야기다.

그러므로 우리는 하나님의 나라에서 이루어지는 아버지와 자녀 간의 관계성을 통해 진정한 행복을 찾아야 한다.

132. 인자도 섬기러 왔다.

(마태 20.20-28, 마가 10.35-45)

세베대의 두 아들, 야고보와 요한이 그 어머니[152]와 함께 와서 예수님께 절하며 무엇인가 간청하였다. "선생님, 저희 소원을 꼭 들어주시기 바랍니다."

예수님이 물으셨다. "너희가 무엇을 구하기에 이렇게까지 하느냐?"

그들이 대답하였다. "주님이 영광의 자리에 앉으실 때, 저희를 하나는 오른편에, 하나는 왼편에 앉혀주십시오."

"지금 너희가 구하는 것이 무엇인지 모르고 있구나. 내가 마실 잔을 너희가 마실 수 있느냐?"

"예, 마실 수 있습니다."

"내가 받을 세례를 너희가 받을 수 있느냐?"

"예, 받을 수 있습니다."

---

152 마태는 야고보와 요한의 어머니가 두 아들을 데리고 와서 그들의 자리를 부탁한 것으로 기록하였고, 마가는 야고보와 요한이 어머니를 모시고 와서 자기들 자리를 부탁한 것으로 기록하였다. 세베대의 아내로서 야고보와 요한의 어머니는 '살로메(Salome, 평화)'였다. 십자가 현장에서 예수님의 수난을 지켜보았고, 막달라 마리아와 함께 예수님의 무덤을 찾아갔다. 살로메는 예수님의 어머니 마리아와 자매간으로 전해진다.

"그래, 과연 너희도 내가 마실 쓴잔을 마시고, 내가 받을 고난의 세례를 받을 것이다. 그러나 내 오른편과 왼편의 자리는 내가 허락할 사안이 아니다. 내 아버지께서 미리 정해놓으신 그에게 돌아갈 것이다."

다른 10명의 제자가 듣고 야고보와 요한에게 분개하였다. 예수님이 그들을 모두 가까이 불러놓고 말씀하셨다. "너희도 알다시피 이방인의 통치자는 백성을 마구 짓누르고, 고관은 권력으로 세도를 부린다. 그러나 너희는 그러지 말아야 한다. 오히려 너희 가운데 높은 사람이 되고 싶은 자는 너희를 섬기는 자가 되어야 하고, 누구든지 으뜸이 되고 싶은 자는 모든 사람의 종이 되어야 한다. 사실은 인자도 섬김을 받으러 온 것이 아니라 섬기러 왔고, 자기 목숨을 많은 사람의 대속물[153]로 내주러 왔다."

〈자리다툼〉

예수님이 수난예고를 하시며 부지런히 예루살렘을 향해 올라가는 중에 제자들은 자리다툼을 벌이고 있었다. 그 모습을 보시고도 차분히 대응하시는 예수님의 모습에 마음이 아릿하다. 하루는 예수님이 어린이 하나를 데려다가 옆에 세우고, 그와 같은 사람이 되어야 하늘나라에 들어간다고 말씀하셨다. 어린이는 어른보다 순수하고 겸손하며, 솔직하고 담백하다. 높은 자리를 탐내거나 분수에 넘치는 욕심을 부리지 않는다.

우리는 그리스도인으로서 항상 섬기는 자가 되어야 한다. 섬김을

---

153 대속물(代贖物, ransom/redeem)은 노예를 해방시키기 위해 대신 지급한 몸값, 곧 속전(贖錢)을 말한다. 예수 그리스도의 십자가 죽음이 온 인류의 죗값을 대신 치른 속죄의 사건임을 드러내고 있다.

받으려고 해서는 안 된다. 하찮은 권세나 명예, 인기 등에 집착하며 세상 사람과 똑같이 처신해서는 곤란하다. 스스로 낮은 자리에 서서 다른 사람을 섬길 때, 비로소 존귀하게 된다는 사실을 명심해야 한다.

133. 이 집에 구원이 이르렀습니다.

(누가 19.1~10)

예수님이 여리고 거리를 지나가고 계셨다. 삭개오[154]라는 사람이 거기 있었다. 그는 세관장으로 부자였다. 그가 예수님을 보려고 애썼으나, 워낙 키가 작은 데다가 사람들이 너무 많아서 볼 수가 없었다. 그래서 예수님이 지나가시는 길을 앞질러 달려가, 길가에 있는 돌무화과나무(뽕나무)에 올라갔다.

예수님이 그곳에 이르러 그를 쳐다보시며 말씀하셨다. "삭개오여, 어서 내려오시오. 오늘은 내가 그대의 집에 묵어야겠습니다."

삭개오가 얼른 내려와 기뻐하며 예수님을 자기네 집으로 모셨다. 사람들이 보고 수군거렸다. "저 사람이 죄인의 집에 들어가 묵으려고 하다니, 참으로 어처구니없는 일이 아닙니까?"

그때 삭개오가 일어나 말하였다. "주님, 제 소유의 절반을 가난한 사람에게 나눠주겠습니다. 그리고 제가 누구를 속여서 얻은 것이

---

[154] 삭개오(Zacchaeus, 의/정결한 자)는 '깨끗하고 의로운 사람'이라는 뜻을 가진 유대인 고유의 이름이다. 그런데 그는 로마가 임용한 여리고의 세관장으로 민족을 배신한 죄인이었다. 당시 세리는 로마의 공권력을 등에 업고 자기 마음대로 세금을 부과하여 부를 축적할 수 있었는바, '허가받은 도둑'이라는 별명을 가지고 있었다.

있으면, 그것이 무엇이든 4배로 확실히 갚겠습니다."

예수님이 말씀하셨다. "오늘 이 집에 구원이 이르렀습니다. 이 사람도 아브라함의 자손입니다. 인자는 잃은 사람을 찾아 구원하러 왔습니다."

〈삭개오〉

고백이라는 '진실 말하기' 앞에 거짓은 발붙일 곳이 없다. 삭개오의 고백은 우리에게 깊은 감동을 준다. 동족에게 세금을 거두어 로마에 바치는 일이 마음 편할 리 만무하였다. 하지만 직업이니 어쩌겠는가? 싫어도 할 수밖에 도리가 없었다. 그러던 중 결정적인 기회가 주어졌다. 예수님을 만나 그동안 품고 있던 고민을 다 털어놓을 수 있었다. 정말 속이 다 시원하였을 것이다.

이와 같이 회개는 우리를 구원으로 인도하는 나침판 역할을 한다. 회개 없이 구원 없고, 구원 없이 평화 없다. 우리가 참 자유와 평화와 기쁨을 누리기 위해서는, 반드시 회개라는 징검다리를 밟고, 죄악의 강을 건너가야 한다. 그때 걸림돌이 디딤돌이 되며, 죄악의 강이 구원의 강이 되어 낙원으로 들어갈 수 있다.

삭개오는 이런저런 갈등 속에서 힘들게 살아왔지만, 예수님을 만나면 모든 것이 해결되리라는 확신이 있었다. 그동안 맹인의 눈을 뜨게 하고, 농아인의 귀와 입을 열어주신 이야기를 들었을 것이며, 심지어 죽은 사람도 다시 살리셨다는 소식을 접하였을 것이다.

그래서 그는 갈급한 심정으로 돌무화과나무에 올라가 조바심을 피우며 기다렸다. 아닌 게 아니라 예수님이 그 마음을 아시고 다가와 그를 부르셨다. '삭개오여, 어서 내려오시오.' 그 순간 그는 뛸 듯이 기뻤고, 구원을 확신할 수가 있었다.

134. 내 장례를 준비한 것이다.

(마태 26.6–13, 마가 14.3–9, 요한 11.55–57, 12.1–11)

유월절이 가까이 다가왔다. 많은 사람이 자기 몸을 정결케 하려고 미리 시골에서 예루살렘으로 올라왔다. 그들이 예수님을 찾다가 성전 뜰에 모여 말하였다. "여러분은 어떻게 생각합니까? 그도 명절을 지키러 올라오지 않을까요?"

그때 대제사장과 바리새인들은 예수님을 잡으려고, 누구든지 그가 있은 곳을 알면 바로 신고하라고 명령을 내려두었다.

유월절 6일 전에 예수님이 베다니에 이르셨다. 예수님이 죽은 나사로를 살리신 마을로, 나사로와 그 누이들이 살고 있었다. 전에 나환자였던 시몬의 집에서 예수님을 위한 만찬이 베풀어졌다. 마르다는 음식을 접대하였고, 나사로는 예수님과 함께 식사하는 사람들 사이에 앉아있었다.

그때 마리아가 매우 값진 향유, 곧 순수한 나드[155] 한 근[156]을 가지고 와서, 식사하시는 예수님의 머리에 붓고 자기 머리털로 발을 닦아드렸다. 그러자 온 집안이 향내로 가득하였다.

예수님을 배반할 가롯 유다가 다른 몇 제자와 함께 분개하여 마리아를 호되게 나무랐다. "왜 이 비싼 향유를 이렇게 허비하느냐? 300데나리온 이상에 팔아 가난한 사람을 도울 수 있을 것을! 대체 무슨 짓이냐?"

유다가 이렇게 말한 것은 정말 가난한 사람을 위해서가 아니라, 자

---

[155] 나드(nard)는 인도와 히말라야 산맥에서 재배되는 향나무 뿌리에서 추출되는 액체로, 수입가격이 매우 비쌌다고 한다.
[156] 한 근(斤)은 1리트라(litra)로 327g쯤 되었다.

신이 돈궤를 맡고 있으면서 가끔 꺼내 쓰는 도둑이었기 때문이다.

예수님이 말씀하셨다. "그대로 두어라. 어찌하여 마리아를 쳐서 괴롭히느냐? 마리아는 마음을 다해 내게 갸륵한 일을 하였다. 가난한 사람은 항상 너희 곁에 있어 마음만 먹으면 언제든지 도울 수 있지만, 나는 언제나 너희와 함께 있지 않을 것이다. 마리아가 이처럼 귀한 향유를 고이 간직하다가 정성껏 내게 부은 이유는, 내 장례를 미리 준비한 것이다. 내가 분명히 말한다. 이 세상 어디서든지, 이 복음이 전파되는 곳마다, 마리아가 한 일도 알려져 사람들이 기억하게 될 것이다."

예수님이 베다니에 계신다는 소문을 듣고, 유대인이 떼를 지어 몰려왔다. 예수님만이 아니라 죽었다가 살아난 나사로도 보고 싶었기 때문이다. 그러자 대제사장과 바리새인들이 나사로까지 죽이기로 모의하였다. 나사로 때문에 많은 유대인이 그들을 버리고 예수님을 따랐기 때문이다.

〈마리아〉

유월절을 앞두고 예수님이 베다니에 이르셨다. 죽음을 앞둔 예수님을 위해 만찬이 베풀어졌다. 유대인들은 예수님을 잡아 죽이려는 음모를 꾸미고, 체포하기 위해 명령까지 내려두었다. 마리아는 전 재산인 향유를 예수님의 머리에 붓고, 자기 머리털로 발을 닦아드렸다. 이를 보고 유다는 심히 못마땅하게 여겼다.

유다는 현실적이고 계산적인 사람으로서, 공동체 경비와 이웃 구제를 책임지고 있었다. 그가 제기한 이의는 도둑이 아니더라도 충분히 그럴 수 있었다. 하지만 예수님은 자신의 장례를 위한 일이니 그냥 두라고 하셨다. 그때 마리아는 예수님의 죽음을 알고 있었는바, 사랑하는 사람과의 이별이 너무나 아쉬워 아낌없이 향유를 부어드렸던 것이다.

유다와 마리아는 다 같은 제자로서 늘 함께 있었지만, 두 사람의 시각은 전혀 달랐다. 유다는 자기 생각을 앞세워 정의를 관철하려고 애썼으나, 마리아는 죽음을 앞둔 예수님을 위해 아낌없이 향유를 부어드림으로써 사랑을 드러내었다. 이는 이별의 아쉬움이기도 하였지만, 무한한 감사의 표현이기도 하였다.

사실 주님의 사랑은 물질적 가치로 환산되지 않는다. 유다는 돈의 달콤한 맛에 빠져서 멸망의 강에 심판의 걸림돌을 놓았으나, 마리아는 자신의 모든 것을 바쳐서 영생의 강에 구원의 디딤돌을 놓았다.

135. 돌들이 소리칠 것입니다.

(마태 21.1-11, 마가 11.1-11, 누가 19.28-44, 요한 12.12-19)

예수님이 앞장서 부지런히 예루살렘으로 올라가셨다. 예루살렘이 가까운 감람산[157] 기슭의 벳바게와 베다니 마을에 이르러, 예수님이 제자 둘을 불러 말씀하셨다. "너희는 맞은편 마을로 앞질러 가거라. 거기 가면 나귀가 한 마리 매어 있을 것이고, 그 곁에 아직 아무도 타 보지 않은 새끼도 있을 것이다. 그 나귀를 풀어 이리 끌고 오너라. 누가 뭐라고 하거든 주님이 쓰신다고 하고, 쓰시고 나서 즉시 돌

---

[157] 감람산(橄欖山)은 감람(올리브)나무가 무성하였다. 해발 800m에 길이는 4km쯤 되었고, 4개의 봉우리가 있었다. 성전 언덕보다 90m, 시온 언덕보다 30m 높은 곳에 위치하여, 동으로는 요단강 계곡과 사해가, 남으로는 유대 광야가, 서로는 예루살렘이 한눈에 내려다보였다.

려보낸다고 하여라. 그러면 바로 내어줄 것이다."

제자들이 가서 보니, 과연 길 바깥쪽 어귀에 나귀가 있었다. 제자들이 나귀를 풀자 거기 서 있는 사람들이 물었다. "무슨 일이오? 왜 나귀를 푸시오?"

예수님이 일러주신 대로 대답하자, 그들이 고개를 끄덕이며 가만히 있었다. 제자들이 나귀를 끌고 와서 자기 겉옷을 벗어 나귀 등에 걸쳤다. 예수님이 그 위에 올라타셨다. 이리하여 예언자의 말씀이 이루어졌다.

'시온의 딸아, 두려워하지 마라. 보라, 네 왕이 네게 오신다. 그는 온유하여 멍에 메는 짐승의 새끼, 곧 어린 나귀를 타고 오신다.' (스가랴 9.9)

처음에는 제자들도 이 말씀을 이해하지 못했으나, 예수님이 영광을 받으신 후에야 비로소 그 말씀이 예수님에 대한 것이며, 그 기록대로 다 이루어졌다는 사실을 깨달았다.

예수님이 예루살렘에 입성하신다는 소식을 듣고, 유월절을 지키러 온 사람들이 겉옷을 벗어 길에 펴기도 하고, 종려나무[158] 가지를 꺾어 길에 깔기도 하고, 손에 들고 흔들기도 하며 예수님을 맞을 준비를 하였다.

예수님이 감람산 비탈길 가까이 이르렀을 때, 큰 무리가 예수님을 에워싸고 환성을 지르며 일제히 하나님을 찬양하였다. 앞서고 뒤따르는 사람들이 함께 외쳤다.

"호산나[159]! 다윗의 자손이여! 주의 이름으로 오시는 분이여!"

158　종려(種櫚)나무는 대추야자로 야자과에 속한 상록교목이다. 가지 없이 5m에서 8m쯤 자라고, 줄기에 부채 모양의 잎이 나며, 여름에 노란 꽃이 피고 둥근 과일이 맺어 까맣게 익는다.
159　호산나(hosanna, 이제 구원하소서)는 구약시대에 제일(祭日)마다 읊던 시편(118.25)의 구절이다.

"복되시다! 우리 조상 다윗의 나라여! 이스라엘의 왕이시여!"

"하늘에서 평화! 하나님께 영광! 지극히 높은 곳에서 호산나!"

또 예수님이 나사로를 무덤 밖으로 불러내 다시 살리실 때, 그 자리에서 지켜본 사람들이 계속 그 일을 증언하였다. 이처럼 많은 사람이 예수님을 맞으러 나온 것도, 예수님이 행하신 기적을 보았거나 소문으로 들었기 때문이다.

그들 사이에 있던 바리새인들이 못마땅하여 예수님께 말하였다. "선생님, 제자들을 꾸짖으시오! 왜 가만히 보고만 계시오?"

예수님이 대답하셨다. "내가 말합니다. 이들이 입을 다물고 가만히 있으면, 여기 있는 돌들이 소리칠 것입니다."

그리고 예수님이 예루살렘 가까이 이르렀을 때, 그 성을 바라보시고 눈물을 흘리며 한탄하셨다. "오늘 네가 평화의 길이 무엇인지 알았다면 얼마나 좋았겠는가? 그러나 지금 네 눈이 감겨 그 길을 보지 못하는구나. 그 날이 이르면 네 원수가 너를 향해 말뚝을 박고, 토성을 쌓고, 사방에서 몰려와 너를 쳐부수고, 성안에 있는 네 자녀들을 모조리 짓밟고, 돌 하나도 돌 위에 남겨두지 않고 다 무너뜨릴 것이다. 하나님께서 구원하러 오신 때를 네가 깨닫지 못했기 때문이다."

이윽고 예수님이 예루살렘에 도착하여 성전에 들어가셨다. 그러자 한바탕 소동이 일어났다. "이 사람이 누구요?"

"이분은 갈릴리 나사렛에서 오신 예언자 예수요!"

바리새인들이 고개를 설레설레 흔들며 말하였다. "이제 우리의 계획은 다 수포로 돌아가고 말았소. 저 무리를 보시오! 온 세상이 저 사람을 따르고 있소!"

예수님이 성전 경내를 두루 살펴보시자 어느덧 날이 저물었다. 베다니로 가시려고 12제자와 함께 성전에서 나오셨다.

〈승리의 입성〉

예수님의 생애에서 가장 중요한 시간은 종려주일에서 부활주일까지다. 이 기간이 복음서 기록의 1/3 이상을 차지한다. 그래서 지금도 성주간(Holy Week) 또는 고난주간(Passion Week)으로 지키며, 예수님이 겪은 수난의 의미를 되새기며 묵상한다.

예수님은 자신을 낮춰 스스로 나귀 새끼를 타셨다. 나귀 새끼는 겸손의 상징으로 주님의 승리를 의미한다. 주님은 '나를 따라오려거든 자기 십자가를 지고 따르라'고 하셨다. 겸손하지 않는 사람은 주님의 헌신적 삶을 내팽개치고 자신의 이기적 삶을 살게 된다.

사람은 참으로 믿을 수 없고 미스터리한 존재다. 나귀 새끼를 타고 입성하는 주님을 보고 '호산나! 다윗의 자손이여!'라고 고함치던 사람들이, 불과 며칠 사이에 '십자가에 못 박으시오!'라고 하면서 아우성을 쳤다. 그래서 예수님은 '그들이 내 목숨을 빼앗는 것이 아니라, 내가 스스로 목숨을 버린다.'고 하셨다.

그때 그들이 들고 흔든 나무는 종려나무와 버드나무였다. 종려나무는 기쁨의 상징으로 결혼식에 사용하였고, 버드나무는 슬픔의 상징으로 장례식에 사용하였다. 그래서 그들은 은연중 예수님의 죽음과 부활을 드러내었으며, 승리의 입성과 십자가의 죽음을 동시에 기뻐하고 슬퍼하였다.

136. 빛의 자녀가 되십시오.

(요한 12.20-36)

유월절 예배를 드리기 위해 예루살렘에 올라온 사람들 중에는 그리스인도 더러 있었다. 그들이 갈릴리 벳새다 출신인 빌립에게 와서 청하였다. "선생님, 우리가 예수님을 뵙고 싶습니다."

빌립이 안드레에게 가서 말하고, 안드레와 빌립이 함께 가서 예수님께 전하였다. 예수님이 말씀하셨다. "인자가 영광을 받을 때가 왔다. 내가 분명히 말한다. 하나의 밀알이 땅에 떨어져 죽지 않으면 한 알 그대로 있고, 죽으면 많은 열매를 맺는다. 자기 생명을 사랑하는 사람은 잃을 것이며, 이 세상에서 자기 생명을 미워하는 사람은 영원히 보존될 것이다.

누구든지 나를 섬기려면 나를 따라야 한다. 나를 섬기는 사람은 나와 함께 있을 것이며, 내 아버지께서 그를 귀히 여기실 것이다. 그러나 지금 내 마음을 걷잡을 수 없으니 무슨 말을 더 하겠는가? 이 시간을 벗어나게 해달라고 아버지께 빌어야 할까? 아니다. 나는 이 일을 하려고 이때 왔다. 아버지여, 아버지의 이름을 영광스럽게 하십시오!"

그때 하늘에서 소리가 들려왔다. "내가 이미 영광스럽게 하였고, 다시 영광스럽게 할 것이다."

이 소리를 들은 사람들 중에서 더러는 천둥이 울렸다고 하였으며, 더러는 천사가 예수님께 말했다고 하였다. 예수님이 말씀하셨다. "이 소리는 나를 위한 것이 아니라 여러분을 위한 것입니다. 이제 이 세상에 심판이 임할 것입니다. 이 세상의 통치자가 쫓겨날 것입니다. 내가 땅에서 들리면 모든 사람을 내게로 이끌 것입니다.”

이는 예수님이 어떻게 돌아가실지 미리 암시한 것이었다. 사람들이 말하였다. “우리는 율법에서 그리스도가 영원히 사신다고 들었습니다. 그런데 선생님은 인자가 들려야 한다고 하시니, 대체 그 인자가 누구입니까?”

예수님이 말씀하셨다. “빛이 여러분과 함께 있을 시간도 이제 얼마 남지 않았습니다. 어둠이 여러분을 덮치기 전에 빛 가운데로 나오십시오. 그리고 어둠에 사로잡히지 않도록 하십시오. 어둠 속을 다니는 사람은 자신이 어디로 가는지 모릅니다. 여러분은 아직 빛이 있을 때, 그 빛을 믿고 빛의 자녀가 되십시오.”

이 말씀을 하시고 예수님은 그들을 떠나 몸을 숨기셨다.

〈토마스〉

1866년 9월 2일, 제너럴셔먼호를 타고 대동강을 거슬러 올라온 사람들이 있었다. 그때 물이 빠지는 바람에 배가 움직이지 못하는 상황이 되었다. 당시는 흥선대원군의 쇄국정책으로 외국 문물을 배척하고, 배를 불태우며 사람을 죽이던 시대였다.

그렇게 대동강에서 좌초된 제너럴셔먼호는 조선 병사들의 화염 공격으로 불태워졌다. 마침 성경을 나눠주려고 온 토마스[160] 선교사가 그 배에 있었다. 그가 성경과 전도지를 배 밖으로 던지며 강에 뛰어들었다. 그러나 바로 조선 병사의 창에 찔려 죽게 되었다. 그는 죽는 순간까지 병사들에게 성경을 나눠주었다. 그의 나이 27살

---

160 로버트 저메인 토머스(Robert Jermain Thomas, 1840~1866년)는 영국 회중교회 목사의 아들로 태어나 런던대학교를 졸업한 후, 런던선교회 소속의 중국 선교사로 파송되어 활동하다가, 제너럴셔먼호 사건으로 한국에서 순교하였다.

이었다.

　그때 한 병사가 그 책을 가져다가 집에 보관하였다. 박춘권이라는 사람이었다. 그가 나중에 성경을 읽고 1899년 세례를 받았다. 그의 조카도 그 성경을 읽고 예수님을 믿었으며, 이후 중국에 가서 구약 성경을 한글로 번역하였다.

　토마스가 죽기 전에 또 한 권의 성경을 12살 된 소년에게 전달하였다. 그는 좌초된 배가 불타는 것을 보고 구경하러 나온 인근 마을의 최치량이었다. 그가 받은 성경을 평양성 관리였던 박영식에게 주었으며, 박영식은 그 성경을 찢어 벽에 도배를 하였다.

　그래서 그는 매일 눈만 뜨면 보이는 벽지 속의 성경을 읽다가 예수님을 영접하게 되었다. 바로 그 박영식의 집이 '널다리교회'가 되었으며, 후에 '장대현교회'가 되었고, 1907년 길선주 목사가 그 교회에 부임하게 되었다. 그리고 평양대부흥운동의 중심 교회가 되었다.

　평양대부흥운동의 발단은 부흥회 동안 은혜를 받은 사람들이 자기 죄를 고백하면서 시작되었다. 그 도화선에 불을 붙인 사람이 바로 길선주 당시 장로였다. 그가 부흥회 기간에 은혜를 받고, 자기 죄를 자복하며 통회하였다. 선교사를 돕는다는 명분으로 선교사의 돈을 갈취한 것을 회개하였는바, 다른 사람들도 자기 죄를 고백하기 시작하여 새벽 2시까지 이어졌다.

　이후 엄청난 부흥의 불길이 타올랐다. 그 자리에 있었던 한 여성 선교사가 나중에 이렇게 간증하였다. '차마 입에 담지 못할 무섭고 추악한 죄들이 마구 쏟아졌으며, 마치 지옥의 지붕이 뚫린 것처럼 느껴졌습니다.'

　토마스 선교사가 한 알의 밀알이 되어 조선 땅에 떨어졌는바, 지금까지 천만 배 이상의 열매를 맺었다는 사실이 우리 역사를 통해서 증거하고 있다.

137. 나를 보지 못할 것이다.

(마태 23.37-39, 누가 13.34-35)

예수님이 말씀하셨다. "예루살렘아, 예루살렘아! 네가 예언자를 죽이고 네게 파송된 사람을 돌로 치는구나! 암탉이 병아리를 날개 아래 품듯, 내가 얼마나 너희 자녀를 모으려고 하였더냐? (이사야 31.5) 그러나 너희는 원치 않았다. 보라, 이제 너희 집이 버림을 받아 황폐하게 될 것이다. 내가 분명히 말한다. '주의 이름으로 오시는 분이 복되다!' (시편 118.26)고 할 때까지, 다시는 나를 보지 못할 것이다."

〈암탉〉

암탉이 병아리를 모아 품을 때는 위기 상황이 닥친 경우가 대부분이다. 당시 이스라엘 백성은 전방위로 위기를 맞은 병아리 같았으나, 끝내 구원자이신 예수님을 외면하여 멸망당할 수밖에 없었다. 사실 하나님은 이스라엘이 위기에 처할 때마다 예언자를 보내셨고, 마지막으로 예수님을 보내주셨던 것이다.

그러나 그들은 예언자를 외면한 것도 부족하여, 구원자로 오신 예수님까지 십자가에 못 박아 죽였다. 그래서 그들은 목숨과도 바꿀 수 없는 성전이 파괴되는 모습을 지켜볼 수밖에 없었다. 예수님의 마음이 얼마나 아렸으면 '예루살렘아! 예루살렘아!'하고 반복해

서 절규하였겠는가? 그때 예수님의 부르짖음이 지금도 우리 귓가에
아련히 들리는 듯하다.

138. 나는 빛으로 세상에 왔습니다.

(요한 12.37-50)

예수님이 많은 표적을 사람들 앞에서 보이셨으나, 그들은 여전히
예수님을 믿지 않았다. 그래서 예언자 이사야의 말씀이 이루어졌다.

'주여! 우리가 전한 것을 누가 믿었으며, 주의 팔이 뉘게 나타났습
니까?' (이사야 53.1)

그들이 믿지 않은 이유를 이사야는 또 이렇게 말하였다.

'주께서 그들의 눈을 멀게 하시고, 마음을 무디게 하셨다. 이는 그
들이 눈으로 보고 마음으로 깨닫고 돌이켜, 내게 고침을 받지 못하
게 하려는 것이다.' (이사야 6.9-10)

이사야가 이렇게 말한 것은, 예수님의 영광을 미리 보았기 때문이
다. 그래서 예수님을 가리켜 이 예언을 하였던 것이다. 그때 유대인
지도자들 중에서도 상당수가 예수님을 믿었으나, 바리새인 때문에
터놓고 말하지 못하였다. 회당에서 출교[161]당할까 싶었기 때문이다.
그들은 하나님의 영광보다 사람의 영광을 더 사랑하였다.

예수님이 큰 소리로 외치셨다. "나를 믿는 사람은 나를 믿는 것이
아니라 나를 보내신 분을 믿는 것이요, 나를 보는 사람은 나를 보내

---

[161] 출교(黜敎, excommunication)는 견책(비공식 징계), 자격정지(30일, 태도 불변 시 30일 추가), 무기출
교, 영구출교(제명)로 이어지는 4단계가 있었다. 막상 출교를 당하게 되면, 공동체에서 쫓겨나 고립된 생
활을 하다가 쓸쓸히 죽을 수밖에 없었다.

신 분을 보는 것입니다. 나는 빛으로 세상에 왔습니다. 무릇 나를 믿는 사람은 어둠 속에 머물러 있지 않습니다.

누가 내 말을 듣고 지키지 않더라도, 나는 그를 심판하지 않습니다. 내가 온 것은 세상을 심판하려는 게 아니라 구원하려는 것입니다. 나를 배척하고 내 말을 받아들이지 않는 사람을 심판하시는 분이 따로 계십니다.

내가 한 바로 이 말이 마지막 날[162] 그를 심판할 것입니다. 내 말은 내 뜻대로 한 게 아니라, 나를 보내신 아버지께서 무엇을 어떻게 하라고 친히 명하신 것입니다. 나는 아버지의 명령이 영생과 직결된다는 사실을 압니다. 그러므로 나는 무엇이든지 아버지께서 일러주시는 대로 말합니다."

〈신앙〉

신앙의 기준은 하나님의 말씀이고, 신앙인의 기준은 그리스도의 인격이다. 그러므로 하나님의 말씀을 믿지 않고 예수님의 인격이 드러나지 않는 사람은 신앙인이 아니다. 신앙인은 반드시 성경을 통해 주어진 약속의 말씀을 받아들여야 한다.

아담과 하와가 하나님의 말씀을 듣고 지키지 않아 에덴동산에서 추방되었고, 이스라엘 백성이 하나님의 말씀에 불순종하여 광야에서 모두 죽었다. 그래서 예수님이 말씀하셨다.

'나더러 주여, 주여! 한다고 해서 다 천국에 들어가는 것이 아니라, 내 아버지의 뜻대로 행하는 사람이 들어간다.' (마태 7.21)

---

[162] 마지막 날은 예수님의 재림과 아울러 있을 최후의 심판을 말한다. 그 날, 말일, 주의 날, 구속의 날, 여호와의 날 등으로 성경에 나타난다.

139. 너는 착하고 신실한 종이다.

(마태 25.14–30)

예수님이 말씀하셨다. "천국은 어떤 사람이 여행을 떠나며 자기 종들을 불러 재산을 맡긴 것과 같다. 주인이 종들의 능력에 따라서 [163]5달란트, 2달란트, 1달란트를 주고 떠났다. 5달란트 받은 종은 바로 나가 그 돈으로 장사하여 5달란트를 벌었다. 2달란트 받은 종도 장사하여 2달란트를 벌었다. 그러나 1달란트 받은 종은 땅을 파고 그 돈을 묻어두었다.

오랜 시간이 지나서 주인이 돌아와 종들과 결산하였다. 5달란트 받은 종이 10달란트를 가지고 와서 말하였다. '보십시오, 주인님이 맡기신 5달란트로 장사하여 5달란트를 남겼습니다.' 그러자 주인이 칭찬하였다. '참 잘했다. 너는 과연 착하고 신실한 종이다. 네가 적은 일에 충성하였으니, 내가 큰일을 맡기겠다. 이리 와서 네 주인과 함께 기쁨을 누려라.'

2달란트 받은 종도 4달란트를 가지고 와서 말하였다. '보십시오, 주인님이 맡기신 2달란트로 장사하여 2달란트를 남겼습니다.' 그러자 주인이 칭찬하였다. '참 잘했다. 너도 과연 착하고 신실한 종이다. 네가 적은 일에 충성하였으니, 내가 큰일을 맡기겠다. 이리 와서 네 주인과 함께 기쁨을 누려라.'

그런데 1달란트 받은 종은 1달란트를 그대로 가지고 와서 말하였다. '주인님, 저는 주인님이 수고도 하시지 않고 남이 심고 뿌린 것

---

[163] 구약시대 달란트(talent)는 무게 단위(3,000세겔, 약 34kg)로 쓰였으나, 신약시대 달란트는 화폐 단위로 사용되었다. 1달란트의 가치는 6,000데나리온에 해당하였고, 1데나리온은 노동자의 1일 품삯이었다.

을 거두시는 굳은 분으로 알았습니다. 그래서 두려워 밖으로 나가 그 돈을 땅에 묻어두었습니다. 보십시오, 주인님의 돈이 여기 그대로 있으니 도로 받아주십시오.'

그러자 주인이 '이 악하고 게으른 종아, 내가 수고도 하지 않고 남이 심고 뿌린 것을 거두는 그런 사람인 줄 알았느냐? 그렇다면 너는 왜 그 돈을 은행에 맡기지 않았느냐? 그렇게 하였더라면 내가 돌아와 원금과 이자를 함께 받을 것이 아니냐? 저자가 가진 1달란트를 빼앗아 10달란트 가진 종에게 주어라. 무릇 있는 자는 더 받아 풍성하게 되고, 없는 자는 그 있는 것마저 빼앗길 것이다. 그리고 저 무익한 종을 바깥 어두운 데로 내쫓아라. 거기서 슬피 울며 이를 갈 것이다.'라고 하였다."

〈달란트〉

하나님은 사람의 능력에 따라 은사를 주시고, 사람은 자신의 재능에 따라 사명을 수행한다. 각자의 적성과 역량에 따라 다른 은사를 주신다는 말이다. 그러므로 일의 경중이 상급의 기준이 아니라, 충성과 헌신이 상급의 기준이 되는 것이다. 이 달란트 비유에서 5개 받은 종과 2개 받은 종은 즉시 일어나 충성을 다하였으나, 1개 받은 종은 이래저래 불평하고 원망하며 일하지 않았다. 그래서 그는 책망을 받고 벌을 받게 되었다.

우리도 언젠가는 결산할 때가 있을 것이다. 우리가 받은 달란트를 어떻게 사용하였는지 낱낱이 보고해야 한다. 그때 어떤 사람은 칭찬과 아울러 상급을 받을 것이고, 어떤 사람은 책망과 함께 심판을 받을 것이다. 그러므로 우리는 받은 은사에 따라 최선을 다해 충성할 뿐이다. 그래서 성경은 '맡은 자가 구할 것은 충성'(고린도전서 4.2)이라고 하였다.

140. 그들을 갈라놓을 것이다.

(마태 25.31-46)

예수님이 말씀하셨다. "인자가 영광을 떨치며 모든 천사와 함께 와서 영광의 보좌에 앉을 것이다. 모든 민족을 그 앞에 불러놓고, 목자가 양[164]과 염소[165]를 갈라 양은 오른편에, 염소는 왼편에 두듯 그들을 갈라놓을 것이다.

그때 임금이 오른편 사람들에게 말할 것이다. '내 아버지께 복 받은 자들아, 이리 와서 창세로부터 너희를 위해 준비된 나라를 상속하라. 너희는 내가 굶주릴 때 먹을 것을 주었고, 목마를 때 마실 것을 주었고, 나그네 되었을 때 집으로 영접하였고, 헐벗었을 때 입을 것을 주었고, 병들었을 때 돌봐주었고, 교도소에 갇혔을 때 찾아주었다.'

이 말을 듣고 의인들이 대답할 것이다. '주님, 우리가 언제 주님이 굶주리신 것을 보고 음식을 드렸으며, 목마르신 것을 보고 음료를 드렸으며, 나그네 되신 것을 보고 집으로 영접하였으며, 헐벗으신 것을 보고 의복을 드렸으며, 병드신 것을 보고 돌봐드렸으며, 교도소에 갇히신 것을 보고 찾아뵈었습니까?'

---

164 양(sheep)은 천성이 순하여 사람을 잘 따랐으나, 방향 감각이 둔하여 길을 잘 잃었다. 순결, 순종, 희생 등을 상징한다.

165 염소(goat)는 양에 비해 난폭한 동물로 죄와 불순종을 상징한다. 낮에는 양과 염소를 함께 방목하였으나 밤에는 따로 갈라놓았다.

그러면 임금이 대답할 것이다. '내가 분명히 말한다. 너희가 여기 있는 내 형제자매 가운데 가장 하찮은 사람 하나에게 한 것이 곧 나에게 한 것이다.'

그리고 임금이 왼편 사람들에게 말할 것이다. '저주를 받은 자들아! 나를 떠나 마귀와 그 졸개를 가두려고 마련된 영원한 불 속으로 들어가라. 너희는 내가 굶주릴 때 먹을 것을 주지 않았고, 목마를 때 마실 것을 주지 않았고, 나그네 되었을 때 집으로 영접하지 않았고, 헐벗었을 때 입을 것을 주지 않았고, 병들었을 때 돌봐주지 않았고, 교도소에 갇혔을 때 찾아주지 않았다.'

이 말을 듣고 악인들이 대답할 것이다. '주님, 우리가 언제 주님이 굶주리신 것을 보고 음식을 드리지 않았으며, 목마르신 것을 보고 음료를 드리지 않았으며, 나그네 되신 것을 보고 집으로 영접하지 않았으며, 헐벗으신 것을 보고 의복을 드리지 않았으며, 병드신 것을 보고 돌봐드리지 않았으며, 교도소에 갇히신 것을 보고 찾아뵙지 않았습니까?'

그러면 임금이 대답할 것이다. '내가 분명히 말한다. 너희가 여기 있는 내 형제자매 가운데 가장 보잘것없는 사람 하나에게 하지 않은 것이 곧 나에게 하지 않은 것이다.'

그러므로 악인은 영원한 형벌에 처해지고, 의인은 영원한 생명에 들어갈 것이다."

〈양과 염소〉

산은 산이고 물은 물이듯, 양은 양이고 염소는 염소다. 양이 염소 되기 어렵고, 염소가 양 되기 어렵다. 아예 종이 다르기 때문이다. 이는 선악이나 행위의 문제가 아니라, 생명의 문제다. 사실 양은 양으로, 염소는 염소로 태어날 수밖에 없다. 그런즉 우리는 양 아니면 염소다. 그렇다고 해서 양만 구원받고 염소는 구원받지 못한다는 말이 아니다. 우리가 주님을 믿고 순종하며 살았는지, 주님을 믿지 않고 불순종하며 살았는지 그게 문제라는 것이다.

그러므로 양과 염소의 기준은 오직 믿음과 순종에 있다. 오른편에 있는 자들과 왼편에 있는 자들의 기준은, 주님이 그들의 믿음과 순종을 어떻게 보시느냐가 관건이다. 우리는 염소로 태어나 염소로 살아갈 수밖에 없지만, 주님은 우리를 양과 같이 한 울타리에 두시고, 양으로 간주하여 양과 같이 키워주신다.

이는 돌감람나무에 참감람나무가 접붙여진 것과 같다. 그 열매로 나무를 판단하는 것이다. 그 열매로 의인과 악인을 구분하는 것이지, 겉모습으로 판단하지 않는다는 것이다. 그러므로 언젠가 주님 앞에 선 사람들 중에는, 양 같은 염소도 있고 염소 같은 양도 있을 것이다. 오직 주님이 그를 어떻게 보시느냐가 영생과 영벌의 기준이 된다는 말이다. 그래서 성경은 밝히 말한다.

'아들이 있는 자에게는 생명이 있고, 하나님의 아들이 없는 자에게는 생명이 없다.' (요한1서 5.12)

141. 이 잔을 나눠 마셔라.

(마태 26.26–30, 마가 14.22–26, 누가 22.17–20)

예수님이 식사를 하시다가 잔을 들어[166] 축사하시고 이르셨다. "자, 이 잔을 나눠 마셔라. 내가 분명히 말한다. 내가 하나님의 나라에서 너희와 함께 새것으로 마시는 날까지, 다시는 포도로 빚은 것을 마시지 않을 것이다."

이어서 떡을 들어 축사하시고 떼어주시며 말씀하셨다. "자, 이 떡을 받아먹어라. 이것은 너희를 위해 주는 내 몸이다. 너희는 이 예식을 행하여 나를 기념하라."

같은 방법으로 다시 잔을 들어 말씀하셨다. "이 잔은 사람들의 죄를 용서하기 위해 흘리는 나의 피[167], 곧 새 언약의 피다."

그리고 제자들과 함께 찬송을 부르시고 감람산으로 올라가셨다.

〈성찬〉

성찬(聖餐)은 예수님이 12제자와 함께 나눈 마지막 유월절 식사, 곧 최후의 만찬에서 비롯되었다. 이는 예수님의 말씀에 따라서 사도들이 전수하고, 초대교회가 계승한 전례로서, 예수님의 고난과 죽음을 되새기고 기억하는 의식이다. 예수님의 수난에 대한 기억만이 아니라, 그리스도인이 예수님의 살과 피를 먹고 마심으로써, 성도 간의 교제는 물론, 다시 사신 예수님과 영적으로 연합한다는 의

---

[166] 마태와 마가는 떡을 먼저 떼고 잔을 나중에 나눈 것으로, 누가는 잔을 먼저 나누고 떡을 나중에 뗀 것으로 기록하였다. 당시 유대인은 유월절 식사를 하면서 서너 차례에 걸쳐 잔을 나눠 마셨다.

[167] 율법에 따르면 거의 모든 것이 피로 깨끗해집니다. 피 흘림이 없으면 죄 사함이 없습니다. (히브리서 9.22)

미도 있다.

따라서 성찬은 예수님의 흘리신 피와 찢겨진 살로 인류의 구원과 화해를 이룬 기념 축제로서, 다시 오실 예수님을 기다리는 성도들의 공동 식사를 말한다. 예수님의 살과 피를 나누는 성찬을 통해 개인적으로는 그리스도와 연합하고, 공동체로는 성도 간의 교제를 통해 일체감을 조성한다. 그러므로 주님이 주신 성찬의 참 의미는 이 말씀에 있다.

'새 계명을 너희에게 준다. 서로 사랑하라. 내가 너희를 사랑한 것 같이, 너희도 서로 사랑하라.' (요한 13.34)

142. 너희도 서로 사랑하라.

(요한 13.33–35)

예수님이 말씀하셨다. "내 사랑하는 자들아, 내가 너희와 함께 있을 시간도 이제 얼마 남지 않았다. 일찍이 유대인들에게 말한 대로 이제 너희에게도 말한다. 내가 가면 너희가 나를 찾을 것이나, 내가 가는 곳에 너희는 올 수 없다.

내가 너희에게 새 계명을 준다. 서로 사랑하라.[168] 내가 너희를 사랑한 것같이 너희도 서로 사랑하라. 너희가 서로 사랑하면, 이로써 너희가 내 제자라는 사실을 모든 사람이 알게 될 것이다."

---

[168] 사랑(love)의 그리스어 아가페(agape)는 하나님을 향한 인간의 사랑, 인간을 향한 하나님의 사랑, 인간을 향한 인간의 사랑을 모두 포함한다.

<어머니>

　아기는 걷지도 못하고 말도 하지 못한다. 대소변도 못 가린다. 사랑하는 엄마의 마음도 모른다. 사사건건 보채고 귀찮게만 한다. 그러나 엄마는 무엇 때문에, 왜 그러는지 알고 아기를 보듬어준다. 배가 고픈지, 어디가 아픈지, 무엇이 불편한지, 이심전심으로 아기의 마음을 알고 보살펴준다.

　사실 어머니는 본능적으로 아기를 돌보며 양육한다. 대소변 가림부터 걸음마 하는 것, 말하는 것까지, 전인적으로 가르치고 키워준다. 이러한 과정을 거치면서 아기는 성장한다. 아기가 자라서 어른이 되면, 그때 비로소 자신을 낳아 기르시고, 지극정성으로 돌보고 가르치신 어머니의 마음과 사랑을 알게 된다.

　새 신자도 마찬가지다. 하나님의 계명을 지키기는커녕, 하나님의 존재도 모르고, 하나님의 마음도 모른다. 매사에 하나님의 뜻을 벗어나기 일쑤다. 자신을 향한 하나님의 사랑을 깨닫지 못한 채, 오히려 하나님을 원망하고 불평한다.

　아기가 자기를 낳아 키우는 어머니를 모르듯, 그리스도인도 자기를 양육하는 하나님을 모른다는 것이다. 하지만 아기가 어머니의 아들딸이 아닐 수 없듯이, 어머니가 아기를 미워하지 않듯이, 아무것도 모르고 속만 태워도, 하나님께서도 자녀들을 끝까지 돌보고 길러주신다.

　'어머니가 어찌 그 젖 먹는 자식을 잊겠으며, 자기 태에서 난 아들을 긍휼히 여기지 않겠느냐? 그들은 혹시 잊을지라도, 나는 너를 잊지 않을 것이다.' (이사야 49.15)

143. 만민에게 복음을 전파하라.

(마태 28.16-20, 마가 16.15-18, 누가 24.44-49)

열한 제자가 갈릴리로 가서 예수님이 일러주신 산에 이르렀다. 거기서 예수님을 뵙고 경배하였으나, 의심하며 머뭇거리는 사람도 있었다.

예수님이 다가와 말씀하셨다. "하늘과 땅의 모든 권세가 내게 주어졌다. 그러므로 너희는 가서, 모든 민족을 제자로 삼아 아버지와 아들과 성령의 이름으로 세례를 주고, 내가 너희에게 분부한 모든 것을 가르쳐 지키게 하라. 보라, 내가 세상 끝날까지 항상 너희와 함께 있을 것이다."

그리고 제자들이 모인 자리에서 다시 말씀하셨다. "너희는 온 세상을 두루 다니며 만민에게 복음을 전파하라. 누구든지 믿고 세례를 받는 사람은 구원을 받을 것이며, 믿지 않는 사람은 심판을 받을 것이다. 믿는 사람에게 이런 표적이 따를 것이다. 내 이름으로 귀신을 쫓아내고, 새 방언을 말하고, 손으로 뱀을 집어 들고, 무슨 독을 마셔도 해를 받지 않고, 아픈 사람에게 손을 얹으면 나을 것이다. 내가 전에 너희와 함께 있을 때, 나를 두고 기록된 율법과 예언서와 시편의 모든 일이 반드시 이루어져야 한다고 하였다. 바로 이를 두고 한 말이다."

또 성경을 깨닫게 하시려고, 제자들의 마음을 열어주시며 말씀하셨다. "성경에 그리스도가 고난을 받고 죽었다가 3일째 다시 살아난다고 하였다. 그리스도의 이름으로 회개하면 죄 사함을 받게 된다는 복음이, 예루살렘에서 시작하여 모든 민족에게 전파된다고 하였다. 너희가 이 모든 일의 증인이다. 보라, 내가 내 아버지께서 약속하신 성령을 너희에게 보내주겠다.[169] 그러므로 너희는 위로부터 오는 능력을 받을 때까지 예루살렘에 머물러 있어라."

〈지상명령〉

주님의 지상명령(至上命令)은 '가서, 모든 민족을 제자로 삼아, 세례를 주고, 주님의 말씀을 가르쳐 지키게 하라'는 것이다. 여기서 지상이 地上(땅 위)이 아니라 至上(최고로 높은 위)임을 분명히 알아야 한다. 이는 누구나 지키고 따라야 하는 불가역적 케리그마(kerygma), 즉 하나님의 절대적 명령이라는 뜻이다. 오늘날 우리에게도 똑같이 적용된다. 주님이 세상 끝날까지 항상 우리와 함께하신다고 하셨으니, 얼마나 다행하고 감사한 일인가?

144. 하나님의 우편에 앉으셨다.

(마가 16.19−20, 누가 24.50−53)

예수님이 제자들을 베다니로 데리고 가서, 손을 들어 축복하시며 하늘로 올라가셨다. 제자들은 엎드려 경배하고, 크게 기뻐하며 예루살렘으로 돌아왔다. 그리고 날마다 성전에 머물며 하나님을 찬양하였다. 그리하여 예수님은 하나님의 우편[170]에 앉으셨고, 제자들

---

169 이후 내가 내 영을 모든 사람에게 부어주겠다. 너희 아들딸은 예언을 하고, 너희 늙은이는 꿈을 꾸고, 너희 젊은이는 환상을 볼 것이다. 그때 또 내 영을 남종과 여종에게도 부어주겠다. (요엘 2.28-29)
170 믿음의 창시자요, 완성자인 예수님을 바라봅시다. 그는 자기 앞에 있는 기쁨을 내다보고, 부끄러움에 개의치 않고 십자가를 참으셨습니다. 그래서 예수님은 하나님의 보좌 오른편에 앉으셨습니다. (히브리서 12.2)

은 사방으로 나가 곳곳에 복음을 전하였다. 주님이 함께 일하시며 여러 가지 표적이 따르게 하시므로 제자들이 전하는 말씀이 확증되었다.

〈승천〉

예수님의 승천(昇天)은 무덤에서 부활하여 40일간 지상에 계시다가, 사도들이 지켜보는 앞에서 하늘로 올라가신 사건이다. 교회는 예수님의 부활을 기념하여 부활절로 지키고, 승천일을 기념하여 승천일로 지킨다. 이는 예수님의 부활이 역사적 사실이듯, 예수님의 승천 또한 역사적 사건임을 드러내고 있다.

제4편

테라퓨오

θεραπευω

- 의료 -

10월의 기도

이해인(수녀, 2016년)

언제나 향기로운 사람으로 살게 하소서
좋은 말과 행동으로 본보기가 되는
사람 냄새가 나는 향기를 지니게 하소서

타인에게 마음의 짐이 되는 말로
상처를 주지 않게 하소서
상처를 받았다기보다 상처를 주지는 않았나
먼저 생각하게 하소서

늘 변함없는 사람으로 살게 하소서
살아가며 고통이 따르지만
변함없는 마음으로 한결같은 사람으로
믿음을 줄 수 있는 사람으로 살아가게 하소서

나보다 남을 먼저 생각하게 하시고
마음에 욕심을 품으며 살게 하지 마시고
비워두는 마음 문을 활짝 열게 하시고
남의 말을 끝까지 경청하게 하소서

무슨 일이든 감사하는 마음으로 살게 하소서
아픔이 따르는 삶이라도 그 안에 좋은 것만 생각하게 하시고
건강 주시어 나보다 남을 돌볼 수 있는 능력을 주소서

10월에는 많은 사람을 사랑하며 살게 하소서
더욱 넓은 마음으로 서로 도와가며 살게 하시고
조금 넉넉한 인심으로 주위를 돌아볼 수 있는
여유 있는 마음 주소서.

145. 그대의 아들은 살 것입니다.

(요한 4.46-54)

예수님이 갈릴리 가나에 다시 가셨다. 전에 물로 포도주를 만드신 곳이다. 거기 왕실의 고관이 있었는데, 그의 아들이 가버나움에서 앓고 있었다. 예수님이 유대에서 갈릴리로 돌아오셨다는 소문을 듣고, 그가 예수님을 찾아와 애원하였다. "선생님, 제 아들이 금방 죽게 되었습니다. 제발 가버나움으로 가서서, 제 아들을 살려주십시오."

그의 아들이 거의 죽어가고 있었기 때문이다. 예수님이 말씀하셨다. "여러분은 무슨 표적이나 기사를 보지 않으면 도무지 믿으려고 하지 않습니다."

고관이 더욱 애타게 간구하였다. "선생님, 제 아이가 죽기 전에 어서 내려가 주십시오."

예수님이 말씀하셨다. "그냥 집으로 돌아가십시오. 그대의 아들은 살 것입니다."

그 말씀을 믿고 고관이 집으로 돌아가다가, 마중 나온 하인을 만나 소식을 들었다. "아드님이 살아났습니다!"

고관이 물었다. "언제 아이가 나았느냐?"

하인이 대답하였다. "어제 오후 1시쯤에 열이 떨어졌습니다."

아이 아버지는 그때가 바로 예수님이 말씀하신 시각인 줄 알고, 그와 그의 온 집안이 예수님을 믿었다. 이는 예수님이 유대에서 갈릴리로 돌아와 행하신 2번째 표적이었다.

<고관>

　사회적으로 지위가 높은 사람이 직접 예수님을 찾아와 간청한 것은, 구원자에 대한 예의이자 믿음의 표시였다. 그때 예수님은 사람들이 무슨 표적이나 기사를 보지 않으면 도무지 믿지 않는다고 에둘러 책망하셨다. 그는 자기 체면에 아랑곳하지 않고 계속 채근하였다. 예수님이 누구시며 어떠한 분이신지 잘 몰랐기 때문이다. 직접 가서 무슨 표적을 보여야 아이가 나을 것으로 생각하였던 것이다.

　그러나 예수님은 육신이 병든 그의 아들만이 아니라, 마음이 병든 아버지까지 치유하기 원하셨다. 사실 기적은 믿는 사람을 위한 게 아니라, 믿지 않는 사람을 위한 것이다. 이는 기적에 의지하지 말고 주님을 믿으라는 뜻이다.

　그래서 예수님은 아들이 살아날 것이니 그냥 집으로 돌아가라고 하셨다. 그제야 그는 예수님의 뜻을 깨닫고 집으로 돌아갔다. 그런데 가는 도중에 그의 종들이 마중을 나와 아들이 살아났다고 알려 주었다. 그러자 그는 대뜸 아이가 나은 시각부터 물어보았다. 아닌 게 아니라 그때가 바로 예수님이 말씀하신 시각인 줄 알고, 그와 그의 온 집안이 예수님을 믿게 되었다.

146. 닥치고, 그 사람에게서 나가라!

　　(마가 1.21-28, 누가 4.31-37)

　예수님이 가버나움으로 가셨다. 안식일이 되어 회당에 들어가 가르치셨다. 사람들이 듣고 크게 놀랐다. 그들의 율법학자와 달리 말씀에 권위가 있었기 때문이다.

회당 안에 악한 귀신[171]에 사로잡힌 사람이 있다가 울부짖었다. "아, 나사렛 예수여! 우리가 당신과 무슨 상관이 있습니까? 우리를 망하게 하려고 오셨습니까? 나는 당신이 누구신지 압니다. 하나님께서 보내신 거룩한 분이십니다!"

예수님이 꾸짖고 명하셨다. "닥치고, 그 사람에게서 나가라![172]"

그러자 더러운 귀신이 그를 땅바닥에 내동댕이치고, 사람들 앞에서 비명을 지르며 떠나갔다. 그러나 그에게 상처는 입히지 않았다.

사람들이 보고 깜짝 놀라 서로 말하였다. "이게 어찌 된 일인가? 이제까지 아무도 보지 못한 새로운 교훈이 아닌가? 권위와 능력으로 명하시니, 더러운 귀신들도 복종하고 쫓겨나지 않는가?"

그래서 예수님의 소문은 삽시간에 온 갈릴리와 그 주변으로 퍼져 나갔다.

〈아기사자(我旣死者)〉

'이제는 내가 산 것이 아니요, 내 안에 그리스도께서 사신 것이다.' (갈라디아서 2.20)

이는 그리스도의 말씀이 우리의 인생을 통제한다는 뜻이다. 사실 거듭난 사람은 자신의 생각과 감정과 의지를 그리스도 앞에 통째로 무릎 꿇게 하고, 그리스도의 말씀만 믿고 의지하며 살아간다. 그 말씀이 우리의 생명과 직결되기 때문이다. 사실 하나님의 말씀에 대

---

171 귀신(鬼神)에 사로잡힌 사람은 심신이 피폐한 상태에 놓이게 된다. 눈에 살기를 띠고 노려보며, 평소에 하지 않던 괴팍한 행동을 하며, 원인 모를 중병을 앓기도 하며, 대인관계를 기피하고 따로 있기를 좋아하며, 밝은 곳을 꺼리고 어두운 곳을 찾는 등, 여러 가지 비이성적 중세를 보이게 된다.
172 악마의 속임수에 맞서기 위해 하나님의 전신갑주로 무장하십시오. 우리의 싸움은 혈과 육이 아니라, 권력과 권세, 암흑세계의 지배자와 하늘의 악령을 대적하는 것입니다. (에베소서 6.11-12)

한 권위와 위엄은 영원히 변치 않는다. 우리의 신앙을 가늠하는 잣대로 삼고도 남는다.

147. 우리의 질고를 짊어지셨다.

(마태 8.14-17, 마가 1.29-34, 누가 4.38-41)

예수님이 회당에서 나와 야고보와 요한을 데리고 바로 시몬과 안드레의 집으로 가셨다. 거기 시몬의 장모가 심한 열병을 앓으며 자리에 누워있었다.[173] 사람들이 그 사정을 예수님께 아뢰며 부인의 병을 고쳐달라고 하였다. 예수님이 가까이 가서 굽어보시고 부인의 손을 잡아 일으켜주셨다. 그러자 열병은 즉시 떠나고, 부인은 일어나 시중을 들었다.

날이 저물어 안식일이 끝나자, 이집 저집에서 온갖 병자와 귀신들린 사람들이 끌려 나왔다. 온 동네 사람들이 다 대문 앞에 모여들어 베드로의 집은 문전성시를 이루었다. 예수님이 말씀으로 귀신을 쫓아내시고, 병자들에게 일일이 손을 얹어 고쳐주셨다.

그때 귀신들이 떠나가며 소리를 질렀다. "당신은 하나님의 아들이십니다!"

귀신들도 예수님이 그리스도라는 사실을 알고 있었다. 그러나 예수님은 그들을 꾸짖고 말하는 것을 허락지 않으셨다. 그리하여 예언자 이사야의 말씀이 이루어졌다.

---

[173] 시몬의 장모(丈母)는 그 지방의 풍토병인 장티푸스를 앓은 것으로 보인다. 베드로와 빌립 등은 결혼하여 자녀를 낳았으며, 베드로의 아내는 베드로와 함께 복음을 전하다가 순교하였다.

'그가 몸소 우리의 병약함을 떠맡으시고, 우리의 질고를 짊어지셨다.' (이사야 53.4)

〈귀신〉

귀신(鬼神)은 사악하고 더러운 영이다. 악령, 악신, 사신, 사귀 등으로 불린다. 성경에서 사탄과 마귀는 단수로 나타나고, 귀신은 복수로 나타나 무리를 지어 활동한다. 그들은 지능적이고 교활하다. 사람보다 우월한 능력을 가지고 있으며, 사람 안에 들어가 괴력을 발하거나, 다른 사람을 괴롭힐 수 있다. 사실 귀신은 예수님을 하나님의 아들로 알아보았으며, 하나님의 권위에 도전하여 경배를 받으려고 하였다.

148. 깨끗함을 받으십시오!

(마태 8.1-4, 마가 1.40-45, 누가 5.12-16)

예수님이 산에서 내려와 어느 마을에 들어가시자, 육신이 심하게 문드러진 나환자[174]가 와서 얼굴을 땅에 대고 엎드려 말하였다. "주님, 주님께서 원하시면 저를 깨끗케 하실 수 있습니다."

예수님이 그를 불쌍히 여기시고, 손을 내밀어 어루만지며 말씀하셨다. "그래요, 내가 원합니다. 깨끗함을 받으세요!"

그러자 그의 나병이 순식간에 사라지고 깨끗이 나았다. 예수님이

---

[174] 나병(癩病)은 한센(씨)병이다. 성경에 기록된 문둥병은 레위기 13장에 기록된 7종의 악성피부병을 말한다. 나환자는 스스로 부정하다고 소리를 질러야 했으며, 마을에서 격리되어 따로 지낼 수밖에 없었다.

그를 보내시며 단단히 이르셨다. "삼가 아무에게도 말하지 말고, 바로 제사장[175]에게 가서 그대의 몸을 보이십시오. 그리고 그대가 나은 것에 대하여 모세가 명한 예물을 드려 증거로 삼으십시오."

그러나 그는 기쁨을 감추지 못하고, 자기 병이 나은 것을 마구 선전하고 퍼뜨리며 다녔다. 그래서 예수님은 드러나게 마을로 다니지 못하시고, 바깥 외딴곳에서 조용히 기도하며 지내셨다. 예수님이 어느 곳에 계시든지, 말씀도 듣고 병도 고치려는 사람들이 사방에서 몰려들었다.

〈나환자〉

복음서에 예수님의 기적이 37개 정도 나온다. 그중에서 병을 고치는 기적이 가장 많다. 나환자는 육신이 문드러지는 고통을 수반할 뿐만 아니라, 신앙적으로 버림을 받아 비참하게 살아갈 수밖에 없었다. 가족은 물론이고 이웃과의 관계도 단절되어, 그야말로 최악의 인생이었다. 그가 예수님께 다가와 엎드려 절하며 부르짖었다. '주님이 원하시면 저를 깨끗케 하실 수 있습니다!'

그러자 예수님이 손을 내밀어 어루만지며 다정하게 말씀하셨다. '그래요, 내가 원하니 깨끗함을 받으세요!'

세상에 이보다 더 좋고 기쁜 소식이 어디 있을까? 주님을 만나면 자기 병이 나을 수 있다는 믿음이 그에게 있었는바, 그 믿음이 그를 구원으로 이끌었던 것이다. 이게 바로 복음이요, 구원이요, 생명이다.

---

[175] 악성피부병 환자가 정결하게 되는 날 지켜야 하는 법이다. 그는 제사장에게 가야 한다. (레위기 14.2)

149. 그대의 죄가 용서되었습니다.

(마태 9.1–8, 마가 2.1–12, 누가 5.17–26)

예수님이 호수를 건너 다시 가버나움으로 돌아오셨다. 예수님이 어느 집에서 하나님의 말씀을 가르치신다는 소문이 퍼지자, 다시 큰 무리가 모여들었다. 가뜩이나 예수님이 하나님의 권세로 병을 고치신다는 소문이 널리 퍼졌던 터라, 그 집은 발 들여놓을 틈도 없었다. 갈릴리와 유대 여러 마을과 예루살렘에서 온 바리새인과 율법학자들이 그 자리에 있었다.

그때 한 중풍병자를 침상[176]에 뉘어 그의 친구 4명이 메고 그 집에 이르렀다. 그런데 사람들이 너무 많아 예수님 앞으로 데려갈 수가 없었다. 그들은 궁리 끝에 그 집의 지붕을 뜯어 구멍을 내고, 그곳으로 중풍병자를 침상째 달아 내렸다.

그 믿음을 보시고 예수님이 중풍병자에게 이르셨다. "소자여, 이제 안심하고 힘을 내십시오. 그대의 죄가 용서되었습니다."

이 말을 들은 율법학자와 바리새인들이 속으로 중얼거렸다. "도대체 이 사람이 누구 관대 이처럼 하나님을 모독하는가? 하나님 외에 누가 감히 죄를 용서할 수 있단 말인가?"

그 생각을 아시고 예수님이 말씀하셨다. "여러분은 어찌하여 그런 생각을 품습니까? '그대의 죄가 용서되었다!'는 말과, '일어나 자리를 들고 걸어가라!'는 말 중에서 어느 것이 더 쉽습니까? 그러나 인자가 땅에서 죄를 용서하는 권한을 가지고 있음을 여러분은 알

---

[176] 침상(寢牀)은 보통 평상을 말하나, 가난한 사람은 거적이나 담요, 겉옷, 모피, 돗자리 등이었다.

아야 합니다."

그리고 중풍병자에게 이르셨다. "내가 말합니다. 일어나 침상을 거둬 들고 집으로 돌아가십시오!"

그러자 모든 사람이 지켜보는 앞에서, 그가 벌떡 일어나 자기 침상을 거둬 들고 하나님을 찬양하며 집으로 돌아갔다. 사람들이 놀라 하나님께 영광을 돌리면서도, 두려움에 휩싸여 서로 말하였다. "오늘 우리가 정말 놀라운 일을 보았습니다."

〈중풍병자〉

예수님이 갈릴리 가버나움에서 사지백체가 마비된 중풍병자를 고치셨다. 그는 믿음이 신실한 4명의 친구들에 의해 침상에 뉘인 채 끌려왔다. 예수님은 그 병자를 고치시기 전에, 먼저 그들의 믿음을 보시고 죄 사함을 선포하셨다. 이를 통해 우리는 구원받기 전에 먼저 죄 문제가 해결되어야 하며, 예수님이 하나님의 아들로서 하나님과 똑같은 권세를 가지고 있다는 사실을 알 수 있다.

150. 자리를 걷어들고 걸어가십시오!

(요한 5.1-18)

유대인의 명절을 맞아 예수님이 예루살렘에 올라가셨다. 예루살렘의 양문 곁에는 히브리말로 [177]베데스다(베드자다)라는 못이 있었

---

[177] 베데스다(Bethesda, 자비의 집)는 폭 50m, 길이 100m쯤 되는 간헐온천으로, 사방 모서리와 중앙에 행각이 있었다.

고, 그 둘레에 행각 다섯 채가 있었다. 그 행각 안에 병든 사람, 눈 먼 사람, 저는 사람, 걷지 못하는 사람 등, 온갖 환자와 장애인이 즐 비하게 누워있었다.

그들은 모두 물이 움직일 때를 기다리고 있었다. 이따금 주님의 천사가 내려와 물을 휘젓곤 하였는데, 그때 맨 먼저 물에 들어가는 사람은 무슨 병에 걸렸든지 다 나았기 때문이다. 그들 가운데 38년 동안 자리에 누워 병을 앓고 있는 사람이 있었다.

그 병이 아주 오래된 고질이라는 사실을 아시고, 예수님이 그에게 물으셨다. "낫기를 원하십니까?"

그가 대답하였다. "선생님, 그렇습니다! 하지만 물이 움직일 때, 저를 들어 물속에 넣어줄 사람이 없습니다. 제가 내려가는 사이에 다른 사람이 먼저 들어갑니다."

예수님이 말씀하셨다. "일어나 자리를 걷어들고 걸어가십시오!"

그러자 그는 어느새 병이 나아서 자리를 걷어들고 걸어갔다. 안식일이었다. 유대인들이 그를 나무랐다. "오늘은 안식일[178]이니 자리를 들고 가는 것이 옳지 않소."

그가 대답하였다. "나를 고쳐주신 분이 자리를 걷어들고 걸어가라 하셨습니다."

유대인들이 물었다. "그런 말을 한 사람이 누구요?"

그러나 그는 자기를 고쳐준 사람이 누구인지 알 수 없었다. 거기 많은 사람이 붐볐고, 예수님도 이미 자리를 뜨셨기 때문이다.

나중에 예수님이 성전 뜰에서 그를 만나 말씀하셨다. "보십시오,

---

[178] 안식일(安息日) 규정은 10계명 가운데 4번째로, 금요일 해질 때부터 토요일 해 질 때까지 누구나 지켜야 했다. 그런데 유대인은 안식일 계명의 취지와 본질을 망각하고, 문자적 조문에 얽매여 39가지 세부 금칙까지 만들어 강제로 지키게 하였는바, 안식은커녕 오히려 안식을 훼방하는 결과를 초래하였다.

이제 건강하게 되었으니 다시는 죄를 짓지 마십시오. 그렇지 않으면 더 고약한 병이 생길지 모릅니다.”

그러자 그가 유대인들에게 가서, 자기를 고쳐준 사람이 예수라고 말하였다. 그러자 안식일에 이런 일을 하신다고 해서, 유대인들이 예수님을 핍박하기 시작하였다.

예수님이 말씀하셨다. “내 아버지께서 항상 일하시니, 나도 일할 따름입니다.”

이 말을 빌미로, 유대인들이 예수님을 죽이려고 더욱 마음을 굳혔다. 예수님이 안식일을 범할 뿐만 아니라, 하나님을 친아버지라 부르며 하나님과 대등하게 여겼기 때문이다.

⟨베데스다⟩

히브리어 베데스다(자비의 집)는 기원전 2세기에 대제사장 시몬이 만들었다. 길이 100~110m, 너비 62~80m, 깊이 7~8m의 쌍둥이 연못을 말하며, 성전에 물을 공급하는 목적 외에 종교적 의식과 치료를 위한 목적도 있었다. 당시 예루살렘 성으로 들어가는 출입문이 12개 있었으며, 성전에서 가장 가까운 자리에 양문(Sheep Gate)이 있었고, 그 곁에 베데스다(Bethesda) 연못이 있었다.

151. 손을 쭉 내밀어 펴십시오!

(마태 12.9-14, 마가 3.1-6, 누가 6.6-11)

안식일이 되어 예수님이 유대인의 회당에 들어가 가르치셨다. 거기 오른손이 마른 조막손이[179]가 있었다. 예수님이 안식일을 어기고 그를 고쳐주는지, 율법학자와 바리새인들이 고발할 구실을 삼으려고 유심히 지켜보고 있었다.

그러다가 아무것도 모른 척하고 다가와 넌지시 물었다. "안식일에 병을 고쳐주어도 괜찮습니까?"

그 간교한 속셈을 아시고, 예수님이 그에게 말씀하셨다. "일어나 가운데로 나와 서십시오!"

그러자 조막손이가 앞으로 걸어 나왔다. 예수님이 그들에게 물으셨다. "내가 여러분에게 물어보겠습니다. 안식일에 선한 일을 하라고 했습니까, 악한 일을 하라고 했습니까? 사람을 살리라고 했습니까, 죽이라고 했습니까? 여러분의 율법에 어찌하라고 기록되어 있습니까?"

그들은 말문이 막혀서 아무 대답도 하지 못하고 잠잠히 있었다. 그래서 예수님이 비유를 들어 말씀하셨다. "여러분 가운데 어떤 사람이 양 1마리를 키우고 있었습니다. 그런데 그 양이 구덩이에 빠졌습니다. 그가 어떻게 하겠습니까? 당연히 끌어내지 않겠습니까? 안식일이라 하여 못 본 척할 사람이 어디 있겠습니까? 하물며 사람은 양보다 얼마나 더 귀합니까? 그러므로 안식일에 선을 행하는 것은 율법에 어긋나지 않습니다."

그리고 예수님이 노한 얼굴로 그들을 둘러보셨으나, 그들의 마음은 여전히 딱딱하게 굳어있었다. 예수님이 탄식하시며 조막손이에게 말씀하셨다. "그대의 손을 앞으로 쭉 내밀어 펴십시오!"

---

179 조막손이는 무슨 병이나 사고로 손의 기능이 상실된 사람이었다. 히브리복음서 등에 의하면 그의 직업이 손으로 먹고사는 미장이(석공)였으며, 예수님을 고발할 구실을 삼으려고 적대자들이 일부러 데려다 놓았다.

그가 그대로 하자 오그라진 손이 활짝 펴지며 예전처럼 성하게 되었다. 율법학자와 바리새인들이 화가 머리끝까지 치밀어 이성을 잃고 미친 듯이 밖으로 뛰쳐나갔다. 그리고 평소 상종하지 않던 헤롯 당원들을 찾아가 모의하였다. "우리가 어떻게 하면 예수를 잡아 죽일 수 있겠소?"

〈조막손이〉

1990년대 미국 메이저 리그에서 선발투수로 활약한 짐 애보트(Jim Abbott, 1967~)는 오른손이 마른 조막손이였다. 그는 평소 왼손에 글러브를 끼고 있다가, 투구 직전 오른손으로 재빨리 옮기며 멋진 동작으로 강속구를 꽂아 넣었다. 그 모습을 보고 관중들은 아낌없는 환호와 박수를 보냈다.

그는 1993년 시즌에서 강팀을 상대로 대망의 노히트노런을 달성했고, 은퇴를 앞두고 4회에 한 손으로 안타를 치며 타점까지 올리는 진기록을 남겼다. 그때 그의 매니저가 이런 말을 하였다. '짐 애보트는 내가 아는 숱한 사람들 중에서 가장 장애가 없는 사람이었습니다.'

그와 마찬가지로 2000년 전 엑스트라로 회당에 끌려온 조막손이를, 예수님이 즉석에서 주인공으로 삼아주시며 말씀하셨다. '일어나 가운데로 나와 서십시오!' 그리고 명하셨다. '그대의 손을 앞으로 쭉 내밀어 펴십시오!' 그러자 그의 오그라진 손이 활짝 펴졌다.

152. 나를 세상에 드러내지 마라!

(마태 12.15-21, 마가 3.7-12)

유대인의 음모를 아시고, 예수님이 제자들과 함께 호숫가로 물러 가셨다. 갈릴리에서 큰 무리가 따라왔다. 유대와 예루살렘[180], 이두 매[181]와 요단강 동편, 두로와 시돈 지방에서도 많은 사람이 예수님 의 일을 소문으로 듣고 찾아왔다.

사람들이 에워싸고 밀어대는 혼잡을 피하시려고, 예수님이 제자 들에게 작은 거룻배 한 척을 준비하라고 하셨다. 그동안 예수님이 숱한 사람을 고쳐주셨던바, 그들이 예수님을 만지려고 마구 밀어닥 쳤다. 더러운 귀신들도 예수님을 보기만 하면, 그 앞에 엎드려 소리 를 질러댔다. "당신은 하나님의 아들이십니다!"

그러나 예수님은 그들이 잔꾀를 부릴 때마다 엄하게 꾸짖고 경고 하셨다. "나를 세상에 드러내지 마라!"

예수님이 그들을 모두 고쳐주시고, 소문을 내지 말라고 단단히 당부하셨다. 그리하여 이사야의 예언이 성취되었다.

'보라! 내가 택한 나의 종, 내가 기뻐하고 사랑하는 종, 내가 내 영 을 그에게 주리니, 그가 온 세상 사람들에게 정의를 선포할 것이다. 그는 다투지도 않고 시끄럽게 떠들지도 않으리니, 거리에서 그의 소 리를 들을 사람이 없을 것이다. 정의가 승리할 때까지, 그는 상한 갈대도 꺾지 않고 꺼져가는 심지도 끄지 않으리니, 온 세상 사람들 이 그 이름에 희망을 걸 것이다.' (이사야 42.1-4)

---

180 예루살렘(Jerusalem, 평화의 소유물)은 이스라엘 민족의 영원한 마음의 고향이자 천국을 상징하였다. 오늘날 유대교와 기독교, 이슬람교가 모두 신성시하는 도시가 되었다.
181 이두매(Idumea)는 사해 남부에 위치한 에돔(에서) 자손의 왕국을 말한다.

어떤 여인이 남편을 잃고 큰 슬픔에 잠겼다는 소식을 듣고, 영국의 엘리자베스 여왕이 그 집을 찾아갔다. 여왕은 아무 말도 하지 않고 여인에게 다가가, 가만히 손만 잡아주고 나왔다.

그때 많은 사람들이 와서 여인에게 물었다. "여왕이 와서 뭐라고 하셨나요?"

여인이 대답하였다. "여왕은 아무 말씀도 하시지 않았습니다. 그저 제 손만 잡고 눈물을 흘리며, 저와 같이 슬퍼하셨습니다. 그래서 저는 큰 위로를 받았습니다."

153. 나는 너희를 알지 못한다.

(마태 7.21-29, 누가 6.46-49)

예수님이 말씀하셨다. "너희가 나를 보고 입으로는 '주님!' '주님!' 하면서, 어찌하여 내 말은 실천하지 않느냐? 나를 보고 '주님!' '주님!' 한다고 해서 다 하나님의 나라에 들어가는 것이 아니라, 하늘에 계신 내 아버지의 뜻대로 실천하는 사람이 들어간다.

그때 숱한 사람이 내게 말할 것이다. '주님! 우리가 주님의 이름으로 예언도 하고, 귀신도 쫓아내고, 많은 기적을 행하지 않았습니까?' 그러나 나는 분명히 말할 것이다. '나는 너희를 도무지 알지 못한다. 불법을 행하는 자들아, 내게서 다 물러가라!' (고린도전서 3.13)

그러므로 내 말을 듣고 실천하는 자는, 땅을 깊이 파고 반석 위에 집을 세운 슬기로운 사람과 같다. 비가 내려 홍수가 나고 바람이 세차게 몰아쳐도, 그 집은 무너지지 않는다. 그 집의 주추를 반석 위에 놓은 까닭이다. 그러나 내 말을 듣고 실천하지 않는 자는, 기초 없이 맨땅 위에 집을 지은 어리석은 사람과 같다. 비가 내려 홍수가 나고 바람이 세차게 몰아치면, 그 집은 여지없이 무너지되, 그 정도도 아주 심할 것이다.”

예수님이 말씀을 마치시자 사람들이 다 놀랐다. 그들의 율법학자와 달리 권위 있는 분답게 가르치셨기 때문이다.

〈실천〉

오늘날 한국에도 나눔을 실천하는 단체가 많다. 연말연시에는 불우한 이웃을 찾아 사랑의 선물을 전달한다. 큰 재난이나 사고가 있을 때는, 방송국이나 언론사가 앞장서 거리로 나가 모금운동을 벌인다. 그때 어린이들이 돼지저금통을 가져오기도 하고, 학생들과 회사원, 공무원과 자영업자들도 동참한다.

사실 우리 민족은 오래전부터 날씨가 추우면 연탄도 배달하고, 김치도 담가서 나눠주며, 마을에 큰일이 있을 때는 스스로 찾아가 봉사를 아끼지 않았다. 하지만 요즘 그 아름다운 미풍양속이 사라지거나, 형식에 치우치고 있어 뜻있는 사람의 눈살을 찌푸리게 한다.

154. 내가 가서 고쳐주겠습니다.

(마태 8.5-13, 누가 7.1-10)

예수님이 가버나움으로 가셨다. 거기 한 백부장[182]의 종이 중풍

182　백부장(百夫長)은 로마군 100명을 거느린 지휘관으로, 높은 보수와 함께 인기가 좋은 직업이었다.

으로 몹시 괴로워하며 죽어가고 있었다. 그는 주인이 대단히 아끼는 종이었다. 백부장이 예수님의 소문을 듣고, 유대인 장로[183] 몇 사람을 보내 간청하였다. "주님, 저희 집에 오셔서 제 종을 살려주십시오."

장로들이 와서 예수님께 간곡히 청하였다. "그 백부장은 선생님의 은혜를 받을 만도 합니다. 우리 민족을 사랑하여 회당까지 지어주었습니다."

예수님이 말씀하셨다. "내가 가서 고쳐주겠습니다."

그리고 장로들과 함께 그의 집으로 가셨다. 예수님이 그의 집 가까이 이르렀을 때, 백부장이 자기 친구들을 보내 아뢰었다. "주님, 더 이상 수고하시지 마십시오. 저는 주님을 제 집에 모실만한 사람이 못 됩니다. 그래서 감히 나가 뵐 엄두도 못 내고 있습니다. 그러니 그저 나아라고 한마디만 해주십시오. 그러면 제 종이 나을 것입니다. 저도 남의 수하에 있지만, 제 밑에도 부하가 있습니다. 제가 그들에게 가라고 하면 가고, 오라고 하면 옵니다. 또 제 종에게도, 이런저런 일을 하라고 시키면 그대로 합니다."

예수님이 놀랍게 여기시며 돌아서서 말씀하셨다. "내가 여러분에게 말합니다. 이스라엘에서도 이만한 믿음을 보지 못했습니다. 사방에서 사람들이 모여들어 아브라함과 이삭과 야곱과 함께 천국잔치에 참석하겠지만, 이 나라의 백성들은 바깥 어두운 곳으로 쫓겨나 슬피 울며 이를 갈 것입니다."

그리고 예수님이 그들에게 말씀하셨다. "돌아가십시오. 그가 믿

---

183 마태는 백부장이 예수님께 직접 와서 간청한 것으로 기록하였고, 누가는 백부장이 유대인 장로들과 자기 친구들을 보내 간구한 것으로 기록하였다. 마태가 중간 과정을 생략한 것으로 보인다.

은 대로 될 것입니다."

그래서 그들이 집으로 돌아가 보니, 과연 죽어가던 사람이 벌써 나아 있었다. 예수님이 말씀하신 바로 그 시각에 그 종이 깨끗이 나았던 것이다.

〈백부장〉

3년 남짓한 예수님의 사역 가운데 이 백부장의 이야기만큼 감동적인 사건도 드물다. 당시 백부장은 로마의 최정예 군대 100명을 거느린 지휘관으로 얼마든지 으스댈 수 있었다. 종주국 부대장이 종속국 랍비를 무시할 수도 있었지만, 가장 낮은 자세로 최상의 예의를 갖춰 예수님께 존경심을 표하였다. 이는 예수님을 유대인의 한 랍비로서가 아니라, 하나님의 아들로서 확실히 믿었다는 증거다. 예수님이 한마디만 하시면, 자기 종이 나을 것으로 믿었던 것이다.

오늘날 사람들은 한마디 말씀보다 한차례 기적이 필요하다고 아우성친다. 주님의 말씀에 능력이 있다는 사실도 모르고, 그저 가시적 표적만 구하고 있다. 그러다가 가끔씩 헛것을 보고, 그에 도취되어 실족하기도 한다. 그래서 주님이 말씀하셨다.

'너는 꼭 보아야 믿느냐? 보지 않고 믿는 사람이 더 복이 있다.' (요한 20.29)

그래서 예수님이 심부름 나온 사람들에게 말씀하셨다. '돌아가십시오, 그가 믿은 대로 될 것입니다.'

우리에게도 주님이 이렇게 한마디만 해주신다면 얼마나 좋겠는가? 그러자면 우리도 그만한 믿음이 있어야 한다. 무엇보다도 믿음이 중요하다. 우리의 믿음이 주님의 능력을 드러낼 수 있다. 그때 주님은 백부장의 믿음을 보셨다. 유대인을 사랑하여 회당을 지어준

것도 아니고, 자기 종을 사랑하여 사람을 보낸 것도 아니었다. 오직 믿음이었다.

그러므로 주님을 사랑하는 마음도, 이웃을 사랑하는 마음도 소중하지만, 가장 먼저 믿음이 뒷받침되어야 한다. 그래야 치유의 역사가 쉽게 일어난다. 믿음이 없으면 기적도 일어나지 않는다. 믿음이 사랑을 낳고, 사랑이 소망을 낳는다.

155. 내가 네게 말하니, 일어나라!

(누가 7.11–17)

예수님이 나인[184]이라는 성으로 가셨다. 제자들과 큰 무리가 뒤따랐다. 예수님이 성문 가까이 이르렀을 때, 죽은 사람을 메고 나오는 장례행렬이 있었다. 죽은 사람은 과부의 외아들이었다. 나인성의 조문객이 큰 떼를 지어 그 과부와 함께 상여를 따르고 있었다.

예수님이 과부를 보시고 측은한 마음이 들어 말씀하셨다. "이제 그만 우세요."

그리고 앞으로 나아가 관에 손을 대시자, 상여꾼이 걸음을 멈추었다. 예수님이 죽은 사람에게 이르셨다. "청년아, 내가 말한다. 일어나라!"

그러자 죽은 청년이 벌떡 일어나 앉으며 말을 하였다. 예수님이 그를 어머니에게 돌려주셨다. 모든 사람이 두려움에 휩싸여 하나님을 찬양하며 말하였다. "우리 가운데 정말 위대한 예언자가 나타나

---

184 나인(Nain, 기쁨)은 나사렛에서 남동쪽으로 9㎞쯤 떨어진 성읍이다. 지금의 이름은 네인(Nein)이다.

셨다!"

어떤 사람은 이렇게 말하였다. "하나님께서 비로소 자기 백성을 돌봐주셨다!"

예수님에 대한 소문이 온 유대와 그 주변으로 널리 퍼져나갔다.

〈나인성 과부〉

나인성의 과부에게 자기 생명과도 바꿀 수 없는 외아들이 있었다. 그런데 그 아들이 죽었다. 이제 그를 장사 지내러 성문 밖을 나왔다. 장례행렬을 뒤따르던 과부가 마지막으로 기도하였다. '하나님! 이제라도 제발, 제가 대신 죽을 테니 이 아들을 살려주세요.'

그때 예수님이 나타나 말씀하셨다. '이제 그만 우세요.'

그러자 장례 행렬이 걸음을 멈추었다. 예수님이 죽은 아들의 관을 붙잡았다. 과부의 애절한 마음을 예수님이 알았기 때문이다. 그런데 이게 꿈인가? 생시인가? 얼마나 애간장을 태우며 지켜본 관이던가? 그 관에서 죽은 아들이 벌떡 일어나 말을 하는 게 아닌가! 과부의 극한 슬픔이 벅찬 기쁨으로 바뀌는 순간이었다. 이와 같이 예수님은 슬픔을 기쁨으로, 눈물을 웃음으로 바꾸는 분이시다.

156. 요한이 그 엘리야입니다.

(마태 11.2-19, 누가 7.18-35)

요한이 감옥에서 그리스도가 하신 일을 전해 듣고, 제자 2명을 보내며 예수님께 여쭤보라고 하였다. 그들이 와서 그대로 말하였다. "세례 요한이 '오실 분이 선생님이십니까, 아니면 우리가 다른 분을 기다려야 합니까?'라고 여쭤보게 하였습니다."

그때 예수님은 온갖 병으로 고생하는 사람, 악령에 사로잡혀 시달리는 사람, 눈먼 사람을 많이 고쳐주고 계셨다.

예수님이 대답하셨다. "지금 듣고 보는 대로 요한에게 가서 전하십시오. 눈먼 사람이 보고, 걷지 못하는 사람이 걷고, 나환자가 깨끗해지고, 듣지 못하는 사람이 듣고[185], 죽은 사람이 살아나며, 가난한 사람에게 복음이 전해진다고 말입니다. 그리고 누구든지 나로 인해 실족지 않는 사람이 복되다고 일러주십시오."

그들이 떠난 뒤, 예수님이 요한에 대하여 말씀하셨다. "여러분은 무엇을 보려고 광야에 나갔습니까? 바람에 흔들리는 갈대입니까? 아니면 무엇을 보려고 나갔습니까? 화려한 옷을 입은 사람입니까? 화려한 옷을 입고 호사스럽게 지내는 사람은 왕궁에 있습니다. 그러면 무엇을 보려고 나갔습니까? 예언자입니까? 그렇습니다! 내가 분명히 말합니다. 요한은 예언자보다 더 위대한 사람이었습니다. 그에 대한 기록이 있습니다.

'보라, 내가 네 앞서 내 사자를 보내겠다. 그가 네 앞길을 닦을 것이다.' (말라기 3.1)

내가 분명히 말합니다. 이제까지 여인이 낳은 사람 중에서 요한보다 더 큰 인물은 없었습니다. 그러나 하나님의 나라에서는 아무리 작은 사람도 그보다 더 큽니다. 세례 요한부터 지금까지 하나님의 나라는 침노를 받고 있습니다. 강한 사람이 그 나라를 차지할 것입니다. 모든 예언서와 율법이 요한의 때까지 하나님의 나라를 예언하였습니다. 여러분이 그 예언을 받아들인다면, 요한이 바로 오기로

---

185 그때 눈먼 사람의 눈이 밝아지고, 귀먹은 사람의 귀가 열릴 것이다. (이사야 35.5)

되어있는 그 엘리야라는 사실을 알게 될 것입니다. 들을 귀가 있는 사람은 알아들으십시오."

그때 요한의 설교를 들은 백성은 물론이고, 세리까지 요한의 세례를 받고 하나님의 의로움을 드러내었으나, 바리새인과 율법학자들은 요한의 세례를 받지 않고, 그들을 향한 하나님의 뜻을 거역하고 있었다.

그래서 예수님이 말씀하셨다. "이 세대를 무엇에 비길 수 있을까? 이들이 무엇과 같을까? 그렇습니다! 장터에서 아이들이 편을 가르고 앉아 놀며 이르기를, '우리가 너희를 위해 피리를 불어도 춤추지 않았고, 애곡을 하여도 너희는 가슴을 치지 않았다'고 하면서, 서로 소리를 지르는 것과 같습니다.

세례 요한이 나타나 먹지도 않고 마시지도 않자 '저 사람은 귀신이 들려 미쳤다'고 하더니, 인자는 와서 먹기도 하고 마시기도 하자 '보라! 저 사람은 먹보요, 술꾼이요, 세리와 죄인의 친구로다'라고 합니다. 그러나 하나님의 지혜는 그를 받아들인 자녀들에 의해 그 옳음이 입증됩니다."

〈의심〉

당시 사람들은 메시아가 오는 즉시 세상이 바뀌는 줄로 생각하였다. 그들에게 '메시아의 날'은 곧 '심판의 날'이었다. 불법을 일삼는 자들을 심판하고, 지배국인 로마를 제압하여 식민지의 국권을 회복시킬 것으로 알았다.

그래서 사람들은 예수님에 대해 의심의 눈초리를 보냈다. 안식일을 범할 뿐만 아니라 장로들의 유전도 지키지 않고, 하나님의 계명을 범하는 것처럼 보였기 때문이다. 심지어 어떤 사람은 예수님이 세례 요한보다 못하다고 여겼다. 그러다 보니 감옥에 갇힌 요한도 미심쩍었던 것이다. 이는 요한의 인생에서 가장 큰 실수였다.

오늘날도 예수님을 윤리적인 교훈이나 가르치고, 귀신이나 내쫓고, 병자나 고쳐주는 기복적 메시아로 여기는 사람이 많다. 하지만 예수님은 만유를 포함하신 구원자로서, 십자가를 지고 죽기 위해 오셨다는 사실을 알아야 한다. 그래서 예수님은 늘 '들을 귀가 있는 사람은 알아들어라!'고 하셨다.

157. 그것은 영원한 죄입니다.

(마태 12.22-32, 마가 3.20-30, 누가 11.14-23)

예수님이 집에 들어가시자 무리가 다시 모여들었다. 예수님의 일행은 식사할 겨를도 없었다. 그런데 예수님의 가족들은 예수님을 찾아다녔다. 예수님이 미쳤다는 소문이 시중에 돌고 있었기 때문이다. 그때 귀신들려 눈이 멀고 말을 못 하는 사람이 예수님 앞에 끌려왔다. 예수님이 귀신을 쫓아내시자 그가 말하고 보게 되었다. 무리가 놀라 서로 수군거렸다. "이분이 혹시 다윗의 자손이 아닐까요?"

예루살렘에서 내려온 율법학자와 바리새인들이 그 말을 듣고, 다짜고짜 예수님을 헐뜯기 시작하였다. "아니오! 그에게 사탄이 붙었기 때문이오. 그는 귀신의 왕, 바알세불[186]의 힘을 빌려 귀신을 쫓아

---

186 바알세불(Baalzebul, 바알의 왕자)은 블레셋 지방에서 숭배한 똥파리의 주(主), 일명 오물(똥)의 신이다. 여기서는 귀신들의 왕, 사탄을 가리킨다. 사탄 또는 마귀는 그리스어 디아볼로스(diabolos)로 대적자, 고소자, 훼방자, 중상자 등을 의미한다.

낼 뿐이오!"

또 어떤 사람은 예수님을 시험할 속셈으로, 하늘에서 오는 표적을 보이라고 요구하였다. 예수님이 그들의 속내를 다 아시고 가까이 불러 말씀하셨다. "어느 나라든지 서로 갈라져 싸우면 피차 망할 뿐입니다. 도시나 가정도 다를 바가 없습니다. 그런데 어찌 사탄이 사탄을 쫓아낼 수 있겠습니까? 사탄이 사탄을 쫓아내면 그 나라도 이미 갈라져 서로 싸우고 있는 것이니, 그래서야 어찌 그 나라가 서 있겠습니까?

내가 바알세불의 힘을 빌려 귀신을 쫓아낸다면, 여러분의 제자(아들)들은 누구의 도움으로 귀신을 쫓아냅니까? 그들이 재판관이 되어 여러분의 말이 그르다고 지적할 것입니다. 그러나 내가 하나님의 능력(손)으로 귀신을 쫓아내면, 하나님의 나라가 이미 여러분에게 와 있는 것입니다. (골로새서 1.13)

강한 자가 빈틈없이 무장하고 자기 집을 지키면, 그 재산은 안전할 것입니다. 그러나 그보다 더 강한 자가 달려들어 그를 이기면, 그가 의지하던 무장은 해제되고, 그 재물은 약탈을 당해 다른 사람의 소유가 될 것입니다. 그러므로 강한 자의 집에 들어가 물건을 훔치려면, 먼저 강한 자를 붙잡아 묶어야 합니다. 그를 결박한 뒤에야 그 집의 물건을 털어갈 수 있습니다.

누구든지 내 편에 서지 않는 사람은 나를 반대하는 자요, 나와 함께 모으지 않는 사람은 흩어버리는 자입니다. 그러므로 내가 분명히 말합니다. 사람이 무슨 죄를 짓든지, 어떤 비방을 하든지 다 용서받을 수 있어도, 성령을 거슬러 모독하는 죄는 결코 용서받을 수 없습니다.[187] 그것은 영원한 죄입니다. 인자를 거슬러 욕하는 사람은 용서받을 수 있어도, 성령을 거슬러 욕하는 사람은 이 세상은 물론이고, 오는 세상에서도 용서받지 못할 것입니다.[188]"

예수님이 이렇게 말씀하신 이유는, 악한 귀신이 들려 미쳤다고 율법학자들이 예수님을 모독하였기 때문이다.

〈신앙인과 종교인〉 Aiden Wilson Tozer(미국 목사, 1897~1963)

1. 신앙인은 성령과 진리로 예배를 드리고, 종교인은 예배를 방청한다.
2. 신앙인은 자신을 회개하고, 종교인은 다른 사람을 비판한다.
3. 신앙인은 시간이 흐르면 인격이 깊어지고, 종교인은 자기 의가 높아진다.
4. 신앙인은 하나님의 뜻을 추구하고, 종교인은 자기 뜻을 추구한다.
5. 신앙인은 하나님의 음성에 귀를 기울이고, 종교인은 세상의 소리에 귀를 기울인다.
6. 신앙인은 자신의 연약함을 자랑하고, 종교인은 자신의 강함을 자랑한다.
7. 신앙인은 예수님이 없으면 행복할 수 없고, 종교인은 예수님이 없어도 행복할 수 있다.
8. 신앙인은 하나님의 영광을 드러내고, 종교인은 자신의 영광을 드러낸다.

---

[187] 그러니 하나님의 아들을 짓밟고, 자기를 거룩하게 한 언약의 피를 무시하고, 은혜의 성령을 모욕한 자가 받을 벌이 얼마나 가혹하겠습니까? (히브리서 10.29)
[188] 내가 전에는 훼방자요, 핍박자요, 폭행자였으나, 그것은 내가 믿지 않을 때 모르고 한 일인바, 하나님께서 내게 자비를 베풀어주셨습니다. (디모데전서 1.13)

9. 성령으로 충만한 신앙인은 사람을 치유하고, 자기 의로 옷 입은
    종교인은 사람을 정죄한다.

10. 신앙인은 영적 설렘이 있고, 종교인은 영적 갈증이 있다.

158. 좋은 나무를 기르십시오.

(마태 12.33–37, 누가 6.45)

예수님이 말씀하셨다. "좋은 열매를 얻으려면 좋은 나무를 기르
십시오. 나무가 좋으면 열매도 좋고, 나무가 나쁘면 열매도 나쁩니
다. 열매를 보고 나무를 알 수 있습니다. 그런데 독사의 새끼처럼
마음[189]이 악하니, 어떻게 선한 말을 하겠습니까? 결국은 마음에 가
득 찬 것이 입으로 나오기 마련입니다. 선한 사람은 그 마음에 쌓은
선으로 선한 말을 하고, 악한 사람은 그 마음에 쌓은 악으로 악한
말을 합니다.

내가 말합니다. 심판 날[190], 무심코 내뱉은 사소한 말 한마디까지
다 해명하고, 그에 따른 책임을 져야 할 것입니다. 그러므로 여러분
이 한 말[191]에 따라서 의인으로 인정받기도 하고, 죄인으로 단정되
기도 할 것입니다."

---

189 마음(mind)은 그리스어 카르디아(kardia)로, 지정의(知情意)를 주관하는 내적 자아를 말한다.
190 심판(審判) 날은 마지막 때, 예수님의 재림과 아울러 있을 흰 보좌 심판을 말한다.
191 나의 반석이요, 구원자이신 야훼여! 내 생각과 말이 언제나 주님의 마음에 들기를 원합니다. (시편
    19.14)

<청포도> 이육사 (시인, 독립운동가, 1904~1944)

내 고장 7월은

청포도가 익어 가는 시절

이 마을 전설이 주저리주저리 열리고

먼데 하늘이 꿈꾸며 알알이 들어와 박혀

하늘밑 푸른 바다가 가슴을 열고

흰 돛단배가 곱게 밀려서 오면

내가 바라는 손님은 고달픈 몸으로

청포(靑袍)를 입고 찾아온다고 했으니,

내 그를 맞아 이 포도를 따 먹으면

두 손은 함뿍 적셔도 좋으련.

아이야, 우리 식탁엔 은쟁반에

하이얀 모시 수건을 마련해 두렴.

159. 고요해라! 잔잔해라!

(마태 8.23–27, 마가 4.35–41, 누가 8.22–25)

저녁에 예수님이 말씀하셨다. "호수 저편으로 건너가자."

그래서 제자들은 무리를 남겨두고, 예수님이 타신 배에 올라 떠나게 되었다. 다른 배들도 뒤따라갔다. 그런데 얼마쯤 가다가 갑자기 큰 돌풍(광풍)[192]이 일어나고 거센 파도가 휘몰아쳤다. 급기야 배에 물이 가득 차서 아주 위태롭게 되었다. 그러나 예수님은 뱃고물을 베개 삼아 베고 세상모르게 주무시고 계셨다.

제자들이 예수님을 흔들어 깨우며 다급하게 소리쳤다. "선생님, 살려주십시오! 우리가 다 죽게 되었습니다! 어찌 그냥 주무시고 계십니까?"

예수님이 일어나 제자들을 나무라셨다. "왜 그리 무서워하느냐? 그렇게도 믿음이 없느냐?"

그리고 일어나 바람과 바다를 향해 호령하셨다. "고요해라! 잔잔해라!"

그러자 바람은 이내 고요해졌고, 바다는 아주 잔잔해졌다. 예수님이 말씀하셨다. "아직도 너희가 믿지 못하겠느냐?"

제자들은 너무 놀랍기도 하고 두렵기도 하여 서로 수군거렸다. "대체 이분이 누구시기에 바람과 바다까지 복종하는가?"

〈고난〉

신앙이 무엇인가? 신앙생활을 잘하면 불행이나 고난이 사라지는가? 그렇지 않다고 본다. 신앙은 하나님이 우리와 함께하시는 것이다. 주님이 우리와 함께 고난과 맞서 싸우시는 것이다. 신앙생활을 한다고 해서 아예 고난이 없기를 바라는 사람은 정말 어리석다. 기복신

---

192 갈릴리호수는 갑작스러운 돌풍으로 유명하다. 해수면보다 200m 아래 깊은 웅덩이처럼 자리를 잡고 있는바, 요단강 협곡을 따라 빠른 속도로 내려온 헤르몬산의 차가운 바람이, 호수면의 따뜻한 공기와 충돌하여 큰 회오리바람과 파도를 일으키게 된다.

앙에 익숙한 사람이 하나님을 오해하는 부분이 바로 여기에 있다.

사도 바울은 주님의 뜻에 따라 선교여행을 하면서도 고난만은 결코 피할 수가 없었다. 오히려 더욱 혹독한 시련과 고통을 겪었다. 12사도를 비롯하여 초대교회 교부들도 예외가 아니었다. 모두가 고난을 받으며 십자가의 길을 묵묵히 걸어갔다.

그러므로 우리는 고난을 피하게 해달라고 기도할 게 아니라, 그 고난을 이길 수 있는 믿음을 달라고 기도해야 한다. 하나님은 고난을 제거하시는 분이 아니라, 고난에 맞서 싸우는 우리와 함께하시는 분이다. 물론 고난도 하나님께서 주관하신다. 하나님은 고난을 통해 우리의 믿음을 격상시키고, 죄로 물든 마음을 깨끗케 하신다.

그러나 하나님은 일부러 고난을 만들어 우리를 힘들게 하시지 않는다. 주님의 십자가가 바로 그 증거다. 우리는 십자가를 바라보고 구원의 은혜만을 생각해서는 안 된다. 십자가는 고난에 맞서 구원을 이루신 주님의 처절한 싸움이었다. 사도 바울이 가지고 있던 육신의 가시도 마찬가지였다.

160. 네 이름이 무엇이냐?

(마태 8.28–34, 마가 5.1–20, 누가 8.26–39)

예수님의 일행이 호수를 건너 거라사(겔게사, 가다라, 가자라) 마을에 이르렀다. 그들이 배에서 내릴 때, 더러운 귀신에 사로잡힌 광인[193]이 무덤 사이에서 나오다가 예수님을 보았다. 그는 그 마을 사람

---

[193] 거라사 광인(狂人)의 숫자를 마태는 2명으로, 마가와 누가는 1명으로 기록하였다.

으로 오랫동안 옷을 입지 않고 공동묘지에 살았으며, 너무 사나워 아무도 그곳을 지나갈 수 없었다.

그가 귀신에게 붙잡혀 시도 때도 없이 발작을 일으켰고, 마을 사람들은 수차례에 걸쳐 사슬과 고랑에 채워 감시도 하였으나, 번번이 그것을 부수어 끊고 광야로 뛰쳐나갔던바, 이제는 아무것도 소용이 없었고, 아무도 그를 제어하지 못하였다. 또 그는 밤낮없이 무덤과 산속을 쏘다니며 괴팍한 소리를 지르기도 하고, 돌로 자기 몸을 짓찧기도 하였다.

그가 멀리서 예수님을 보고 달려와 무릎을 꿇고 엎드려, 찢어지는 목소리로 크게 부르짖었다. "지극히 높으신 하나님의 아들 예수여, 우리가 당신과 무슨 상관이 있습니까? 때가 되기도 전에 우리를 괴롭히려고 여기까지 오셨습니까? 제발 부탁입니다. 하나님께 맹세하시고 우리를 간섭하지 마십시오."

이는 예수님이 귀신을 보시기만 하면 먼저 명령하셨기 때문이다. "더러운 귀신아, 그에게서 나가라!"

예수님이 귀신에게 물으셨다. "네 이름이 무엇이냐?"

귀신이 대답하였다. "'군대[194]'라고 합니다. 우리의 숫자가 많아서 그리 부르게 되었습니다."

그리고 귀신이 애걸하였다. "제발 우리를 여기서 내쫓지 마십시오. 무저갱[195]에 들어가라고 말하지 마십시오."

그때 조금 떨어진 산기슭에 놓아기르는 돼지 떼가 먹이를 먹으며 우글거리고 있었다. 귀신이 말하였다. "기어이 우리를 쫓아내시려

---

194 군대(軍隊)는 그리스어 레기온(legion)으로, 6천(많게는 1만) 명쯤 되는 로마의 군단이었다.
195 다섯 번째 천사가 나팔을 불었습니다. 내가 보니 하늘에서 땅에 떨어진 별이 있었습니다. 그 별은 아비소스(무저갱)를 여는 열쇠를 받았습니다. (요한계시록 9.1)

면, 저 돼지들 속에라도 들어가게 허락하여 주십시오.”

예수님이 말씀하셨다. “그래, 가거라!”

그러자 귀신들이 일제히 나와서 그 돼지들 속으로 들어갔다. 그러자 거의 2천 마리나 되는 돼지 떼가 갑자기 가파른 비탈을 내리달려 호수에 곤두박질치며 몰사하였다. 돼지를 치던 사람들이 보고 성내와 마을로 달려가 그 모든 일을 알렸다.

마을 사람들은 무슨 일이 일어났는지 자세히 알아보려고, 예수님이 계신 곳으로 몰려나왔다. 그들이 와서 아연실색하였다. 귀신에 붙잡혀 날뛰던 그 광인이 옷을 차려입고[196], 멀쩡한 정신으로 예수님 앞에 가만히 앉아있었기 때문이다.

그리고 이 일을 처음부터 지켜본 사람들이, 그가 낫게 된 경위와 돼지 떼에 일어난 일을 소상히 들려주었다. 그러자 그들은 지레 겁을 먹고, 자기네 마을을 떠나달라고 예수님께 간청하였다. 그래서 예수님이 배에 오르시자, 귀신에 붙잡혀 미쳤다가 나은 그가 따라가게 해달라고 애원하였다.

그러나 예수님은 허락지 않고 이렇게 말씀하셨다. “그대는 집으로 돌아가십시오. 하나님께서 어떻게 은혜를 베풀어주셨는지, 그대의 가족과 친구들에게 알리십시오.”

그래서 그가 예수님이 어떻게 큰일을 행하셨는지, 데가볼리[197] 지방의 모든 마을을 두루 다니며 전하였다. 그 말을 듣는 사람마다 다 놀랍게 여겼다.

---

196 그리스도와 연합하여 세례를 받은 사람은, 누구나 그리스도로 옷 입은 것입니다. (갈라디아서 3.27)
197 데가볼리(Decapolis, 열 성읍) 지방은 갈릴리호수 동편에 위치한 10개 마을을 통틀어 일컫는 말이다. 거라사, 가다라 마을 등이 모두 거기 포함되어 있었다.

<거라사 광인>

우리도 알고 보면 거라사의 광인과 다름이 없다. 우리의 정체성을 상실하여 우리가 누구인지도 모르며 살았다. 윤리와 도덕, 양심의 옷을 벗어버리고, 물질과 향락, 편의주의에 빠져 살았다. 천하보다 귀한 생명을 외면하고, 지옥의 그늘진 곳에서 안락의 술에 취하여 해롱거렸다.

그러던 어느 날, 우리에게 주님이 찾아와 물으셨다. '너희 이름이 무엇이냐?' 그때 거라사의 광인이 주님을 만나 새 생명을 찾았듯, 우리도 주님을 만나 새로운 인생을 찾게 되었다. 이것이 우리의 간증이다.

161. 이제 안심하고 기운을 내십시오.

(마태 9.18-22, 마가 5.21-34, 누가 8.40-48)

예수님이 호수를 건너 가버나움으로 돌아오셨다. 큰 무리가 기다리고 있다가 기뻐하며 모여들었다. 예수님이 호숫가에 서 계실 때, 야이로라는 회당장이 와서 무릎을 꿇고 엎드려 애원하였다. "선생님, 제 딸이 금방 죽게 생겼습니다. 어쩌면 벌써 죽었는지도 모릅니다. 하지만 선생님, 선생님이 가서 손을 얹어주시면, 제 딸이 다시 살아날 것입니다."

12살 된 그의 외동딸이 죽어가고 있었기 때문이다. 예수님이 바로 일어나 그를 따라나섰다. 제자들과 무리가 뒤따르며 예수님을 에워싸고 밀어댔다.

그때 12년 동안 하혈병(혈루증)**198**을 앓는 여인이 그 무리 속에 끼어있었다. 그간 숱한 의사를 찾아다니며 치료를 받느라 갖은 고생을 다했지만 아무 효험이 없었고, 이제는 가산마저 탕진하였으나 병이 낫기는커녕, 오히려 악화된 상태였다.

그 여인이 예수님의 소문을 듣고 무리를 따르다가, 예수님의 뒤로 와서 옷자락에 손을 대었다. 예수님의 옷자락만 만져도 자기 병이 나을 것이라 믿었기 때문이다. 그러자 여인은 12년 동안 흐르던 피의 근원이 멎고, 자기 병이 나은 느낌을 받았다.

그때 예수님은 자신의 능력이 나간 것을 아시고, 돌아서서 무리를 보고 물으셨다. "누가 내 옷에 손을 대었느냐?"

모두 손을 대지 않았다고 하자 베드로가 말하였다. "선생님, 누가 손을 대다니요? 보십시오, 이렇게 많은 사람이 에워싸고 사방에서 밀어대지 않습니까?"

그러나 예수님은 손을 댄 사람을 찾으려고 주변을 둘러보며 말씀하셨다. "아니다. 누군가 분명히 내 옷에 손을 대었다. 내게서 능력이 나간 것을 내가 알고 있다."

여인은 자기 몸이 나은 것을 더 이상 숨길 수 없음을 깨닫고, 두려워 떨며 예수님 앞으로 나와 엎드렸다. 그리고 예수님의 옷에 손을 댄 사실과 자기 병이 낫게 된 경위를 모든 사람들 앞에서 사실대로 고하였다.

예수님이 이르셨다. "자매여, 이제 안심하고 기운을 내십시오. 그 믿음이 그대를 구원하였으니 평안히 가십시오. 병에서 벗어났으니 건강하게 지내십시오."

---

198 하혈병(下血病)은 비정상적 자궁출혈이나 월경 외에 음부로 피를 흘리는 부인병이다.

그때 여인은 자신의 몸이 완전히 나았음을 깨달았다.

〈하혈병 여인〉

12년간 하혈병을 앓다가 나은 여인의 이야기는 정말 감동적이다. 우리가 어떻게 주님을 믿고, 무엇을 붙잡고 의지하며 살아야 하는지를 일깨워주는 사건이다. 사실 오늘도 주님의 옷자락을 만지고, 그 능력을 체험하는 사람들이 세상에 무수히 많다. 하지만 아무나 경험하는 일이 아니다.

여인은 예수님이 메시아라는 사실을 확실히 알고 믿었으며, 죽음을 무릅쓰고 따라가 그 옷자락을 만졌다. 그야말로 예수님이 자기 인생의 마지막 희망임을 깨닫고 목숨을 걸었던 것이다. 믿음은 인생의 모든 것이지 일부분이 아니다.

162. 달리다 쿰!

(마태 9.23-26, 마가 5.35-43, 누가 8.49-56)

예수님이 여인과 말씀하실 때, 회당장[199]의 집에서 사람이 나와 말했다. "따님은 이미 죽었습니다. 선생님께 더 이상 폐를 끼쳐드리지 마십시오."

그러나 그 말에 아랑곳하지 않고, 예수님이 야이로에게 말씀하셨다. "두려워 말고 믿기만 하십시오. 그러면 딸이 살아날 것입니다."

---

199 회당장(會堂長)은 회당을 관리하고 예배를 주관하며 모든 사람에게 존경을 받았다. 회당에는 회당장 외에 핫잔(hazzan)과 랍비(rabbi) 등의 지도자가 있었다.

그리고 회당장의 집에 이르러 베드로와 야고보, 요한 외에는 아무도 따라 들어오지 못하게 하셨다. 그때 피리를 부는 사람들과 가슴을 치며 통곡하는 여인들로 온 집안이 시끌벅적하였다.

예수님이 말씀하셨다. "어찌하여 이렇게 울고불고 야단들입니까? 다들 물러가십시오. 아이는 죽은 것이 아니라 자고 있습니다."

그러자 사람들이 코웃음을 쳤다. 아이가 이미 죽은 것을 잘 알고 있었기 때문이다. 예수님이 그들을 다 밖으로 내보낸 후, 그 부모와 세 제자만 데리고 아이를 뉘어둔 방으로 들어가셨다. 그리고 아이 손을 붙잡고 말씀하셨다. "달리다 쿰[200]!"

이 말은 '소녀야, 일어나라!'는 뜻이다. 그 순간 아이의 영이 돌아와 숨을 내쉬며 일어나 걷기 시작하였다. 소녀의 나이는 12살이었다. 그 자리에 있던 사람들이 깜짝 놀라 눈이 휘둥그레졌다. 모두 제정신이 아니었다.

예수님이 아이 부모에게 말씀하셨다. "아이에게 먹을 것을 좀 갖다 주십시오."

그러나 아이 부모는 여전히 정신이 없어 어쩔 줄을 모르고 허둥거렸다. 예수님이 단단히 이르셨다. "이 일을 아무에게도 말하지 마십시오."

그러나 소문은 사방으로 널리 퍼져나갔다.

〈야이로의 딸〉
예수님이 야이로의 딸을 살리셨다. 나인성 과부의 독자와 베다니

---

[200] 달리다 쿰(talitha koum, 소녀야 일어나라)은 아람어다. '달리다'는 '어린 암양'으로 소녀를 부르는 애칭이고, '쿰'은 '일어나라'라는 명령어다.

의 나사로도 살리셨다. 이는 의학적으로 불가능한 일이다. 인간의 죽음은 치명적이고 불가역적이다. 아무도 되돌릴 수 없다. 하지만 예수님은 죽은 아이를 살리셨다. 예수님은 하나님의 아들로서 불가능이 없다. 생명을 주관하시는 분이라는 증거다.

그래서 예수님이 말씀하셨다. "아무도 내게서 내 목숨을 빼앗지 못한다. 나는 스스로 원해서 내 목숨을 버린다. 나는 목숨을 버릴 권세도 있고, 다시 얻을 권세도 있다. 이는 내가 아버지로부터 받은 명령이다." (요한 10.18)

163. 그 믿음대로 되십시오.

(마태 9.27-34)

예수님이 길을 가실 때, 앞을 보지 못하는 두 사람이 따라오며 소리를 질렀다. "다윗의 자손이여, 저희에게 자비를 베풀어주십시오!"

예수님이 집으로 들어가시자 그들이 따라 들어왔다. 예수님이 물으셨다. "내가 그 소원을 들어줄 수 있다고 믿습니까?"

그들이 대답하였다. "예, 주님! 믿습니다."

예수님이 그들의 눈을 어루만지며 말씀하셨다. "그 믿음대로 되십시오."

그러자 그들의 눈이 즉시 뜨이며 모든 것을 밝히 보게 되었다.[201] 예수님이 단단히 일러두셨다. "이 일을 아무도 모르게 하십시오."

그러나 그들은 나가서 예수님의 소문을 사방에 두루 퍼뜨렸다.

---

[201] 그때 눈먼 사람의 눈이 뜨이고, 귀먹은 사람의 귀가 뚫릴 것이다. (이사야 35.5)

눈을 뜬 사람들이 나가자, 이번에는 귀신이 들려 말을 못 하는 사람이 끌려왔다. 예수님이 귀신을 쫓아내시자 그의 입이 열려 말을 하였다.[202] 사람들이 놀라 웅성거렸다. "이스라엘에서 지금까지 본 적이 없는 일이 아닙니까?"

바리새인들이 말하였다. "그는 마귀 두목의 힘을 빌려 마귀를 쫓아낼 뿐이오!"

〈맹인〉

예수님을 만난 맹인들은 자신의 처지를 불쌍히 여겨달라고 소리쳤다. 스스로 삶의 목적을 상실한 불쌍한 사람이라고 고백하며 도와주시기를 간청하였다. 삶의 의미를 찾아주는 빛이 예수님께 있다는 사실을 믿었던 것이다. 그래서 다윗의 자손을 찾으며 자비를 베풀어달라고 외쳤는바, 그 믿음대로 고침을 받았다.

이는 오늘날 우리의 모습과 같다. 인생의 목적과 삶의 의미를 상실하고, 흑암의 세계를 방황하는 우리에게 주님이 찾아오셨다. 그 주님을 우리가 인격적으로 맞아들임으로써 인생의 방향이 완전히 달라진 것이다.

새벽은 새벽에 일어난 사람만이 만날 수 있다. 새벽이 온다는 사실은 누구나 알고 있지만, 스스로 눈을 뜨지 않으면 여전히 밤중일 뿐이다. 우리는 늘 깨어서, 언제 어떻게 오실지 모르는 주님을 맞이할 준비를 하고 있어야 한다.

---

202 그때 절름발이가 사슴처럼 뛰고, 벙어리의 혀가 풀려 노래할 것이다. 사막에 샘이 터져 물이 솟겠고, 황무지에 시냇물이 흐를 것이다. (이사야 35.6)

164. 고향에서는 존경받지 못합니다.

(마태 13.54-58, 마가 6.1-6)

예수님이 다시 고향으로 가셨다. 제자들이 따라갔다. 안식일이 되어 회당에 들어가 가르치셨다. 사람들이 듣고 놀라 말하였다. "아니, 저 사람의 지혜와 능력이 어디서 생겼을까요? 우리가 알다시피 마리아의 아들, 그 목수가 아닙니까? 야고보와 요셉, 유다, 시몬의 형이 아닙니까[203]? 그 누이들도 우리와 함께 다 여기서 살고 있지 않습니까? 그런데 저 사람이 어디서 저런 지식을 얻었을까요?"

이처럼 고향 사람들은 도무지 믿으려 하지 않고 오히려 적대시하며 달갑지 않게 여겼다. 예수님이 말씀하셨다. "어디서나 존경을 받는 예언자도 자기 고향과 친척과 집안에서는 존경받지 못합니다."

그래서 거기서는 별로 기적을 베풀지 않고 소수의 병자에게만 손을 얹어 고쳐주셨다. 그들이 예수님을 믿지 않았기 때문이다. 그들의 믿지 않음을 이상히 여기시며 예수님이 고향에서 나오셨다. 그리고 다른 마을을 두루 다니시며 가르치셨다.

〈나사렛〉

예수님은 유대 베들레헴에서 태어났으나 갈릴리 나사렛에서 자라나셨다. 그래서 고향은 나사렛이었다. 예수님이 고향에서 가르치실 때 사람들은 그 지혜와 권능을 보고 놀랐으나, 예수님의 가족관계

---

[203] 그는 메마른 땅에서 가까스로 돋아난 햇순같이, 늠름한 풍채나 흠모할 위엄이 없었고, 우리가 보기에 볼품도 없었다. 그는 사람들에게 멸시를 당하고 버림을 받았으며, 고통을 많이 겪으며 항상 병을 앓고 있었다. 사람들이 얼굴을 가리고 피할 만큼 멸시를 받았으니, 우리마저 덩달아 그를 무시하였다. (이사야 53.2-3)

와 성장 배경을 잘 알고 있었는바 예수님을 무시하고 배척하였다.

'애비 없는 마리아의 자식이 아니냐?', '하찮은 그 목수의 아들이 아니냐?', '교육도 받은 적이 없지 않느냐?' 이렇게 모두가 의심의 눈초리로 바라보았다. 그들의 선입견과 고정관념이 결국은 예수님의 권능을 제한하고 말았다. 그래서 예수님은 소수의 병자만 고쳐주고 고향에서 나오셨다.

주님을 믿고 영접하는 곳에 권능이 나타나고 하나님의 나라가 임함은 두말할 나위가 없다. 부질없는 생각에 사로잡혀 주님을 거역하는 사람은 하나님의 은혜를 보고도 누릴 수 없다. 나사렛 사람들은 정말 일생일대의 소중한 기회를 놓쳐버리고 말았다. 오늘날 우리는 어떠한가? 우리를 찾아온 구원의 주님을 맞아들이지 않고 모른 체하며 외면하지나 않는지 살펴보아야 한다.

165. 그들은 눈먼 인도자다.

(마태 15.1-20, 마가 7.1-23)

예루살렘에서 내려온 바리새인과 율법학자들이 예수님의 주변에 모여 있었다. 그들이 예수님의 제자 가운데 몇이 손을 씻지 않고 음식 먹는 것을 보았다. 바리새인과 유대인들은 장로의 전통[204]에 따라 식사 전에 반드시 손을 씻었으며, 시장을 다녀와도 손을 씻지 않고는 음식을 먹지 않았다. 그 외에도 잔이나 주전자, 단지, 냄비, 그

---

204 장로의 전통(조상의 유전)은 모세의 율법을 세부적으로 해석하고 보완하여 지켜온 구전관습을 말한다. 바벨론 포로생활 후 집대성하여 문서화한 것이 탈무드(Talmud)이고, 탈무드에 미쉬나(세부규정)와 게마라(주석집), 할라카(규범)와 학가다(예화) 등이 수록되어 있다.

룻, 침상을 닦아야 하는 등, 그들이 지키는 규례가 무척 많았다.

그들이 예수님께 따지고 들었다. "어째서 선생님의 제자들은 우리 조상들이 대대로 지켜온 장로의 전통을 어기고, 부정한 손으로 음식을 먹습니까?"

예수님이 대답하셨다. "여러분은 어째서 장로의 전통을 핑계로 하나님의 계명을 범합니까? 하나님께서 모세를 통해 네 부모를 공경하라 하셨고, 자기 부모를 욕하는 사람은 반드시 죽이라 하셨습니다. (레위기 20.9)

그러나 여러분은 '고르반[205]', 곧 부모님께 드릴 것이 하나님의 예물이 되었다고 선언만 하면, 마치 부모를 봉양치 않아도 괜찮은 것처럼 가르칩니다. 이처럼 여러분은 장로의 전통을 지킨다는 구실로 하나님의 계명을 교묘히 범하고 있습니다. 이게 하나님의 말씀을 헛되이 만드는 것이 아니고 무엇입니까?

그 외에도 여러분은 많은 일을 그런 식으로 하고 있습니다. 그래서 여러분과 같은 위선자를 두고 이사야가 아주 적절하게 예언하였습니다. 이사야가 어떻게 말했습니까?

'이 백성이 입술로는 나를 공경해도 마음은 내게서 멀리 떠나 있다. 사람의 훈계를 마치 내 교훈인양 가르치며 나를 헛되이 예배하고 있다.' (이사야 29.13)

내가 분명히 말합니다. 여러분은 하나님의 계명은 버리고 사람의 전통만 내세우고 있습니다."

그리고 사람들을 불러 다시 말씀하셨다. "그러므로 여러분은 내

---

[205] 고르반(corban, 예물)은 '하나님께 바쳐진 예물'이라는 뜻으로, 한번 선언할 경우 절대 파기할 수 없었다. 그래서 고르반 선언 후 일부만 봉헌하고 나머지는 사리사욕을 위해 쓰는 등, 후대로 이어지면서 그 취지가 무색하게 되었다.

말을 잘 새겨듣고 바로 깨달아야 합니다. 무엇이든지 사람의 입으로 들어가는 것이 사람을 더럽히는 게 아니라, 사람의 입에서 나오는 것이 사람을 더럽힙니다. 들을 귀가 있는 사람은 알아들으십시오.”

그때 제자들이 말하였다. “주님, 바리새인들이 주님의 말씀을 듣고 몹시 분개하고 있다는 사실을 아십니까?”

예수님이 대답하셨다. “하늘에 계신 내 아버지께서 심지 않으신 나무는 다 뿌리째 뽑힐 것이다. 그러니 그냥 내버려두어라. 그들은 눈먼 인도자다. 눈먼 자가 눈먼 자를 인도하면 둘 다 구덩이에 빠지게 된다.”

그리고 무리를 떠나 집으로 들어가시자 베드로가 말하였다. “주님, 우리에게 그 비유를 설명하여 주십시오.”

예수님이 말씀하셨다. “너희가 아직도 깨닫지 못하느냐? 사람의 몸 밖에서 사람의 몸속으로 들어가는 음식이 사람을 더럽힐 수 없다는 사실을 말이다. 그것은 사람의 마음에 들어가지 않고, 뱃속으로 들어갔다가 몸 밖으로 나가기 때문이다. 따라서 모든 음식이 깨끗하다는 것이다.

그러나 입에서 나오는 말은 마음에서 나오므로 사람을 더럽히는 것이다. 사람의 마음에서 나오는 것은 악한 생각, 음란, 도둑질, 살인, 간음, 탐욕, 악독, 거짓 증언, 속임수, 방탕, 시기, 중상모략, 교만, 어리석음 등이다. 그러므로 씻지 않은 손으로 음식을 먹는다고 해서, 그것이 사람을 더럽히지는 않는다.”

〈장로의 유전〉

유대인들은 모세의 율법과 장로의 유전을 동시에 지키려고 애썼다. 특히 바리새인들은 장로의 유전을 통해 율법의 의를 이루려고 온갖 노력을 다하였다. 랍비라는 율법학자들은 율법을 지키려고 여러 세부규정까지 만들었다. 그중에 하나가 손 씻는 의식이었다. 손을 씻는 것은 위생상 바람직한 일이었다. 그래서 장로의 유전으로 법제화시켜 놓았던 것이다. 씻는 양과 질, 물 붓는 방법, 씻어주는 사람, 손의 자세 등 아주 구체적이었다.

그런데 예수님의 제자들이 손을 씻지 않고 음식을 먹었다. 당연히 비난받을 만도 하였다. 하지만 예수님은 겉으로 보이는 의식보다 보이지 않는 정결한 마음을 강조하셨다. 사실 그들은 장로의 유전을 이용하여 자기 잇속을 챙기는 등, 가식과 위선으로 가득 차 있었다.

166. 그대의 믿음이 장합니다.

(마태 15.21−28, 마가 7.24−30)

예수님이 갈릴리를 떠나 두로와 시돈 지방으로 가셨다. 어느 집에서 아무도 모르게 조용히 지내려고 하셨으나 금방 알려지고 말았다. 더러운 귀신에 사로잡힌 딸을 둔 여인이 거기 있다가, 소문을 듣고 바로 달려와 예수님 앞에 무릎을 꿇고 엎드려 간청하였다. "주 다윗의 자손이여, 저에게 자비를 베풀어주십시오. 제 딸이 귀신들려 몹시 괴로워하고 있습니다."

그 여인은 가나안 출신으로 수로보니게[206]에 사는 이방인이었다.

---

206 수로보니게(Syrian Phoenicia)는 시리아 지방의 페니키아 마을을 말한다. 여인은 유스타(Justa)였고, 딸은 베레니케(Berenice)였다. 그 조상은 가나안 원주민으로 이스라엘과 원수였다. 하지만 유스타는 민족적 반감이나 개인적 자존심 따위는 아랑곳하지 않고, 오직 자기 딸 베레니케를 구하기 위해 정성을 다한 모정(母情)의 여인이었다.

그러나 예수님은 그 말을 들은 척도 하지 않았다. 여인이 계속 따라오며 소리를 질러댔다.

제자들이 말하였다. "주님, 저 여자를 돌려보내십시오. 계속 소리를 지르며 따라오고 있습니다."

예수님이 여인에게 말씀하셨다. "나는 이스라엘 집의 길 잃은 양들 외에는 보내심을 받지 않았습니다."

여인이 예수님 앞에 무릎을 꿇고 엎드려 연거푸 절하며 애원하였다. "주님, 제발 도와주십시오."

"아닙니다. 자녀를 먼저 배불리 먹여야 합니다. 자녀의 떡을 취하여 강아지에게 던져주는 것이 옳지 않습니다."

"주님, 옳으신 말씀입니다. 하지만 식탁 아래 있는 개도 자녀가 떨어뜨린 부스러기는 얻어먹습니다."

"여자여, 그대의 믿음이 정말 장합니다. 그대의 소원대로 되었으니 어서 돌아가 보십시오. 그대가 그렇게 말하는 순간, 그 귀신이 떠나갔습니다.[207]"

여인이 집에 돌아가 보니 과연 귀신은 떠나고 없었으며, 어린 딸은 온전한 상태로 회복되어 침상에 누워있었다.

〈수로보니게 여인〉

수로보니게 여인은 어떻게 하든지 귀신들린 딸을 살려야 한다는 일념으로 끝까지 예수님을 따라다니며 간청하였다. '주님, 제발 제 딸을 살려주세요!'

---

207 그러면 이스라엘이 걸려 넘어져 완전히 망했습니까? 아닙니다. 그렇지 않습니다. 그들의 허물 때문에 오히려 이방인이 구원을 얻게 되었고, 이스라엘은 이방인을 시기하게 되었습니다. (로마서 11.11)

그런데 예수님은 일전지하에, 그것도 아주 모욕적으로 거절하셨다. '아니오, 먼저 자녀를 배불리 먹여야 합니다. 자녀의 떡을 취하여 개들에게 던질 수 없습니다.'

이는 당시의 문화적 배경을 감안하더라도 너무 가혹하고 충격적인 말씀이었다. 이제까지 예수님의 가르침에서 엿볼 수 없고, 예수님의 본마음과도 거리가 먼 것이었다. 예수님이 여인의 믿음을 테스트한 것이다. 하나님께서 아브라함의 믿음을 보고 이삭을 구원하셨듯이, 예수님도 그 어머니의 믿음을 보고 딸을 구원하셨던 것이다.

여인은 예수님의 기대에 어긋나지 않게 제대로 부응하였다. '그렇습니다! 주님의 말씀이 전적으로 옳습니다. 하지만 개들도 주인의 상에서 떨어지는 부스러기는 얻어먹습니다.'

이방인으로서 정말 지혜롭게 예수님의 시험에 합격하였다. 자신의 감정을 억누를 수 있는 인내심도 있었고, 당시의 상황 파악이 빨랐으며, 예수님의 마음도 잘 읽었고, 재치와 유머도 풍부하였다. 우리는 주님의 전적 은혜로 구원을 받았다. 얄팍한 자존심을 떨쳐버리고, 보다 겸손한 자세로 주님께 나아가야 한다.

167. 에바다!

(마가 7.31-37)

예수님이 두로와 시돈 지방을 떠나 데가볼리를 거쳐 갈릴리로 돌아오셨다. 그때 사람들이 귀먹은 말더듬이를 데리고 와서 예수님께 안수해주시기를 청하였다. 예수님이 그를 따로 멀찌감치 데리고 가서, 손가락을 그의 귓속에 넣었다가 손에 침을 뱉어 그의 혀에 대셨

다. 그리고 하늘을 우러러보시고 깊은숨을 내쉬며 외치셨다. "에바
다[208]!"

이는 '열려라'는 뜻이다. 그러자 그의 귀가 열리고 맺힌 혀가 풀려
제대로 말을 하였다. 예수님이 사람들에게 단단히 이르셨다. "이 일
을 아무에게도 알리지 마십시오."

그러나 예수님이 그러면 그러실수록, 그들은 더욱 널리 소문을 퍼
뜨리고 다녔다. 그리고 그 말을 듣는 사람마다 경탄하여 마지않았
다. "귀머거리를 듣게 하시고 벙어리를 말하게 하시다니, 참으로 대
단하신 분이 아닙니까?"

〈농아인〉

이 농아인에 대한 예수님의 치유방식은 아무리 봐도 이상하다. 당
시의 풍습이었다고 하지만 뭔가 복잡하고 미신처럼 느껴진다. 그 지
방 사람들의 의식 수준과 믿음에 맞춘 것으로 짐작될 뿐이다. 실로
예수님은 벳새다 맹인 등, 그들의 관습에 따라 이상한 방법으로 치
유하신 경우가 있다.

그리고 아무에게 이르지 말라고 함구령을 내리셨다. 이는 예수님
의 십자가 죽음과 직결되는바, 하나님의 때를 의식하여 공생애를
잘 마무리하실 필요가 있었기 때문이다. 그러나 예수님의 소문은
삽시간에 사방으로 퍼져나갔다. 그가 귀와 입이 열리자 그 간증을
묻어둘 수가 없었던 것이다.

---

208 에바다(ephatha)는 아람어로 '열려라'는 뜻이다. 달리다 쿰(소녀야, 일어나라), 아바(아빠), 엘리 엘리 레
마 사박다니(나의 하나님, 나의 하나님, 어찌하여 나를 버리셨나이까) 등이 모두 아람어다.

168. 오, 위대한 의사여!

(마태 15.29-31)

예수님이 갈릴리 호숫가를 지나 산에 올라가 앉으셨다. 큰 무리가 걷지 못하는 사람, 다리 저는 사람, 팔 못 쓰는 사람, 듣지 못하는 사람, 말하지 못하는 사람, 보지 못하는 사람, 그 밖에 몸이 아프거나 불편한 사람들을 예수님의 발 앞에 수없이 데려다 놓았고, 예수님은 그들을 모두 고쳐주셨다.

그리하여 절름발이가 낫고, 앉은뱅이가 걷고, 곰배팔이가 성하고, 귀머거리가 듣고, 벙어리가 말하고, 소경이 보게 되었다. 무리가 보고 크게 놀라 이스라엘의 하나님께 영광을 돌렸다.

〈편작〉

위나라 왕이 춘추전국 시대의 명의로 알려진 편작(扁鵲)에게 물었다. "그대 삼형제 가운데 누구의 의술이 가장 뛰어난가?"

편작이 대답하였다. "큰 형님이 가장 뛰어나고, 그다음은 둘째 형님이며, 제가 가장 미천합니다."

죽은 사람도 살린다는 편작이 삼형제 가운데 의술이 가장 못하다니, 왕은 의외란 듯 다시 물었다. "그 이유가 무엇인가?"

편작이 말하였다. "큰 형님은 환자가 통증을 느끼기 전에 얼굴빛을 보고 장차 병이 생길 것을 압니다. 그래서 병이 나기도 전에 그 원인을 제거하여 환자는 치료를 받게 됩니다. 그러나 환자는 큰 형님이 병을 미리 고쳐주었다는 사실을 모릅니다. 이것이 큰 형님이 명의로 알려지지 않은 이유입니다.

그리고 둘째 형님은 환자의 병세가 미미할 때 그 병을 알고 고쳐 줍니다. 그래서 그 환자도 둘째 형님이 큰 병을 미리 고쳐주었다는 사실을 모릅니다.

하지만 저는 환자의 병이 커져서 고통을 호소할 때 비로소 그 병을 알고 치료합니다. 그의 병이 심하기 때문에 맥을 짚어 보고, 진기한 약을 먹이고, 살을 도려내는 수술도 합니다. 사람들은 저의 이런 행위를 보고 나서야 자신의 병을 고쳐주었다는 사실을 알게 됩니다. 이것이 바로 제가 명의로 소문난 이유입니다.”

예수님은 세상에서 가장 위대한 의사다. 예수 그리스도를 알고 믿어 누릴 만한 이유가 분명히 있다. 우리가 정말 하나님의 자녀로서 참 그리스도인이라면, 우리 자신부터 먼저 고침을 받아야 한다. 우리의 상처받은 영혼과 만신창이 육신은 위대한 의사이신 그리스도의 권세로 치유될 수 있다.

169. 무엇이 좀 보입니까?

(마가 8.22-26)

예수님이 벳새다에 이르시자 사람들이 한 맹인을 데리고 와서 청하였다. “선생님, 이 맹인에게 손을 얹어주십시오.”

예수님이 그의 손을 잡아 마을 밖으로 데리고 나가셨다. 그리고 그의 두 눈에 침을 바르시고 안수하시며 물으셨다. “무엇이 좀 보입니까?”

그가 두 눈을 깜빡거리며 주변을 두리번거리다가 말하였다. “예, 나무 같은 것들이 보입니다. 그런데 걸어 다니는 걸로 봐서 사람인가 봅니다."

예수님이 다시 그 눈에 손을 대시자, 그가 뚫어지게 바라보다가 시력을 완전히 회복하여 말하였다. "선생님, 이제 모든 것이 또렷하게 보입니다."

예수님이 그를 집으로 보내시며 말씀하셨다. "마을로 들어가지 마십시오. 마을에 있는 어느 누구에게도 말하지 마십시오."

〈벳새다 맹인〉

예수님이 여러 맹인의 눈을 뜨게 하셨다. 그들 가운데 대조적으로 벳새다 맹인과 여리고 맹인이 있다. 벳새다 맹인은 사람들에 의해 억지로 끌려왔다. 그에게는 아직 메시아에 대한 믿음이 없었다. 그래서 그의 두 눈에 침을 바르며 안수하시고도 미심쩍어 '무엇이 좀 보입니까?'라고 물어보셨다. 그리고 그의 눈을 고쳐주신 후에도 마을로 들어가지 말라고 당부하셨다.

그러나 여리고의 맹인 바디매오는 '다윗의 자손 예수여, 저를 불쌍히 여겨주십시오!'하고 분명히 예수님을 메시아로 고백하였다. 사람들이 조용히 하라고 나무랐으나, 그는 더욱 큰 소리로 부르짖었다. 그리고 예수님이 부르시자 아예 겉옷을 벗어서 던져버리고 나아왔다. 그래서 그에게는 안수하시지 않고 그냥 '그대의 믿음이 그대를 구원하였습니다!'라고 선포하셨다. 그 즉시 그는 밝히 보고 예수님을 따랐다.

170. 아, 믿음 없는 세대여!

(마태 17.14–21, 마가 9.14–29, 누가 9.37–43)

예수님이 산에서 내려오시자 무리가 반갑게 맞이하였다. 제자들은 무리에 둘러싸여 율법학자[209]와 논쟁하고 있었다. 예수님이 제자들에게 물으셨다. "너희가 무슨 일로 논쟁하고 있었느냐?"

그때 무리 가운데 한 사람이 급히 뛰어나와 예수님 앞에 엎드려 절하며 말하였다. "선생님, 제 아들에게 자비를 베풀어주십시오. 간질병[210]에 걸려 몹시 괴로워하고 있습니다. 말을 못하게 하는 귀신이 아이에게 발작을 일으킬 때마다, 아이는 아무 데서나 넘어져 거품을 흘리고, 이를 빠득빠득 갈며, 온몸이 빳빳해집니다. 이렇듯 하나밖에 없는 제 아들이 날마다 귀신에 시달려, 선생님의 제자들에게 부탁하였으나 쫓아내지 못했습니다."

예수님이 크게 탄식하시며 제자들을 나무라셨다. "아, 믿음 없는 세대여! 내가 얼마나 너희와 함께 있어야 하느냐? 이 성화를 언제까지 받아주어야 하느냐? 그 아이를 내게 데리고 오너라."

제자들이 가서 아이를 예수님께 데려왔다. 귀신이 예수님을 보고 아이에게 심한 경련을 일으키자, 아이가 땅에 거꾸러져 입에 거품을 물고 나뒹굴었다.

예수님이 그 아버지에게 물으셨다. "아들이 언제부터 이렇게 되었습니까?"

---

209 율법학자(律法學者)는 율법을 해석하고 가르치는 선생이다. 제사장이자 학자인 에스라 이후 차츰 계급화 되어 세력을 형성하였다.
210 간질병(癎疾病)은 갑자기 나뒹굴며 거품을 물고 경련을 일으키는 병이다. 5분 정도의 발작이 되풀이되며, 무의식적으로 자기 몸을 상하게도 한다.

그가 대답하였다. "아주 어릴 때부터입니다. 귀신이 아이를 죽이려고 여러 번 불속에 던지기도 하고, 물속에 빠뜨리기도 하였습니다. 그러나 선생님, 무엇을 어떻게 하실 수 있거든, 제발 저희를 도와주십시오."

예수님이 말씀하셨다. "'할 수 있거든'이 무슨 말입니까? 믿는 사람은 무엇이든지 다 할 수 있습니다."

그러자 그가 소리를 내어 울면서 말하였다. "주님, 제가 믿습니다. 제 믿음이 부족하면 저를 도와주십시오."

그때 무리가 떼를 지어 몰려오는 것을 보시고, 예수님이 악한 귀신에게 호통을 치셨다. "듣지 못하게 하고 말하지 못하게 하는 귀신아! 내가 너에게 명하니, 아이에게서 썩 나가라! 다시는 들어가지 마라!"

그러자 귀신이 괴팍한 소리를 지르며, 아이에게 심한 경련을 일으키고 떠나갔다. 그 바람에 아이가 죽은 것처럼 되어 누워있었다. 사람들이 웅성거리기 시작하였다. "아이가 죽었다!"

그러나 예수님이 그 손을 잡아 일으키시자 아이가 벌떡 일어났다. 예수님이 아이를 그 아버지에게 돌려주셨다. 하나님의 위대하신 능력을 보고, 사람들이 크게 놀라 감탄하였다.

그리고 예수님이 집에 들어가시자, 제자들이 다가와 넌지시 물었다. "저희는 어찌하여 귀신을 쫓아내지 못했습니까?"

예수님이 대답하셨다. "너희 믿음이 적은 까닭이다. 내가 분명히 말한다. 너희에게 겨자씨 한 알만한 믿음만 있어도, 이 산더러 '여기서 저기로 옮겨져라'고 해도 그대로 될 것이며, 너희가 못 할 일이 하나도 없을 것이다. 그러나 이런 부류는 기도와 금식이 뒷받침되어야 한다."

오늘날 정신의학자나 심리학자들은 귀신이 들렸다는 심령학적 현상을 인정하지 않는다. 뇌의 신경작용 이상이나 신체적 질환 등으로 간주한다. 이는 미래 의학이 밝혀낼 과제로서 대부분 의학적 처방으로 치료가 가능할 것으로 본다. 귀신들림, 신내림, 빙의, 퇴마, 축사 등의 용어나 해석은 허구이며, 미신과 무지의 냄새를 풍길 뿐이라고 한다.

그들은 귀신들린 현상이 광범위한 정신의학과 심리학적 해석의 대상으로 중세의 오판이나 환상이며, 귀신들린 현상과 비슷한 증세로 혼동할 가능성이 있는 병리적 또는 심리학적 질병으로 간질병과 히스테리, 다중인격 등을 꼽는다.

간질병 환자가 발작을 일으키면 극도의 근육경직을 겪게 되고, 입에서 거품이 나오며, 때로는 목의 빠른 움직임을 일으킨다. 안면근육은 일그러지고, 성대근육의 발작으로 가래 끓는 이상한 소리가 난다. 발작을 일으키기 직전의 환자는 일정한 시간 동안 청각과 시각의 환상을 일으킬 수 있으며, 각종 감각의 왜곡 현상을 겪게 된다.

하지만 대부분의 간질병 발작은 5분 이상 지속되지 않으며, 이러한 증세는 귀신이 들렸다는 판정을 받은 사람에게도 나타날 수 있다. 그런데 분명한 차이점이 있다. 우선 귀신의 공격을 받은 경우의 증세는 여러 시간 지속되고, 근육이 경직되기보다는 극도로 유연해지며, 반사운동이 강화되는 특징이 있다.

귀신들린 증후 가운데는 낯선 언어를 상당히 능숙하게 하거나, 다른 사람의 이야기를 잘 이해하고, 장차 일어날 일과 숨겨진 일들을 알아내는 능력도 있다. 그리고 환자의 연령이나 평상시의 조건을 뛰어넘는 초능력도 발휘된다.

히스테리도 귀신들린 증세와 여러 가지로 유사한 면을 보인다. 파리의 정신병원 의사였던 폴 리히테르 교수가 한 여성 히스테리 환자의 증세를 기록한 내용을 보면 다음과 같다.

'우리는 갑자기 요란한 울음 소리와 고함 소리를 들었다. 그녀의 몸은 흉내 내기 어려운 동작을 보이고 있었으며, 격렬한 신체의 움직임을 계속 보였다. 서로 뒤엉킨 두 다리는 다시 풀렸으며, 두 팔은 뒤틀려 탈골이 되고, 손목도 휘어졌다. 손가락도 일부는 곧게 뻗어있는 동안 몇 개가 뒤틀렸다. 신체가 활처럼 휘는가 하면, 사지가 떨어지듯 이완되기도 하였다. 때때로 격렬한 좌우 운동을 하는 머리가 뒤로 젖혀질 때는 부푼 목에서 튀어나올 것만 같았다. 얼굴에는 공포와 분노, 격정이 번갈아가며 표정을 변화시켰다. 부풀어 오른 얼굴색은 보라색을 띤 것처럼 보였다.'

이 기록 가운데서 가장 충격적 묘사는 '활처럼 굽은 신체'에 관한 것이다. 위에 기록된 모든 증상도 엑소시스트에 의해 이미 관찰된 것이다. 뿐만 아니라 물린 자국이나 글씨, 또는 상형문자와 같은 피부의 끔찍한 반점의 출현도, 히스테리 발작 때 나타나는 것으로 알려져 있다.

이처럼 부분적으로 유사한 증세를 보이는 상황에서, 교회는 히스테리와 귀신들린 현상을 어떻게 구별할 것인가? 결정의 기준은 증세가 일어나는 전후의 상황이다. 만약 그러한 증세들이 종교적 적대감과 관련하여 일어나거나, 초자연적 현상을 동반할 경우, 교회는 악마의 체현으로 간주할 경향이 높다.

또 히스테리만큼이나 신비롭고, 귀신들린 것과 혼동하기 쉬운 것이 다중인격이다. 환자는 서로 다른 시각에 하나나 둘, 어느 때는 셋 이상의 다른 성격들이 나타나며, 각기 성격은 목표와 호불호(好

不好), 말하는 방식, 기억하는 내용이 서로 다르다. 각 성격은 다른 성격에 대해 무관심하거나 반대 또는 무지할 수도 있다. 이들 성격 중에서 악마의 속성을 지닌 것이 드러날 경우, 교회는 히스테리와 귀신들린 것을 구별하고, 적용하는 기준에 따라 환자의 증세를 귀신들린 것으로 간주하여 치료의 여부를 결정하게 된다.

이러한 기준은 종교적 현상에 대한 적대감에 앞서 언급된 초자연적 현상들이며, 의사와 심리학자가 목격자의 그릇된 인식 또는 환각이라고 일축할 가능성이 큰 증세이다. 이러한 현상에 대해 덜 회의적인 사람들은, 반대로 그러한 증세가 초심리학적인 것이나, 악마의 소행으로는 보지 않을 가능성이 크다. 이럴 때 교회는 초자연적 증세들이 종교적 적대감과 관련하여 일어나느냐의 여부에 따라 판단을 내리게 된다. (리더스 다이제스트)

171. 그대가 인자를 믿습니까?

(요한 9.1–41)

예수님이 길을 가시다가 나면서부터 눈먼 사람을 보셨다. 제자들이 물었다. "선생님, 저 사람이 저리 태어난 것이 누구의 죄 때문입니까? 저 사람의 죄입니까, 그 부모의 죄입니까?"

예수님이 대답하셨다. "저 사람의 죄도 아니고, 그 부모의 죄도 아니다. 하나님께서 하시는 일을 저 사람을 통해 드러내시려는 것이다. 우리는 낮 동안에 나를 보내신 분의 일을 해야 한다. 아무도 일할 수 없는 밤이 곧 오기 때문이다. 내가 세상에 있는 동안은 내가 세상의 빛이다."

이 말씀을 하시고, 땅에 침을 뱉어 진흙을 개어 그의 눈에 바르시며 말씀하셨다. "실로암 못[211]에 가서 씻으십시오."

실로암은 '보냄을 받았다'는 뜻이다. 그러자 그 사람이 실로암 못에 가서 씻고, 밝히 보며 집으로 돌아갔다. 그 이웃과 그가 전에 구걸하던 것을 본 사람들이 말하였다. "저 사람은 길가에 앉아 구걸하던 그 거지가 아닙니까?"

"맞아요, 바로 그 사람입니다."

"아니요, 그와 닮은 사람일 뿐입니다."

그러자 그가 밝히 말하였다. "내가 바로 그 사람입니다."

"그렇다면 당신이 어찌 눈을 뜨게 되었소?"

"예수라는 분이 진흙을 개어 내 눈에 바르시고, 실로암 못에 가서 씻으라고 하시기에, 내가 그대로 하였더니 이렇게 보게 되었습니다."

"그가 지금 어디 있소?"

"그건 나도 모릅니다."

사람들이 그를 바리새인[212]에게 데리고 갔다. 예수님이 진흙을 개어 그의 눈을 뜨게 하신 날이 안식일이었기 때문이다. 바리새인이 물었다. "당신이 어떻게 눈을 뜨게 되었소?"

그가 대답하였다. "예수라는 분이 진흙을 개어 내 눈에 바르시고, 실로암 못에 가서 씻으라고 하시기에, 내가 그대로 하였더니 이렇게 보게 되었습니다."

---

211 실로암(Siloam, 보냄을 받은 자)은 예루살렘 동남쪽에 있는 길이 17m, 너비 5m, 깊이 6m의 샘이다. BC 8세기 유대 왕 히스기야가 앗수르 왕 산헤립의 공격에 대비하여, 예루살렘에서 500m 떨어진 기혼(처녀의 샘)에서 실로암까지 S자형 수로를 파서 물을 끌어와 만들었다.

212 유대교(Judaism)에 바리새파, 사두개파, 에세네파, 헤롯당, 열심당 등 여러 분파가 있었다. 바리새파는 모든 일이 하나님에 의해 예정되었으나 인간의 자유로운 의지도 일부분 작용한다고 보았으며, 사두개파는 인간의 일에 하나님께서 일체 개입하시지 않는다고 보았으며, 에세네파는 모든 일이 하나님에 의해 예정되어 있다고 보았다. 그러나 예수님은 그런 운명론적 질문에 동의하지 않으셨다.

그러자 바리새인들의 의견이 서로 갈라졌다. "그가 안식일을 지키지 않은 것으로 봐서, 그는 하나님의 사람이 아니오!"

"그렇다면 죄인이 어떻게 그런 기적을 행하겠소?"

바리새인들이 그에게 다시 물었다. "그가 그대의 눈을 뜨게 하였다면, 그대는 그를 어찌 생각하오?"

"그분은 예언자십니다."

유대인들은 그가 맹인이었다는 사실을 끝내 믿지 못하고, 그 부모를 불러다 물었다. "이 사람이 나면서부터 소경이었다는 당신네 아들이 틀림없소? 그렇다면 이 사람이 지금 어찌 보게 되었소?"

그 부모가 대답하였다. "이 아이가 우리의 아들인 것과 나면서부터 소경인 것은 틀림없는 사실입니다. 하지만 지금 어찌하여 보게 되었는지, 또 누가 그 눈을 뜨게 하였는지, 그에 대해서는 아무것도 아는 바가 없습니다. 이 아이도 이제 다 컸으니 직접 물어보십시오. 자기 문제에 대하여 스스로 답변할 수 있을 겁니다."

그때 이미 유대인들이, 예수를 그리스도라고 인정하는 사람은 누구든지 회당에서 쫓아내기로 결의하여 놓았던바, 그 부모가 두려워서 그리 말했던 것이다.

바리새인들이 그를 다시 불러 말하였다. "우리에게 사실대로 고하고 하나님께 영광을 돌리시오. 우리가 알기로 그는 죄인이오."

"그분이 죄인인지 아닌지는 모르겠습니다. 하지만 분명한 사실은, 전에는 제가 보지 못하다가 이제는 본다는 것입니다."

"그렇다면 그가 그대에게 무슨 일을 하였소? 그가 어떻게 그대의 눈을 뜨게 했단 말이오?"

"그것은 제가 이미 다 말씀드렸지 않습니까? 제가 말할 때는 곧이 듣지 않다가 왜 자꾸 똑같은 질문을 하십니까? 당신들도 그분의 제자가 되고 싶습니까?"

그러자 그들이 마구 욕을 해대며 말하였다. "네놈은 그자의 제자일지 모르나 우리는 모세의 제자다. 하나님께서 모세에게 말씀하셨다는 것은 들어서 알고 있으나, 그자에 대해서는 어디서 왔는지도 모른다."

"그렇다면 정말 이상한 일이 아닙니까? 여러분은 그분이 어디서 오셨는지 모른다고 하지만, 그분은 분명히 제 눈을 뜨게 하셨습니다. 하나님께서 죄인의 말은 듣지 않지만, 하나님을 공경하고 그분의 뜻대로 행하는 사람의 말은 들으시는 것으로 알고 있습니다. 창세 이래 나면서부터 눈먼 사람의 눈을 뜨게 하였다는 말은 들어본 적이 없습니다. 그분이 만일 하나님께서 보내신 사람이 아니라면, 이런 일은 도저히 하실 수가 없었을 것입니다."

"네놈이 죄를 뒤집어쓰고 태어난 주제에 감히 우리를 훈계하려고 하느냐?"

그래서 결국은 바리새인들이 그 사람을 회당에서 내쫓고 말았다. 예수님이 그 소식을 듣고 그를 만나 물으셨다. "그대가 인자를 믿습니까?"

그가 대답하였다. "선생님, 그분이 누구십니까? 제가 그분을 믿습니다."

"그대는 이미 그를 보았습니다. 지금 그대와 말하고 있는 이가 바로 그 사람입니다."

그러자 그가 예수님 앞에 무릎을 꿇고 엎드려 절하며 말하였다. "주님, 제가 주님을 믿습니다."

예수님이 말씀하셨다. "내가 세상에 온 것은 눈먼 사람과 눈뜬 사람을 가려서, 눈먼 사람은 보게 하고 눈뜬 사람은 보지 못하게 하려는 것입니다.”

이 말씀을 듣고 그 자리에 있던 바리새인들이 또 대들었다. “그렇다면 우리도 소경이란 말이오?”

예수님이 말씀하셨다. “여러분이 차라리 보지 못했다면 죄가 없었을 것입니다. 그러나 지금 본다고 하니, 여러분의 죄가 그대로 남아 있습니다.”

〈실로암 맹인〉

예수님이 진흙을 이겨 눈에 바르시며 실로암 못에 가서 씻으라고 하셨을 때, 그는 그대로 가서 씻고 밝은 눈으로 돌아왔다. 그런데 왜 예수님이 못에 가서 씻으라고 하셨을까? 그 못에 무슨 특별한 효험이라도 있었을까? 아니다. 그저 평범한 샘이었다. 그에게 그만한 믿음이 있는지, 예수님을 메시아로 믿고 순종하는지를 알아보시기 위한 것이었다.

이와 같이 우리도 주님을 믿고 그 말씀에 순종할 때, 비로소 우리의 눈이 탁 뜨이게 된다. 육신의 눈과 영의 눈이 모두 열려야 한다. 그래야 영성을 누리며 풍성한 신앙생활을 할 수 있다. 순종은 믿음의 완성이다. 믿음이 좋고 나쁜 것은 주님의 말씀에 순종하느냐, 그렇지 않느냐에 달려 있다. 그래서 제자들이 누구의 죄로 그가 맹인으로 태어났는지를 물었을 때, 예수님은 하나님께서 하시는 일을 그를 통해 드러내시기 위한 것이라고 대답하셨다.

실로 눈을 뜬 사람은 시종일관 바리새인들에게 분명히 증언하였다. ‘예수라는 분이 진흙을 개어 내 눈에 바르시고, 실로암 못에 가서 씻으라고 하시기에, 내가 그대로 하였더니 보게 되었습니다.’ 이것이 바로 구원받은 사람의 간증이다.

172. 그대가 병마에서 해방되었습니다!

(누가 13.10-17)

어느 안식일에 예수님이 회당에서 가르치고 계셨다. 거기 18년 동안 병마[213]에 시달리고 있는 여인이 있었다. 그 여인은 허리가 굽어 똑바로 설 수 없었다. 예수님이 보시고 앞으로 불러내 말씀하셨다. "자매여, 그대가 병에서 해방되었습니다!"

그리고 여인에게 손을 얹자, 여인이 허리를 쭉 펴고 일어나 하나님을 찬양하였다. 그런데 예수님이 안식일에 병을 고치신다는 이유로, 회당장이 분개하여 회중을 향해 소리쳤다. "일할 날이 1주에 6일이나 있잖소? 그날 와서 병을 고치고, 안식일에는 고치지 마시오!" (신명기 5.12)

예수님이 말씀하셨다. "이 위선자여, 여러분은 안식일에도 소나 나귀를 풀어 외양간에서 끌고 나와 물을 먹이지 않습니까? 그렇다면 18년 동안이나 사탄에게 매어있는 이 아브라함의 딸을, 안식일이라도 그 사슬에서 풀어줘야 마땅하지 않습니까?"

그러자 예수님을 반대한 자들은 모두 망신을 당하고, 회중은 예수님이 행하신 영광스러운 일을 보고 모두 기뻐하였다.

⟨척추장애인⟩

예수님이 회당에서 가르치실 때, 허리가 굽은 여인이 밖에 서 있는 것을 보시고 회당 안으로 부르셨다. 그리고 일방적으로 병에서

---

[213] 병마(病魔)는 사람에게 병을 일으키는 악하고 더러운 영을 말한다. 하지만 예수님이 병을 고치시자 아무 힘도 쓰지 못하고 사라졌다.

해방되었다고 선포하셨다. 그러자 여인은 허리를 쭉 펴고 하나님께 영광을 돌렸다.

흔히 귀신이 들리면 이상한 행동을 하고 말도 함부로 하는 증상이 나타나지만, 이 여인은 그러한 증상 없이 단순히 허리가 굽은 것이 전부였다. 그래서 회당 예배에 참석할 수 있었다. 여인이 자신을 고쳐달라고 청하지 않았으나, 예수님이 먼저 보시고 고쳐주셨다. 여인의 믿음이나 선행이 치유와 관련이 없었으며, 그저 고쳐주시니 고침을 받았을 뿐이다.

이렇듯 예수님의 치유는, 그 사람의 사정이나 형편에 따라서 모두 방법을 달리 하셨다. 무슨 공식이나 절차가 따로 있는 것이 아니었다.

173. 안식일에 병을 고쳐도 됩니까?

(누가 14.1–6)

다른 안식일에 예수님이 한 바리새파 지도자의 집에서 식사를 하시게 되었다. 사람들이 예수님을 유심히 지켜보고 있었다. 예수님 바로 앞에 몸이 잔뜩 부어오른 수종병자[214]가 있었기 때문이다.

예수님이 바리새인과 율법학자들을 향해 물으셨다. "안식일에 병을 고치는 것이 옳습니까, 옳지 않습니까?"

그들은 입을 다물고 아무 말도 하지 않았다. 예수님이 그를 붙잡

---

[214] 수종병(水腫病)은 체내에 림프액 등이 고여서 얼굴이나 손, 팔, 다리 등이 붓고 살갗이 물러지는 병이다. 의학적으로 부종(浮腫)이라고 한다.

아 고쳐 보내시고 다시 물으셨다. "여러분의 아들이나 소가 우물에 빠졌다면 당장 끌어내지 않겠습니까? 안식일이라 하여 그대로 두고 볼 사람이 어디 있습니까?"

이 말씀에도 그들은 아무 대답도 하지 못하였다.

〈수종병자〉

유대인들은 안식일이 되면 으레 잔치를 베풀었다. 평일에는 2번 식사를 하였으나, 안식일에는 3번 하였다. 회당에서 예배가 끝난 후 먹는 점심이 가장 잘 차려진 식사였다. 축제를 위해 특별한 손님을 초대하였고, 그들은 극진한 대접을 받았다. 가난한 사람들과 고아들, 이방인들에게도 친절을 베풀었고, 그들의 허기를 채워주었다. 이 때 유명한 율법학자를 초청하여 강연을 듣는 것도 중요한 관례였다.

예수님은 그들의 위선과 교만에 대하여 단호한 태도를 취하시고 비난도 하셨지만, 그들의 초대에 기꺼이 응해주셨다. 그들은 예수님을 모셔다 놓고 자기네 주장을 강조하며 꼬투리를 잡으려 하였지만, 그에 아랑곳하지 않았다.

그러던 어느 날, 그 자리에 수종병자가 하나 있었다. 식사가 시작되기 전에 병자가 예수님 앞으로 나아왔다. 그는 바리새인들이 두려워 예수님께 고쳐달라고 말할 용기가 없었다. 그는 집주인의 초대를 받고 온 손님은 아니었을 것이다. 어쩌면 예수님을 만나기 위해 스스로 찾아왔거나, 적대자들이 예수님을 시험하려고 일부러 데려다 놓은 사람이었다. 그래서 모든 사람의 시선이 예수님과 그 병자에게 쏠렸다.

사실 율법에도 병들어 사경을 헤매는 사람이 있을 때는, 안식일 규정을 어기고도 도와줄 수 있었다. 그러나 즉시 죽음에 이르는 병이 아닐 경우, 안식일이 지날 때까지 그를 돌볼 수 없었다. 수종병에 걸린 사람의 경우는 그다지 위험한 상태가 아니었다. 율법에 의하면 그 병을 고쳐줄 수 없었다.

그래서 예수님이 율법의 정신을 바로 깨닫게 하려고, 안식일에 병을 고쳐주는 것이 옳은지, 옳지 않은지를 그들에게 먼저 물어보셨다. 하지만 그들은 꿀 먹은 벙어리가 되어 아무 대답도 하지 못했다. 사실 그들에게도 율법을 능가하는 일각의 양심이 있었으나, 그 양심의 법을 끝내 드러내지 않았던 것이다.

174. 나는 부활이요, 생명이다.

(요한 11.1-46)

마리아와 마르다 자매가 사는 베다니 마을에 나사로라는 사람이 병들어 있었다. 나사로는 마리아의 오라비요, 마리아는 값비싼 향유를 주님께 붓고 자기 머리털로 주님의 발을 닦아드린 여인이었다.

마리아와 마르다 자매가 예수님께 사람을 보내 전하였다. "주님, 보세요! 주님께서 사랑하시는 사람이 병들어 앓고 있습니다."

예수님이 전갈을 받고 말씀하셨다. "그 병은 죽을병이 아니라 하나님의 영광을 드러낼 병이다. 이 일로 하나님의 아들이 영광을 받게 될 것이다."

예수님은 오래전부터 마르다와 마리아, 그리고 나사로를 각별히 사랑하셨다. 그러나 예수님은 소식을 듣고도 계신 곳에서 2일을 더 머무르셨다. 그리고 제자들에게 말씀하셨다. "다시 유대로 가자."

제자들이 말하였다. "선생님, 불과 얼마 전에 유대인들이 돌로 치려고 하였지 않습니까? 그런데 또 그곳으로 가시려 하십니까?"

예수님이 대답하셨다. "낮이 12시간 아니냐? 낮에 다니는 사람은 빛을 봄으로 걸려 넘어지지 않지만, 밤에 다니는 사람은 빛을 보지 못하므로 걸려 넘어지게 된다."

그리고 다시 말씀하셨다. "우리 친구 나사로가 깊이 잠들었다. 내가 가서 깨워야 한다."

제자들이 말하였다. "주님, 나사로가 잠들었으면 곧 일어날 것입니다."

예수님은 나사로가 죽었다는 뜻으로 말씀하셨으나, 제자들은 그가 잠들어 쉬고 있는 것으로 알아들었다. 그래서 예수님이 밝히 말씀하셨다. "나사로가 죽었다. 하지만 이 일로 너희가 믿게 될 터이니, 내가 거기 있지 않은 것을 다행으로 여긴다. 어서 그에게 가자."

그때 디두모(쌍둥이)라는 도마가 말하였다. "우리도 가서 주님과 생사를 같이합시다."

예수님이 베다니에 가보니, 나사로가 죽어 무덤에 묻힌 지 4일이나 되었다. 베다니는 예루살렘에서 5리[215]쯤 되는 가까운 거리로, 이미 많은 유대인이 오라비를 잃은 마르다와 마리아 자매를 위로하러 와 있었다. 마르다는 예수님이 오신다는 소식을 듣고 마중을 나갔으나, 마리아는 집에 그대로 남아있었다.

마르다가 예수님을 뵙고 말하였다. "주님! 주님이 여기 계셨더라면, 제 오빠가 죽지 않았을 거예요. 그러나 지금이라도 주님이 구하시면, 하나님께서 무엇이나 다 들어주실 줄로 압니다."

"네 오빠가 다시 살아날 것이다."

---

[215] 5리(里)는 15스타디온(stadion)으로 2.7㎞쯤 되었으며, 1스타디온은 400규빗으로 약 182m다.

"마지막 날 부활 때, 오빠가 다시 살아날 것은 저도 압니다."

"나는 부활이요, 생명이다. 나를 믿는 사람은 죽어도 살고, 살아서 믿는 사람은 영원히 죽지 않을 것이다. 이를 네가 믿느냐?"

"예, 주님! 제가 믿습니다. 주님은 세상에 오실 그리스도시요, 하나님의 아들이십니다."

마르다가 이 말을 하고 집으로 돌아가, 동생 마리아를 불러 귓속말로 가만히 일러주었다. "선생님이 오셔서 너를 찾으신다."

그러자 마리아가 벌떡 일어나 밖으로 나갔다. 예수님은 아직 마을로 들어오시지 않고 마르다를 만났던 곳에 그대로 계셨다. 집에서 마리아를 위로하던 유대인들은 마리아가 급히 일어나 나가는 것을 보고, 무덤에 곡하러 가는 줄 알고 뒤따라갔다.

마리아가 예수님을 뵙고 그 앞에 엎드려 말하였다. "주님! 주님이 여기 계셨더라면, 제 오빠가 죽지 않았을 거예요."

그리고 마리아가 흐느껴 울자 뒤따라온 조문객들도 같이 울었다. 예수님이 보시고 비통한 마음이 북받쳐 물으셨다. "그를 어디 두었느냐?"

그들이 대답하였다. "주님, 와서 보십시오."

그때 예수님도 눈물을 많이 흘리셨다. 유대인들이 말하였다. "보십시오, 저분이 얼마나 나사로를 사랑하셨는지!"

그들 가운데 어떤 사람이 말하였다. "소경의 눈을 뜨게 하신 분이, 나사로는 죽지 않게 할 수가 없었단 말이오?"

예수님이 속으로 더욱 비통히 여기시며 무덤으로 가셨다. 무덤은 동굴이었고, 입구는 큰 돌로 막아 두었다. 예수님이 말씀하셨다. "돌을 치워라!"

그러자 마르다가 급히 달려와 말하였다. "주님, 오빠가 무덤에 있은 지 벌써 4일이나 되었습니다. 냄새가 심하게 납니다!"

예수님이 말씀하셨다. "네가 믿으면 하나님의 영광을 보리라고 내가 말하지 않았느냐?"

그러자 사람들이 무덤을 막아둔 돌을 옮겨놓았다. 예수님이 하늘을 우러러보며 기도하셨다. "아버지, 제 말을 들어주시니 감사합니다. 항상 제 말을 들어주심을 알지만, 여기 둘러선 사람들을 위해 이 말씀을 드립니다. 아버지께서 저를 보내신 것을 이들로 믿게 하여 주십시오."

그리고 크게 외치셨다. "나사로야, 나오너라!"

그러자 죽은 사람이 무덤 밖으로 걸어 나왔다. 손발은 배로, 얼굴은 수건으로 감겨 있었다. 예수님이 말씀하셨다. "풀어줘 다니게 하라."

조문하러 왔다가 이 일을 지켜본 많은 유대인이 예수님을 믿었다. 그러나 더러는 바리새인들에게 가서 예수님이 하신 일을 일러바쳤다.

〈나사로 증후군〉

나사로 증후군(Lazarus syndrome)은 임종을 앞둔 환자에게 일시적으로 상태가 좋아지는 현상을 말한다. 사람에 따라 한두 시간에서 며칠, 또는 몇 년까지 이어질 수도 있다. 유대의 13대 왕 히스기야는 죽음을 목전에 두고, 15년간 수명을 연장받기도 하였다. (열왕기하 20.6)

그러나 사람은 의학적으로나 생물학적으로 죽음에서 벗어날 수 없고, 영원히 살 수도 없다. 그렇다면 죽음과 협력할 수밖에 없다. 일찍이 진나라 시황제가 구했던 불로장생약은 세상 어디에도 없었고, 그의 노력은 모두 수포로 돌아갔다. 그렇다. 사람은 누구나 때가 되면 주님의 품으로 돌아가야 한다. 이것이 세상의 이치요, 천륜이자 인륜이다.

그러므로 죽음을 앞두고 잠시 자신의 인생을 돌아볼 시간을 부여받은 환자는, 미처 회개하지 못한 것이 있으면 회개하고, 감사할 일이 있으면 감사함으로써, 지상에서 못 다한 일들을 마무리해야 한다. 특히 유언할 것이 있으면 유언도 하고, 아쉬운 일은 다음 세대에 모두 맡겨야 한다. 그리고 홀가분하게 떠나야 한다. 사실 죽음을 마다하는 것만큼 더 큰 불순종도 없다.

우리는 주님의 보내심에 의해 세상에 왔다가, 주님의 부르심에 의해 다시 하나님의 나라로 돌아가야 한다. 어쩌면 어머니 태 속에서 아무 걱정 없이 지낸 시간이 가장 편하고 좋았을지 모른다. 하지만 지상에서 순례자의 삶도 멋진 여정이다. 주님의 발자취를 따라 그 길을 걸으며, 사랑과 희생의 정신을 조금이나마 배우기 때문이다. 언제가 우리 앞에 임할 영원한 그리스도의 나라를 준비하기 위해서 말이다.

오늘 우리가 사망선고를 받았다 손 치더라도, 내일 다시 살아날 보장만 있다면 무엇을 두려워하겠는가? 나사로의 소생은 주님의 부활을 보여주는 예고편으로 우리에게 소망을 준다. 사람은 태어나는 순간 죽음을 향해 달려가는 여정에 놓이게 된다. 그리고 찾아오는 죽음 앞에 두 손 번쩍 들고 항복할 수밖에 없다. 하지만 주님이 사망의 쏘는 독을 제거하고 다시 살아나심으로써, 우리에게도 다시 살 수 있다는 소망이 주어졌다.

175. 제사장에게 가서 몸을 보이십시오!

예수님이 사마리아와 갈릴리 지방 사이를 지나 예루살렘으로 가시게 되었다. 어느 마을에 들어가시자 나환자 10명이 멀찍이 서 있다가 크게 소리를 질렀다. "예수 선생님, 저희를 불쌍히 여겨주십시오!"

그들을 보시고 예수님이 말씀하셨다. "제사장에게 가서 여러분의 몸을 보이십시오!"

그래서 그들이 길을 떠났는데, 가는 도중에 모두 깨끗이 나았다. 그들 가운데 한 사람이 다시 돌아와 큰 소리로 하나님께 영광을 돌리며, 예수님 앞에 엎드려 감사를 드렸다. 그는 사마리아인이었다.

예수님이 말씀하셨다. "10명이 다 깨끗함을 받지 않았습니까? 나머지 9명은 어디 있습니까? 이 이방인 외에는 하나님께 영광을 돌리러 돌아온 사람이 없단 말입니까?"

그리고 그에게 이르셨다. "일어나 가십시오. 그대의 믿음이 그대를 구원하였습니다."

〈죄〉

"저는 나환자는 아니지만, 제 속에 남들이 알지 못하는 죄가 있습니다. 나만 아는 죄, 남들에게 열어 보일 수 없는 것들, 다른 것은 다 나눌 수 있지만, 이건만은 절대 안 된다고 생각하는 것들, 반복해서 죄를 짓고 이제는 회개하기조차 지친 것들, 그 죄책감 때문에 하나님께 기도도 못 하고, 예배도 드릴 수 없는 그런 죄가 있습니다.

크리스 해리슨(Chris Harrison) 목사는 이를 '언터처블(untouchable) 죄'라고 하였습니다. 마귀는 그걸 놓칠 리 없습니다. 그것으로 저를 끊임없이 참소합니다. 그러나 예수님은 아무도 만질 수 없고 볼 수 없는 죄, 너무나 고통스럽고 늘 저를 좌절하게 만드는 그 죄를 더럽다고 하시거나, 보기 싫다고 하시지 않고, 저에게 손을 대시며 이렇게 말씀하셨습니다.

'나는 네가 이 죄 문제를 해결받기 원한다.'

'나는 네가 깨끗하게 되기를 누구보다도 더 원한다.'

'네가 정결케 되어 나와 대화하고 교제할 수 있기를 원한다.'

그리고 주님이 정말 저를 깨끗하게 해주셨습니다." (예레나)

176. 이제 눈을 뜨고 밝히 보십시오.

(마태 20.29-34, 마가 10.46-52, 누가 18.35-43)

예수님이 여리고[216] 가까이 이르셨다. 큰 무리가 예수님을 뒤따르고 있었다. 그때 앞을 보지 못하는 사람이 길가에 앉아 구걸하고 있다가 왁자지껄한 소리를 듣고 물었다. "무슨 일이 있습니까?"

그는 디매오의 아들 바디매오[217]라는 사람이었다. 어떤 사람이 일러주었다. "나사렛 예수님이 지나가신다!"

216　여리고(Jericho)는 요단강 서쪽 8㎞, 사해 북쪽 11㎞, 예루살렘 북동쪽 24㎞에 위치한 성읍이다. 고고학적 탐사로 BC 9000년부터 사람이 정착한 흔적이 드러나 세계에서 가장 오래된 성읍으로 알려지게 되었다. 신약의 여리고는 신 여리고와 구 여리고가 있었다. 이집트를 탈출한 이스라엘 백성이 점령하여 가나안 정복의 전초기지로 삼았던 구 여리고에서, 남쪽으로 1.5㎞ 떨어진 곳에 헤롯대왕이 정책적으로 발전시킨 신 여리고가 있었다.

217　여리고의 맹인을 마태는 2명으로, 마가는 바디매오로, 누가는 어떤 사람으로 기록하였다.

이 말을 듣고 그가 크게 외쳤다. "다윗의 자손 예수여, 저를 불쌍히 여겨주십시오!"

앞서가는 사람들이 꾸짖었다. "닥쳐라!"

그는 아랑곳하지 않고 더욱 큰 소리로 부르짖었다. "다윗의 자손 예수여, 저에게 자비를 베풀어주십시오!"

예수님이 걸음을 멈추시고 말씀하셨다. "그를 데려오십시오."

어떤 사람이 가서 말하였다. "이제 안심하고 일어나시오. 예수님이 당신을 부르시오."

그러자 그가 걸치고 있던 겉옷[218]을 홀렁 벗어던지고, 벌떡 일어나 예수님께 나아왔다. 예수님이 물으셨다. "내게 바라는 것이 무엇입니까?"

그가 대답하였다. "주여, 저도 보고 싶습니다. 보게 해 주십시오!"

예수님이 그를 불쌍히 여기시고, 그 눈을 어루만지며 말씀하셨다. "이제 눈을 뜨고 밝히 보십시오. 그대의 믿음이 그대를 구원하였습니다."

그러자 그는 즉시 시력을 회복하여 보게 되었고, 하나님께 영광을 돌리며 예수님을 따랐다. 그 광경을 본 사람들도 하나님을 찬양하였다.

〈여리고 맹인〉

예수님이 여리고의 맹인 바디매오의 눈을 뜨게 하셨다. 그냥 눈을 뜨고 밝히 보라고 하시자 그대로 되었다. 이는 그의 믿음으로 가능한 일이었다. 그의 믿음이 없었다면, 예수님의 능력은 제한받

---

[218] 겉옷(robe)은 망토처럼 소매 없이 구멍을 뚫어 어깨에 걸치고 다녔으며, 밤에는 이불로 사용하였다.

을 수밖에 없었을 것이다.

그는 여리고 길가에 앉아 구걸하는 맹인이었다. 지나가는 사람들의 동정을 받으며 하루하루 살아가는 사람이었다. 그가 예수님 치유 이야기의 맨 마지막 주인공이 되었다. 아울러 예수님이 치유하신 사람들 가운데 그 이름이 언급된 유일한 인물이다.

사실 그는 맹인으로 태어나 사막의 먼지 같은 인생을 살아갈 수밖에 없었지만, 예수님이 그곳을 지나가신다는 말을 듣고 큰 소리로 부르짖었던바, 거리의 티끌 같은 존재가 하늘의 별처럼 빛나는 존재가 되었다. 그가 구원자이신 예수님을 찾아서 만났고, 또 보았기 때문이다.

177. 내가 직접 섬김의 본을 보였다.

(요한 13.2–17)

저녁식사 시간에 마귀가 벌써 시몬의 아들, 가룟 유다의 마음에 예수님을 배반할 생각을 불어넣었다. 예수님은 아버지께서 모든 것을 자신의 손에 맡겨주셨으며, 아버지의 보내심에 의해 왔다가, 아버지의 부르심에 따라 다시 돌아가야 한다는 것을 알고 계셨다. 그래서 식사를 하시다가 일어나 겉옷을 벗고, 허리에 수건을 두르시고, 대야에 물을 떠다가 제자의 발을 씻기시고, 허리에 두르신 수건으로 닦아주셨다.

시몬 베드로의 차례가 되자 그가 말하였다. "주님, 제 발도 씻기시렵니까?"

예수님이 대답하셨다. "내가 하는 일을 지금은 몰라도 나중에는 알게 될 것이다."

베드로가 말하였다. "아닙니다. 제 발만은 절대로 씻기지 못하십니다."

"내가 네 발을 씻기지 않으면, 너는 나와 아무 상관이 없게 된다."

"그러시다면 주님, 제 발만 아니라 손과 머리까지 씻겨주십시오."

"이미 목욕한 사람은 온몸이 깨끗하다. 발만 씻으면 된다. 너희는 깨끗하다. 그러나 다 그런 것은 아니다."

예수님은 자신을 배반할 사람을 이미 알고 계셨던바, 그렇게 말씀하신 것이다. 예수님이 제자들의 발을 다 씻기시고 다시 겉옷을 걸쳐 입으셨다. 그리고 자리에 돌아와 앉으시며 말씀하셨다. "내가 지금 한 일을 이해하겠느냐? 너희가 나를 선생이라, 또는 주라 부른다. 다 맞는 말이다. 내가 바로 그 사람이다. 내가 너희 주와 선생이 되어 너희 발을 씻겨주었으니, 너희도 서로 남의 발을 씻겨주어야 한다. 내가 너희에게 한 대로, 너희도 그렇게 하라고 내가 직접 섬김의 본을 보였다.

내가 분명히 말한다. 종이 주인보다 높지 않고, 보냄을 받은 사람이 보낸 사람보다 높지 않다. 너희가 이를 알고 그대로 행하면 복이 있을 것이다."

〈세족식〉

예수님이 제자들의 발을 씻기신 목적은, 제자들로 하여금 섬김과 사랑을 실천하라는 메시지였다. 사실 제자들은 최후의 만찬 때까지도, 누가 더 큰 사람인가로 감투싸움을 벌였다. 그들의 관심은 오직 누가 더 높임을 받느냐에 있었다.

그런데 예수님이 대야에 물을 떠다가 제자들의 발을 씻기시자, 그

것이 못내 마땅찮아 베드로가 자기 발은 절대 씻기지 못한다고 생
떼를 부렸다. 그러다가 발만이 아니라 머리와 손까지 씻겨달라고 반
항하였다. 이것이 바로 오늘날 우리의 모습이다. 우리는 항상 섬김
을 받으려고 바득바득 애쓰며 살아간다. 하지만 예수님은 우리를
섬기려고 세상에 왔으며, 자신의 목숨까지 대속물로 주려고 오셨다.

178. 나는 섬기는 자로 너희 중에 있다.

(누가 22.24-30)

제자들 사이에 다시 서열 다툼이 생겨 옥신각신하였다. "우리 중
에 누가 가장 큰 사람이 될 것인가?"

예수님이 말씀하셨다. "이방인의 왕은 백성 위에 군림하고, 집권
자는 마치 백성의 은인인 양 행세한다. 그러나 너희는 그렇지 않다.
오히려 너희 가운데 가장 큰 자는 가장 작은 자가 되어야 하고, 다
스리는 자는 섬기는 자가 되어야 한다. 식탁에 앉은 사람과 시중드
는 사람 중에서 누가 더 큰 사람이냐? 물론 식탁에 앉은 사람이다.
그러나 나는 섬기는 자로 너희 가운데 와 있다.

너희는 나와 함께 온갖 시련을 다 겪었다. 내 아버지께서 나에게
나라를 맡겨주신 것처럼, 나도 너희에게 나라를 맡겨주겠다. 그러면
너희가 내 나라 안에 들어와 내 상에서 먹고 마시며, 내 보좌에 앉
아 이스라엘[219] 12지파를 다스릴 것이다."

---

219 이스라엘(Israel)은 야곱이 천사와 씨름하여 이기고 받은 새 이름이다. 나중에 야곱의 후손을 일컫는
통칭이 되었고, 솔로몬 사후 여로보암이 10지파와 함께 세운 북왕국의 이름이 되었다. 지금은 유대인의
국가명이다.

나는 지금 한 자매를 통해 주님의 교훈을 배운다. 주님의 마음을 어느 정도 알 것만 같다. 사람의 몸이 좀 불편하면 어떤가? 그런대로 적응하고 살면 된다. 하지만 마음의 병, 곧 오만과 탐욕에 빠진 불순종의 병은 나의 피를 말리게 한다.

"오! 이 원수, 오탐불! 너는 정말 거라사의 군대 귀신보다 더 지독한 흡혈귀 우상이다. 주여! 오늘도 이 원수 오탐불을 물리쳐주시고, 겸손과 자족과 순종이 우리를 지배하게 하소서."

하나님께서는 우리에게 섬김의 은사를 주셨고, 예수님은 그 본을 실제로 보여주셨다. 그런데 그 열매가 나타나지 않는 이유는 무엇인가? 부질없는 욕심에 사로잡혀 잘못 살아가기 때문이다. 우리가 주님처럼 겸손한 자세로 섬김을 실천한다면, 지금보다 훨씬 더 귀한 사역을 수행할 것이다.

179. 내가 길이요, 진리요, 생명이다.

(요한 14.1–14)

예수님이 말씀하셨다. "너희는 마음에 근심하지 마라. 하나님을 믿고 또 나를 믿어라. 내 아버지 집에는 있을 곳이 많다. 그렇지 않다면 내가 미리 일러주었을 것이다. 이제 나는 너희가 있을 곳을 마련하러 간다. 내가 가서 너희 있을 곳을 마련하면 다시 와서, 너희를 데려다가 내 있는 곳에 너희도 함께 있도록 하겠다. 너희는 내가 어디로 가는지 그 길을 알고 있다."

도마가 말하였다. "주님, 우리는 주님이 어디로 가시는지 모릅니다. 어찌 그 길을 알겠습니까?"

예수님이 대답하셨다. "내가 바로 길이요, 진리요, 생명이다. 나를 통하지 않고는 아버지께 올 사람이 없다. 너희가 참으로 나를 알았더라면 내 아버지도 알았을 것이다. 이제 너희는 내 아버지를 알고, 또 보았다."

빌립이 말하였다. "주님, 아버지를 보여주십시오. 그러면 더 바랄 것이 없겠습니다."

예수님이 말씀하셨다. "빌립아, 내가 이렇듯 오랫동안 너희와 함께 있었는데, 아직도 나를 모른단 말이냐? 나를 본 사람은 아버지를 본 것이나 다름이 없거늘, 어찌하여 아버지를 보이라고 하느냐? 내가 아버지 안에 있고, 아버지께서 내 안에 계신 것을 믿지 못하겠느냐?

내가 너희에게 하는 이 말도, 사실은 내가 하는 게 아니라, 내 안에 계신 아버지께서 하시는 것이다. 내가 아버지 안에 있고, 아버지께서 내 안에 계신 것을 믿어라. 정 믿지 못하겠거든, 내가 하는 일을 보고서라도 믿어라.

내가 분명히 말한다. 누구든지 나를 믿는 사람은 내가 하는 일을 그도 할 것이요, 그보다 더 큰 일도 할 것이다. 내가 아버지께 돌아가기 때문이다. 너희가 내 이름[220]으로 무엇이든 구하면, 내가 다 이루어주겠다. 이는 아들을 통해 아버지께서 영광을 받으시기 때문이다. 그러므로 너희는 내 이름으로 무엇이든지 구하라. 내가 다 들어주겠다."

---

[220] 이름(name)은 그리스어 오노마(onoma)로 사람이나 사물을 구별하여 부르는 표시이다. 성경에서는 그 사람의 인격이나 본질, 특징 등을 나타낸다. 그러므로 주의 이름이나 예수의 이름, 그리스도의 이름은 하나님의 나라에 대한 소유와 지배를 의미하는 말로서 복음의 핵심이다.

〈인생길〉

　신앙이 우리에게 주는 가장 큰 선물은 우리의 인생길을 보여준다는 것입니다. 때로는 가파르고 고단한 길을 만날지라도, 그 길이 옳고 가야 할 길이라는 사실을 깨달을 때, 희망을 가지고 도전하게 됩니다. 아무도 없는 캄캄한 길이라도 신앙의 빛이 우리를 인도한다면, 그것은 포기하거나 중단할 길이 아니라 절대적인 길이 됩니다. 세상을 살다가 보면 남들이 겪지 않는 눈물의 골짜기를 가야 할 때도 있습니다. 그러나 그것이 십자가의 길이고, 궁극적으로 부활과 영광의 길이라면 피할 수 없습니다.

　예수님이 바로 길이요, 진리요, 생명이라고 하십니다. 우리가 신앙인으로 산다는 것은 예수님이 보여주신 그 표지를 따라가는 일입니다. 앵무새처럼 교리를 외운다거나, 형식적으로 예배에 참여함으로써 크리스천이 되는 게 아닙니다. 예수님의 가르침에서 진리를 발견하고 희열을 느끼는 것입니다. 예수님이 주신 성찬을 통해 생명의 양식을 얻는 것입니다. 어둡고 각박한 세상에서 예수님이 비춰주시는 표지를 따라 길을 가는 것입니다.

　사람들은 자신이 가고 싶은 길을 가면서 예수님이 따라와 주시기를 바랍니다. 자신의 길을 가면서 그것이 예수님의 길이라고 왜곡시키거나 합리화시킵니다. 예수님은 '내가 아버지 안에 있고 아버지께서 내 안에 계신다.'고 하였습니다. 예수님이 아버지의 길을 가시기 때문입니다. 같은 길을 가는 인생은 같은 삶을 사는 것입니다. (장기용)

180. 나는 포도나무요, 너희는 가지다.

(요한 15.1-11)

예수님이 말씀하셨다. "나는 참 포도나무요, 내 아버지는 농부이시다. 내게 붙어있으면서 열매를 맺지 못하는 가지는 아버지께서 다 잘라내시고, 열매 맺는 가지는 더 많은 열매를 맺게 하려고 깨끗이 손질하여 주신다. 너희는 내 말로 이미 깨끗하게 되었다. 나를 떠나지 말고 내 안[221]에 머물러 있어라. 나도 너희를 떠나지 않고 너희 안에 머물러 있겠다.

포도나무에 붙어있지 않은 가지가 스스로 열매를 맺을 수 없듯이, 너희도 내 안에 머물러 있지 않으면 열매를 맺을 수 없다. 나는 포도나무요, 너희는 가지다. 너희가 내 안에 붙어있고 내가 너희 안에 머물러 있으면, 너희가 많은 열매를 맺는다. 그러나 나를 떠나서는 너희가 아무것도 할 수 없다. 누구든지 나를 떠난 사람은 나무에서 잘려나간 가지처럼 버림을 받아 말라버린다. 사람들이 그것을 모아다가 불에 던져 태워버린다.

너희가 내 안에 있고 내 말이 너희 안에 있으면, 너희가 무엇을 구하든지 그대로 다 이루어질 것이다. 너희가 열매를 많이 맺어 내 제자임을 드러내면, 내 아버지께서 영광을 받으실 것이다. 아버지께서 나를 사랑하신 것같이 나도 너희를 사랑하였다. 내 사랑 안에 머물러 있어라.

내가 아버지의 계명을 지키며 그 사랑 안에 머물러 있듯이, 너희

---

221 그리스도 안에는 하나님의 모든 신성이 육신의 모습으로 충만히 머물러 있습니다. (골로새서 2.9)

도 내 계명을 지키면 내 사랑 안에 머물러 있을 것이다. 내 기쁨을 너희 안에 있게 하고, 너희 기쁨을 넘치게 하려고 내가 이 말을 하였다."

〈포도나무와 가지〉

포도나무와 가지의 비유에서 주님의 뜻은 '서로 사랑하라'는 것이다. 주님은 우리가 서로 사랑하여 풍성한 열매를 맺기를 원하신다. 우리가 주님 안에서 서로 사랑하지 않으면, 그리스도인이라 할 수도 없고 주님의 제자가 될 수도 없다.

우리가 포도나무의 가지처럼 그리스도 안에 붙어있으면, 당연히 이웃을 돌보고 사랑하게 된다. 이것이 그리스도인으로서 열매를 맺어 하나님을 영화롭게 하는 일이요, 우리를 기쁨으로 충만하게 하는 일이다.

181. 그들은 까닭 없이 나를 미워하였다.

(요한 15.18-27, 16.1-4)

예수님이 말씀하셨다. "세상이 너희를 미워하면 너희보다 먼저 나를 미워한 것이다. 너희가 세상에 속했다면 너희를 한 식구로 여겨서 사랑했을 것이다. 그러나 너희는 세상에 속하지 않았고, 오히려 내가 너희를 세상에서 뽑아내었기 때문에 세상이 너희를 미워하는 것이다.

종이 주인보다 높지 않다고 한 말을 기억하라. 사람들이 나를 핍박했다면 당연히 너희도 핍박할 것이고, 내 말을 지켰다면 당연히 너희 말도 지킬 것이다. 그들은 너희가 내 이름을 믿고, 또 내게 속했다는 이유로 그리 대할 것이다. 그들이 나를 보내신 분을 모르기 때문이다. 내가 와서 그들에게 일러주지 않았다면 그들에게 죄가 없었을 것이나, 이제 그들은 죄를 변명할 수 없게 되었다.

나를 미워하는 사람은 내 아버지도 미워한다. 내가 이제까지 아무도 하지 못한 일을 그들 가운데서 하지 않았다면, 그들에게 죄가 없었을 것이다. 그러나 그들은 내가 한 일을 보고도 나와 내 아버지를 미워하였다. 그래서 성경에 기록된 말씀이 이루어진 것이다.

'그들은 까닭 없이 나를 미워하였다.' (시편 69.4)

내가 아버지께 청하여 너희에게 보낼 보혜사는 아버지로부터 나오는 진리의 영이시다. 그분이 오시면 나를 증언하실 것이나, 너희도 처음부터 나와 함께 있었으니 내 증인이 되어야 한다. 너희를 믿음에서 흔들리지 않게 하려고 내가 이 말을 하였다.

사람들이 너희를 회당에서 쫓아낼 뿐만 아니라, 너희를 속이고 죽이는 자들이 그런 짓을 하고도, 그것이 하나님을 섬기는 일이라고 여길 때가 올 것이다. 그들은 아버지도 모르고 나도 모르기 때문에 그런 짓을 하고도 남는다. 그때 내가 한 말을 기억하라고, 내가 너희에게 미리 일러주는 것이다. 내가 처음부터 이 말을 하지 않은 것은, 이제까지 내가 너희와 함께 있었기 때문이다."

〈미움〉

예수님을 미워한 세상은 제자들도 미워하고, 주님을 핍박한 사람은 신자들도 핍박하기 마련이다. 하지만 예수님의 말씀을 듣고 순종한 사람은 제자들의 말도 듣고 지킬 것이다. 이렇듯 세상에서는 항상 주님을 따르는 사람과 배척하는 사람이 있다. 그래서 까닭 없이 주님을 미워하는 것이, 이상한 일이 아니라 예언의 성취라고 하였다. 이는 다윗의 시를 인용한 말씀으로 다윗의 후손이신 예수님도 동일한 박해를 받게 된다는 뜻이다.

오늘날 우리가 예수님의 말씀대로 살다가 보면, 세상의 사고방식이나 가치관과 맞지 않아 이질감을 느낄 때가 있다. 그들은 우리를 유별나게 믿는다고 핀잔을 주면서 달갑지 않게 여긴다. 그러나 우리는 꿋꿋이 믿음의 지조를 지켜나가야 한다. 한번 넘어지면 모든 것이 일순간 와르르 무너지게 된다.

어느 때는 정말 사소하게 보이는 것도 목숨을 걸고 지켜야 할 때가 있다. 그 고비를 잘 넘기지 못하면, 믿음의 끈을 놓치고 세상의 나락으로 떨어질 수 있다. 특히 청소년에게 있어 주초 문제 등이 그렇게 다가온다. 그때는 무조건 성령님의 도움을 구해야 한다. 자신의 힘만으로 극복하기 어려운 경우가 많다.

182. 내가 보혜사를 보내겠다.

(요한 16.5-15)

예수님이 말씀하셨다. "이제 나는 나를 보내신 분께 돌아간다. 그러나 너희는 어디로 가느냐고 묻기는커녕, 오히려 내가 이런 말을 한다고 해서 모두 슬픔에 잠겨 있다. 내가 분명히 말한다. 내가 떠나는 것이 너희에게 유익하다. 내가 가지 않으면 보혜사가 너희에게 오시지 않을 것이다. 내가 가서 보혜사를 너희에게 보내겠다. 그분이 오시면 죄와 의와 심판에 대하여, 세상의 잘못된 생각을 꾸짖고 바로잡아 주실 것이다. (로마서 5.12)

보혜사는 나를 믿지 않는 것이 바로 죄라고 지적하시며, 내가 아버지께 가므로 너희가 더 이상 나를 다시 보지 못하게 되는 것이 하나님의 의라고 가르치시며, 이 세상의 통치자가 이미 심판을 받았다는 사실을 근거로, 정말 심판을 받을 자가 누구인지 보여주실 것이다.

내가 아직 할 말이 많지만, 지금은 너희가 그 말을 다 알아듣지 못할 것이다. 그러나 진리의 영이 오시면, 그분이 너희를 모든 진리 가운데로 이끌어 온전히 깨닫게 하실 것이다. (로마서 8.5)

그분은 자기 뜻대로 말씀하시지 않고 오직 들은 것만 일러주시며, 또 앞으로 일어날 일도 알려주실 것이다. 그분은 내 것을 받아 너희에게 알려주심으로써 나를 영화롭게 하실 것이다. 아버지께 속한 것은 다 내 것인바, 성령이 내 것을 받아 너희에게 알려주신다고 하였다."

〈보혜사〉

성령님은 예수님을 믿지 않는 사람을 책망하시고, 믿는 사람을 진리 가운데로 인도하시며, 그리스도인 공동체를 통해 예수님의 이름을 드높이신다. 그래서 성경은 돕는 자, 변호하는 자, 상담자, 수호자, 조력자 등으로 성령님을 소개한다.

또 범사에 성도를 도우시며, 지식과 지혜를 주시며, 시간과 공간을 초월하여 일하신다. 일찍이 마가의 다락방에 임하신 성령님은 바람같이, 불의 혀같이 갈래갈래 갈라진 모습으로 120명의 성도에게 임하셨다. 공기, 호흡, 입김, 생명 등으로 나타나기도 한다.

우리는 예수 그리스도를 믿음으로 성령의 열매(갈라디아서 5.22-23)를 맺고, 성령의 은사(고린도전서 12.8-10)를 받으며, 사랑의 성품(고린도전서 13.4-7)을 받아 누리게 된다. 우리의 연약함과 부족함을 아시고, 눈동자같이 지켜주시며, 은혜 가운데 살도록 인도하신다. 그때 우리는 주님의 증인으로서 땅끝까지 이르러 복음을 선포하며, 하나님의 나라를 든든히 세워나가게 된다.

183. 너희 기쁨이 충만할 것이다.

(요한 16.16-24)

예수님이 말씀하셨다. "조금 있으면 너희가 나를 보지 못할 것이나, 다시 조금 있으면 나를 보게 될 것이다."

그러자 제자들이 서로 수군거렸다. "조금 있으면 보지 못한다고 하시다가, 다시 조금 있으면 보게 된다고 하시며, 또 그것이 아버지께 가시기 때문이라 하시는데, 그 '조금 있으면'이 무슨 뜻일까? 무엇을 의미하는지 도무지 모르겠다."

그들이 묻고 싶어 하는 바를 아시고 예수님이 말씀하셨다. "조금 있으면 나를 보지 못하고, 다시 조금 있으면 나를 보게 된다는 말로 너희가 서로 묻느냐? 내가 분명히 말한다. 너희는 슬퍼하고 애통할 것이나, 세상은 기뻐할 것이다. 너희는 근심에 싸여있어도, 그 근심이 기쁨으로 바뀔 것이다.

해산날이 가까운 여인은 자신이 겪을 진통을 생각하며 근심하나, 막상 아이를 낳으면 사람이 세상에 태어났다는 기쁨으로 그 고통을 모두 잊어버린다. 이와 같이 지금은 너희가 슬픔에 싸여있어도, 내가 다시 너희를 볼 때 기뻐할 것이며, 아무도 그 기쁨을 빼앗지 못할 것이다.

그때 너희는 아무것도 내게 구하지 않을 것이다. 내가 분명히 말한다. 너희가 무엇이든 아버지께 구하면, 아버지께서 내 이름으로 주실 것이다. 지금까지 너희가 내 이름으로 아무것도 구하지 않았으나, 이제부터는 구하라. 그러면 받을 것이다. 너희 기쁨이 충만할 것이다."

〈해산의 진통〉

하나님의 은혜와 사랑을 체험하고 기쁨의 교제를 나누기 위해서는 반드시 성령으로 거듭나야 한다. 그 과정에서의 진통은 피할 수 없다. 끝까지 믿음의 지조를 지키며 좁은 길을 묵묵히 걸어가야 한다. 사실 그리스도인에게 산통이라는 모순된 시간은 운명적으로 주어진다. 그 고통 안에서 참된 기쁨과 평화를 찾을 수 있기 때문이다.

예수님도 십자가의 죽음이라는 고통을 통해 사망의 독을 걸어내시고, 세상의 모든 불의와 어둠을 제거하셨다. 그리고 부활이라는 새 생명 안에서 하나님의 영광을 드러내었고, 우리에게 영원한 생명을 부어주셨다.

임산부에게 다가오는 해산의 고통은 아무도 피할 수 없다. 하지만 아이를 낳으면 슬픔이 변하여 기쁨이 된다. 이와 같이 우리도 믿음의 진통을 통해 성령의 열매를 맺을 수 있고, 성령의 은사를 받아 풍성히 누릴 수 있다. 그때 우리는 주님의 증인으로서 세상에 빛을 비추며, 향기를 발하고, 편지를 전하게 된다.

184. 그렇게도 믿기 어렵습니까?

(마가 16.12–13, 누가 24.13–35)

주님의 제자들 가운데 두 사람이 예루살렘에서 30리[222]쯤 떨어진 엠마오[223]라는 마을로 내려가고 있었다. 그들이 최근의 일에 대하여 서로 얘기하고 토론할 때, 예수님이 다가와 나란히 걸어가셨다. 그러나 그들은 눈이 가려서 예수님을 알아보지 못하였다. (고린도후서 5.16)

예수님이 물으셨다. "길을 가면서 무슨 이야기를 서로 나누었습니까?"

그들이 침통한 표정을 지으며 발걸음을 멈추고, 글로바라는 사람이 말하였다. "당신도 예루살렘에 있다가 오시면서, 최근에 일어난 일을 혼자만 모르신다는 말씀입니까?"

"무슨 일이 있었습니까?"

"나사렛 예수의 일입니다. 그분은 하나님과 백성 앞에서, 그 하신 일이나 말씀에 있어 큰 능력을 보이신 예언자였습니다. 그런데 우리 대제사장과 지도자들이 그분을 총독에게 넘겨 사형선고를 받게 하였고, 결국은 십자가에 못 박아 죽였습니다. 그분이 이스라엘을 구원하실 것이라고, 우리는 잔뜩 기대하고 있었는데 말입니다. 그러나 그분은 이미 처형을 당하셨고, 그 일이 있은 지도 벌써 3일이나 되었습니다.

그런데 우리 가운데 있던 여인들이 우리를 깜짝 놀라게 하였습니

---

222 30리(里)는 60스타디온(stadion)으로 11㎞쯤 되었다. 1스타디온은 400규빗으로 182m다.
223 엠마오(Emmaus, 온천)는 그 위치가 어딘지 확실치 않다.

다. 그들이 새벽에 무덤을 찾아갔다가 그분의 시신은 보지 못하고 돌아와 하는 말이, 그분이 살아나셨다고 천사가 일러주었다는 것입니다. 그래서 우리 동료 몇 사람이 무덤에 달려가 보았는데, 과연 무덤은 비어있었고 그분은 볼 수가 없었습니다."

"여러분은 참으로 어리석기도 합니다. 예언자의 말씀이 그렇게도 믿기 어렵습니까? 그리스도가 자기 영광을 받기 전에 마땅히 그런 고난을 받아야 하지 않습니까?"

그리고 예수님이 율법서와 예언서를 전반적으로 인용하시며, 자신에 대한 기록을 자세히 설명해주셨다. 그러자 어느덧 그들이 가려는 엠마오 마을 가까이 이르렀다. 그런데 예수님이 더 멀리 가시려는 듯하자, 그들이 한사코 말리며 말하였다. "이제 날이 저물어 저녁이 되었으니, 여기서 우리와 함께 묵었다가 가십시오."

그래서 예수님이 그들과 함께 집으로 들어가 식탁에 앉으셨다. 그리고 떡을 들어 축사하시고 떼어주셨다. 그때 그들의 눈이 밝아져 예수님을 알아보았다. 그러나 예수님은 그들의 눈앞에서 사라지고 더 이상 보이시지 않았다.

그들이 서로 말하였다. "길에서 주님이 우리에게 말씀하시고 성경을 풀어주실 때, 우리의 마음이 얼마나 뜨거운 감동을 받았던가?"

그리고 바로 일어나 예루살렘으로 돌아갔다. 거기 열한 사도와 다른 여러 제자들이 모여 예수님의 이야기를 나누고 있었다. "주님이 정말 다시 살아나 시몬**224**에게 나타나셨습니다."

---

224 그리고 주님이 베드로에게 보이시고, 다음으로 12제자에게, 500명이 넘는 형제에게 일시에 보이셨습니다. 그들 가운데 더러는 세상을 떠났으나 대다수 지금도 살아있으며, 이후 야고보에게 나타나셨고, 그 다음으로 모든 사도에게, 마지막으로 달을 채우지 못하고 태어난 자와 같은 나에게도 나타나셨습니다. (고린도전서 15.5-8)

그래서 그들도 길에서 있었던 일과, 주님이 떡을 떼어주실 때 그분을 알아보게 된 이야기를 자세히 들려주었다. 그러나 그 말도 믿지 않는 사람이 있었다.

〈목격자〉

1. 막달라 마리아 - 무덤 밖에서 울고 있을 때(마가 16.9, 요한 20.11-18)

2. 여인들 - 무덤을 찾아왔다가 돌아갈 때(마태 28.8-10)

3. 베드로 - 자책하며 슬퍼하고 있을 때(누가 24.4, 고린도전서 15.5)

4. 두 제자 - 낙심하고 엠마오로 돌아갈 때(누가 24.18-35)

5. 열한 제자 - 문을 닫아걸고 두려워하고 있을 때(마가 16.14, 요한 20.19-25)

6. 도마 - 의심을 품고 있을 때(요한 20.26-29)

7. 일곱 제자 - 갈릴리호수에서 고기를 잡을 때(요한 21.1-14)

8. 오백여 형제들 - 주님이 하늘로 올라가실 때(마태 28.16-17, 고린도전서 15.6)

9. 주의 형제 야고보 - 주님이 교회를 부탁하며(고린도전서 15.7)

10. 사도들에게 - 주님이 사명을 부여하며(마태 28.18-20, 누가 24.44-48, 사도행전 1.1-8)

제5편

소테리아

σωτηρια

- 구원 -

평화를 위한 기도

성 프란치스코(수사 1224년)

주님, 저를 평화의 도구로 써 주소서.

미움이 있는 곳에 사랑을
다툼이 있는 곳에 용서를
분열이 있는 곳에 일치를
의혹이 있는 곳에 믿음을 심게 하소서.

오류가 있는 곳에 진리를
절망이 있는 곳에 희망을
어둠이 있는 곳에 광명을
슬픔이 있는 곳에 기쁨을 심게 하소서.

위로를 받기보다는 위로하고
이해를 받기보다는 이해하며
사랑을 받기보다는 사랑하게 하소서.

우리는 줌으로써 받고
잊음으로써 찾으며
용서함으로써 용서받으며
자기를 버리고 죽음으로써
영생을 얻기 때문입니다. 아멘.

185. 항아리에 물을 채우십시오.

(요한 2.1–12)

갈릴리 지방의 가나에 결혼식[225]이 있었다. 그 자리에 예수님의 어머니도 계셨고, 예수님과 제자들도 초대를 받았다. 그런데 잔칫집에 포도주가 떨어졌다. 예수님의 어머니가 예수님에게 말하였다. "이 집에 포도주가 떨어졌구나."

예수님이 대답하셨다. "어머니, 그게 저와 무슨 상관이 있습니까? 아직 제 때가 되지 않았습니다."

예수님의 어머니가 일꾼들에게 단단히 일러주었다. "무엇이든지 그가 시키는 대로 하세요."

거기 마침 두세 동이[226]들이 돌항아리 6개가 놓여있었다. 유대인의 정결예식에 사용하는 것이었다. 예수님이 일꾼들에게 말씀하셨다. "저 항아리에 물을 채우십시오."

일꾼들이 항아리마다 물을 가득가득 채웠다. 예수님이 말씀하셨다. "이제 떠서 연회장[227]에게 갖다 주십시오."

그들이 시키는 대로 하였더니, 어느새 물이 포도주로 변해 있었다. 물을 떠간 일꾼들은 그 술이 어디서 났는지 알고 있었으나, 연회장은 아무것도 모른 채 술맛만 보고 신랑을 불러 말하였다. "누구든지 좋은 포도주를 먼저 내놓고, 손님들이 취한 다음에 덜 좋은 포도주를 내놓는 법이 아니오? 그런데 이 좋은 포도주가 지금까지 있었다니, 이게 어찌된 일이오?"

---

225 결혼식(結婚式)은 보통 2주간 정도 계속되었고, 포도주의 부족은 잔칫집의 수치이자 큰 결례였다.
226 동이(bow)로 번역한 메트레테스(metretes)의 용량은 39.4ℓ(9gallon)쯤 되었다.
227 연회장(宴會長)은 결혼식 잔치를 맡아 주관한 책임자였다.

예수님이 갈릴리 가나에서 처음으로 이 표적을 행하여 자신의 영광을 드러내시자, 제자들이 예수님을 믿게 되었다. 그리고 예수님은 어머니와 동생들, 그리고 제자들과 함께 가버나움으로 내려가 며칠간 머물러 계셨다.

〈결혼식〉

유대인은 정혼하고 1년쯤 지나 랍비의 주례로 결혼식을 올린다. 먼저 신랑이 신부에게 결혼계약서를 준다. 예전에는 신랑이 지참금을 내었으나 지금은 없어졌다. 하지만 이혼을 하면 결혼계약서에 명시된 금액을 위자료로 배상해야 한다. 고대사회에서는 남편이 아내를 쉽게 버릴 수 있었는바, 지참금은 여성의 권리를 보호하기 위한 제도였다.

결혼계약서에는 신랑과 신부가 지켜야 할 의무와 주고받은 폐물의 명세를 기록하고, 양가의 증인들이 서명한다. 증인들은 친척이 아닌 다른 사람으로 2명씩 한다. 신랑과 신부가 술잔을 교배하고 랍비가 결혼서약서에 서명하면, 신랑이 신부의 술잔을 밟아 깨뜨린다. 그리고 신랑과 친척, 친지들이 신부의 주변을 7번 돈다. 이렇게 15분간의 결혼식이 끝나면 피로연을 연다.

186. 내 멍에를 메고 배우십시오.

(마태 11.28-30)

예수님이 말씀하셨다. "수고하고 무거운 짐을 진 사람은 다 내게로 오십시오. 내가 편히 쉬게 하겠습니다. 나는 마음이 온유하고 겸

손하니, 내 멍에228를 메고 내게 배우십시오. 그러면 여러분의 영혼
이 쉼을 얻을 것입니다. 내 멍에는 편하고, 내 짐은 가볍습니다."

〈멍에〉

우리는 지금 지고 있는 짐만 해도 무겁고 견디기 벅차다. 돈 문
제, 건강 문제, 자녀 문제, 사업 문제, 직장 문제 등이 늘 버거운 멍
에로 다가온다. 그런데 주님은 자신의 짐은 가볍다고 하면서, 주님
의 멍에를 메고 자기에게 배우라고 하신다. 아무리 편하고 시워도
그렇지, 무슨 짐을 또 지라고 하시는가? 주님은 우리에게 인생의 참
의미를 깨닫고, 참 안식을 누리라고 하신다. 주님의 멍에를 멜 때
우리가 지고 있는 멍에가 꺾이고, 그 짐이 떨어져 나가게 된다는 것
이다.

그러므로 우리는 주님이 주시는 멍에를 반드시 메어야 한다. 그렇
지 않으면 우리의 짐이 계속 무거울 수밖에 없다. 주님의 멍에를 통
해 주님이 우리에게 무엇을 원하는지 깨닫게 되면, 우리는 스스로
그 멍에를 메게 될 것이다. 그리고 우리가 지고 있는 짐을 가차 없
이 떨쳐버릴 것이다. 주님이 우리에게 가장 편하고 메기 쉬운 맞춤
멍에를 주신다는 뜻이다. 주님의 멍에가 정말 가볍고 쉬워서가 아
니라, 주님이 그 멍에를 우리와 함께 메시기 때문이다.

---

228 멍에(yoke)는 달구지나 쟁기를 끌기 위해 소나 말의 목에 가로 얹는 나무를 말한다. 주로 2마리가 짝지
어 메고 끌었던 바, '한 겨리'라고 불렀다.

187. 모든 죄가 용서되었습니다.

(누가 7.36-50)

어떤 바리새인이 예수님을 만찬에 초대하여, 예수님이 그의 집에 들어가 식탁에 기대어 앉으셨다. 그 마을에 행실이 나쁜 여인[229]이 살고 있었다. 예수님이 거기 계신다는 소문을 듣고 향유[230]를 담은 옥합[231]을 가지고 왔다. 여인이 뒤로 살그머니 돌아가 예수님의 발치에 서서 울기 시작하였다. 흐르는 눈물이 예수님의 발을 적시자, 자기 머리카락으로 닦으며 연거푸 입을 맞추고 향유를 부어드렸다.

예수님을 초대한 바리새인이 보고 속으로 중얼거렸다. "저 사람이 정말 예언자라면, 자기를 만지는 저 여자가 누구이며, 얼마나 죄 많은 여자인지, 그런 것쯤은 알 것이 아닌가?"

예수님이 말씀하셨다. "시몬, 내가 물어볼 말이 있습니다."

시몬이 대답하였다. "선생님, 말씀하십시오."

"어떤 돈놀이꾼에게 빚진 사람이 2명 있었습니다. 하나는 500데나리온을 졌고, 다른 하나는 50데나리온을 졌습니다. 그런데 둘 다 갚을 능력이 없었습니다. 그래서 돈놀이꾼이 그들의 빚을 모두 탕감해주었습니다. 그러면 둘 중에서 누가 더 그를 사랑하겠습니까?"

"더 많은 빚을 탕감 받은 사람이겠지요."

"그대의 생각이 옳습니다."

---

229 예수님께 향유 부은 여인이 막달라 마리아(Magdalene Mary)라는 전승이 있다. 막달라 마리아는 일곱 귀신이 들려 극심한 고생을 하다가, 예수님을 만나 고침받은 후 끝까지 따라다니며 지극정성으로 주님을 섬긴 여인이다. 막달라는 갈릴리호수 서쪽, 가버나움 남쪽에 있는 작은 마을이다.

230 향유(香油)는 방향 물질에 감람유 등을 섞어 만들거나, 그 자체에서 향내가 나는 나드 기름이었다. 화장용으로 사용하였다.

231 옥합(玉盒)은 옥으로 만든 작은 그릇으로 뚜껑이 있었으며, 이집트에서 수입하였다.

그리고 여인을 돌아보시고, 시몬에게 다시 말씀하셨다. "그대는 이 여인이 보입니까? 내가 이 집에 들어올 때 그대는 발 씻을 물도 주지 않았으나, 이 여인은 눈물로 내 발을 적시고 자기 머리카락으로 닦아주었습니다. 그대는 내 얼굴에도 입을 맞추지 않았으나, 이 여인은 내가 들어올 때부터 줄곧 내 발에 입을 맞추었습니다. 그대는 내 머리에 감람유도 발라주지 않았으나, 이 여인은 내 발에 향유를 부어주었습니다.

그러므로 내가 분명히 말합니다. 이 여인의 모든 죄가 용서되었습니다. 그 많은 죄를 용서받을 정도로 극진한 사랑을 보였기 때문입니다. 적게 용서받은 사람은 적게 사랑합니다."

그리고 예수님이 여인에게 말씀하셨다. "그대의 죄가 모두 용서되었습니다."

그러자 식탁에 앉은 사람들이 속으로 수군거렸다. "저 사람이 누구 관대 감히 남의 죄까지 용서해준다고 하는가?"

그래서 예수님은 다시 말씀하셨다. "그대의 믿음[232]이 그대를 구원하였으니, 평안히 가십시오."

〈죄 많은 여인〉

이 이야기는 4복음서에 모두 기록되어 있다. 마태복음 26장과 마가복음 14장은 '한 여인'으로, 누가복음 7장은 '죄 많은 여인'으로, 요한복음 12장은 '마리아'로 주인공을 기록하고 있다. 마태, 마가, 누가는 예수님의 사역 초기 갈릴리에서, 요한은 예수님의 사역 마지

---

232 그리스도 예수 안에서 가장 중요한 것은, 할례의 여부가 아니라 사랑으로 역사하는 믿음입니다. (갈라디아서 5.6)

막 주간 유대에서 있었던 사건으로, 서로 시간과 장소를 달리 기록하였다. 따라서 여인의 향유 이야기는 2번에 걸쳐 있었던 것으로 짐작된다.

이번 사건의 주인공은 갈릴리의 막달라 마리아로 전해진다. 일곱 귀신이 들려 온갖 고생을 하다가 예수님을 만나 새사람이 되었다. 창녀로 살다가 옥합을 깨뜨리고 회개한 후, 예수님을 끝까지 따라다니며 믿음의 지조를 지킨 최초의 여성 제자였다.

나중 사건의 주인공은 유대 베다니의 마리아였다. 예수님은 나사로와 마르다, 마리아의 삼 남매를 극진히 사랑하셨다. 갈릴리에서 유대로 가시면 으레 그들의 집에서 유숙하였다. 예수님이 마지막 유월절을 엿새 앞두고 베다니에 이르렀을 때, 마리아가 값비싼 향유를 가져다 예수님의 발에 붓고, 자기 머리털로 씻어 주님의 장례를 미리 준비하였다.

188. 너희가 먹을 것을 주어라.

(마태 14.13–21, 마가 6.30–44, 누가 9.10–17, 요한 6.1–15)

12사도가 돌아와 그들이 한 일과 가르친 것을 자세히 보고하였다. 그때 세례 요한의 비보를 듣고 예수님이 말씀하셨다. "그래, 이제 한적한 곳으로 가서 좀 쉬도록 하자."

거기 오가는 사람들이 하도 많아서 식사할 겨를조차 없었기 때문이다. 그래서 조용한 곳을 찾아 호수를 건너 벳새다[233]로 가게 되

---

[233] 벳새다(Bethsaida, 어부의 집)는 갈릴리호수 북동쪽 연안의 마을로, 베드로와 안드레, 빌립의 고향이었다.

었다. 그런데 무리가 보고, 예수님이 제자들과 함께 배를 타고 떠났다는 소문을 퍼뜨렸다. 그러자 여러 마을에서 사람들이 나와 육로로 달려가, 먼저 호수 건너편에서 기다리고 있었다. 예수님이 병자에게 행하시는 기적을 그들도 보았기 때문이다. 유대인의 유월절이 가까운 시기였다.

예수님이 배에서 내리시며 이미 많은 사람이 거기 몰려와 있는 것을 보시고, 목자 없는 양과 같다는 생각에 측은한 마음이 간절하였다. 예수님이 산등성이에 올라 자리를 잡으시자 제자들이 곁으로 다가와 앉았다. 거기서 하나님의 나라에 대해 가르치시고, 그들이 데려온 병자들을 모두 고쳐주셨다. 그러자 어느덧 해가 저물어 저녁때가 되었다.

예수님이 빌립에게 말씀하셨다. "우리가 어디서 떡을 사다가 이 사람들을 먹일 수 있겠느냐?"

예수님은 친히 하실 일을 미리 알고 계셨으나, 빌립의 마음을 떠보려고 일부러 그렇게 물어보셨던 것이다. 그때 12제자가 일제히 나서 말하였다. "여기는 외딴곳으로 빈 들입니다. 날도 이미 저물어 시간이 없습니다. 이들을 가까운 농가나 마을로 흩어 보내십시오. 각자 잠자리도 구하고 음식도 사먹게 하십시오."

예수님이 말씀하셨다. "아니다. 그럴 필요 없다. 너희가 이들에게 먹을 것을 주어라."

빌립이 말하였다. "1인당 조금씩 나눠준다고 해도, 200데나리온어치의 떡으로도 부족할 겁니다."

예수님이 이르셨다. "지금 너희가 가진 떡이 몇 개나 되는지, 얼른 가서 알아보고 오너라."

12제자 가운데 하나인 시몬 베드로의 동생 안드레가 와서 말하였다. "여기 보리떡 5개와 작은 물고기 2마리[234]를 가진 어린이가 있습니다. 하지만 이것을 가지고, 이 많은 사람을 어찌 먹일 수 있겠습니까?"

예수님이 말씀하셨다. "그걸 내게 가지고 오너라. 그리고 이들을 한 50명씩 따로따로 앉혀라."

거기 풀이 많아서 사람들이 50명씩, 많게는 100명씩 떼를 지어 앉았다. 예수님이 보리떡 5개와 물고기 2마리를 손에 들고 하늘을 우러러 축사하셨다. 그리고 떡을 떼어 제자들에게 나눠주시며, 사람들 앞에 갖다 놓게 하셨다. 물고기도 그렇게 하여 그들이 원하는 대로 나눠주게 하셨다. 그러자 사람들이 다 배불리 먹고 남았다.

예수님이 이르셨다. "이제 남은 조각을 거두어 버리는 것이 없게 하라."

그래서 제자들이 남은 조각을 거둬보니, 보리떡 5개와 물고기 2마리로 먹고 남은 부스러기가 12바구니[235]에 가득 찼다. 먹은 사람은 여자와 아이를 빼고 남자 어른만 5천 명쯤 되었다. 예수님이 베푸신 이 기적을 보고 사람들이 크게 놀라 소리쳤다. "이분은 세상에 오실 그 예언자가 틀림없습니다!"

그리고 달려들어 예수님을 강제로 그들의 왕으로 삼으려고 하였다. 그 낌새를 알아채시고 예수님은 혼자서 다시 산으로 올라가셨다.

234　오병이어(五餠二魚)에서 5는 책임을, 2는 증인을 뜻한다. 당시 유대인은 숫자에 상징적 의미를 두었는데, 1은 유일신 하나님을, 2는 증거나 증인을, 3은 하늘을, 4는 땅을, 5는 책임을, 6은 인간이나 세상을, 7은 완전을, 8은 안식이나 부활을, 9는 간증이나 말씀을, 10은 완전을, 11은 하나 부족을, 12는 영원한 완전을 의미하였다.
235　12바구니(basket)에서 12는 하늘의 수(3)와 땅의 수(4)를 곱한 수로, 조금도 부족하지 않은 완전한 상태를 의미한다. 바구니는 여행자가 손에 들고 다니는 작은 손가방이었다.

<오병이어>

　오병이어는 예수님이 보리떡 5개와 물고기 2마리로 수만 명을 배부르게 먹이신 사건이다. 이는 4복음서에 모두 나오는 몇 안 되는 기적이다. 어느 누구도 의심의 여지가 없었다는 뜻이다. 여기서 우리는 예수님의 의도와 빌립의 시각, 안드레의 안목을 보아야 한다. 빌립은 눈앞에 있는 사람들을 보고 예수님을 설득하려고 시도하였으나, 안드레는 예수님의 마음을 깨닫고 한 어린이가 가지고 있는 도시락 이야기를 꺼내들었다. 물론 그 결과는 예수님의 몫이었다.

　아닌 게 아니라 예수님은 일인용 도시락 하나를 가지고 5천 가정이 실컷 먹고 12바구니 넘게 거둘 정도로 축복하셨다. 아무리 하찮은 것도 주님의 손에 들려지면 엄청난 역사가 일어날 수 있다는 증거이다. 떡과 물고기 같은 음식에만 해당하는 것이 아니라, 우리의 은사나 사역에도 똑같은 일이 일어날 수 있다는 사실이 놀랍기만 하다.

189. 너희에게 떡이 얼마나 있느냐?

(마태 15.32-39, 마가 8.1-10)

　오병이어의 기적이 있던 무렵에, 또 큰 무리가 모여들었다. 그러나 역시 먹을 것이 없었다. 예수님이 제자들을 불러 말씀하셨다. "이 사람들이 나와 함께 있은 지가 벌써 3일이 지났다. 먹을 것이 없어 참으로 가엽구나. 이들 중에는 멀리서 온 사람도 있다. 이대로 보냈다가는 기진하여 길에서 쓰러질지 모른다. 차마 그렇게 할 수가 없구나."

제자들이 말하였다. "이 빈 들판에서, 이 많은 사람들에게 먹일 만한 떡을 어디서 무슨 수로 구하겠습니까?"

예수님이 물으셨다. "너희에게 떡이 얼마나 있느냐?"

제자들이 대답하였다. "7개 있습니다. 작은 생선도 조금 있습니다."

예수님이 무리를 향해 말씀하셨다. "자, 모두 땅에 앉으십시오."

그리고 떡 7개를 들어 축사하시고, 떼어 제자들에게 주시며 사람들 앞에 갖다 놓으라고 하셨다. 또 작은 생선 두어 마리도 그렇게 하시고, 제자들을 시켜 나눠주게 하셨다. 그러자 모든 사람이 실컷 배불리 먹고, 남은 부스러기를 거두니 7광주리[236]나 되었다. 먹은 사람은 여자와 아이를 빼고 남자 어른만 4천 명쯤 되었다. 예수님이 무리를 헤쳐 보내신 후, 제자들과 함께 배를 타고 막달라(마가단, 달마누다)[237] 지방으로 가셨다.

〈칠병이어〉

이는 오병이어의 기적과 마찬가지로 예수님이 만유의 주인이시며, 만인의 구세주라는 사실을 드러내고 있다. 사실 예수님이 계신 곳에는 언제 어디서나 기적이 일어났으며, 모든 궁핍과 결핍이 사라지고 기근이 해소되었다. 이 주님이 우리와 함께 계시면 하나님의 나라가 이미 우리에게 임한 것이며, 우리가 무슨 일을 하든지 불가능이 없다.

---

236 광주리(hamper)는 어린이가 그 속에 들어가 앉을 정도로 컸으며, 끈을 달아 짊어지고 다녔다.

237 막달라(magdala, 망대)는 아람어요, 마가단(magadan)은 히브리어 믹달(migdal, 망대)에서 유래되었다. 따라서 막달라와 마가단, 달마누다는 같은 마을이거나, 그 인근 마을로 짐작된다. 막달라는 게네사렛 평지 끝자락에 위치한 마을로 막달라 마리아의 고향이었다.

190. 죄 없는 사람이 돌을 던지십시오.

(요한 8.1–11)

예수님이 감람산[238]으로 가셨다가, 다음날 이른 아침에 다시 성전으로 돌아오셨다. 많은 백성이 모여들었다. 예수님이 자리를 잡고 앉아 가르치기 시작하셨다.

그때 율법학자와 바리새인들이 한 여인을 끌고 와서 가운데 세우고 말하였다. "선생님, 이 여자가 간음[239]하다 현장에서 붙잡혔습니다. 모세는 율법에서 이런 여자를 돌로 쳐 죽이라고 하였습니다. 선생님은 어떻게 생각하십니까?"

그들은 예수님께 올가미를 씌워서 고발할 구실을 삼으려고 이 질문을 하였다. 예수님이 그 속내를 아시고, 몸을 굽혀 손가락으로 땅에다 무엇인가 쓰기 시작하셨다.

그들이 계속 다그치자, 예수님이 몸을 일으켜 말씀하셨다. "여러분 가운데 죄 없는 사람이 먼저 이 여인에게 돌을 던지십시오."

그리고 다시 몸을 굽혀 땅에다 무엇을(그들 각자의 죄목을) 계속 쓰셨다. 그러자 사람들이 양심의 가책을 느끼고, 나이 든 사람부터 하나씩 둘씩 슬그머니 자리를 뜨기 시작하였다. 마침내 예수님과 거기 서 있는 여인만 남게 되었다.

예수님이 일어나 물으셨다. "그대를 고발한 사람이 어디 있습니까? 그대를 정죄한 사람이 아무도 없습니까?"

여인이 대답하였다. "선생님, 아무도 없습니다."

---

238 감람(橄欖)산은 예루살렘 동쪽의 민둥산으로, 예수님이 마지막 주간을 밤마다 찾아가 기도하신 곳이다.
239 어떤 남자가 이웃의 아내와 간음하면, 그 남자와 여자를 다 죽여야 한다. (레위기 20.10)

예수님이 말씀하셨다. "나도 그대를 정죄하지 않습니다. 평안히 가십시오. 이제부터 다시는 죄를 짓지 마십시오."

〈간음한 여인〉

역지사지(易地思之)라는 말이 있다. 상대방의 관점에서 사건을 살펴보고 헤아리라는 뜻이다. 하지만 우리는 남의 눈 속에 있는 티는 보면서 자기 눈 속의 들보는 보지 못한다. 간음한 여인의 이야기에서도 그 모습을 엿볼 수 있다.

율법에 따라 여인은 당연히 돌에 맞아 죽어야 했지만, 사람들은 각자의 양심에 따라 여인을 정죄할 수 없었다. 양심을 우선하는 법이 없다는 사실을 예수님이 일깨워주셨던 것이다. 우리는 예수님의 사전에서 양심의 법을 찾아 몸에 익혀야 한다. 그래야 이웃을 판단하지 않고 자신의 허물을 돌아볼 수 있다.

191. 나는 위에서 났습니다.

(요한 8.21-30)

예수님이 말씀하셨다. "나는 멀리 떠날 것이고, 여러분은 나를 찾다가 여러분의 죄에서 헤어나지 못하고 죽을 것입니다. 내가 가는 곳에 여러분은 올 수 없습니다."

유대인들이 비아냥거렸다. "이 사람이 자기가 가는 곳에 우리는 갈 수 없다고 하니, 자결이라도 하겠다는 말인가?"

예수님이 말씀하셨다. "여러분은 아래서 났고, 나는 위에서 났습니다. 여러분은 세상에 속하였고, 나는 세상에 속하지 않았습니다.

그래서 내가 말하기를, 여러분의 죄에서 헤어나지 못하고 죽을 것이라 했습니다. 내가 '바로 그 사람'이라는 사실을 여러분이 믿지 않으면, 여러분은 정말 여러분의 죄에서 헤어나지 못하고 죽을 것입니다."

유대인들이 물었다. "도대체 당신이 누구요?"

예수님이 대답하셨다. "내가 처음부터 말하지 않았습니까? 왜 그 말을 되풀이해야 합니까? 내가 여러분에 대해 할 말도 많고 판단할 것도 많지만, 나를 보내신 분이 참되시므로 나는 그분에게서 들은 것만 말합니다."

그러나 유대인들은 예수님이 아버지를 가리켜 말씀하신 줄을 깨닫지 못하였다. 그래서 다시 말씀하셨다. "여러분은 인자를 높이 들어 올린 후에야 비로소 내가 '바로 그 사람'이라는 사실과, 내가 아무것도 내 마음대로 말하지 않고, 아버지께서 일러주신 대로 말했다는 사실을 알게 될 것입니다. 나를 보내신 분이 나와 함께 계시고, 나를 혼자 버려두시지 않습니다. 내가 항상 아버지께서 기뻐하시는 일만 하기 때문입니다."

이 말씀을 듣고 많은 사람이 예수님을 믿었다.

〈짝사랑〉

'내가 가는 곳에 여러분은 올 수 없습니다!'

이는 하나님께서 보내신 그리스도를 받아들이지 않으면 심판을 받고, 멸망당할 수밖에 없다는 강력한 경고였다. 하나님께서 택하신 자기 백성이 버림을 받아 멸망할 처지였으니, 같은 동족으로서 예수님의 안타까움이 오죽했겠는가? 그럼에도 그들은 '그가 가는 곳에 우리는 갈 수 없다니, 자결하려는 것인가?'라고 하면서 비아냥거렸다.

예수님이 전에도 이렇게 말씀하신 적이 있었다. '여러분이 나를 찾아도 만나지 못할 것이요, 내가 있는 곳에 여러분은 올 수도 없습니다.' 그러자 그들은 '저자가 어디를 가기에 우리가 자기를 만나지 못할 것이라고 하는가? 이방인 가운데 흩어져 사는 유대인에게 가서, 이방인을 가르칠 셈인가?' 하면서 조롱하였다.

사실 예수님은 자신의 동족인 유대인을 회개시키려고 부단히 노력하셨다. 하지만 그들은 강팍하여 주님의 말씀을 듣기는커녕 오히려 모욕하고 핍박하였다. 그래서 주님이 다시 말씀하였다. '여러분은 아래서 났고 나는 위에서 났으며, 여러분은 세상에 속하였고 나는 세상에 속하지 않았습니다.'

하나님께서 보내신 그리스도를 받아들여야 하늘나라에 들어갈 수 있다는 경고였으나, 그들은 '대체 당신이 누구요?'라고 하면서 끝까지 무시하였다.

이러한 현상은 오늘날 사람들도 별반 다르지 않다. 주님의 사랑은 끝이 없지만, 그 사랑을 받지 못한 채 늘 슬퍼하며 외롭게 살아간다. 주님이 그토록 주기를 원했던 자유를 걷어차 버리고, 세상의 굴레에 묶여 날마다 아우성치며 살아가고 있다.

그들은 '오, 정의여! 평화여! 기쁨이여!'라고 하면서 날마다 부르짖고 주님을 찾겠지만. 주님은 '나는 너희를 도무지 알지 못한다. 불법을 일삼는 자들아, 내게서 떠나가라!'고 하면서 외면하실 것이다. 우리가 주님을 바로 알지 못해 제대로 믿지 못하고, 제대로 믿지 못해 온전히 누리지 못하기 때문이다. 그래서 주님은 늘 우리를 짝사랑하신다.

192. 진리가 자유롭게 할 것입니다.

(요한 8.31–59)

예수님이 유대인 신자들에게 말씀하셨다. "여러분이 내 말을 마음에 새기고 산다면, 참으로 내 제자가 되어 진리[240]를 알게 될 것이며, 진리가 여러분을 자유롭게 할 것입니다."

그들이 말하였다. "우리는 아브라함의 자손으로 이제까지 아무에게도 종노릇한 적이 없습니다. 그런데 어찌하여 우리를 자유롭게 된다고 하십니까?"

예수님이 대답하셨다. "내가 분명히 말합니다. 죄를 짓는 자마다 죄의 종입니다. 종은 주인의 집에 영원히 머물지 못하나, 아들은 영원히 삽니다. 그러므로 아들이 여러분을 자유롭게 하면, 여러분이 참으로 자유롭게 될 것입니다. 그리고 여러분은 틀림없이 아브라함의 자손입니다. 그런데 여러분이 나를 죽이려고 합니다. 여러분 안에 내 말이 머물러 있을 자리가 없기 때문입니다. 나는 내 아버지로부터 본 것을 말하고, 여러분은 여러분의 아비로부터 들은 것을 행합니다."

"우리의 조상은 아브라함입니다."

"여러분이 아브라함의 자손이라면, 당연히 아브라함을 본받아야 하지 않습니까? 그런데 지금 여러분은 하나님의 진리를 전하는 나를 죽이려고 합니다. 아브라함은 그렇게 하지 않았습니다. 여러분은 여러분의 아비가 한 일을 그대로 하고 있습니다."

---

[240] 진리(眞理)는 하나님의 계시로서 세상에 주어진 말씀이다. 여기서는 로고스(말씀)로 성육신하신 예수 그리스도를 말한다.

"우리는 음란한 데서 태어난 사생아가 아닙니다. 우리의 아버지는 유일한 하나님이십니다."

"하나님이 정말 여러분의 아버지시라면, 여러분이 나를 사랑했을 것입니다. 내가 하나님으로부터 나와서, 지금 여기에 와 있기 때문입니다. 나는 내 마음대로 온 것이 아니라, 하나님께서 나를 보내신 것입니다. 그런데 여러분은 어찌하여 내 말을 알아듣지 못합니까? 내 말을 새겨들을 줄 몰라서 그런 것이 아닙니까?

여러분은 여러분의 아비 마귀에게 속하여 그 욕심대로 하려고 합니다. 그는 처음부터 살인자였고, 진리 편에 서본 적이 없습니다. 그 안에 진리가 없기 때문입니다. 그는 거짓을 말할 때마다 자기 본성을 드러냅니다. 그가 거짓말쟁이요, 거짓의 아비라는 증거입니다.

그래서 내가 진리를 말해도 여러분이 나를 믿지 않는 겁니다. 여러분 중에서 내게 죄가 있다고 증명할 사람이 있습니까? 내가 진리를 말하는데 여러분은 왜 나를 믿지 못합니까? 하나님께 속한 사람은 하나님의 말씀을 듣습니다. 여러분이 내 말을 듣지 않는 이유는, 여러분이 하나님**241**께 속하지 않았기 때문입니다."

"우리는 당신을 사마리아인이라, 또는 귀신이 들려 미친 사람이라고 합니다. 우리의 말이 틀렸소?"

"내가 귀신이 들려 미친 게 아니라, 내 아버지의 영광을 드러내고 있습니다. 여러분이 나를 헐뜯고 모함하는 것입니다. 나는 내 영광을 구하지 않습니다. 내 영광을 위해 애쓰시고, 나를 올바로 판단해 주시는 분이 따로 계십니다. 내가 분명히 말합니다. 내 말을 듣고 지키는 사람은 영원히 죽지 않을 것입니다."

---

241 그리스도 안에는 하나님의 완전한 신성이 육신의 모습으로 깃들어 있습니다. (골로새서 2.9)

"이제 보니 당신은 귀신이 들려도 아주 단단히 들렸소. 아브라함도 죽었고, 예언자도 다 죽었소. 그런데 당신의 말을 지키면 영원히 죽지 않는다니, 당신이 우리 조상 아브라함보다 더 위대하단 말이오? 도대체 당신은 자신을 누구라 생각하시오?"

"내가 나 자신의 영광을 구한다면, 그것은 아무 가치가 없습니다. 그러나 나를 영광스럽게 하시는 분은, 바로 여러분이 하나님이라 부르는 내 아버지십니다. 여러분은 그분을 모르지만, 나는 그분을 압니다. 내가 만일 그분을 모른다고 하면, 나도 여러분과 같이 거짓말쟁이가 될 것입니다. 그러나 나는 그분을 알고, 또 그분의 말씀을 분명히 지키고 있습니다. 여러분의 조상 아브라함이 내 날을 보리라는 희망으로 즐거워하다가, 마침내 그 날을 보고 기뻐하였습니다."

"당신은 아직 50살도 안 되었지 않소? 그런데 아브라함을 보았단 말이오?"

"내가 분명히 말합니다. 아브라함이 태어나기 전부터, 나는 존재하고 있습니다."

그러자 유대인들이 돌을 집어 예수님을 치려고 하였으며, 예수님은 몸을 피해 성전 뜰을 빠져 나가셨다.

〈말씀과 진리〉

우리는 말씀과 진리, 그리고 영생이 무엇인지, 그런 말만 들어도 머리가 지끈거린다. 그래서 그 말을 들으면 제대로 이해하지 않고 어물쩍 넘어간다. 쉽게 말해서 말씀과 진리, 영생은 예수님 자신이시다. 예수님이 말씀이요, 진리요, 영원히 사시는 생명이시다. 우리가 말씀 안에 머문다는 것, 진리 안에 산다는 것, 영생을 소유한다는 것은, 다 예수 그리스도를 인격적으로 받아들이고 누린다는 뜻이다.

이는 주님과의 관계성을 분명히 정립해야 한다는 뜻이다. 주님을 인격적으로 받아들인 사람만이 그 실체를 알고 믿어 누릴 수 있다. 그래서 주님은 시종일관 말씀을 받아들이고, 진리 안에 거하며, 영생을 누려야 한다고 가르치셨다. 하지만 유대인들은 그럴만한 믿음이 없었는바, 스스로 영원한 생명의 주님을 배척하고 말았다.

193. 먼저 하나님의 나라를 구하라.

(누가 12.13-34)

무리 속에서 어떤 사람이 소리쳤다. "선생님, 제 아버지의 유산을 저와 나누라고 제 형에게 일러주십시오."

예수님이 말씀하셨다. "이 사람아, 누가 나를 너희 재판관이나 재산 분배자로 세웠느냐?"

그리고 무리를 향해 말씀하셨다. "여러분은 삼가 어떤 탐욕에도 빠져들지 않도록 조심하십시오. 사람이 제아무리 재산이 많아도, 그 재산이 사람의 생명을 보장하지는 못합니다."

이어서 비유를 들어 설명하셨다. "비옥한 농토를 가진 부자[242]가 있었는데, 소출이 풍성하자 중얼거렸습니다. '이 많은 곡식을 쌓아둘 곳이 없으니 어떻게 할까? 옳지, 좋은 수가 있구나! 내 곳간을 헐

---

[242] 그대는 이 세상 부자에게 이르기를 교만하지 말고, 덧없는 재물에 소망을 두지 말고, 우리에게 모든 것을 풍성히 주시고, 그것을 누리게 하시는 하나님께 소망을 두라고 하라. (디모데전서 6.17)

고 더 크게 짓자. 그리고 거기 내 모든 곡식과 물건을 쌓아두고, 내 영혼에게 말하자. 내 영혼아! 내가 여러 해 동안 쓸 물건을 충분히 쌓아두었으니, 이제 마음 놓고 편히 쉬면서 실컷 먹고 마시며 한껏 즐겨라!'

그러자 하나님께서 말씀하셨습니다. '이 어리석은 사람아, 오늘 밤 네 영혼을 네게서 도로 찾을 것이다. 그러면 너를 위해 쌓아둔 것이 뉘 차지가 되겠느냐?'

자기를 위해 재물을 쌓아두면서, 하나님께 인색한 사람은 다 이와 같을 것입니다."

그리고 제자들에게 말씀하셨다. "그러므로 내가 말한다. 너희 목숨을 위해 무엇을 먹을까, 너희 몸을 위해 무엇을 입을까 하면서 염려하지 마라. 목숨이 음식보다 더 소중하고, 몸이 옷보다 더 귀중하지 않느냐? 까마귀를 보아라. 씨도 뿌리지 않고 거둬들이지도 않는다. 곳간이나 창고도 없다. 그러나 하나님께서 그들도 다 먹여주신다. 너희는 새보다 얼마나 더 귀하냐?

너희 가운데 누가 걱정한다고 해서, 자기 목숨(키)을 한순간(치)인들 더 늘일 수 있겠느냐? 너희가 이처럼 작은 일도 하지 못하면서 어찌 다른 일까지 걱정하느냐? 저 들꽃(백합)이 어떻게 자라는가 보아라. 수고도 하지 않고 길쌈도 하지 않는다. 그러나 온갖 영화를 다 누린 솔로몬도 이 꽃 하나만큼 화려하게 차려입지 못하였다. 그런데 너희는 왜 그리 믿음이 적으냐? 오늘 피었다가 내일 아궁이에 던져질 들풀도 하나님께서 이처럼 입히시거든, 하물며 너희야 오죽 잘 입히시겠느냐?

그러니 너희는 먹을 것과 마실 것을 위해 염려하고 애쓰지 마라. 그런 것은 다 세상 사람들이 구하는 것이다. 너희 아버지께서는 그

것이 너희에게 필요한 줄을 이미 다 알고 계신다. 너희는 먼저 하나님의 나라를 구하라. 그러면 이 모든 것을 너희에게 더하여 주실 것이다.

내 어린 양들아, 조금도 두려워하지 마라. 너희 아버지께서 그 나라를 너희에게 주시기를 기뻐하신다. 너희는 너희 소유를 다 팔아 자선하라. 너희를 위하여 닳지 않는 지갑을 만들고, 축나지 않는 재물의 창고를 하늘에 마련하라. 거기는 도둑이 들거나 좀이 먹는 일이 없다. 너희 재물이 있는 곳에 너희 마음도 있다.”

⟨유산⟩

서울 강남역에서 세차장을 운영하는 노인에게 아들 셋이 있었다. 큰아들은 상당한 재산을 가지고 있었으나, 욕심이 앞서 아버지가 돌아가실 때만 기다리고 있었다. 둘째는 공무원으로 나름대로 열심히 살았으나, 역시 아버지의 재산을 상속받을 욕심으로 가득 차 있었다. 셋째는 사업에 실패하고 빈털터리로 돌아와 아버지의 일을 도왔다. 그래서 아버지는 막내아들에게 세차장을 물려주고 싶었지만, 큰아들과 둘째 아들 때문에 그럴 수가 없었다. ‘그러면 분명히 아들 셋이 원수가 될 텐데.’

사람의 돈 욕심은 한도 없고 끝도 없다. 자기 재물이라도 선하게 사용하지 않으면 반드시 망한다는 사실을 알아야 한다. (명심보감) 예수님도 많이 받은 사람에게 많이 요구하고, 많이 맡은 사람에게 많이 내놓게 한다고 하셨다. (누가 12.48)

194. 회개하지 않으면 망할 것입니다.

(누가 13.1–5)

두어 사람이 예수님께 와서 말하였다. "빌라도가 갈릴리 사람들을 제단에서 학살하여 그 피가 희생제물과 뒤범벅이 되었습니다."

예수님이 말씀하셨다. "그들이 그런 변을 당했다고 해서 다른 갈릴리 사람들보다 죄가 더 많다고 생각합니까? 그렇지 않습니다. 여러분도 회개하지 않으면 다 그렇게 망할 것입니다. 또 실로암에서 탑이 무너져 죽은 사람 18명이, 다른 예루살렘 사람들보다 죄를 더 많이 지었다고 생각합니까? 그렇지 않습니다. 여러분도 회개하지 않으면 다 그렇게 망할 것입니다."

〈회개〉

회개(悔改)는 머리로 깨달은 잘못을 가슴이 뉘우치고, 입술로 고백함으로써 손발이 고치는 것이다. 죄악으로 얼룩진 삶에서 완전히 벗어나, 깨끗하고 의로운 생활을 하겠다고 굳게 다짐해야 한다. 진정한 회개는 그릇된 생각과 잘못된 인생의 좌표를 180도 완전히 바꾸는 것이다. 사탄이 지배하는 흑암의 세상에서 빠져나와 주님이 다스리시는 광명한 나라로 들어가야 한다.

그러므로 구원에 이르는 참 회개는, 자신의 생각이나 행동이 잘못되었음을 깨닫고, 그것을 미워하는 마음이 일어나 통회하고, 진지한 참회의 고백을 거쳐서, 전인적으로 완전히 돌아서야 한다. 아울러 회개한 사람은 그리스도 예수 안에서 새로운 인생길을 걸어가야 한다.

195. 거지도 죽고 부자도 죽었다.

(누가 16.19−31)

예수님이 말씀하셨다. "예전에 한 부자가 있었다. 자색 옷과 고운 베옷을 화사하게 차려입고, 날마다 잔치를 베풀어 먹고 마시며 호사스럽게 지냈다. 그런데 그 부잣집 대문 앞에는, 나사로라는 거지가 상처투성이 몸으로 버려져 있었다. 그는 부자의 상에서 떨어지는 부스러기로 주린 배를 채우려고 하였다. 그때 거리를 쏘다니는 개들이 몰려와 그의 헌데를 핥았다.

그러다가 거지도 죽고 부자도 죽었다. 거지는 천사의 손에 이끌려 아브라함의 품에 안기게 되었고, 부자는 그냥 땅에 묻히게 되었다. 부자가 지옥에서 고통을 받다가 눈을 들어보니, 저만큼 떨어진 곳에 아브라함이 있었고, 그 품에 나사로가 안겨 있었다.

부자가 소리쳤다. '아버지(조상) 아브라함이여, 저를 불쌍히 여겨주십시오. 나사로를 저에게 보내주십시오. 그 손가락 끝에 물을 찍어 제 혀를 시원하게 적셔주라고 하십시오. 제가 지금 이 불꽃 속에서 심한 고통을 받고 있습니다.'

아브라함이 대답하였다. '애야, 네가 살았을 때 어찌했는지 생각해 보아라. 네가 네 자신을 위해 온갖 호사를 누리는 동안, 이 나사로는 갖은 괴로움을 다 겪었다. 그래서 지금 나사로는 여기서 위안을 받고, 너는 거기서 고통을 받는 것이다. 게다가 우리와 너희 사이에 큰 구렁이 가로놓여 있어, 여기서 너희에게 건너가고 싶어도 갈 수가 없고, 거기서 우리에게 건너오고 싶어도 올 수가 없다.'

그러자 부자가 애원하였다. '그러시면 아버지 아브라함이여, 제발 부탁입니다. 나사로를 제 아버지의 집으로 보내주십시오. 저에게 5형제가 있습니다. 그들만이라도 이 고통스러운 곳에 오지 않도록 나사로를 보내 알려주십시오.'

아브라함이 대답하였다. '그들에게 모세와 예언자가 있지 않느냐? 그들의 말을 들으면 될 것이다.'

부자가 호소하였다. '아버지 아브라함이여, 그렇지 않습니다. 죽었다가 살아난 사람이 가야만 비로소 그들이 회개할 것입니다.'

그러자 아브라함이 '그들이 모세와 예언자의 말을 듣지 않는다면, 죽은 사람이 다시 살아나 간다고 해도 그들은 여전히 믿지 않을 것이다.'라고 하였다."

〈부자와 거지〉

부자와 거지 나사로의 비유는 천국과 지옥 이야기가 아니라, 불의한 청지기에 대한 경고로 하신 말씀이다. 예수님의 거듭된 교훈에도 불구하고, 돈을 좋아하는 바리새인들이 물질에만 집착하였는바, 올바른 물질관을 가지라고 촉구하는 차원에서 하셨다. 그들이 끝까지 물질만 쫓을 경우, 지옥의 심판을 피하지 못할 것이라는 엄중한 메시지였다.

부자는 자포자기 상태에서, 자기 형제들만이라도 지옥에 오지 않도록 나사로를 보내 달라고 간청하였다. 사실 예나 지금이나 부자 집안은 모든 가족이 부자로 살아간다. 부자의 5형제도 다 같은 부자였고, 지옥에 떨어진 부자와 똑같은 사고방식을 가지고 있었다. 그래서 부자는 죽었다가 살아난 사람이 가야만, 그들이 천국과 지옥이 있다는 사실을 믿을 것이라고 하였다. 부자의 오만함을 비로소 깨달았던 것이다.

그러나 아브라함은, 세상에 있는 전도자들의 말을 듣지 않는다면, 비록 죽은 사람이 다시 살아나 간다고 해도, 그들은 여전히 믿지 않을 것이라고 하였다. 그래서 부자가 하늘나라에 들어가기란, 낙타가 바늘귀로 빠져나가는 것보다 더 어렵다고 하였다.

사실 바리새인들은, 예수님이 죽은 사람을 여럿 살리셨으나 끝내 믿지 않았고, 나중에는 친히 십자가에 달려 돌아가셨다가 살아났어도 믿지 않았다. 세상을 지배하는 돈의 달콤한 맛과 권력의 짜릿한 맛을 본 사람들은, 보이지 않는 사후의 세계를 믿기가 정말 어렵다는 뜻이다.

지금도 물질의 풍요와 쾌락에 빠진 사람들은 복음을 거추장스럽게 여긴다. 하지만 호사스러운 생활은 치명적 위험이 따르기 마련이다. 그들은 세상에서 천년만년 살 듯이 생각하고, 하나님을 외면하고 내세를 거부한다. 육신의 쾌락과 방종이 영혼의 파멸을 가져온다는 사실을 그들만이 모르고 있다.

아무튼 부자는 영적 오만에 빠져서 자기 집 대문 밖의 비참한 형제를 거들떠보지도 않았다. 그러다가 때가 되어 부자도 죽고 거지도 죽었다. 하지만 천국과 지옥이라는 엄청난 반전이 주어졌다. 세상에서는 불공평한 일이 많지만, 죽음 앞에서는 그 어떠한 차별도 없다. 사후의 세계에서는 아주 공평한 심판만이 있을 뿐이다.

196. 우리는 무익한 종입니다.

(누가 17.5–10)

사도들이 말하였다. "저희에게 믿음을 더하여 주십시오."

주님이 말씀하셨다. "너희에게 겨자씨 한 알만 한 믿음이라도 있다면, 이 뽕나무더러 '뿌리째 뽑혀서 바다에 심기라'고 해도 그대로 될 것이다.

너희들 가운데 누가 밭을 갈거나 양을 치는 종을 두었다고 하자. 그 종이 일을 마치고 왔다고 해서, 주인이 '어서 와서 식사부터 하라'고 하겠느냐? 오히려 '너는 내가 먹을 식사부터 준비하고, 내가 먹고 마시는 동안 허리를 동이고 시중을 들다가, 내 식사가 끝난 다음에 먹고 마시라'고 하지 않겠느냐?

또 그 종이 시키는 대로 다 했다고 해서, 주인이 고마워할 이유가 있겠느냐? 이와 같이 너희도 명령대로 다 수행하고 나서, '우리는 무익한 종입니다. 그저 해야 할 일을 했을 뿐입니다.'라고 하라."

〈종〉

사도들은 태산 같은 믿음이 필요할 줄로 생각하고, 예수님께 믿음을 더하여 달라고 하였다. 하지만 예수님은 겨자씨만 한 믿음이라도 있다면 그것으로 충분하며, 불가능한 일이 없다고 하셨다. 사실 믿음은 인간의 잣대로 계량화되는 것이 아니다.

종(從)은 주인에게 주권이 예속된 노예(slave)나 하인(servant)을 말한다. 고용인, 품꾼, 사환, 일꾼 등으로 성경에 나타난다. 고대사회에서 종의 주권은 주인에게 있었다. 종의 생명권은 물론, 종을 노동력으로 계산하여 재산목록에 등재하여 관리하였다. 주인이 죽으면 주인의 아들에게 상속되었으며, 종은 주인에게 충성과 복종만이 요구되었다.

197. 그대의 재산을 나눠주십시오.

(마태 19.16-30, 마가 10.17-31, 누가 18.18-30)

예수님이 길을 가려고 하실 때, 한 청년이 달려와 무릎을 꿇고 말하였다. "선하신 선생님, 제가 무슨 선한 일을 하여야 영생을 얻겠습니까?"

예수님이 대답하셨다. "그대는 어찌하여 나를 선하다고 하면서, 선한 일을 내게 묻습니까? 선하신 분은 오직 하나님 한 분밖에 없습니다. 그대가 영생을 얻으려면 계명을 지키십시오."

"어떤 계명을 말입니까?"

"살인하지 마라, 간음하지 마라, 도둑질하지 마라, 거짓 증언하지 마라, 속임수로 빼앗지 마라. 그리고 네 부모를 공경하라, 네 이웃을 네 몸과 같이 사랑하라는 계명이 있지 않습니까?" (출애굽기 20.12-16, 레위기 19.18, 신명기 5.16-20)

"저는 그 모든 계명을 어려서부터 다 지켜왔습니다. 아직도 제게 부족한 것이 있습니까?"

예수님이 그를 눈여겨보시고, 대견히 여기시며 말씀하셨다. "그렇다고 해도 그대에게 아직 한 가지 부족한 것이 있습니다. 그대가 하나님 앞에서 온전한 사람이 되려면, 그대의 재산을 팔아 가난한 사람들에게 나눠주십시오. 그러면 하늘의 보화를 얻을 것입니다. 그리고 와서 나를 따르십시오."

이 말씀을 듣고, 그는 크게 근심하다가 울상을 지으며 떠나갔다. 재산이 많은 큰 부자였을 뿐만 아니라, 유대 관원으로서 백성의 존경을 받으며, 남부럽지 않게 잘 살아가고 있었기 때문이다.

그 모습을 유심히 지켜보다가 예수님이 말씀하셨다. "내가 분명히 말한다. 부자가 하나님의 나라에 들어가기란 무척 어렵다."

그때 제자들이 깜짝 놀라는 표정을 짓자, 예수님이 다시 말씀하셨다. "내가 다시 말한다. 부자가 하나님의 나라에 들어가는 것보다, 낙타가 바늘귀(바늘귀문)로 빠져나가는 것이 더 쉬울 것이다."

제자들이 더욱 놀라 서로 마주 보며 수군거렸다. "그렇다면 누가 구원을 받겠는가?"

그들을 눈여겨보시며 예수님이 말씀하셨다. "사람의 힘으로는 할 수 없으나, 하나님은 무슨 일이나 다 하실 수 있다."

베드로가 말하였다. "보시다시피 저희는 모든 것을 버리고 주님을 따랐습니다. 저희는 무엇을 얻겠습니까?"

예수님이 말씀하셨다. "내가 분명히 말한다. 너희가 모든 것을 버리고 나를 따랐으니, 새로운 세상이 임하여 만물이 새롭게 되고, 인자가 영광의 보좌에 앉을 때, 너희도 12보좌에 앉아 이스라엘 12지파를 심판할 것이다.

내 이름을 위하여 자기 집이나 전답, 형제나 자매, 부모나 자식을 버린 사람은, 이 세상에서 핍박도 아울러 받겠지만, 그 모든 것을 100배나(더할 나위 없이) 받을 것이고, 영생도 얻을 것이다. 그러나 지금은 앞선 것 같아도 나중에 뒤떨어지고, 지금은 뒤떨어진 것 같아도 나중에 앞설 사람이 많을 것이다."

〈부자 청년〉

부자 청년은 최고의 엘리트였다. 유대 관원으로서 사회적 지위와 아울러 백성의 존경을 받았고, 율법을 빈틈없이 지키며 선행을 강조한 학자였을 뿐만 아니라, 재산이 많은 부자로서 부귀영화와 공명을 한 몸에 누렸다. 그런데 한 가지, 재산에 대한 집착이 강하여 선행을 강조하면서도 자선하기가 어려웠다. 평소 예수님이 누누이 말씀하신바, 하나님과 재물을 겸하여 섬길 수 없다는 사실을 몰랐던 것이다.

그래서 그는 재산을 팔아 가난한 사람들에게 나눠주고 따르라는 예수님의 제안에 어리둥절하였으며, 크게 근심하다가 울상을 짓고 떠나갈 수밖에 없었다. 이는 하나님보다 재물을 더 사랑한 증거였고, 두 마음을 품어 좌고우면하다가, 결국은 영생을 포기한 불쌍한 부자가 되었던 것이다.

그 모습을 안타깝게 지켜보던 예수님이 이르시기를, 부자가 천국에 들어가기란 낙타가 바늘귀를 통과하는 것보다 더 어렵다고 하셨다. 오늘날 세상은 돈이 왕 노릇하는 맘몬의 천국이 되었다. 우리는 사도 바울과 같이 언제 어디서나 자족하는 법을 배워야 한다. 부질없는 욕심을 떨쳐버려야 영생을 소유할 수 있다.

198. 저 돌들이 다 무너질 것이다.

(마태 24.1-28, 마가 13.1-23, 누가 21.5-24)

예수님이 성전[243]에서 나와 얼마쯤 걸어가고 계셨다. 제자들 가운

---

[243] 여기서 성전(聖殿)은 헤롯의 제3성전이었다. BC 953년 솔로몬이 건축한 제1성전은, BC 586년 바벨론 느부갓네살에 의해 파괴되었다. BC 516년 스룹바벨이 재건한 제2성전은, BC 170년 그리스의 에피파네스가 손상하였고, BC 167년 유다 마카비가 다시 회복하였으나, BC 63년 로마의 폼페이우스에 의해 파괴되었다. 그리고 헤롯의 제3성전이 BC 20년부터 AD 63년까지, 84년에 걸쳐 크고 흰 대리석과 금장식으로 화려하게 지어졌다. 그러나 AD 70년, 로마의 티투스에 의해 불태워지고, 돌 하나도 돌 위에 남지 않은 상태로 파괴되었다. 제3성전의 규모는 예루살렘 성의 1/6에 이르렀고, 성전 뜰만 14ha가 넘었으며, 성전 건축에 사용된 돌은 가로 11.4m, 세로 5.5m, 높이 4.6m나 되었다.

데 몇이 성전을 가리켜 보이며, 아름다운 돌과 예물로 화려하게 지어졌다고 감탄하였다. "선생님, 저 큰 돌들과 웅장한 건물을 보십시오."

예수님이 말씀하셨다. "내가 분명히 말한다. 너희가 보는 저 돌들이 하나도 제자리에 얹혀있지 않고, 다 무너질 날이 올 것이다."

그리고 예수님이 감람산 기슭에 앉아 성전을 바라보고 계셨다. 베드로와 야고보, 요한과 안드레가 가만히 와서 물었다. "선생님, 언제쯤 그런 일이 있겠습니까? 또 주님이 다시 오실 때와 세상이 끝날 때, 어떤 징조가 있겠습니까?"

예수님이 대답하셨다. "사람에게 현혹되지 않도록 조심하라. 많은 사람이 내 이름을 앞세우고 와서, '내가 바로 그리스도다!' '때가 가까이 왔다!'고 하며 속일 것이다. 그러나 너희는 그들을 따라가지 마라. 또 여기저기서 전쟁과 난리가 났다는 소문이 들릴 것이나, 너희는 당황하지 마라. 그런 일이 반드시 일어나야 하겠지만, 그것으로 끝날 일이 아니다. 민족이 민족을 거슬러 일어나고, 나라가 나라를 대적하여 일어날 것이다. 곳곳에 큰 지진이 나고, 기근이 들고, 전염병이 돌고, 하늘에서 무서운 재앙과 큰 징조가 나타날 것이다. 이 모든 일은 진통의 시작일 뿐이다.

사람들이 너희를 붙잡아 공회에 넘겨주고, 회당에서 매질하고, 법정에 넘겨 감옥에 가둘 것이다. 나로 인해 너희가 총독과 제왕들 앞에 서고, 그들에게 나를 증언할 것이다. 그때 너희는 '무슨 말을 어떻게 할까?'하고, 변론할 말을 미리 궁리하지 마라. 대적이 맞서거나 반박할 수 없는 구변과 지혜를 너희에게 주실 것이다. 그대로 하면 된다. 말하는 이는 너희가 아니라 성령이시다.

너희는 정신을 바짝 차리고, 내 말을 명심하여 들어라. 사람들이 너희를 환난에 넘겨주고, 너희는 내 이름으로 인해 극심한 고통을 당하다가, 심지어 죽을 수도 있을 것이다. 너희 부모와 형제, 친척과 친구까지 너희를 고발하여, 너희 가운데 몇 사람을 죽일 것이다. 그러나 그 일이 도리어 너희에게 기회가 될 것이다. 너희가 내 이름으로 인해 모든 민족에게 미움을 받을 것이나, 끝까지 견디는 사람은 머리카락 하나도 상하지 않을 것이다.

많은 사람이 믿음을 잃고, 서로 배반하며 미워할 것이다. 거짓 예언자가 숱하게 일어나 사람을 홀릴 것이다. 세상은 타락과 방종으로 무법천지가 되어 죄악이 횡횡할 것이며, 사랑은 식어 더 이상 찾아보기 힘들 것이다. 그러나 끝까지 견디는 사람은 구원을 얻을 것이다. 너희 인내로 너희 생명을 얻을 것이다. 이 천국 복음이 온 세상에 전파되어 모든 민족에게 증언되면, 그제야 끝이 올 것이다.

예루살렘이 적에게 에워싸이는 것을 보거든, 그 성의 파멸이 가까이 이른 줄을 알아라. 예언자 다니엘의 말처럼, 황폐케 하는 가증스러운 것이 거룩한 곳에 선 것을 보거든, 유대에 있는 사람은 산으로 도망치고, 성안에 있는 사람은 성을 빠져나가라. 시골에 있는 사람은 성안으로 들어가지 말고, 지붕 위에 있는 사람은 세간을 꺼내러 내려가지 말며, 밭에 있는 사람은 겉옷을 가지러 집으로 돌아가지 마라. 그때가 바로 성경에 기록된 말씀이 이루어지는 징벌의 날이다.[244]

이 땅에 무서운 환란이 닥칠 것이고, 이 백성에게 하나님의 진노

---

244 그는 한 주간 동안 뭇 백성과 더불어 굳은 언약을 맺을 것이다. 그리고 한 주간 반이 지날 때, 희생 제사와 예물을 드리지 못하게 금할 것이다. 또 하나님께서 미워하시는 흉측한 우상을 거룩한 성전에 세울 것이다. 그러나 하나님께서 정하신 마지막 날까지, 그에게 하나님의 진노가 쏟아질 것이다. (다니엘 9.27)

가 내릴 것이다. 그들은 칼날에 죽임을 당하거나 포로가 되어 이방 나라로 끌려갈 것이며, 예루살렘은 이방인의 시대가 끝날 때까지 그 발에 짓밟힐 것이다. 그날 임신부와 젖먹이가 딸린 여인에게 더욱 화가 미칠 것이다. 그 일이 겨울이나 안식일에 일어나지 않도록 기도하라.

창세 이래 없었고, 앞으로도 없을 정말 무서운 환란이 그들에게 닥칠 것이다. 하나님께서 그 기간을 줄여주시지 않았다면, 살아남을 사람이 하나도 없을 것이다. 하지만 택하신 백성을 위해 하나님께서 그 기간을 줄여주셨다. 그때 누가 '그리스도가 여기 있다' 또는 '저기 있다'고 해도 믿지 마라. '광야에 있다'고 해도 나가지 말고, '골방에 있다'고 해도 믿지 마라. 거짓 그리스도와 예언자가 나타나 이상한 표적과 기사를 행하며, 가능한 한 선택받은 사람들까지 홀리려고 할 것이다.

그래서 내가 미리 이 일을 너희에게 일러주었다. 번개가 동쪽에서 치면 서쪽까지 순식간에 번쩍이듯, 인자도 그렇게 올 것이다. 너희는 정신을 바짝 차리고 경계하라. 시체가 있는 곳에 독수리가 모여들기 마련이다."

⟨성전⟩

성전은 하나님의 임재를 상징하였는바, 유대인에게는 생명과도 바꿀 수 없는 거룩한 곳이었다. 그런데 예수님은 그 성전이 완전히 파괴되어 사라질 것이라고 예언하셨으며, 실제로 돌 하나도 돌 위에 남지 않은 상태로 완전히 파괴되었다.

그때 유월절을 맞아 수많은 유대인들이 예루살렘에 모여들었으며, 예루살렘에서 죽은 사람이 110만 명에 이르렀고, 포로로 잡혀

간 사람도 7천 명이나 되었다. 당시 사람들은 하나님께서 어떠한 일
이 있어도 성전만은 보호하실 것이라고 믿었는바, 예수님의 경고를
무시하여 피해가 더욱 컸다고 한다. 그런데 유세비우스의 기록에
의하면, 일부 제자들이 예수님의 말씀을 명심하고 있다가 베뢰아
지방의 펠라로 피하였던바, 그들만은 목숨을 건졌다고 전해진다.

오늘날 사람들도 하나님께서 기뻐하실 것이라 여기고, 교회당을
마치 하나님의 성전인양 화려하게 꾸미고 있다. 그렇게 세워진 건물
을 보고, 하나님께서 큰 복을 주시기라도 한 것처럼 생각하고 사람
들이 몰려간다. 그래서 너도나도 크고 화려한 예배당을 지으려고
한다. 그걸 큰 믿음이나 사명인 양 착각하고, 허세를 떨며 권세까지
부린다. 하나님께서 가증이 여기신다는 사실도 모르고, 자기애(自己
愛)에 도취되어 살아간다.

그러나 하나님의 생각은 사람의 생각과 다르다. 어쩌면 완전히 정
반대일 수도 있다. 당시의 웅장하고 아름다운 성전이 하루아침에
파괴되어 역사의 무대에서 사라진 것처럼, 오늘날 교회당도 버림을
받아 황폐하게 될 수 있다. 어쩌면 그 날을 이미 기약하고 있는지도
모른다.

199. 무화과나무에서 교훈을 배워라.

(마태 24.29-44, 마가 13.24-37, 누가 21.25-38)

예수님이 말씀하셨다. "환난의 날이 지나면 해가 어두워지고, 달
이 빛을 잃고, 별들이 하늘에서 떨어지며, 모든 천체가 흔들릴 것이

다.[245] 그리고 지상에서는, 성난 바다와 파도의 우는 소리에 놀라 모든 민족이 어쩔 줄 모르고 괴로워할 것이며, 사람들은 세상에 닥쳐올 무서운 일들을 내다보고 공포에 떨다가 기절할 것이다.

그때 인자의 표징이 하늘에서 보이고, 모든 민족이 통곡할 것이다. 그들은 인자가 큰 권능과 영광에 싸여 구름을 타고 오는 모습을 볼 것이며, 인자는 큰 나팔소리와 함께 자기 천사들을 보낼 것이고, 천사들은 하늘 이 끝에서 땅 저 끝까지 사방에서 택하신 사람들을 불러 모을 것이다.[246] 이런 일이 일어나기 시작하거든 인자가 문 앞에 이른 줄 알고, 너희는 일어나 머리를 높이 들라. 구원의 때가 가까이 이르렀기 때문이다.

무화과나무에서 교훈을 배워라. 그 가지가 연해지고 잎사귀가 돋아나면 여름이 가까운 줄을 알지 않느냐? 이와 같이 너희도 이런 일이 일어나는 것을 보거든, 하나님의 나라가 가까이 이른 줄 알라. 내가 분명히 말한다. 이 세대가 지나가기 전에 이 모든 일이 일어날 것이다. 천지가 없어지는 일이 있어도, 내 말은 절대 없어지지 않을 것이다. 그러나 그 날과 그때는 아무도 모른다. 하늘의 천사들도 모르고, 아들도 모르고, 오직 아버지만 아신다. 그러므로 너희는 정신을 바짝 차리고 항상 깨어있어라.

이는 마치 타국으로 여행을 떠나는 사람이 집을 나설 때, 자기 종들을 불러 권한을 주면서 일을 맡기고, 문지기에게는 항상 깨어있으라고 명하는 것과 같다. 그러므로 깨어있어라. 주인이 돌아올 시

---

245 하늘의 별들과 그 성좌들이 빛을 내지 못하며, 해가 떠도 어둡고, 달도 빛을 비추지 못할 것이다. (이사야 13.10)
246 내가 너와 함께 있다. 두려워 마라. 내가 동쪽에서 네 자손을 데려오고, 서쪽에서 너희를 모으겠다. (이사야 43.5)

간이 저녁때일지, 한밤중일지, 닭이 울 무렵일지, 이른 아침일지, 아무도 모른다. 주인이 갑자기 돌아와 너희가 자고 있는 모습을 보면 어떻게 되겠느냐? 그런 일이 없도록 하라. 이것은 너희뿐만 아니라 모든 사람에게 하는 말이다. 늘 깨어있어라.

노아의 때와 같이 인자가 올 때도 그럴 것이다. 홍수 전 노아가 방주에 들어가는 날까지, 사람들은 먹고 마시며 장가가고 시집가며 하다가, 결국은 홍수가 나서 모두 멸망하고 말았다. 그때 두 사람이 밭에서 일하고 있어도 하나는 데려가고 하나는 버려둘 것이며, 두 여인이 맷돌을 갈고 있어도 하나는 데려가고 하나는 버려둘 것이다. 너희는 스스로 준비하고 깨어있어라.

어느 날 몇 시에 도둑이 들지 주인이 안다면, 도둑이 집을 뚫고 들어오지 못하게 깨어 지킬 것이다. 이와 같이 인자도 너희가 생각지 않은 때 올 것이다. 너희는 술 취하고 방탕하지 않도록 스스로 조심하라. 부질없는 세상살이 걱정으로 마음을 빼앗기지 않도록 하라. 그날이 덫과 같이 너희에게 들이닥치지 않게 하라. 그날은 온 세상 모든 사람에게 임할 것이다. 그러므로 너희는 앞으로 일어날 이 모든 일을 겪지 않고, 인자 앞에 바로 설 수 있도록 항상 기도하며 깨어있어라."

예수님이 낮에는 성전에서 가르치시고, 밤에는 감람원이라는 산에서 지내셨다. 모든 백성이 예수님의 말씀을 들으려고 이른 아침부터 성전에 모여들었다.

〈종말〉

예루살렘의 멸망에 이어서 온 세상에 밀어닥칠 마지막 날의 무서운 환난에 대하여 말씀하시며, 예수님은 방탕함과 술 취함, 생활의 염려로 마음이 둔해지지 않도록 항상 기도하며 깨어있으라고 당부하신다.

그리고 그때의 징조를 묻는 제자들에게 무화과나무의 비유를 통해 대답하신다. 무화과나무 가지가 연해지고 싹이 나면 여름이 가까운 줄을 알 듯이, 땅과 하늘의 징조를 보면 큰 심판이 있다는 것이다. 그러나 예수님은 믿는 자들에게 소망과 용기를 주시며 머리를 들라고 하신다.

200. 나는 여러분을 알지 못합니다.

(마태 25.1-13)

예수님이 말씀하셨다. "천국은 10명의 처녀가 등잔불을 들고 신랑[247]을 맞으러 나간 것과 같다. 그들 가운데 5명은 어리석고 5명은 슬기로웠다. 어리석은 처녀는 등잔불은 가지고 나갔으나 기름을 준비하지 않았고, 슬기로운 처녀는 통에 기름을 담아 등잔불과 함께 가지고 나갔다. 신랑이 늦도록 오지를 않자 처녀들은 졸다가 잠이 들었다.

그런데 한밤중에 외치는 소리가 들렸다. '보세요, 신랑이 옵니다. 어서 나와 맞이하세요!'

처녀들은 일어나 저마다 등잔불을 준비하였다. 어리석은 처녀는 그제야 자기 잘못을 깨닫고 슬기로운 처녀에게 말하였다. '우리의

---

247 신랑(新郞)은 결혼식 날 친구들과 함께 신부의 집으로 갔다. 저녁에 예식을 치러 등잔불이 필요했으며, 등잔불은 신부의 친구들이 준비하였다.

등잔불이 꺼져가니, 너희가 가진 기름을 조금만 나눠주려무나.'

슬기로운 처녀가 말하였다. '그러면 우리도 모자라고 너희도 모자랄 거야. 가게에 가서 사오는 것이 낫겠어.'

그래서 어리석은 처녀들이 기름을 사러 간 사이에 신랑이 왔고, 등잔불을 준비하고 있던 슬기로운 처녀들은 신랑과 함께 혼인잔치에 들어갔다. 그리고 문이 닫혔다.

나중에 어리석은 처녀들이 와서 문을 두드리며 애원하였다. '주님! 주님! 문 좀 열어주세요!'

그러나 신랑은 대답하였다. '내가 분명히 말합니다. 나는 여러분을 알지 못합니다.'

그러므로 깨어있어라. 인자가 언제 올지 너희는 그날과 그때를 알지 못한다."

〈열 처녀〉

예수님의 비유 중에서 '알곡과 쭉정이' '양과 염소' '열 처녀' 등은 모두 믿는 사람을 대상으로 한다. 이들의 특징은 언뜻 보아 잘 드러나지 않는다는 점이다. 열 처녀는 결혼식에 초대받은 신부 우인들로, 신랑을 맞이하는 일에 열심을 다했다. 모두 등잔불을 들고 기다리다가 신랑이 늦게 오므로 잠시 졸았다. 그런데 신랑이 도착할 때 보니, 기름이 떨어져 등잔불이 꺼져가고 있었다.

이제까지 아무 문제가 없던 일이 결정적인 순간에 드러난 것이다. 사실 그처럼 신랑이 늦게 도착하리라고는 아무도 생각지 못했다. 하지만 예외는 언제든지 있기 마련이다. 우리의 일상생활에서 흔히 볼 수 있는 일이다.

이와 같이 미리 준비하지 못해 일을 그르친 경우가 많지만, 우리는 여전히 어리석고 미련하다. 정말 끝이 좋아야 다 좋은 때가 있다. 바로 마지막 날 심판의 때다. 기차가 이미 떠난 후라면, 아무리 손을 들고 흔들어 봐도 소용이 없을 것이다. 이미 떠난 기차가 다시 돌아올 리 만무하니까 말이다.

201. 유월절 음식을 준비하라.

(마태 26.17-19, 마가 14.12-16, 누가 22.7-13)

무교절 첫날이 되었다. 이날 저녁 **248**유월절에 쓸 어린양을 잡았다. 제자들이 유월절을 준비하려고 하였다. 예수님이 베드로와 요한을 따로 보내며 이르셨다. "너희가 가서 우리가 먹을 유월절 음식을 준비하라."

그들이 물었다. "선생님, 어디에 차리면 좋겠습니까?"

예수님이 일러주셨다. "너희가 성안에 들어가면, 물 한 동이를 메고 가는 사람을 만날 것이다. 그가 들어가는 집으로 따라 들어가라. 그리고 집주인에게 말하라. '때가 되어 우리 선생님이 제자들과 함께 유월절을 지킬 방을 알아보라고 하였습니다.' 그러면 그가 자리를 펴고 준비한 큰 다락방을 보여줄 것이다. 거기서 준비하라."

제자들이 가서 보니, 과연 예수님이 말씀하신 그대로였다. 그래서 유월절 음식을 거기 준비하였다.

---

248 첫째 달 14일 해 질 무렵에 주의 유월절을 지켜야 하고, 같은 달 15일에 주의 무교절을 지켜야 하며, 7일 간 무교병을 먹어야 한다. (레위기 23.5-6)

<어린양>

　유월절은 430년간 이집트에서 종노릇하던 이스라엘 백성을 하나님의 명령에 따라 모세가 해방시킨 날이다. 모세가 80세 때, [249]바로(파라오) 앞에 나아가 이스라엘 백성을 보내달라고 하였으나, 그가 거절하여 하나님께서 이집트에 10가지 재앙을 내리게 되었으며, 마지막 10번째 재앙으로 이집트의 모든 장자와 초태생을 죽였다. 그때 바로의 장자도 죽었다.

　하지만 이스라엘 백성은 하나님의 지시에 따라 문설주와 인방에 어린양의 피를 발라 재앙이 넘어갔다. 그러자 바로는 밤중에 모세와 아론을 불러 이집트에서 떠나라고 하였다. 이집트 백성도 그동안 10가지 재앙으로 많은 어려움을 겪었던바, 그들이 가지고 있던 패물과 의복까지 내어주면서 기꺼이 보내주었다.

　이스라엘 백성이 인방과 설주에 바른 어린양의 피는 예수님이 십자가에 달려 흘린 피를 상징하였는바, 다름 아닌 구원의 표시였다. 이후 이스라엘 백성은 그날을 유월절로 지키며 민족 최대의 명절로 삼았다. 바로 이 유월절에, 예수님이 인류의 구원을 위한 속죄양으로, 친히 유월절의 어린양이 되어 십자가에 달려 돌아가셨다.

202. 유월절 음식 먹기를 원하였다.

(마태 26.20, 마가 14.17, 누가 22.14-16, 요한 13.1)

　유월절 직전이었다. 예수님이 세상을 떠나 아버지께 돌아가실 때

249　바로(pharaoh)는 원래 이집트 왕궁을 뜻하는 말이었으나, 나중에 왕을 일컫는 통칭이 되었다. 이집트인은 바로를 신으로 여겼다.

가 가까이 이른 줄 아시고, 자기 사람을 사랑하시되 더욱 극진히 사랑하셨다. 저녁이 되자 12제자와 마지막 만찬을 드시려고, 베드로와 요한이 미리 준비한 그 집으로 가셨다.

예수님이 식탁에 기대앉아 말씀하셨다. "내가 고난을 받기 전에 너희와 함께 이 유월절 음식 먹기를 무척 원하였다. 내가 말한다. 이 유월절이 하나님의 나라에서 온전히 이루어질 때까지, 내가 다시는 이 음식을 먹지 않을 것이다."

〈유월절〉

예수님이 마가의 다락방에서 12제자와 나누신 최후의 만찬은 유대인의 유월절 음식이었다. 유대인들은 1년 미만의 흠 없는 양 1마리로 10명에서 20명쯤 먹었으며, 포도주는 각기 4잔씩 마셨다. 초대교회에서 사랑의 애찬으로 지키다가 나중에 성만찬으로 바뀌었다. 오늘날 우리는 성찬식을 통하여 주님의 십자가 고난을 기억하며, 한없는 구원의 은혜를 누린다.

203. 너희가 다 나를 버릴 것이다.

(마태 26.31-35, 마가 14.27-31, 누가 22.31-38, 요한 13.36-38)

시몬 베드로가 물었다. "주님, 어디로 가십니까?" (쿼바디스 도미네?)

예수님이 대답하셨다. "내가 가는 곳에 지금은 네가 따라올 수 없으나, 나중에는 따라오게 될 것이다."

베드로가 말하였다. "주님, 어째서 지금은 따라갈 수 없습니까? 주님을 위해 제 목숨을 바치겠습니다."

예수님이 말씀하셨다. "시몬아, 시몬아! 네가 정말 나를 위해 목숨을 바치겠느냐? 보라! 사탄이 키로 밀 까부르듯, 이제 너희를 손아귀에 넣어 제멋대로 다루게 되었다. 그러나 나는 네가 믿음을 완전히 잃지 않도록 기도하였다. 네가 뉘우치고 돌아올 때, 네 형제를 굳게 하라."

그리고 제자들에게 말씀하셨다. "성경에 이 말씀이 있다. '내가 칼을 들어 목자를 치리니 양 떼가 흩어지리라.' (스가랴 13.7) 그러므로 오늘 밤, 너희가 다 나를 버릴 것이다. 그러나 나는 다시 살아날 것이며, 너희보다 먼저 갈릴리로 가서 너희를 인도할 것이다."

베드로가 큰소리치며 말하였다. "주님! 모든 사람이 다 주님을 버릴지라도, 저는 절대로 버리지 않겠습니다. 저는 주님과 함께 감옥은 물론, 사형장까지도 끌려갈 각오가 되어있습니다."

예수님이 말씀하셨다. "베드로야, 내가 분명히 말한다. 오늘밤 닭이 2번 울기 전, 네가 3번 나를 모른다고 부인할 것이다."

그러자 베드로는 더욱 강경하게 주장하였다. "제가 주님과 함께 죽으면 죽을지언정, 결코 주님을 부인하지 않겠습니다."

그러자 다른 제자들도 똑같이 말하였다. 예수님이 말씀하셨다. "내가 너희를 보낼 때 지갑이나 가방, 신발을 가지고 다니지 말라고 하였다. 그런데 부족한 것이 있었더냐?"

"아무것도 없었습니다."

"그러나 이제는 지갑이나 가방이 있는 사람은 가지고 다녀라. 식량 자루도 챙기고, 칼이 없는 사람은 겉옷을 팔아서라도 사라. 내가 분명히 말한다. 나에 대한 이 성경은 반드시 이루어질 것이다. '그는 마치 범죄자처럼 취급당했다.' (이사야 53.12) 과연 나에 대한 말씀은 다 이루어지고 있다."

제자들이 말하였다. "주님, 보십시오! 여기 칼 2개가 있습니다."

예수님이 말씀하셨다. "그래, 됐다."

〈쿼바디스〉

쿼바디스(Quo Vadis)는 2001년 개봉한 폴란드 영화다. 네로 황제(AD 54~68년 재위)가 신성 로마제국 건설을 위해 스스로 도시를 불태우고, 그 원인을 그리스도인에게 뒤집어씌워 박해와 학살을 자행한 시대를 배경으로 만들었다. 당시 로마에서 선교 활동을 펼치던 베드로는 가장 큰 신변의 위협을 느끼게 되었고, 이를 염려한 형제들의 권면에 따라 로마를 떠나 지중해로 가고 있었다. 그때 십자가를 지고 로마 쪽으로 걸어오시는 예수님을 만나게 되었다.

베드로가 보고 깜짝 놀라 물었다. '쿼바디스 도미네?' (주여, 어디로 가시나이까?)

예수님이 대답하셨다. '네가 형제들을 버리고 로마를 떠나니, 내가 다시 십자가를 지고 로마로 간다.'

이 말씀을 하시고 어디론가 사라지셨다. 그때 베드로는 큰 죄책감에 눈물을 흘리며 다시 로마로 돌아가 거꾸로 십자가에 달려 죽게 되었고, 감옥에 갇힌 형제들은 석방되어 자유를 얻었다.

204. 다른 보혜사를 보내실 것이다.

(요한 14.15-26)

예수님이 말씀하셨다. "너희가 나를 사랑하면 내 계명을 지킬 것이고, 내가 아버지께 구하면 아버지께서 너희와 영원히 함께하실 다른 보혜사250를 보내실 것이다. 그분은 진리의 영251이시다. 세상은 그분을 보지 못하고 알지 못하여 받아들일 수 없지만, 너희는 그분을 안다. 그분이 너희와 함께 계시고, 너희 안에 사시기 때문이다.

나는 너희를 고아252와 같이 버려두지 않고, 너희에게 다시 올 것이다. 조금 있으면 세상은 나를 보지 못할 것이나, 너희는 다시 보게 될 것이다. 내가 살아있고, 너희도 살아있을 것이기 때문이다. 그날 너희는, 내가 아버지 안에 있고 너희가 내 안에 있으며, 내가 너희 안에 있음을 깨달을 것이다. 누구든지 내 계명을 받아들이고 지키면, 나를 사랑하는 것이다. 나를 사랑하는 사람은 내 아버지의 사랑을 받을 것이고, 나 또한 그를 사랑하여 그에게 나를 드러내 보일 것이다."

그때 가룟 사람 아닌 다른 유다가 물었다. "주님, 저희에게는 자신을 드러내 보이시고, 세상에는 드러내 보이시지 않는 이유가 무엇입니까?"

예수님이 대답하셨다. "누구든지 나를 사랑하는 사람은 내 말을 지킬 것이다. 그러면 내 아버지께서 그를 사랑하실 것이고, 아버지와 내가 그를 찾아가 그와 함께 살 것이다. 그러나 나를 사랑하지 않는 사람은 내 말을 지키지 않는다. 너희가 듣는 이 말은 내 말이 아니라, 나를 보내신 아버지의 말씀이다.

내가 너희와 함께 있는 동안 이 모든 것을 들려주었다. 그러나 보

---

250 보혜사(保惠師, Counselor/Helper)는 그리스어 파라클레토스(Parakletos)로 보호자, 변호자, 위로자, 상담자, 대언자, 협력자, 친구 등 다양한 번역이 가능하다.
251 우리는 하나님께 속하였습니다. 하나님을 아는 자는 우리의 말을 듣고, 하나님께 속하지 않은 자는 우리의 말을 듣지 않습니다. 이로써 우리는 진리의 영과 미혹의 영을 분별합니다. (요한일서 4.6)
252 고아(孤兒)는 부모 없는 아이를 말하나, 성경에서는 아버지 없는 사람을 가리킨다. 당시 아버지가 없는 가족은 사회에서 가장 힘없는 약자였다.

혜사, 곧 아버지께서 내 이름으로 보내실 성령이 오시면, 그분이 너희에게 모든 것을 가르쳐주시고, 내가 너희에게 한 말을 모두 생각나게 하실 것이다.”

〈하나님〉

‘쉐마, 이스라엘! 아도나이 엘로 헤이누, 아도나이 에하드.’ (신명기 6.4)

히브리어로 ‘들으라, 이스라엘아! 주님은 우리의 하나님이시요, 오직 한 분이시다.’라는 뜻이다. 이는 성경의 뿌리요, 신앙의 근간이다. 하나님은 유일하신바 다른 분이 있을 수 없다. 혹시 다른 분이 있다면 그는 이미 하나님이 아니다.

성부와 성자와 성령, 즉 삼위일체 하나님도 유일신 하나님의 기독교적 표현이다. 성자이신 예수님이 십자가를 통해 구원을 이루시고, 하늘로 올라가시며 다른 보혜사를 보내주겠다고 약속하셨다. 그래서 성부 하나님께서 성자 예수 그리스도의 뜻에 따라 성령 보혜사를 우리에게 보내주셨던 것이다.

205. 아버지! 이제 때가 되었습니다.

(요한 17.1-26)

예수님이 하늘을 우러러보시고 기도하셨다. “아버지! 이제 때가 되었습니다. 아들이 아버지의 영광을 드러내도록 아들의 영광을 드러내 주십시오. 아버지께서 아들에게 모든 사람을 다스릴 권세를 주셨으며, 아들은 아버지께서 맡겨주신 모든 사람에게 영생을 주게 되었습니다. 영생은 유일하시고 참되신 하나님 아버지와 또 아버지께서 보내신 예수 그리스도를 아는 것입니다.[253]

아들은 아버지께서 맡겨주신 일을 온전히 수행하여, 세상에서 아버지의 영광을 드러내었습니다. 아버지! 이제 아들의 영광을 드러내 주십시오. 창세 전부터 아버지 곁에서 누리던 그 영광을 아버지와 함께 누리게 하여 주십시오. 아버지께서 세상에서 뽑아 아들에게 맡겨주신 이들에게 아들이 아버지를 분명히 알려주었습니다. 이들은 원래 아버지의 것으로 아버지께서 아들에게 맡겨주셨으며, 이들은 아버지의 말씀을 잘 지켰습니다.

이제 이들은 아버지께서 아들에게 주신 모든 것이 아버지로부터 왔음을 알고 있습니다. 아들은 아버지께서 주신 말씀을 이들에게 모두 전했습니다. 이들은 그 말씀을 받아들였고, 아들이 아버지로부터 왔음을 깨달았으며, 아버지께서 아들을 보내신 것도 믿었습니다. 아들이 이들을 위해 기도합니다. 세상을 위해 기도하는 게 아니라, 아버지께서 아들에게 맡기신 이들을 위해 기도합니다. 이들은 모두 아버지의 것입니다. 아들의 것은 다 아버지의 것이며, 아버지의 것은 다 아들의 것입니다. 그래서 이들을 통해 아들의 영광이 나타났습니다.

이제 아들은 아버지께 가고, 더 이상 세상에 있지 않을 것입니다. 그러나 이들은 여전히 세상에 있을 것입니다. 거룩하신 아버지! 아버지께서 아들에게 주신 아버지의 이름으로 이들을 지켜주십시오.

---

253 내가 바라는 것은 그리스도를 알고, 그분의 부활 능력을 깨닫고, 그분의 고난에 동참하여, 그분의 죽음을 본받는 것입니다. (빌립보서 3.10)

아버지와 아들이 하나인 것처럼, 이들도 하나가 되게[254] 하여 주십시오. 아들이 이들과 함께 있는 동안, 아버지께서 아들에게 주신 아버지의 이름으로 이들을 지켰습니다. 멸망의 자식 외에는 하나도 잃지 않았습니다. 그것도 성경을 이루기 위함이었습니다.

이제 아들은 아버지께 갑니다. 아들이 세상에서 이 말씀을 드리는 이유는, 아들의 기쁨을 이들 속에 충만하게 하려는 것입니다. 아들이 이들에게 아버지의 말씀을 전해주었습니다. 아들이 세상에 속하지 않은 것처럼, 이들도 세상에 속하지 않았습니다. 그래서 세상이 이들을 미워하였습니다.

아들이 아버지께 구하는 바는, 이들을 세상에서 데려가 달라는 게 아니라 악한 자[255]로부터 지켜달라는 것입니다. 아들이 세상에 속하지 않은 것처럼, 이들도 세상에 속하지 않았습니다. 진리로 이들을 거룩하게 하여 주십시오. 아버지의 말씀은 진리입니다.

아버지께서 아들을 세상에 보내신 것처럼, 아들도 이들을 세상에 보냈습니다. 이들을 진리로 거룩하게 하려고, 아들도 자신을 거룩하게 하였습니다. 아들은 이들만을 위해 기도하는 것이 아닙니다. 이들이 전하는 말을 듣고, 장차 아들을 믿을 다른 사람들을 위해서도 기도합니다.

아버지! 아버지께서 아들 안에 계시고 아들이 아버지 안에 있는 것처럼, 그들도 하나가 되게 하시고 아버지와 아들 안에 있게 하여

---

254 성령이 평화의 줄로 묶어서 하나가 되게 하신 것을 힘써 지키십시오. 여러분이 부르심을 받을 때 한 소망 안에서 부르심을 받은 것처럼, 몸도 하나요, 성령도 하나요, 주님도 하나요, 믿음도 하나요, 세례도 하나요, 하나님도 한 분이시니, 곧 만유의 아버지시며, 만유 위에 계시고, 만유를 통해 일하시고, 만유 안에 계십니다. (에베소서 4.3-6)
255 평화의 하나님께서 여러분을 온전히 거룩하게 하시고, 우리 주 예수 그리스도가 다시 오실 때까지, 여러분의 영과 혼과 몸을 완전하고 흠 없게 지켜주시기를 빕니다. (데살로니가전서 5.23)

주십시오. 그러면 아버지께서 아들을 보내신 것을 세상이 믿게 될 것입니다. 아버지와 아들이 하나인 것처럼 그들도 하나가 되게 하려고, 아버지께서 아들에게 주신 영광을 아들도 그들에게 주었습니다.

아들이 그들 안에 있고 아버지께서 아들 안에 계시듯, 그들도 온전히 하나가 되게 하려는 것입니다. 이는 아버지께서 아들을 보내시고 사랑하신 것처럼, 그들도 사랑하심을 세상으로 알게 하려는 것입니다. 아버지! 아버지께서 아들에게 맡기신 그들을 아들이 있는 곳에 함께 있도록 하여 주십시오. 창세 전부터 아들을 사랑하여 아들에게 주신 그 영광을 그들도 보게 하여 주십시오.

의로우신 아버지! 세상은 아버지를 모르나 아들은 아버지를 압니다. 그들도 아버지께서 아들을 보내신 것을 알고 있습니다. 아버지께서 아들을 사랑하신 그 사랑이 그들 안에 있고, 아들도 그들 안에 있으려고 아들이 그들에게 아버지를 알게 하였으며, 앞으로도 계속 알게 할 것입니다."

⟨고별기도⟩

기도의 주제는 믿음(belief)과 일치(unity), 사랑(love)이다. 먼저 주님의 제자들과 그들의 전도에 의하여 앞으로 믿을 사람들을 위해 기도한다. 그리고 세상 모든 사람들이 주님을 믿도록 기도한다. 또 교회의 일치를 위해 기도한다. 주님을 믿는 사람만의 일치가 아니라, 그 이상의 일치를 위한 것이다.

사실 제자들은 주님이 십자가를 지려고 예루살렘으로 올라가실 때부터 자리다툼으로 옥신각신하였다. 그것이 오늘날까지 교권주의와 교파갈등, 이단시비 등으로 이어지고 있다. 그래서 주님의 기도는 더욱 간절하였다.

그리고 주님은 하나님의 지극하신 사랑을 위해 기도한다. 이는 아버지와 아들 간의 관계적 사랑으로, 하나님 안에서 하나로 결속하는 것이다. 그 사랑은 결국 주님의 십자가로 완성된다. 끝으로 주님을 믿는 사람들이 주님과 함께 있도록 해달라고 기도한다.

206. 내가 바로 그 사람입니다.

(마태 26.47–56, 마가 14.43–52, 누가 22.47–53, 요한 18.1–11)

예수님이 제자들과 함께 기드론[256] 골짜기를 건너 감람원이라는 동산 안으로 들어가셨다. 예수님이 제자들과 가끔씩 모인 곳으로 가룟 유다도 알고 있었다. 거기서 예수님이 아직 말씀하고 계실 때, 12제자 가운데 하나인 유다가 한 무리의 로마군과 바리새인들이 보낸 성전 경비대를 대동하고 나타났다. 그들은 창검과 곤봉으로 무장하고, 등과 횃불을 들고 있었다.

유다가 그들과 미리 암호를 짜 두었다. '내가 그에게 입을 맞출 테니, 단단히 붙잡아 끌고 가시오.'

예수님은 자신이 당할 일을 아시고 앞으로 나가시며 물으셨다. "친구여, 무엇 하러 여기까지 왔는가?"

유다가 입을 맞추러 다가오며 말하였다. "선생님, 안녕하십니까?"

예수님이 대답하셨다. "이 사람아, 어서 할 일이나 하여라."

유다가 와서 입을 맞추자 예수님이 말씀하셨다. "유다야, 네가 입

---

256 기드론(Kidron, 백향목의 시내)은 예루살렘과 감람산 사이의 약 5㎞에 이르는 골짜기로, 예수님이 베다니를 오가며 자주 건너다니신 곳이다.

맞춤으로 나를 파느냐?"

그때 체포조가 달려들었고, 예수님이 물으셨다. "누구를 찾습니까?"

"나사렛 예수요!"

"내가 바로 그 사람입니다."

예수님의 위엄에 압도되어 그들이 뒷걸음치다가 땅에 자빠져 나뒹굴었다. 유다가 그 곁에 서 있었다. 예수님이 다시 물으셨다. "누구를 찾는다고 했습니까?"

"나사렛 예수요!"

"내가 바로 그 사람이라고 말했습니다. 이 사람들은 돌아가게 하십시오."

이는 예수님이 기도하신 말씀을 이루시기 위함이었다. '아버지께서 제게 맡기신 사람들을 하나도 잃지 않았습니다.'

사태가 심상치 않음을 깨닫고 한 제자가 말하였다. "주님, 우리가 저들을 칼로 칠까요?"

그때 시몬 베드로가 칼을 뽑아 대제사장의 종에게 휘둘러 오른쪽 귀를 베어버렸다. 그의 이름은 말고였다. 예수님이 급히 나서 말리셨다. "멈춰라! 네 칼을 도로 칼집에 꽂아라! 칼을 쓰는 자는 칼로 망한다. 아버지께서 주신 잔을 내가 받아 마셔야 하지 않겠느냐? 내가 내 아버지께 청하면, 당장 12군단 이상의 천사가 올 수도 있다는 것을 모르느냐? 그러나 그렇게 되면, 이 일이 반드시 일어나야 한다는 성경이 어떻게 이루어지겠느냐?"

그리고 말고의 귀를 어루만지며 고쳐주셨다. 거기 대제사장과 장로들이 성전 경비대장과 함께 서 있는 것을 보고 예수님이 말씀하셨다. "마치 강도를 잡듯이 칼과 몽둥이를 들고 나를 잡으러 왔습니까? 내가 매일 성전에 앉아 가르쳤으나, 여러분은 내게 손대지 않았습니다. 그러나 이제는 여러분의 때가 되었고, 어둠의 권세가 판치는 때가 되었습니다. 그러므로 이 일이 일어나게 된 것도, 다 성경에 기록된 예언의 말씀을 이루기 위함입니다." (이사야 53.7)

이 말씀을 하시고 예수님이 자신을 그들에게 맡기시자, 제자들은 예수님을 버리고 달아났다. 그때 한 청년이 맨몸에 홑이불만 걸치고 따라왔다가, 사람들이 붙잡자 홑이불을 벗어던지고 알몸으로 달아났다.

〈기드론〉

기드론은 예루살렘 동쪽의 협곡을 따라 흐르는 여울로 게헨나로 이어졌다. 예루살렘에서 이곳을 건너면 바로 겟세마네 동산이었다. 이 시내가 흐르는 계곡을 예레미야 7장에서는 '힌놈의 아들 골짜기'라 하였으며, '살육의 골짜기'로 부를 날이 오리라고 예언하였다.

예수님은 가끔씩 제자들과 함께 기드론 시내를 건너 겟세마네 동산에 들어가셨다. 하나님의 속죄양으로 인류를 구원하시기 위한 큰 발걸음이었다. 겟세마네는 '올리브가 있는 곳'으로 올리브 열매로 기름을 짜는 곳이었다.

예수님이 이 동산까지 제자들을 데리고 가신 목적은, 자신이 체포되는 장면과 고난 과정 등을 똑똑히 목격하게 하심으로써, 그들을 확고부동한 부활의 증인으로 세우시기 위함이었다. 그래서 제자들은 주님의 고난과 십자가의 죽음이 구원의 길이요, 성경을 이루기 위한 방편임을 확실히 믿게 되었다.

207. 나는 드러내 놓고 말했습니다.

(요한 18.12-14, 19-24)

부대장의 지휘하에 로마군과 성전 경비대가 예수님을 붙잡아 묶었다. 그리고 먼저 안나스에게 끌고 갔다. 그는 그해 대제사장 가야바의 장인이었다. 가야바는 한 사람이 온 백성을 위해 대신 죽는 것이 낫다고 유대인에게 조언한 사람이다. 그가 예수님께 그 제자와 가르침에 대해 이것저것 물어보았다.

예수님이 대답하셨다. "나는 세상에 드러내 놓고 버젓이 말했습니다. 모든 유대인이 모이는 회당과 성전에서 항상 가르쳤으며, 은밀하게 말한 것은 아무것도 없습니다. 어찌하여 내게 묻습니까? 내가 무슨 말을 하였는지, 내 말을 들은 사람에게 직접 물어보십시오. 그들이 내가 한 말을 다 알고 있습니다."

그때 경비병 하나가 곁에 서 있다가, 손바닥으로 예수님의 뺨을 후려치며 말하였다. "대제사장님께 대답하는 태도가 그게 뭐냐?"

예수님이 말씀하셨다. "내가 한 말에 잘못이 있다면 그 증거를 대시오. 내가 한 말이 옳다면 어찌하여 나를 치시오?"

안나스가 예수님을 결박한 상태로 대제사장 가야바에게 보냈다.

〈안나스〉

안나스(Annas)는 시리아 총독 구레뇨(Quirinius)에 의해 AD 6년 대제사장으로 임명되었으나, 빌라도 직전의 유대 총독 그라투스(Gratus)에 의해 16년 해임되었다. 그러나 아들을 거쳐 사위인 가야바에게 대제사장직을 물려줌으로써 영향력을 계속 행사하였다. 그는 체포된 예수님을 가야바보다 먼저 심문하였으며, 오순절 사건 이후 베드로를 책망하기도 하였다.

가야바(Caiaphas)는 안나스의 사위로 로마에 의해 임명되었으며, AD 18년부터 36년까지 대제사장으로 봉직하였다. 유대 역사가 요세푸스에 의하면, 그는 시리아 총독 비텔리우스(Vitellius)에 의해 쫓겨났다. 시리아 총독은 로마 황제의 지휘를 직접 받았으며, 원로원이 임명한 유대 총독을 감독하는 위치에 있었다.

208. 그렇다고 당신이 말했습니다.

(마태 26.57-68, 마가 14.53-65)

경비병들이 대제사장[257] 가야바의 공관으로 예수님을 끌고 갔다. 대제사장과 율법학자, 장로[258]들이 모두 모여들었다. 베드로가 멀찌감치 떨어져 예수님을 따르다가 대제사장 공관 안마당까지 들어가게 되었다. 거기서 일의 결말을 보려고 경비병과 하인들 틈에 앉아 숯불을 쬐고 있었다.

대제사장과 온 공회가 예수님을 죽이려고 증거를 찾았으나 아무것도 나오지 않았다. 여러 사람이 일어나 거짓 증언도 하였으나, 서로 맞지를 않아 신빙성 있는 증거는 하나도 없었다.

---

[257] 대제사장(大祭司長)은 1년에 한번 속죄일마다 지성소에 들어가 제사를 드렸으며, 산헤드린 의장으로서 정치적, 종교적 최고 지도자였다.

[258] 장로(長老)는 모세가 72장로를 세워 백성의 중재자로 삼은 데서 유래를 찾을 수 있으며, 감독과 함께 초대교회의 지도자였다. 그러나 2세기 후 사제 제도와 아울러 사라졌다가, 16세기 종교개혁 후 장로교를 중심으로 다시 생겨났다.

그때 새로운 목격자라는 증인 2명[259]이 나타나 말하였다. "저 사람이 손으로 지은 이 성전을 허물고, 손으로 짓지 않은 다른 성전을 3일 만에 세우겠다고 한 말을 우리가 들었습니다."

그러나 그 말조차 서로 일치하지 않았다. 그러자 대제사장이 공회 앞에 서서 직접 심문하였다. "이들이 이렇듯 그대에게 불리한 증언을 하잖소? 그대는 어찌하여 아무 말이 없소?"

예수님이 여전히 침묵하시자 대제사장이 다시 물었다. "내가 살아 계신 하나님께 맹세하고 명하니, 여기서 분명히 말하시오. 그대가 정말 찬양을 받으실 하나님의 아들 그리스도요?"

예수님이 대답하셨다. "그렇다고 당신이 말했습니다. 그러나 내가 다시 말합니다. 앞으로 인자가 전능하신 분의 오른편에 앉은 것과 하늘에서 구름을 타고 오는 것을 여러분이 볼 것입니다."

그러자 대제사장이 자기 옷을 찢으며 크게 외쳤다. "이 사람이 하나님을 모독하였소[260]! 이제 우리에게 무슨 증인이 더 필요하겠소? 보시오! 여러분 모두가 이 사람의 말을 직접 들었소. 어떻게 생각하시오?"

그들이 한목소리로 대답하였다. "마땅히 죽어야 합니다!"

그때 예수님의 얼굴에 침을 뱉고, 눈을 가리고 주먹으로 치며, 손바닥으로 뺨을 때리는 사람도 있었다. 그리고 조롱하였다. "그리스도야, 너를 때린 사람이 누구냐? 어디 한번 알아맞혀 보고, 예언자

---

259 사람을 죽일 때는 적어도 두 사람 이상의 증인이 있어야 하며, 한 사람의 증인만으로는 죽일 수 없습니다. (신명기 17.6)

260 주의 이름을 모독하는 자는 반드시 죽여야 한다. 온 회중이 돌로 쳐 죽여야 한다. 주의 이름을 모독하는 자는 이스라엘 사람은 말할 것도 없고, 외국인도 반드시 죽여야 한다. (레위기 24.16)

노릇이나 하여라.**261"**

예수님을 넘겨받은 경비병들도 손찌검을 하며 희롱하기를 마지않았다.

〈가야바〉

성전 경비대가 예수님을 끌고 기드론 골짜기를 건너 예루살렘으로 들어갔다. 먼저 전임 대제사장 안나스의 공관으로 데리고 갔다. 안나스는 대제사장 가문의 가장 큰 어른이었고, 현직 대제사장 가야바의 장인으로 최고의 실권자였다. 그때 백성들은 안나스의 권고를 하나님의 뜻인 양 받아들였고, 군인들은 종교적 권력에 의해 그에게 가장 먼저 예수님을 끌고 갔다. 그리고 가야바에게 인계되었다.

예수님은 법적으로 다음날 낮에 공회의 심문을 받을 수 있었으나, 한밤중에 안나스와 가야바의 공관에서 예비심문을 받았다. 그리고 새벽에 공회의 결의를 거쳐 총독 빌라도에게 인계되었다. 죄인의 사형은 총독의 판결에 의해서만 가능하였고, 유월절이 코앞에 다가와 속전속결로 일을 처리할 수밖에 없었다.

209. 그렇다고 여러분이 말했습니다.

(마태 27.1-2, 마가 15.1, 누가 22.63-71)

예수님을 지키는 자들이 예수님의 눈을 가리고 뺨을 때리며 조롱

261　그는 멸시받고 퇴박맞았다. 많은 간고를 겪으며 질병을 앓았다. 사람들이 얼굴을 가리고 피해갈 만큼 멸시를 받았으며, 우리도 덩달아 그를 업신여겼다. (이사야 53.3)

하였다. "누가 너를 때렸는지 어디 한번 알아맞혀 보아라. 그리고 예언자 노릇이나 하여라."

그리고 입에 담지 못할 온갖 욕설을 계속 퍼부으며 예수님을 모욕하였다. 날이 새자 예수님을 죽일 결의안을 공개적으로 채택하려고, 백성의 장로들 곧 대제사장과 율법학자들로 구성된 공회가 열렸다. 모든 회원이 참석한 전체회의였다.

그들이 예수님을 끌어다 법정에 세우고 다시 물었다. "그대가 그리스도인지 아닌지, 공회 앞에서 분명히 말하시오!"

예수님이 대답하셨다. "내가 말해도 여러분은 믿지 않을 것이며, 내가 물어도 여러분은 대답지 않을 것입니다. 그러나 이제부터 인자가 전능하신 하나님의 우편에 앉게 될 것입니다." (시편 110.1)

"그러면 그대가 정녕 하나님의 아들이란 말이오?"

"그렇다고 여러분이 말했습니다."

그러자 그들이 일제히 일어나 소리를 질렀다. "이제 더 이상 무슨 증언이 필요하겠소? 우리가 그 입으로 말하는 것을 직접 들었소!"

그래서 공회가 예수님을 죽이기로 결의하고, 다시 결박하여 빌라도 총독에게 넘겼다.

〈공회〉

공회의 질문은 오로지 메시아에 관한 것이었다. 주님은 이미 백성들로부터 메시아로 인정받고 있었다. 그들은 그 사실을 익히 알고 있었는바, 계속 메시아의 여부만을 추궁하였다. 예수님의 입으로 메시아가 아니라고 부인하라는 뜻이었다.

주님이 메시아로 공식화되면 그들의 역할은 끝나야 했고, 그동안 누리던 부귀영화와 권세도 막을 내릴 수밖에 없었다. 수단과 방법을 가리지 않고 메시아의 출현만은 막아야 했다. 그래서 그들은 신성모독죄, 행악죄, 소요죄, 반란죄 등을 만들어 억지로 뒤집어씌웠던 것이다.

결국 그들은 기득권 유지를 위해 역사상 최대의 실수를 저지르고 말았다. 인류의 구세주로 오신 하나님의 아들을 십자가에 못 박았던 것이다. 그것을 미리 알고 주님은 '내가 말해도 여러분은 믿지 아니할 것이며, 내가 물어도 여러분은 대답지 않을 것입니다.'라고 하셨다. 이는 '내가 무슨 말을 하여도 거역할 것이 뻔한데, 여러분에게 무슨 말을 더 하겠는가?'라는 뜻이었다. 사실 그들은 이미 예수님을 죽이기로 결의하고, 그 방법과 절차를 강구하고 있었다.

210. 나는 진리를 위해 태어났습니다.

(마태 27.11-14, 마가 15.2-5, 누가 23.1-7, 요한 18.28-38)

이른 새벽에 온 공회가 일어나 가야바 관저에서 총독 공관[262]으로 예수님을 끌고 갔다. 그러나 깨끗한 몸으로 유월절 음식을 먹으려고 공관 안에는 들어가지 않았다.

빌라도가 밖으로 나와서 물었다. "무슨 일로 이 사람을 고소하시오?"

그들이 대답하였다. "이 사람이 범죄자가 아니라면, 우리가 왜 총독님께 끌고 왔겠습니까?"

"그러면 그를 데리고 가서, 당신네 법대로 재판하시오."

---

[262] 총독(總督)은 식민지 국가를 다스리던 관리로 사법권과 군령권을 가지고 있었다.

"우리는 사람을 죽일 권한이 없지 않습니까?"

이리하여 예수님이 자신의 죽음에 대해 미리 암시하신 말씀이 이루어졌다. 그리고 그들이 예수님을 고소하기 시작하였다. "이 사람은 우리 민족을 선동하여 소란을 피웠으며, 황제에게 세금을 바치지 못하게 하였고, 자칭 그리스도, 곧 유대인의 왕이라고 하였습니다."

그 외에도 여러 가지 죄목을 붙여 고소하였으나, 예수님은 일체 대답하지 않으셨다. 빌라도가 예수님께 물었다. "당신은 어찌하여 아무 말이 없소? 이들이 이렇듯 많은 죄목으로 당신을 고소하고 있잖소?"

예수님이 여전히 침묵으로 일관하시자, 총독은 매우 이상하게 여겼다. 빌라도가 예수님을 공관 안으로 데리고 가서 조용히 물었다. "당신이 유대인의 왕이오?"

예수님이 대답하셨다. "당신이 그렇게 말했습니다. 그런데 그게 당신의 생각에서 나온 겁니까, 아니면 다른 사람이 일러준 것입니까?"

"당신은 내가 유대인으로 보이오? 당신 동족과 대제사장이 당신을 내게 넘겼소. 도대체 무슨 짓을 하였소?"

"내 나라는 이 세상에 속한 것이 아닙니다. 내 나라가 이 세상에 속했다면, 내 종들이 싸워서 나를 유대인의 손에 넘어가지 않도록 막았을 것입니다. 내 나라는 이 세상에 속한 것이 아닙니다."

"그러면 당신이 왕이란 말이오?"

"그렇다고 당신이 말했습니다. 나는 진리를 위해 태어났으며, 진리를 증언하기 위해 이 세상에 왔습니다. 누구든지 진리에 속한 사람은 내 말을 알아듣습니다."

"진리가 무엇이오?"

이렇게 말하고 빌라도가 다시 밖으로 나와 말하였다. "나는 그에게서 아무 죄도 찾지 못하였소!"

그러자 그들이 억지를 부리며 더욱 강경하게 주장하였다. "그는 갈릴리에서 시작하여 여기 예루살렘에 이르기까지, 온 유대를 누비고 다니며 백성을 가르치고 선동하였습니다!"

이 말을 듣고 빌라도가 물었다. "그가 갈릴리 사람이란 말이오?"

빌라도는 예수님이 헤롯 안티파스의 관할에 속한 것을 알고, 마침 예루살렘에 와서 머물고 있는 헤롯에게 예수님을 넘겨주었다.

〈총독〉

이른 새벽에 산헤드린 공회원들이 집단적으로 총독에게 몰려가 예수님을 고소하였다. 이는 총독에게 큰 압력으로 작용할 수밖에 없었다. 그들은 공회에서 '신성모독죄'로 사형을 받아야 마땅하다고 결의하였으나, 전혀 다른 죄목으로 총독에게 고소하였다.

사실 '신성모독죄'는 종교적 문제로서 총독이 관여할 사안이 아니었다. 그래서 그들이 들고 나온 새로운 죄목은 '선동과 소요' '납세거부' '반란죄(자칭 왕)' 등이었다. 하지만 빌라도는 그들의 간교한 속셈을 알고, 이래저래 재판을 거부하다가 헤롯에게 예수님을 넘겼다. 이것도 알고 보면 유대인의 계략을 피하기 위한 총독의 꼼수였다.

211. 예수님은 일체 대답지 않으셨다.

(누가 23.8–12)

헤롯 안티파스가 예수님을 보고 매우 기뻐하였다. 오래전부터 예수님의 소문을 듣고 한번 만나보고 싶었을 뿐만 아니라, 예수님이 행하시는 기적도 보고 싶었기 때문이다. 헤롯이 이것저것 물어보았으나 예수님은 일체 대답지 않으셨다. 그때 대제사장과 율법학자들이 곁에 서서 예수님을 맹렬히 고소하였다.

헤롯과 그 호위병이 예수님을 업신여기며 조롱한 뒤, 붉고 화려한 옷을 입혀 빌라도에게 도로 보냈다. 헤롯과 빌라도가 전에는 반목하며 원수처럼 지냈으나, 이날 서로 다정한 친구가 되었다.

〈헤롯 안티파스〉

헤롯 안티파스는 헤롯대왕과 말다케 사이에서 태어났으며, 잠시 유대 지방의 분봉왕이었던 아켈라오의 동생이었다. 그는 갈릴리 지방의 분봉왕 자격으로 유월절을 지키기 위해 예루살렘에 와 있었다. 그때 예수님이 갈릴리 출신이라는 말을 듣고, 빌라도 총독이 의도적으로 그에게 넘겨주었던 것이다. 빌라도는 유대인 지도자들을 끔찍이 싫어했다고 전해진다.

빌라도는 내심 골치 아픈 일을 헤롯에게 떠넘겼다고 좋아했을지 모른다. 그러나 헤롯은 총독이 거물 죄인을 자신에게 넘겨주었다는 자체로 체면은 살릴 수 있었으나, 한마디도 들어보지 못하고 도로 빌라도에게 돌려보냈다. 그도 역시 공식적으로 사람을 죽일 권한이 없었기 때문이다.

당시 로마에 대항하여 반란을 일으킨 사건이 많았다. 그중에 갈릴리 출신 유다가 로마에 세금을 바치는 것이 옳지 않다고 주장하며 무리를 선동하였다. 그러자 빌라도가 군대를 보내 유다와 그 추종자들을 진압하고 처형하였다. 그때 빌라도가 본보기로 끔찍한 일을 저질렀다. 그들을 성전 제단에서 살해하여 그 피를 제물에 섞어 바치도록 하였던 것이다. (누가 13.1)

이것이야말로 하나님을 모독하는 큰 죄악이었고, 유대인들에게는 자존심이 걸린 엄청난 사건이었다. 게다가 빌라도의 군대가 헤롯의 관할인 갈릴리에 들어가 허락도 없이 반란자를 처형하고, 그들의 피까지 제단의 제물에 섞어 바쳤으니, 헤롯의 자존심은 그야말로 땅바닥이었다. 그래서 드러내 놓고 말은 하지 못했지만, 속으로 부글부글하고 있었던 것이다.

그런데 이번에는 달랐다. 거물 죄수 예수가 갈릴리 출신임을 알고 빌라도가 헤롯에게 보냈으니, 헤롯은 유대인들에게 어느 정도 체면을 살리게 되었고, 상한 마음도 조금 가라앉아 기분이 좋았던 것이다. 그래서 제단의 피 사건으로 벌어진 그들의 원수 관계는 일순간 해소되고, 그때부터 서로 다정한 친구가 되었던 것이다. 하지만 그들의 우정이 얼마나 지속되었는지는 의문이다.

212. 유대인의 죄가 더 큽니다.

(마태 27.15-26, 마가 15.6-15, 누가 23.13-25, 요한 18.39-40, 19.4-16)

총독은 유월절마다 군중이 원하는 죄수 하나를 놓아주는 전례가 있었다. 그때 바라바[263] 예수라는, 성안에서 폭동을 일으키고 살인한 죄로 교도소에 갇혀 있는 소문난 죄수가 있었다. 총독이 대제사장과 백성들을 불러 모으자, 그들이 전례대로 죄수 하나를 놓아달라고 하였다.

총독이 물었다. "여러분은 누구를 놓아주기 바라오? 유대인의 왕이라는 예수요?"

그들의 시기로 죄 없는 예수님을 죽이려 한다는 사실을 총독이 알고 있었기 때문이다. 그리고 재판석에 앉자 그의 아내가 사람을 보내 전하였다. "그 의로운 사람에게 당신은 아무 관여도 하지 마세요. 그 사람으로 인해 제가 지난밤 꿈에 몹시 힘들었어요."

그때 대제사장과 장로들이 군중을 선동하여 바라바를 놓아달라고 소리치게 하였다. 총독이 다시 물었다. "내가 유대인의 왕을 놓아주는 것이 어떻겠소?"

군중이 일제히 소리쳤다. "그 사람이 아니라 바라바를 놓아주시오!"

"그러면 유대인의 왕이라는 예수를 나더러 어떻게 하라는 말이오?"

"십자가에 못 박으시오!"

총독이 고개를 갸우뚱하며 말하였다. "도대체 무슨 일이오? 그가 무슨 나쁜 짓을 하였소? 여러분이 백성을 선동한다는 이유로 내게 끌어왔으나, 여러분이 보는 앞에서 내가 직접 심문한 결과, 여러분이 고소한 죄목은 하나도 찾지 못했소. 헤롯도 그를 심문했지만, 역시 죄를 찾지 못하고 되돌려 보냈소. 보시오, 그는 죽을 만한 죄를

---

263 바라바(Barabbas, 그 아들)는 예루살렘에서 폭동을 일으키고 수감된 살인자이자 강도였다.

지은 일이 없소. 매질이나 해서 놓아주겠소.”

이는 명절을 맞아 총독이 반드시 한 사람을 놓아주어야 했기 때문이다. 그들이 일제히 아우성치며 미친 듯이 소리를 질렀다. “그를 십자가에 못 박고 바라바를 놓아주시오!”

빌라도는 예수님을 놓아주고 싶어서 그렇게 말했으나, 그들은 더욱 고래고래 소리를 지르며 악을 썼다. 빌라도가 말하였다. “도대체 그가 무슨 나쁜 짓을 하였다고 이다지 안달이오? 내가 그에게서 죽일 만한 죄를 찾지 못했다고 하잖소? 매질해서 놓아줄 테니 그리들 아시오!”

그리고 예수님을 데려다가 채찍질하게 하고, 빌라도는 공관 안으로 들어갔다. 그러나 군중은 계속해서 악을 쓰며 소리를 질러댔다. “십자가에 못 박으시오! 십자가에 못 박으시오!”

빌라도가 다시 밖으로 나와서 말하였다. “보시오, 내가 그를 여러분 앞으로 데려오겠소. 나는 그에게서 아무 죄도 찾지 못했다고 분명히 말하였소. 여러분은 이것을 알아주기 바라오.”

예수님이 가시관을 쓰고, 자주색 옷을 입고 초라한 모습으로 나타났다. 빌라도가 손으로 예수님을 가리키며 소리쳤다. “자, 보시오! 이 사람을!”

대제사장과 장로들이 성전 경비병들과 함께 일어나 연호하기 시작하였다. “십자가에 못 박으시오! 십자가에 못 박으시오! 십자가에 못 박으시오!”

빌라도가 빈정거리며 짜증스럽게 말하였다. “당신들이 이 사람을 데려다가 십자가에 못 박으시오! 나는 그에게서 아무 죄도 찾지 못하였소!”

그러자 그들이 말하였다. “우리에게도 법이 있습니다. 그 법에 따르면, 그는 마땅히 죽어야 합니다. 자기를 하나님의 아들이라고 했기 때문입니다."

그 말을 듣고 빌라도가 더욱 두려움에 휩싸여, 예수님을 다시 공관 안으로 데리고 들어가 물었다. "당신은 어디서 왔소?"

예수님이 아무 대답도 하시지 않자 빌라도가 다시 물었다. "내게도 말하지 않을 작정이오? 내게는 당신을 놓아줄 권한도 있고, 십자가에 못 박을 권한도 있다는 것을 모르시오?"

예수님이 말씀하셨다. "하나님께서 주시지 않았다면, 그 권세가 당신에게 없었을 것이오. 그러므로 나를 당신에게 넘겨준 사람들의 죄가 더 큽니다."

이 말을 듣고 빌라도가 다시 예수님을 놓아줄 기회를 찾았으나, 계속해서 고함치는 군중과 대제사장들 때문에 어찌할 방법이 없었다.

그때 대제사장이 황제를 들먹이며 총독을 겁박하였다. "이 사람을 놓아주시면, 총독님은 황제 폐하의 친구(충신)가 아닙니다. 무릇 자기를 왕이라고 하는 자는, 황제 폐하를 반역하는 것이 아닙니까?"

빌라도가 이 말을 듣고, 더 이상 애써봐야 소용이 없을 뿐만 아니라, 폭동이 일어날지도 모른다는 생각이 들었다. 그래서 재판하기로 결심하고, 리토스트론(아람어로 가바다, 돌로 포장한 자리)이라는 재판석[264]에 앉았다. 이날은 유월절 예비일이고, 시간은 오전 6시쯤이었다.

빌라도가 군중을 향해 소리쳤다. "자, 보시오! 여러분의 왕을!"

그들이 더욱 흥분하여 소리쳤다. "없애 버리시오! 죽여 버리시오!

---

[264] 재판석(裁判席)은 총독이 재판할 때 앉던 자리로, 우뚝 솟아나게 돌층계로 만들었다.

십자가 못 박으시오!"

빌라도가 퉁명스럽게 말하였다. "여러분의 왕을 나더러 십자가에 못 박으란 말이오?"

대제사장이 대답하였다. "황제 폐하 외에는 우리에게 왕이 없습니다!"

대제사장과 장로들이 더욱 흥분해 들고일어나자, 빌라도는 대야에 물을 떠다가 그들이 보는 앞에서 손을 씻으며 말하였다. "나는 이 사람의 피에 대하여 죄가 없소. 당신들이 그 책임을 지시오!"

그러자 그들이 일제히 소리쳤다. "우리와 우리의 자손에게 그 사람의 피에 대한 책임을 돌리시오!"

그래서 결국은 그들의 목소리가 빌라도의 뜻을 꺾게 되었고, 빌라도는 그들 마음대로 하라고 예수님을 넘겨주었다. 그렇게 해서 폭동과 살인죄로 수감된 바라바는 석방되었고, 예수님은 십자가에 못 박히게 되었다.

〈빌라도〉

빌라도는 적어도 3번 이상 예수님이 무죄하다고 판단하였다. 예수님이 갈릴리 출신임을 알고, 그 지방의 분봉왕 헤롯 안티파스에게도 보냈다. 헤롯이 예수의 무죄를 입증하도록 은근히 기대했지만, 그것이 무산되자 다시 유월절 특사를 생각하였다.

그리고 백성들의 원성을 의식하여 먼저 예수님께 태형을 가했다. 빌라도의 명령으로 병사들이 채찍질하고, 가시관을 씌우고, 홍포를 입히고, 조롱하며 손바닥으로 때렸다. 이는 예수님을 최대한 처량하게 만들어 백성들의 동정심을 유발시킬 목적이었다.

그래서 예수님은 십자가형을 받기 전에 이미 끔찍한 태형까지 받았다. 로마의 채찍은 보통 39개의 가닥으로 땋은 가죽으로 만들어졌고, 그 안에 쇠구슬이 박혔으며, 끝에 날카로운 뼛조각이 달려 있었다. 채찍질을 당하면 살점이 떨어져 나가고, 척추가 드러나기까지 하였다. 어깨에서 등, 엉덩이, 정강이까지 채찍질이 가해졌다. 이런 태형이 계속되면 피부 밑의 골격근육까지 찢겨지고, 정맥이 밖으로 드러나며, 근육과 근골, 창자까지 노출되었다. 사료에 의하면 태형만으로 죽은 사람이 많았다고 한다.

이렇듯 빌라도는 자기 나름대로 최선을 다해 예수님을 석방하려고 애썼다. 그래서 예수님도 자기를 그에게 넘겨준 유대인의 죄가 더 크다고 하셨다. 어쩌면 빌라도도 피해자일 수 있다. 당시 유대의 총독으로 있었고, 유월절 명절로 군중이 많이 모였으며, 불가불 예수님을 재판할 수밖에 없었다.

그럼에도 여전히 빌라도는 큰 죄를 범하였다. 그의 아내가 전한 꿈 이야기를 듣고 많이 생각했을 것이다. '예수가 정말 하나님의 아들이라면, 아내의 꿈이 신령한 계시라면 어떻게 하지?' 그래서 빌라도는 예수님이 정말 하나님의 아들이신지, 공관 안으로 데리고 들어가 거듭 물어보았던 것이다.

그때 예수님이 '내가 바로 그 사람입니다!'라고 분명하게 대답하셨다면 어땠을까? 혹시 석방되지는 않았을까? 그렇다고 말하기가 어려울 것이다. 빌라도는 고도의 정치인으로 유대인들의 강력한 주장을 묵살하기가 심히 어려웠기 때문이다.

사실 빌라도는 끝내 유대인 지도자들의 눈치를 살피다가, 민란이 일어날지도 모른다는 생각에 '당신들이 마음대로 하시오. 나는 이 사람의 피에 대해 책임이 없소!'라고 선언하였다. 그렇게 판결의 책임을 유대인들에게 떠넘기고, 대야에 물을 떠다가 손을 씻었던 것이다.

213. 여러분의 자녀를 위해 우세요.

(마태 27.32-34, 마가 15.21-23, 누가 23.26-32, 요한 19.17)

예수님이 십자가를 지고 골고다[265] 언덕을 올라가고 계셨다. 길에서 쓰러지시자, 시몬이라는 사람을 붙잡아 강제로 십자가를 지우고 예수님을 뒤따르게 하였다. 그는 시골에서 올라온 구레네(리비아 트리폴리) 사람으로 알렉산더와 루포의 아버지였다. 그때 큰 무리가 예수님을 따르고 있었다. 가슴을 치며 통곡하는 여인들도 있었다.

예수님이 돌이켜 말씀하셨다. "예루살렘의 딸들아, 나를 위해 울지 말고 여러분과 여러분의 자녀를 위해 우세요. 보십시오, '아기를 갖지 못하는 여인과 아기를 낳아보지 못한 태와, 젖을 먹여보지 못한 가슴이 복되다'고 할 날이 올 것입니다. 그때 산에다 대고 '우리 위에 무너져 내려라!'고 하며, 언덕에다 대고 '우리를 덮어버려라!'고 할 것입니다. (호세아 10.8) 나무가 푸를 때도 이같이 하거든, 하물며 나무가 마를 때는 오죽하겠습니까?"

그때 다른 죄수 2명도 십자가형을 받고, 예수님과 함께 처형장으로 끌려가고 있었다. 골고다, 곧 해골이라는 곳에 이르러 병사가 쓸개즙(몰약)을 탄 포도주[266]를 마시라고 주었으나, 예수님은 맛만 보

---

265 골고다(Golgotha, 해골)는 거기 해골이 많아 부르게 되었다는 설과, 그곳 지형이 해골같이 생겨서 불렀다는 설이 있다. 헬라어 골고다의 라틴어 번역은 갈보리(Calvary)다.
266 포도주(葡萄酒)에 쓸개즙을 타서 마취제 역할을 하였으며, 십자가형을 받은 죄수에 유일하게 허락되었으나 예수님은 그마저 사양하셨다.

고 마시지 않으셨다. (시편 69.21)

〈비아 돌로로사〉

예수님은 밤새 5번 이상 심문을 받고 새벽에 태장까지 맞았는바, 이미 많은 피를 흘리고 저혈량 쇼크(hypovolemic shock)에 빠진 상태였다. 그래서 심한 갈증을 느꼈으며 매우 위독하였다. 십자가를 지고 가다가 쓰러질 수밖에 없었다.

예수님이 십자가를 지고 걸어가신 길을 '비아 돌로로사(Via Dolorosa)'라고 한다. 예루살렘 구도시 안에 있다. 라틴어로 '슬픔의 길'이란 뜻으로, 빌라도의 집무실에서 골고다 언덕까지 1.5㎞쯤 이어진다. 이는 구원의 길이자 고난의 길로서, 14개 구역의 표지판이 있다.

1. 빌라도 법정에서 사형선고를 받으심
2. 가시 면류관을 쓰고 십자가를 지심
3. 처음 쓰러지신 장소
4. 어머니 마리아를 만나심
5. 구레네 시몬이 대신 십자가를 짐
6. 베로니카가 예수님의 땀을 닦아드림
7. 두 번째 쓰러지신 장소
8. 예루살렘 여인들을 위로하심
9. 골고다 언덕 앞에서 세 번째 쓰러지심
10. 예수님을 십자가에 못 박기 위해 옷을 벗김
11. 손과 발에 못 박히심
12. 십자가에 달려 돌아가심

13. 예수의 시신을 눕힘

14. 무덤에 묻히심

214. 엘리 엘리 라마 사박다니?

(마태 27.35-50, 마가 15.24-37, 누가 23.33-46, 요한 19.18-30)

예수님이 십자가[267]에 못 박혀 골고다 언덕 위에 세워졌다. 유월절 전날 오전 9시쯤이었다. 예수님의 머리 위에는 빌라도가 쓴 죄패[268]가 붙어있었다. '유대인의 왕, 나사렛 예수!'

예수님이 달리신 곳이 도성에서 가까웠고, 히브리(아람)어와 라틴(로마)어와 그리스(헬라)어로 씌어 많은 유대인이 그 패를 읽었다. 대제사장이 빌라도에게 달려가 억지를 부렸다. "'유대인의 왕'이라 하지 마시고, '자칭 유대인의 왕'이라고 다시 써 주십시오!"

빌라도가 말하였다. "내가 쓸 것을 썼소. 이제 그만하시오!"

그때 예수님과 함께 끌려간 [269]강도 2명도 십자가에 못 박혔다. 하나는 예수님의 오른편에, 다른 하나는 예수님의 왼편에 달렸다. 그리하여 성경이 이루어졌다.

'그는 범법자 가운데 하나와 같이 여겨졌다.' (이사야 53.12)

예수님을 십자가에 못 박은 군병들이 예수님의 옷을 4몫으로 나

---

267 십자가(十字架)는 흉악범을 처형하는 로마의 형구로서, 수직기둥이 수평기둥보다 긴 라틴십자가, 수직기둥과 수평기둥이 같은 그리스십자가, X자형의 안드레십자가, T자형의 안토니우스십자가가 있었다. 예수님이 달리신 십자가는 머리 위에 죄패가 붙은 것으로 봐서 라틴십자가로 짐작된다.

268 죄패(罪牌)는 죄목과 죄수의 이름을 써 붙인 알림판이었다.

269 예수님의 오른편 강도는 데스마이, 왼편 강도는 게스타이로 전해진다. 데스마이는 회개하여 구원을 받았으나, 게스타이는 회개하지 않아 구원을 받지 못했다.

뉘서 1개씩 차지하였다. 그런데 속옷은 위에서 아래까지 이음새 없이 통째로 짠 것으로 그들이 제비를 뽑았다. "이것은 한 통이니 찢지 말고 누가 차지할지 제비를 뽑자!"

그래서 또 성경이 이루어졌다.

'그들이 내 겉옷을 나누고, 내 속옷을 두고 제비를 뽑았다.' (시편 22.18)

예수님의 옷을 제비뽑아 나눠 가진 군병들이 십자가 밑에 앉아 예수님을 지키고 있었다. 예수님이 기도하셨다. "아버지, 이들의 죄를 용서해주십시오. 자신이 하는 일을 모르고 있습니다."

지나가던 사람들이 머리를 설레설레 흔들며 예수님을 모욕하였다. "아하, 성전을 허물고 3일 만에 다시 짓겠다고 하던 사람아! 자네가 정말 하나님이 세우신 그리스도라면, 어서 십자가에서 내려와 보게나. 그대의 목숨부터 구해야지 않겠나?"

예수님을 정죄한 대제사장과 율법학자, 그리고 장로들도 비아냥거렸다. "저 사람이 다른 사람은 구원하고, 정작 자기는 구원하지 못하는군. 이스라엘 왕 그리스도야, 지금 당장 십자가에서 내려와 보아라. 그러면 우리라고 믿지 않을 수 있겠나?"

어떤 사람이 거들었다. "저 사람이 하나님의 아들이라고 하면서 하나님을 의지하였으니, 어디 한번 두고 봅시다. 하나님께서 원하시면 지금 당장이라도 구해줄 수 있지 않겠소?"

백성들은 십자가 옆에서 구경을 하고, 그 지도자들은 예수님을 비웃으며 계속 조롱하였다. 십자가 아래 있던 군병들도 가세하였다. "당신이 유대인의 왕이라면, 당연히 당신의 목숨부터 구해야지. 안 그런가?"

예수님과 함께 십자가에 달린 강도들도 예수님을 모독하였다. "당신은 그리스도가 아니오? 당신도 구원하고 우리도 구원해보시오!"

그때 한 강도가 뉘우치고 다른 강도를 나무랐다. "너도 십자가형을 받고 있는 주제에, 하나님이 두렵지 않느냐? 우리는 죄를 지어 벌을 받아도 마땅하지만, 이분은 무엇을 잘못했는가?"

그리고 그가 예수님께 부탁하였다. "주님, 당신의 나라에 들어가실 때 저를 꼭 기억해주십시오."

예수님이 대답하셨다. "내가 분명히 말합니다. 그대는 오늘 나와 함께 낙원에 있을 것입니다."

예수님의 십자가 곁에는 어머니와 이모, 글로바의 아내 마리아, 막달라 마리아가 서 있었다. 예수님이 어머니와 사랑하는 제자가 곁에 서 있는 것을 보시고, 먼저 어머니에게 말씀하셨다. "어머니, 이 사람이 어머니의 아들입니다."

그리고 제자에게 말씀하셨다. "이분이 네 어머니시다."

그때부터 그가 예수님의 어머니를 자기 집으로 모셨다. 낮 12시부터 해가 빛을 잃어 오후 3시까지 어둠이 온 땅을 뒤덮었고, 성전의 휘장은 한가운데가 찢어져 두 폭으로 갈라졌다.

오후 3시쯤에 예수님이 크게 외치셨다. "엘리 엘리 라마 사박다니?" (시편 22.1)

이는 '나의 하나님, 나의 하나님, 어찌하여 나를 버리셨나이까?'라는 뜻이다. 거기 서 있던 어떤 사람이 말하였다. "보십시오, 저 사람이 엘리야를 부르고 있습니다!"

그러자 다른 사람이 가세하였다. "어디 가만히 두고 봅시다. 엘리야가 와서 그를 십자가에서 내려주는지."

예수님은 일이 모두 끝났음을 아시고, 성경을 이루려고 말씀하셨다. "내가 목마르다."

그러자 어떤 사람이 재빨리 달려가 해면(스펀지)에 포스카(신 포도주)[270]를 듬뿍 적셔, 우슬초(갈대)[271] 끝에 매달아 예수님의 입에 갖다 대었다. 거기 포스카가 가득히 담긴 그릇이 있었다.

예수님이 조금 맛보시고 말씀하셨다. "이제 다 이루었다!"

그리고 마지막 힘을 다해 크게 부르짖었다. "아버지, 제 영혼을 아버지께 맡깁니다!"

이 말씀을 하시고, 예수님은 머리를 떨어뜨리시며 숨을 거두셨다.

〈십자가〉

예수님은 오전 9시쯤에 십자가에 못 박혀 오후 3시쯤에 돌아가셨다. 예수님이 지신 십자가는 횡목(橫木)이 2m에 40kg, 종목(縱木)이 4m에 80kg쯤 되었다. 그 무거운 십자가를 어깨에 메고 골고다 언덕을 올라가셨다.

머리에는 7cm쯤 되는 가시가 두피를 뚫고 뼈를 찔렀으며, 선혈이 낭자한 얼굴에다 발가벗겨진 몸, 갈기갈기 찢어진 살갗, 타는 목마름, 금방이라도 쓰러질 듯 비틀거리는 걸음걸이, 가차 없이 가해지는 군병의 채찍 소리, 그때마다 핏방울이 사방으로 튀었고, 살점은 뚝뚝 떨어져 나갔다. 그 처절함을 어찌 말로 다 표현하겠는가?

예수님이 십자가에 달려서 하신 일곱 마디, 즉 가상칠언은 다음과 같다.

1. 오늘 네가 나와 함께 낙원에 있을 것이다. (누가 23.43)

2. 어머니, 이 사람이 어머니의 아들입니다. (요한 19.26)

---

270 포스카(posca)는 신포도주에 계란과 물을 섞어 만든 로마군의 휴대용 음료수였다.
271 우슬초(牛膝草/쇠무릎)는 담벼락이나 바위틈에 자라는 작은 식물이다. 꽃과 잎에 향취가 있고, 식용이나 약용으로 사용하였다. 제사의식 때 물에 적셔 뿌림으로써 자기 몸을 정결케 하였다.

3. 보라, 네 어머니시다. (요한 19.27)

4. 엘리, 엘리, 라마 사박다니? (마태 27.46)

5. 내가 목마르다. (요한 19.28)

6. 다 이루었다. (요한 19.30)

7. 아버지, 내 영혼을 아버지 손에 맡깁니다. (누가 23.46)

215. 성전의 휘장이 찢어졌다.

(마태 27.51-56, 마가 15.38-41, 누가 23.47-49)

예수님이 십자가에 달려 돌아가실 때, 성전의 휘장[272]이 위에서 아래까지 두 폭으로 찢어졌다. 그리고 땅이 흔들리고, 바위가 갈라지고, 무덤[273]이 열리고, 잠자던 성도들의 몸이 많이 살아났다. 그들은 예수님이 부활하신 후 무덤에서 나왔으며, 거룩한 성에 들어가 많은 사람에게 나타났다. 백부장[274]과 예수님을 지키던 군병들이 갑자기 일어난 지진과, 그 모든 일을 보고 몹시 두려워하였다.

예수님이 크게 소리를 지르며 숨을 거두시는 모습을 보고, 백부장이 하나님께 영광을 돌리며 말하였다. "이분은 정말 하나님의 아들이셨다! 참으로 의로운 분이셨어!"

구경하러 모인 사람들도 그 일어난 일련의 일을 보고 가슴을 치

---

272 예수님이 휘장을 찢어 새로운 살길을 우리에게 열어주셨습니다. 그 휘장은 그분의 육체입니다. (히브리서 10.20)

273 무덤은 천연동굴이나 인조동굴에 시신을 안장하고, 출구에 큰 돌을 굴러 봉하는 방식으로 만들었다. 지진이 일어날 경우 쉽게 열렸다.

274 예수님이 돌아가실 때 거기 서 있던 백부장은 론지누스(Longinus)였으며, 이후 신실한 그리스도인이 되었다고 전해진다. 베드로복음서에는 그를 페트로니우스(Petronius)로 기록하였다.

며 집으로 돌아갔다. 평소 예수님을 알고 지내던 사람들과, 예수님을 섬기며 갈릴리에서 따라온 여인들도 멀리서 이 일을 지켜보았다. 그들 중에는 막달라 마리아, 작은 야고보와 요셉의 어머니 마리아, 세베대 아들들의 어머니 살로메도 있었다. 이들은 갈릴리에서 예수님을 따르고 섬겼으며, 예루살렘에서 온 여인들도 있었다.

〈휘장〉

병사들이 예수님을 십자가에 눕히고 손목과 발목에 못을 박았다. 가장 큰 중추신경이 지나가는 곳이다. 흔히 밧줄로 손발을 묶은 것으로 알지만 그렇게 하지 않았다. 옷도 완전히 발가벗겼다. AD 70년 십자가형을 받은 36명의 유대인 가운데 '요하난'이라는 사람의 유골이 발견되었는바, 발에 7인치 크기의 대못이 박혀 있었다. 십자가형에 대한 복음서의 기록이 역사적 사실임을 드러내고 있다.

아담과 하와가 하나님의 말씀에 순종할 때는 에덴동산이 낙원이었다. 하지만 그들이 불순종함으로써 에덴동산에서 쫓겨나고, 하나님과의 관계가 단절되고 말았다. 이후 모든 사람이 죄 가운데 태어나 고통을 받으며 살아가게 되었다. 예수님이 십자가에 달려 돌아가신 목적은, 그때 끊어진 하나님과의 관계를 복원시키기 위함이었다. 첫 사람 아담의 불순종으로 죄와 사망이 들어왔으나, 마지막 아담인 예수님의 순종으로 다시 살 길이 열렸던 것이다.

지성소는 하나님의 임재를 상징하였다. 1년에 한 번 모든 사람의 속죄를 위해 대제사장이 들어가 제사를 드렸다. 아무나 들어갈 수 없었다. 성소와 그 지성소를 갈라놓은 휘장이 두 폭으로 찢어졌다. 예수님의 몸이 십자가 위에서 찢어짐과 동시에, 그 휘장도 함께 찢어졌던 것이다. 이제는 대제사장을 통하지 않고도, 누구나 하나님께 나아갈 수 있게 되었다는 뜻이다.

아, 십자가! 얼마나 큰 고통이 따랐던가? 하지만 그 모든 것을 이기신 우리 주 예수 그리스도의 은혜로 구원의 문이 활짝 열리게 되었다. 우리는 십자가를 무거운 짐으로 여기지 말아야 한다. 그 십자가 뒤에는 반드시 크고 놀라운 은혜가 준비되어 있다. 십자가를 바라볼 때마다 우리의 믿음은 더욱 견고해지고, 하나님과 함께하는 기쁨은 더욱 충만할 것이다.

216. 창으로 옆구리를 찔렀다.

(요한 19.31-37)

예수님은 유월절 준비일[275]에 돌아가셨고, 다음날은 특별한 안식일이었다. 유대인은 유월절에 시체를 십자가에 두지 않으려고, 시신의 다리를 꺾어 치워달라고 빌라도에게 요청하였다. 그래서 군병들이 가서 예수님과 함께 십자가에 달린 죄수 2명의 다리를 차례로 꺾었다.

그러나 예수님은 이미 돌아가신 것을 보고, 다리를 꺾는 대신에 한 병사가 창으로 예수님의 옆구리를 찔렀다. 그러자 피[276]와 물이 바로 쏟아져 나왔다. 이는 목격자의 증언으로 이 증언은 참되다. 그는 자기 말이 진실하다는 것을 알고 있으며, 여러분을 믿게 하려고 이 증언을 하였다. 그리하여 성경이 이루어졌다.

---

275 준비일(準備日)은 안식일 전날로, 안식일에 먹을 양식을 준비하고 옷을 빨며 몸을 정결케 하였다.
276 우리는 그리스도 안에서 하나님의 풍성한 은혜를 따라, 그 피로 구속 곧 죄 사함을 얻었습니다. (에베소서 1.7)

'그 뼈가 하나도 꺾이지 않을 것이다.' (출애굽기 12.46)

또 다른 성경에 이런 말씀도 있다.

'그들은 자기가 찌른 사람을 쳐다볼 것이다.' (스가랴 12.10)

〈보혈〉

'나는 죄를 너무 많이 지어 아무리 기도해도 하나님께서 들어주시지 않을 거야.'

어떤 사람의 말이다. 사실 우리는 허다한 죄를 지으며 살아간다. 그래서 늘 죄책감이 우리를 떠나지 않는다. 그런데 이 세상 모든 사람이 오십보백보라는 것이다. 털어서 먼지 안 날 사람이 어디 있겠는가? 그러니 크게 낙심하지 않아도 된다. 주님이 흘리신 보혈의 공로가 있기 때문이다.

주님의 장성한 분량에 이르기까지 죄를 짓지 않도록 노력해야 하지만, 어쩌다 죄를 지었으면 철저히 회개하고 용서를 받아야 한다.[277] 하나님 앞에서 자신의 죄를 진지하게 고백하고, 그 죄에서 돌이켜 올바로 살겠다고 다짐하면, 보혈의 공로로 그 죄가 용서된다는 뜻이다.

'하나님께서 우리의 기도를 들으시는 이유는 우리가 정직하기 때문도 아니고, 우리가 고통을 겪기 때문도 아니다. 예수님이 받으신 십자가의 고난 때문이다. 우리는 이것을 기억해야 한다.' (Oswald Chambers)

---

[277] 우리가 우리의 죄를 고백하면, 신실하시고 의로우신 하나님께서 그 죄를 용서하시고, 모든 죄악에서 우리를 깨끗하게 하실 것입니다. (요한1서 1.9)

217. 정성껏 장례를 치렀다.

(마태 27.57–61, 마가 15.42–47, 누가 23.50–56, 요한 19.38–42)

유대인의 마을 아리마대[278] 출신으로 요셉이라는 사람이 하나님의 나라를 기다리고 있었다. 그는 명망 높은 공회원으로 부자였으며 선하고 의로운 사람이었다. 그도 예수님의 제자였으나 유대인을 의식하여 숨기고 있었다. 하지만 공회의 일방적 결정과 행동에 따르지 않고 하나님의 뜻을 우선하였다.

날이 저물기 시작하자, 요셉이 빌라도 총독에게 황급히 달려가 예수님의 시신을 내어달라고 하였다. 빌라도는 예수님이 벌써 죽었는지 미심쩍어 백부장을 불러 정말 죽었는지 확인하고 시신을 내어주었다. 요셉의 이런 행동은 유대인 지도자로서 상당한 위험과 부담을 감수할 수밖에 없었다.

그때 일찍이 예수님을 찾아온 적이 있는 니고데모도 몰약[279]에 침향[280]을 섞어 만든 방부제를 100근[281]쯤 가지고 왔다. 그도 공회원으로 부자였으며 인품이 고상한 사람이었다. 이들이 예수님의 시신을 모셔다가 유대인의 풍습에 따라 미리 준비한 향료를 바르고, 고운 삼배로 싸서 정성껏 장례를 치렀다.

마침 예수님이 십자가에 달리신 골고다 언덕 인근에 작은 동산이 있었고, 그 안에 아직 아무도 매장한 적이 없는 새 무덤이 있었다. (이사야 53.9) 요셉이 자신을 위해 바위를 뚫어 만든 것이었으나 예

---

278 아리마대(Arimathea, 높은 곳)는 히브리어 라마타임(Ramathaim)의 그리스어 음역으로, 사무엘의 고향이었다.
279 몰약(沒藥)은 난초과의 소교목에서 나는 방향성 수액으로 고가의 수입품이었다.
280 침향(沈香)은 침향나무에서 채취한 천연향료로 몰약과 섞어 방부제로 사용하였다.
281 100근(斤)은 100리트라(litra)로 33kg쯤 되었다. 1근은 327.45g이었다.

수님을 위해 기꺼이 내어드렸다. 이날은 유월절 준비일이고, 다행히 가까운 곳에 무덤이 있어 가까스로 예수님을 거기 모실 수가 있었다. 그리고 무덤 입구에 큰 돌을 굴려 막아두었다. 안식일에 접어드는 어둑어둑한 시간이었다.

그때 갈릴리에서 예수님을 따라온 막달라 마리아, 야고보와 요셉의 어머니 마리아가 무덤 맞은편에 앉아, 그들이 예수님의 시신을 어떻게 안장하는지 지켜보고 있었다. 그리고 여인들은 집에 돌아가 향료[282]와 향유를 미리 준비하여 두고, 계명에 따라 안식일을 지켰다.

〈장례〉

예수님이 돌아가시자 3년 동안 동고동락한 제자들은 예수님을 버리고 뿔뿔이 흩어졌다. 죽음도 불사하겠다고 다짐한 베드로도 예외가 아니었다. 그런데 아리마대 요셉과 니고데모는 유대인을 대표하는 공회원으로서, 상당한 위험을 무릅쓰고 예수님의 장례를 치렀다.

그들은 사회 지도층으로 부자였으며, 인품이 고상한 당대의 의인이었다. 그리고 갈릴리에서 예수님을 따라온 여인들도 그들이 치르는 예수님의 장례를 지켜보았다. 하지만 12사도는 끝내 그 모습을 드러내지 않았다.

당시 십자가형을 받고 죽은 사람의 시신을 요구하는 행위는 목숨을 건 아주 위험한 일이었다. 반역자를 추종하는 잔당으로 간주되었기 때문이다. 하지만 요셉은 당당하게 총독을 찾아가 예수님의

282　향료(香料)는 액체로 된 방향제로 몰약, 육계, 창포, 계피 등이 있었다.

시신을 요구하였다. 그리고 자신을 위해 파놓은 새 무덤에 예수님을 모셨다. 그는 유대인들을 의식하여 자기 신분을 숨기고 있었으나, 예수님이 메시아라는 사실만은 확실히 믿고 있었다.

또 일찍이 예수님을 찾아온 적이 있는 니고데모도, 100근쯤 되는 방부제를 가지고 와서 예수님의 장례식에 동참하였다. 비록 두 사람의 의인이 치른 간소한 장례식이었으나, 왕의 장례식과 다름없는 최고의 예의와 격식을 갖추었다.

실로 아리마대 요셉과 니고데모는 주님의 제자로서, 숨은 스승의 마지막 길을 가장 아름답게 장식하였다. 그들은 역사상 가장 짧은 시간에, 지상 최고의 장례식을 훌륭하게 치름으로써, 당대 최고의 지성과 인품을 갖춘 지도자로서 위상을 확연히 드러내었다.

218. 돌을 봉인하고 경비병을 세웠다.

(마태 27.62–66)

다음날 특별한 안식일이 되었다. 대제사장과 바리새인들이 빌라도에게 가서 요구하였다. "총독 각하! 세상을 미혹하던 그 거짓말쟁이가 살아있을 때, 자신이 3일 만에 다시 살아난다고 한 말을 우리가 기억하고 있습니다. 그러니 적어도 3일까지 무덤을 단단히 지키라고 명령해주십시오. 그 제자들이 시체를 훔쳐다 감춰놓고, 그가 죽었다가 다시 살아났다고 떠들어댈지 모릅니다. 그러면 이번의 속임수가 처음의 것보다 더욱 나쁜 영향을 미치게 될 것입니다."

빌라도가 대답하였다. "경비병을 데리고 가서 여러분이 재주껏 지키시오."

그래서 그들이 가서 돌을 봉인하고, 경비병을 세워 무덤을 단단히 지켰다.

〈경비대〉

주님의 무덤을 지킨 경비대는 천부장 휘하의 용병이었다. 그들은 돈을 받고 움직이는 로마군으로 상관의 지시에 따라 유대인의 이런저런 용무를 도와주었다. 1천 명의 부하를 거느린 천부장이 일개 경비대를 파견하는 일은 아주 간단하였다.

당시 경비대는 16명이 한 조를 이루어 4명씩 교대로 지키는 방식이었다. 예수의 시신이 도난을 당하거나 무슨 사태가 발생할 경우, 그들은 목숨을 부지하기 어려웠다. 유대인 지도자들이 총독에게 요구한 것도 바로 이런 최강의 경비대였다.

219. 이레의 첫날 동틀 무렵이었다.

(마태 28.1-8, 마가 16.1-8, 누가 24.1-11, 요한 20.1)

안식일이 지나고 이레의 첫날 동틀 무렵이었다. 막달라 마리아와 야고보의 어머니 마리아, 그리고 살로메가 예수님께 바르기 위해 향료를 미리 사두었다가, 무덤에 가지고 가면서 서로 말하였다. "우리를 위해 누가 무덤을 막아둔 돌을 굴려줄까요?"

그때 갑자기 큰 지진이 일어나더니, 주님의 천사가 하늘에서 내려와 돌을 굴려내고 그 위에 앉았다. 천사의 모습은 번개와 같이 빛났고, 옷은 눈처럼 희었다. 무덤을 지키던 경비병들이 보고 벌벌 떨다가, 결국은 까무러쳐 죽은 사람처럼 되었다.

여인들이 무덤에 도착해 보니, 그 돌이 이미 굴러져 있었다. 엄청나게 큰 돌이었다. 그런데 무덤 안에 있을 예수님의 시신이 보이지 않았다. 막달라 마리아가 황급히 무덤을 빠져나와 시몬 베드로와 예수님이 사랑하신 제자에게 달려갔다. 그때 갑자기 희고 찬란한 옷을 입은 천사가 나타나 무덤 속의 여인들 우편에 앉았다. 여인들이 보고 깜짝 놀라 얼굴을 땅에 대고 납죽이 엎드렸다.

천사가 말하였다. "무서워하지 마세요. 나는 여러분이 십자가에 못 박혀 돌아가신 예수님을 찾는 줄 압니다. 그러나 그분은 여기 계시지 않고, 전에 말씀하신 대로 살아나셨습니다. 살아계신 분[283]을 죽은 사람 가운데서 찾아서야 되겠습니까? 이리 와서 그분이 누웠던 곳을 보세요. 그리고 갈릴리에 계실 때, 여러분에게 하신 말씀을 기억하세요. '인자가 죄인들의 손에 넘어가 십자가에 달려 죽은 후, 3일째 되는 날 다시 살아날 것이다.'

그러니 여러분은 서둘러 가서, 그분의 제자들과 베드로에게 전하세요. '예수님이 다시 살아나 여러분보다 먼저 갈릴리로 가실 터이니, 거기서 그분을 뵙도록 하세요.' 나는 이 말을 전하러 왔습니다."

여인들이 예수님의 말씀은 기억하였으나, 너무 무섭기도 하고 떨리기도 하여, 선뜻 일어나지 못한 채 넋을 잃고 가만히 엎드려 있다가, 단숨에 무덤을 빠져나와 달음질치기 시작하였다. 그러나 겁에 질려 아무 말도 하지 못하였다.

그러나 한편으로는 기쁨이 넘쳐서, 11사도와 다른 모든 사람에게 가서 그 사실을 알렸다. 그들은 막달라 마리아를 비롯하여 요안나, 야고보의 어머니 마리아, 그리고 다른 여인들도 있었다. 그러나 사

---

[283] 예수님은 우리의 죄로 인해 죽임을 당하시고, 우리를 의롭게 하려고 살아나셨습니다. (로마서 4.25)

도들은 그 말이 어처구니없게 들려서 믿지 않았다.

<부활>

안식 후 첫날은 일요일로 예수님이 부활하신 날이다. 땅속의 지진
과 아울러 하늘에서 천사가 내려와 무덤을 막아둔 돌을 굴러내는
순간, 무덤을 지키던 경비병은 까무러쳐 죽은 사람처럼 되었다. 그
때 막달라 마리아의 일행이 무덤을 찾아와 무덤 문이 열린 것을 보
고 안으로 들어갔다.

그러나 예수님의 시신이 사라진 것을 발견하고, 막달라 마리아는
제자들에게 알리기 위해 황급히 달려갔으며, 나머지 여인들은 무덤
에 있다가 천사의 메시지를 듣게 되었다. 급박하게 일어난 이 사건
을 전후하여 막달라 마리아의 역할이 두드러지게 나타난다.

220. 제자들은 실의에 빠져 있었다.

(누가 24.12, 요한 20.2-10)

예수님이 무덤에 계시자 제자들은 실의에 빠져 있었다. 그때 막
달라 마리아가 허겁지겁 달려와 시몬 베드로와 요한에게 말하였다.
"누가 우리 주님을 무덤에서 가져갔나 봐요! 어디에 두었는지 모르
겠어요!"

베드로와 요한이 다짜고짜 무덤을 향해 달음질치기 시작하였다.
두 사람이 동시에 달렸으나 요한이 먼저 무덤에 도착하였다. 요한
이 몸을 굽혀 수의가 흩어져있는 것을 보았으나, 무덤 안으로 들어
가지는 않았다. 시몬 베드로가 뒤따라와 단숨에 무덤 안으로 들어

갔다. 예수님의 몸을 쌌던 수의는 한쪽에 흩어져 있었고, 머리를 쌌던 수건은 따로 개켜져 있었다.

그제야 요한도 무덤에 들어가 보고, 예수님의 시신이 사라진 것을 알게 되었다. 하지만 그들은 예수님이 죽은 사람 가운데서 다시 살아나야 한다[284]는 말씀을 여전히 깨닫지 못하고 있었다. 그래서 무엇인가 이상히 여기면서도, 그들이 있던 곳으로 되돌아갔다.

〈가설〉

예수님의 부활은 이제 아무도 부인할 수 없는 역사적 사건이 되었다. 어둠을 밝음으로, 불안을 평안으로, 슬픔을 기쁨으로 바꿔놓았다. 그래서 사탄은 예수님의 부활을 믿지 못하게 하려고 온갖 수단을 동원하였다.

유대 지도자들은 경비병을 매수하여 예수님의 제자들이 시체를 훔쳐갔다고 헛소문을 퍼뜨리게 하였다. 하지만 예수님의 무덤은 2톤이 넘는 큰 돌로 막혀 있었고, 대제사장의 공식 인장으로 봉인되었으며, 최정예 로마 경비대가 지키고 있었다. 게다가 예수님의 제자들은 모두 달아나고 없었다.

어떤 사람은 로마 당국이 예수님의 시체를 미리 치웠다고 주장하지만, 그럴 가능성은 눈곱만큼도 없다. 또 여인들이 새벽에 예수님의 시신을 보러 갔다가, 경황이 없어 다른 무덤을 보았다는 주장도 있으며, 예수님의 부활을 너무 사모한 제자들이 환상을 보았다는 주장도 있다. 하지만 모두 가설로 설득력이 없다.

---

284 주께서 내 생명을 죽음의 세계에 버려두시지 않고, 주의 거룩한 자를 썩지 않게 하실 것입니다. (시편 16.10)

그리고 예수님이 완전히 죽지 않고 잠시 기절했다가 깨어났다는 주장도 있다. 양손과 발목에 대못이 박혔을 뿐만 아니라, 많은 사람이 보는 앞에서 창으로 옆구리가 찔려 물과 피를 다 쏟았다. 게다가 유대인의 장례법을 따라 아리마대 요셉과 니고데모가 장례까지 치렀다. 그런 상황에서 기절했다가 깨어날 가능성은 털끝만큼도 없다.

사실 제자들도 처음에는 부활하신 예수님을 보고도 믿지 못했다. 그런데 악의적으로 부활한 것을 부활하지 않은 것으로 만들려는 사람들의 주장이 오죽하겠는가? 이런 여러 가설들이 오히려 예수님의 부활을 더욱 공고히 한다.

221. 자매여, 어찌하여 울고 있습니까?

(마태 28.9-10, 마가 16.9-11, 요한 20.11-18)

안식 후 첫날 이른 새벽에 예수님이 부활하여, 막달라 마리아에게 가장 먼저 나타나셨다. 마리아는 일곱 귀신이 들렸다가 예수님에 의해 깨끗이 나은 여인이었다. 베드로와 요한이 무덤을 떠난 후에도, 마리아는 무덤 밖에 서서 계속 울고 있었다. 그러다가 몸을 구푸려 무덤 안을 들여다보니, 흰옷 입은 두 천사가 예수님의 시신을 모셨던 머리맡과 발치에 앉아있었다.

천사가 물었다. "자매여, 그대는 어찌하여 울고 있습니까?"

마리아가 대답하였다. "누가 주님을 가져갔나 봐요. 어디에 두었는지 몰라서요."

그리고 돌아서 예수님이 서 계신 것을 보았으나, 그분이 예수님인 줄을 몰랐다. 예수님이 물으셨다. "자매여, 어찌하여 울고 있습니까? 그대는 누구를 찾고 있습니까?"

마리아는 그가 동산지기인 줄 알고 말하였다. "저, 혹시 당신이 그분을 옮겨놓았거든, 어디 두었는지 말씀해주세요. 제가 모셔갈게요."

예수님이 마리아를 친근하게 부르셨다. "마리아!"

마리아가 급히 몸을 돌려 예수님의 발을 붙잡고 절하며 소리쳤다. "라보니!"

이는 아람어로 '선생님'이란 뜻이다. 예수님이 말씀하셨다. "마리아, 나를 계속 붙잡고 있지 마라. 내가 아직 아버지께 올라가지 않았다."

그리고 이르셨다. "너는 내 형제들에게 가서, 내 아버지 곧 너희 아버지, 내 하나님 곧 너희 하나님께 내가 올라간다고 하여라."

마리아가 단숨에 달려가 슬픔에 잠겨 있는 제자들에게 이 기쁜 소식을 전하였다. "제가 부활하신 주님을 뵈었어요!"

그리고 예수님이 일러주신 말씀도 전하였으나, 그들은 예수님이 살아나셨다는 말은 고사하고, 마리아가 예수님을 뵈었다는 말조차 믿지 않았다.

그때 예수님은 다른 여인들에게 갑자기 나타나 인사하셨다. "평안하세요?"

여인들이 다가와 예수님의 발을 붙잡고 절하였다. 예수님이 말씀하셨다. "이제 두려워하지 마세요. 가서 내 형제들에게 갈릴리로 가라고 전하세요. 거기서 그들이 나를 볼 것입니다."

〈막달라 마리아의 노래〉 박대산

한 마디 주님 말씀에 하늘이 열리듯이
광란의 사슬을 풀고 자유를 찾은 여인
영혼의 새 삶을 얻어 예수님만 따르더니

웬일인가 주님이 죄인처럼 잡히시던 날
밤새 채찍 맞고 굴욕의 뜰을 걸어 나와
가시관 십자가 지고 절뚝이며 쓰러지네.

'나를 위해 울지 말고 너희와 너희 자녀를 위해 울어라.' (누가 23.28)
붉은 피 온몸에 흘리며 오히려 위로하시고
스스로 형극(荊棘)의 길을 걸어 우리의 죗값을 치르셨네.

싸늘한 돌무덤을 안식하고 누우신 주님
어둠이 둘러치고 사망 권세가 가두어도
영원한 생명의 문을 부활로 활짝 여시다.

미명에 달려온 마리아, 놀라서 멈춘 가슴이여
주님은 어디 가고 빈 무덤만 남았는가?
눈부신 영광의 광채가 딸의 슬픔을 감싸 안았다.

눈앞에 계신 주를 왜 보지 못하고 우느냐?
어찌 산 자를 죽은 자 가운데서 찾느냐?
무덤 속에 잠자는 자들이 이처럼 부활하리라.

다시 사신 주님을 맨 처음 증언한 여인

이제도 의혹의 가슴에 믿음을 심어주고

영생을 주신 주님을 세상 끝까지 전한다.

222. 혼절한 경비병들이 깨어났다.

(마태 28.11-15)

여인들이 무덤을 떠나자 혼절한 경비병들이 정신을 차리고 깨어
났다. 경비병 가운데 몇 사람이 성안으로 들어가 그 일어난 일들을
대제사장에게 자세히 보고하였다.

대제사장이 장로들과 의논한 끝에 그들에게 많은 돈을 집어주며
말하였다. "너희는 이렇게 말하라. '우리가 잠든 한밤중에 예수의
제자들이 와서 그 시체를 훔쳐갔다!' 혹시 이 말이 총독의 귀에 들
어가더라도, 우리가 잘 말하여 너희에게 아무런 피해가 없도록 하
겠다."

그래서 경비병들이 돈을 받고 시키는 대로 하였더니, 그 소문이
오늘날까지 유대인 사이에 널리 퍼져 있다.

⟨헛소문⟩

예수님의 부활로 로마 경비대와 유대 지도자들이 공황상태에 빠
졌다. 경비병들은 당사자인 대제사장에게 가서 우선 사건을 보고하
였다. 며칠 전 예수님의 제자들이 시체를 훔쳐다 놓고 속임수를 칠
지 모른다고 주장한 사람들이, 오히려 사건을 은폐하려고 입단속을

시도하였다. 그만큼 다급했다는 뜻이다.

경비병들도 목숨이 위태하기는 마찬가지였다. 그래서 거짓 증언을 하라는 유대 지도자들의 제안을 선뜻 받아들였다. 그나마 그것이 그들에게는 상책이었다. 생각지 않은 돈도 받고 처벌까지 면하게 되었으니 오죽하였겠는가?

그때 그들이 돈을 받고 시키는 대로 하였는바, 예수님의 시신 도난설이 유대인들 사이에 널리 퍼지게 되었다. (마태 28.15) 그 소문은 사도들이 사망한 이후에도 오랫동안 지속되었다고, 유대 역사가 유스티누스(Justinus, 100~165)가 그의 저서에서 기록하였다.

223. 너희에게 평화가 있기를!

(누가 24.36-43, 요한 20.19-23)

제자들이 노심초사하며 대책을 강구하고 있을 때, 부활하신 예수님이 그들 가운데 갑자기 나타나 인사하셨다. "너희에게 평화가 있기를!"

제자들은 유대인이 두려워 문을 모두 닫아걸고 있었다. 안식 후 첫날 저녁이었다. 너무 놀랍기도 하고 무섭기도 하여, 제자들은 유령을 보는 줄로 생각하였다.

예수님이 말씀하셨다. "왜 그리 놀라고 의심을 품느냐? 내 손과 발을 만져보아라. 바로 나다. 유령은 살과 뼈가 없으나 너희가 보다시피 나는 다 있다."

그리고 양손과 발, 옆구리를 보여주셨다. 제자들은 너무 기뻐서 오히려 믿기지 않았다. 제자들이 여전히 어리둥절한 모습을 보이자 예수님이 물으셨다. "여기 먹을 것이 좀 있느냐?"

이에 제자들이 구운 생선 한 토막을 갖다 드리자 그 앞에서 받아 잡수셨다. 그리고 예수님이 다시 말씀하셨다. "너희에게 평화가 있기를! 아버지께서 나를 보내신 것처럼 나도 너희를 보낸다."

이 말씀을 하시고 제자들을 향해 숨을 내쉬며 말씀하셨다. "성령을 받아라! 너희가 누구의 죄든지 용서하면 그 죄가 용서될 것이요, 용서하지 않으면 그 죄가 그대로 있을 것이다."

〈현현〉

제자들은 문을 모두 닫아걸고 있었다. 유대인들이 예수님을 십자가에 못 박아 죽였듯이, 그들도 십자가에 매달아 죽일 것으로 생각하였다. 실제로 유대인들은 스데반을 돌로 쳐 죽이고, 헤롯이 야고보 사도를 참수하자 크게 기뻐하였다. 이런 상황을 보면 제자들이 크게 두려워할 만도 하였다.

그때 제자들은 예수님을 배반한 것으로 더욱 두려움에 떨었다. 처음부터 끝까지 예수님만 믿고 따라다니던 그들이, 스승이 체포되자 모두 달아났던 것이다. 게다가 이제는 예수님이 돌아가시고 없었는바, 실낱같은 희망마저 사라지고 없었다. 그래서 유대인들에게 붙잡히는 날이면, 목숨을 부지하기 어렵다고 생각하였다.

그때 주님이 갑자기 나타나 말씀하셨다. '너희에게 평화가 있기를!'

그야말로 시간과 공간, 물질을 초월하여 일어난 사건이었다. 제자들이 더욱 두려움에 휩싸이자 그들을 안심시키기 위해 예수님이 말씀하셨다. '여기 먹을 것이 좀 있느냐?'

그리고 다시 말씀하셨다. '성령을 받아라!'

이는 우리의 두려움이 영적 결핍에서 온다는 사실을 일깨워주고 있다. 우리의 영에 성령을 가득히 채워야 두려움에서 해방될 수 있다. 사실 보이지 않는 해방은 보이는 용서를 가져온다. 내가 먼저 남을 용서해야 남이 나를 용서하고, 우리가 서로 용서할 때 하나님께서 우리를 용서하신다.

그때 예수님은 제자들의 마음을 잘 알고 계셨다. 그래서 조금도 나무라지 않으셨다. 하룻밤 사이에 3번이나 예수님을 모른다고 부인한 베드로도 질책하지 않았다. 대신 '너희에게 평화가 있기를!' 하고 위로하며 격려하셨다.

그리고 손과 옆구리의 상처를 보여주시며 제자들을 안심시킨 뒤, 숨을 길게 내쉬며 '성령을 받아라!'고 하셨다. 예수님은 제자들의 공황 상태를 성령으로 충만하게 하시며, 두려움에서 벗어나 평화를 얻게 하셨다.

224. 너는 나를 보아야 믿느냐?

(마가 16.14, 요한 20.24-29)

12제자 가운데 디두모라는 도마는 예수님이 오셨을 때 그 자리에 없었다. 그래서 다른 제자들이 일러주었다. "우리가 부활하신 주님을 뵈었습니다."

도마가 말하였다. "나는 내 눈으로 그 손에 있는 못 자국을 보고, 내 손가락으로 그 못 자국을 만져보고, 내 손을 그 옆구리에 넣어보지 않고는 도저히 믿지 못하겠습니다."

그리고 8일이 지나서, 제자들이 다시 모여 음식 먹을 때 도마도 있었다. 모든 문이 잠겨 있었다. 예수님이 갑자기 나타나 인사하셨다. "너희에게 평화가 있기를!"

예수님이 도마에게 말씀하셨다. "네 손가락으로 내 손을 만져보고, 네 손을 내밀어 내 옆구리에 넣어보라. 그리고 믿음 없는 자가 되지 말고 믿는 자가 되라."

도마가 그 자리에 털썩 주저앉으며 말하였다. "나의 주님! 나의 하나님!"

예수님이 다시 말씀하셨다. "너는 꼭 나를 보아야만 믿느냐? 보지 않고 믿는 자가 더 복이 있다."

그리고 제자들의 마음이 완고하여 도무지 믿으려 하지 않는 것을 책망하셨다. 예수님이 살아나신 것을 목격한 사람들의 말도 그들이 믿지 않았기 때문이다.

〈도마〉

주님은 부활하여 적어도 14번 이상 사람들에게 나타나셨다. 막달라 마리아(요한 20.18), 여인들(마태 28.9), 베드로(고전 15.5), 엠마오의 두 제자(누가 24.13), 다락방 제자들(요한 20.20), 도마(요한 20.26), 갈릴리 해변의 일곱 제자(요한 21.1), 식사하는 열한 제자(마가 16.14), 오백여 형제들(고전 15.6), 야고보(고전 15.7), 감람산(사도 1.4), 스데반(사도 7.55), 다메섹 도상의 바울(사도 9.4), 밧모섬의 사도 요한(계시 1.17) 등이다.

도마는 부활하신 주님을 만났다는 사실을 제자들을 통해 들었으나, 자신이 직접 보지 않고는 도저히 믿을 수 없다고 하였다. 그는 합리적 의심의 소유자로 오늘날 우리의 사고방식과 비슷하다. 사실 도마는 어느 누구보다도 더 주님을 사랑하였다.

그는 반신반의하는 회의주의자가 아니라 정직한 의심주의자였다. 예수님이 달리신 십자가의 처절한 죽음을 잘 알고 있었는바, 주님의 부활은 상상할 수도 없었다. 그래서 부활하신 예수님을 만난 즉시, '나의 주님! 나의 하나님!'하고 자신의 믿음을 고백하였던 것이다.

225. 그물을 배 오른편에 던져라.

(요한 21.1-14)

예수님이 디베랴 호숫가에 나타나신 경위는 이렇다. 시몬 베드로, 디두모 도마, 갈릴리 가나 사람 나다나엘, 세베대의 아들들, 그리고 다른 제자 2명이 더 있었다.

시몬 베드로가 말하였다. "나는 고기를 잡으러 가겠소."

다른 제자들도 따라나섰다. "우리도 같이 가겠습니다."

그래서 그들이 함께 배를 타고 나갔으나, 그날 밤 아무것도 잡지 못하였다. 동틀 무렵에 예수님이 호숫가에 서 계셨으나, 제자들은 알아보지 못했다.

예수님이 물으셨다. "애들아, 무엇을 좀 잡았니?"

제자들이 대답하였다. "아무것도 못 잡았습니다."

예수님이 이르셨다. "그물을 배 오른편에 던져라. 그러면 좀 잡을 것이다."

제자들이 그대로 하였더니, 너무 많은 고기가 잡혀 그물을 끌어 올릴 수가 없었다. 예수님의 사랑을 받은 제자가 베드로에게 말하였다. "저분은 주님이십니다!"

그 말을 듣자마자 베드로가 벗은 몸에 겉옷만 두르고, 그냥 물속으로 뛰어들었다. 다른 제자들은 배에 탄 채, 고기가 잔뜩 담긴 그물을 끌며 호숫가로 나왔다. 배가 육지에서 약 90m 정도밖에 떨어져 있지 않았기 때문이다. 제자들이 육지에 올라와 보니 숯불이 피워져 있었다. 그 위에 생선이 놓여있고 떡도 있었다.

예수님이 말씀하셨다. "지금 잡은 생선을 좀 가져오너라."

시몬 베드로가 배에 올라 그물을 끌어내렸다. 그물 안에는 큼직큼직한 고기가 153마리 들어있었다. 그렇게 많은 고기가 잡혔으나 그물은 찢어지지 않았다.

예수님이 다시 말씀하셨다. "와서 아침을 먹어라."

그가 주님이 분명하셨던바, 누구시냐고 묻는 사람이 아무도 없었다. 예수님이 가까이 와서 제자들에게 떡도 나눠주시고 생선도 주셨다. 이는 예수님이 부활하여 제자들에게 3번째 나타나신 것이다.

〈조반〉

'주님과 함께 죽는 한이 있더라도 절대 주님을 모른다고 부인하지 않겠습니다.' (마태 26.35)

이는 예수님이 체포되기 직전에 베드로가 다른 제자들과 함께 맹세한 말이다. 그러나 불과 몇 시간 만에, 베드로는 저주까지 하면서 3번이나 예수님을 모른다고 부인하였다. 이것이 바로 오늘날 우리의 모습이다. 우리가 더 하면 더 했지 덜하지는 않을 것이다.

그러나 예수님은 죽음을 이기시고 부활하여 3번째 제자들을 찾아오셨다. 숯불을 피우고 떡과 생선을 준비하여 '와서 아침을 먹어라!'고 하셨다. 이는 사랑의 조반이었다. 제자들의 허물을 모두 용서하시고, 다시 회복시켜 주신다는 사랑의 약속이었다.

사실 예수님이 얼마나 제자들을 사랑하셨으면 '얘들아!'하고 어린

아이를 부르듯 하셨으며, '무엇을 좀 잡았니?' 하며 친근감을 나타내셨을까? 그리고 '그물을 배 오른편에 던져라. 그러면 좀 잡을 것이다.' 하고 제자들을 도와주셨다. 그때 그들은 사람 낚는 어부에서 고기 잡는 어부로 되돌아가 있었다.

226. 네가 나를 사랑하느냐?

(요한 21.15-23)

제자들이 식사를 마치자, 예수님이 베드로에게 물으셨다. "요한의 아들 시몬아, 네가 이들[285]보다 나를 더 사랑[286]하느냐?"

베드로가 대답하였다. "주님, 그렇습니다. 제가 주님을 사랑하는 줄 주님이 아십니다."

예수님이 이르셨다. "내 어린 양을 먹여라."

예수님이 2번째 물으셨다. "요한의 아들 시몬아, 네가 나를 사랑하느냐?"

베드로가 대답하였다. "주님, 그렇습니다. 제가 주님을 사랑하는 줄 주님이 아십니다."

예수님이 이르셨다. "내 양을 쳐라."

예수님이 3번째 물으셨다. "요한의 아들 시몬아, 네가 나를 사랑하느냐?"

---

[285] 이들(these)은 제자들을 가리킬 수도 있지만, 배와 고기잡이 등을 모두 의미할 수도 있다.

[286] 사랑(love)은 그리스어로 아가파오, 필레오, 스톨케, 에로스 등이 있다. 여기서 예수님의 처음 2번 질문은 아가파오(Agapao)로, 3번째는 필레오(Phileo)로 하셨으며, 베드로는 3번 다 필레오로 대답하였다. 아가파오는 하나님의 사랑을, 필레오는 친구나 사제 간의 사랑을 말하지만, 저자는 확연히 구분하여 사용하지 않았다.

예수님이 3번이나 똑같은 질문을 하시자, 베드로는 불안에 휩싸여 근심하며 대답하였다. "주님, 주님은 모든 것을 다 아십니다. 제가 주님을 사랑하는 줄 주님이 아십니다."

예수님이 이르셨다. "내 양을 먹여라. 내가 분명히 말한다. 네가 젊어서는 스스로 옷 입고 원하는 곳으로 다녔으나, 늙어서는 남들이 네 팔을 벌리고 묶어서 네가 원하지 않는 곳으로 끌고 갈 것이다."

이 말씀은 베드로가 장차 어떤 죽음으로 하나님께 영광을 돌릴 것인지를 예수님이 암시하신 것이었다. 그리고 예수님이 베드로에게 다시 이르셨다. "나를 따라라."

그때 베드로가 돌이켜 예수님이 사랑하시는 제자가 따라오는 것을 보았다. 그는 마지막 만찬 때 예수님의 가슴에 기대어, '주님, 주님을 배반할 사람이 누구입니까?'라고 묻던 제자였다.

그를 보고 베드로가 물었다. "주님, 이 사람은 어찌 되겠습니까?"

예수님이 이르셨다. "내가 다시 돌아올 때까지 그가 살아있기를 내가 바란다고 한들, 그게 너와 무슨 상관이 있느냐? 너는 나를 따라라."

이 말씀 때문에 그 제자는 죽지 않을 것이라는 소문이 형제들 사이에 퍼졌으나, 사실은 그렇게 말씀하신 것이 아니었다.

〈회복〉

예수님이 숯불을 피우고 제자들의 아침을 준비하셨다. 이는 베드로가 대제사장 마당에서 숯불을 쬐며 3번에나 주님을 모른다고 부인한 것을 뉘우치게 하심으로써, 스승과 제자의 관계를 회복시킬 목적이었다.

예수님은 제자들에게 '너희들은 나를 버리고 다 도망을 갔지. 그러나 나는 다 이해한다. 모든 것을 잊고 이제 다시 시작하자.'라고 하신 것이다. 그리고 베드로에게 '너는 숯불을 쬐며 3번이나 나를 모른다고 부인했지. 하지만 그것도 걱정하지 마라. 모든 것을 잊고 다시 시작하자.' 이것이 바로 주님이 조반을 준비하여 제자들을 초대한 이유였다.

2019년 1월 3일 새벽 4시쯤이었다. 냉동 창고의 쇠파이프 선반 위에서 자다가 나도 모르게 벌떡 일어나 앉았다. 순간 극한 슬픔이 성난 파도처럼 밀려오기 시작하였다.

"아, 비참한 이 몸이여! 처참한 내 삶이여! 누가 이 죽음의 구렁텅이에서 나를 건져주겠는가? 오, 주 예수여! 이 죄인을 불쌍히 여겨 주십시오!"

그때 성경을 보라는 강한 감동이 물밀 듯 밀려왔다. 부랴부랴 스마트폰을 찾아 들고 성경 아이콘을 눌렀다. 바탕에 무슨 말씀이 뜨고 보였으나 의미 있게 다가오지를 않았다. 더욱 짜증이 나서 스마트폰을 던져버렸다.

"에이, 이게 뭐람?"

그런데 복음이 어쩌고 하는 말씀이 어렴풋하게 뇌리를 스치며 지나갔다. 다시 스마트폰을 찾아 들고 펼쳐보았다. 데살로니가전서 1장 5절이었다.

'이는 우리 복음이 너희에게 말로만 이른 것이 아니라, 또한 능력과 성령과 큰 확신으로 된 것임이라. 우리가 너희 가운데서, 너희를 위하여, 어떤 사람이 된 것은 너희가 아는 바와 같으니라.'

개역개정판 번역으로 무슨 말씀인지 잘 이해가 되질 않았다. 한 번 보고 또 보고 자꾸자꾸 읽어보았다. 그러자 그 의미가 분명하게 다가왔다.

'내가 받은 복음이 말로만 받은 게 아니라, 능력과 성령과 큰 확신으로 받았다는 거잖아? 내가 능력과 성령과 큰 확신을 받고도 모르고 있었다는 말이잖아? 그렇다면, 아직도 내게 희망이 있다는 얘기잖아! 그래, 희망이 있어! 아직 희망이 있다고!'

"오, 주여! 이 종의 믿음 없음을 용서하여 주십시오!"

그 순간 극한 슬픔이 봄눈 녹듯 스르르 사라지고, 따스한 기운이 차디찬 내 몸을 감싸줌을 느꼈다. 주님의 손길이 나를 어루만지고 계심이 분명하였다.

⟨가⟩

054. 간음하게 하는 것입니다. (마태 5.31-32, 누가 16.18)

195. 거지도 죽고 부자도 죽었다. (누가 16.19-31)

113. 거짓 예언자를 조심하십시오. (마태 7.15-20, 누가 6.43-44)

071. 겨자씨 같습니다. (마태 13.31-32, 마가 4.30-32, 누가 13.18-19)

159. 고요해라! 잔잔해라! (마태 8.23-27, 마가 4.35-41, 누가 8.22-25)

164. 고향에서는 존경받지 못합니다. (마태 13.54-58, 마가 6.1-6)

077. 공정하게 판단하십시오. (요한 7.11-24)

084. 구원의 문은 좁습니다. (누가 13.22-30)

082. 구하라! 받을 것이다. (마태 7.7-11, 누가 11.5-13)

112. 권세와 능력을 주셨다. (마태 10.1-4, 마가 3.13-19, 누가 6.12-16)

157. 그것은 영원한 죄입니다. (마태 12.22-32, 마가 3.20-30, 누가 11.14-23)

102. 그는 누구의 자손입니까? (마태 22.41-46, 마가 12.35-37, 누가 20.41-44)

172. 그대가 병마에서 해방되었습니다! (누가 13.10-17)

171. 그대가 인자를 믿습니까? (요한 9.1-41)

166. 그대의 믿음이 장합니다. (마태 15.21-28, 마가 7.24-30)

145. 그대의 아들은 살 것입니다. (요한 4.46-54)

197. 그대의 재산을 나눠주십시오. (마태 19.16-30, 마가 10.17-31, 누가 18.18-30)

149. 그대의 죄가 용서되었습니다. (마태 9.1-8, 마가 2.1-12, 누가 5.17-26)

140. 그들을 갈라놓을 것이다. (마태 25.31-46)

119. 그들을 두려워하지 마라. (마태 10.17-26)

028. 그들의 위선을 경계하라. (누가 12.1-12)

040. 그들의 행실은 본받지 마라. (마태 23.1-36, 마가 12.38-40, 누가 20.45-47)

181. 그들은 까닭 없이 나를 미워하였다. (요한 15.18-27, 16.1-4)

165. 그들은 눈먼 인도자다. (마태 15.1-20, 마가 7.1-23)

184. 그렇게도 믿기 어렵습니까? (마가 16.12-13, 누가 24.13-35)

208. 그렇다고 당신이 말했습니다. (마태 26.57-68, 마가 14.53-65)

209. 그렇다고 여러분이 말했습니다. (마태 27.1-2, 마가 15.1, 누가 22.63-71)

075. 그물과 같습니다. (마태 13.47-53)

225. 그물을 배 오른편에 던져라. (요한 21.1-14)

163. 그 믿음대로 되십시오. (마태 9.27-34)

078. 그분이 나를 보내셨습니다. (요한 7.25-36)

116. 그 빛이 비치게 합니다. (마가 4.21-25, 누가 8.16-18)

091. 기도하고 낙심하지 마라. (누가 18.1-8)

148. 깨끗함을 받으십시오! (마태 8.1-4, 마가 1.40-45, 누가 5.12-16)

〈나〉

153. 나는 너희를 알지 못한다. (마태 7.21-29, 누가 6.46-49)

207. 나는 드러내 놓고 말했습니다. (요한 18.12-14, 19-24)

174. 나는 부활이요, 생명이다. (요한 11.1-46)

138. 나는 빛으로 세상에 왔습니다. (요한 12.37-50)

085. 나는 선한 목자입니다. (요한 10.1-21)

178. 나는 섬기는 자로 너희 중에 있다. (누가 22.24-30)

124. 나는 세상의 빛입니다. (요한 8.12-20)

200. 나는 여러분을 알지 못합니다. (마태 25.1-13)

191. 나는 위에서 났습니다. (요한 8.21-30)

210. 나는 진리를 위해 태어났습니다. (마태 27.11-14, 마가 15.2-5, 누가 23.1-7, 요한

18.28-38)

180. 나는 포도나무요, 너희는 가지다. (요한 15.1-11)

008. 나다. 안심해라. (마태 14.22-36, 마가 6.45-56, 요한 6.16-21)

010. 나를 누구라고 생각하느냐? (마태 16.13-20, 마가 8.27-30, 누가 9.18-21)

105. 나를 따라오너라. (요한 1.43-51)

137. 나를 보지 못할 것이다. (마태 23.37-39, 누가 13.34-35)

152. 나를 세상에 드러내지 마라! (마태 12.15-21, 마가 3.7-12)

034. 나와 아버지는 하나입니다. (요한 10.22-42)

060. 남의 잘못을 용서하십시오. (마태 6.14-15)

092. 낮추는 사람이 높아집니다. (누가 18.9-14)

154. 내가 가서 고쳐주겠습니다. (마태 8.5-13, 누가 7.1-10)

179. 내가 길이요, 진리요, 생명이다. (요한 14.1-14)

126. 내가 너희에게 권세를 주었다. (마태 11.25-27, 누가 10.17-24)

155. 내가 네게 말하니, 일어나라! (누가 7.11-17)

206. 내가 바로 그 사람입니다. (마태 26.47-56, 마가 14.43-52, 누가 22.47-53, 요한 18.1-
11)

182. 내가 보혜사를 보내겠다. (요한 16.5-15)

122. 내가 생명의 양식입니다. (요한 6.22-59)

044. 내가 세상을 이겼다! (요한 16.25-33)

127. 내가 잃은 양을 찾았습니다! (누가 15.1-7)

128. 내가 잃은 은전을 찾았습니다! (누가 15.8-10)

177. 내가 직접 섬김의 본을 보였다. (요한 13.2-17)

106. 내게 물 좀 주시겠습니까? (요한 4.1-42)

079. 내게 와서 마십시오. (요한 7.37-44)

033. 내 길을 가야 합니다. (누가 13.31-33)

186. 내 멍에를 메고 배우십시오. (마태 11.28-30)

004. 내 심판은 공정합니다. (요한 5.19-30)

129. 내 아들은 죽었다가 살아났다! (누가 15.11-32)

064. 내일 일은 내일에 맡기십시오. (마태 6.28-34)

134. 내 장례를 준비한 것이다. (마태 26.6-13, 마가 14.3-9, 요한 11.55-57, 12.1-11)

043. 내 평화를 주는 것이다. (요한 14.27-31)

131. 내 포도원에 들어가 일하십시오. (마태 20.1-16)

224. 너는 나를 보아야 믿느냐? (마가 16.14, 요한 20.24-29)

139. 너는 착하고 신실한 종이다. (마태 25.14-30)

203. 너희가 다 나를 버릴 것이다. (마태 26.31-35, 마가 14.27-31, 누가 22.31-38, 요한
    13.36-38)

188. 너희가 먹을 것을 주어라. (마태 14.13-21, 마가 6.30-44, 누가 9.10-17, 요한 6.1-15)

183. 너희 기쁨이 충만할 것이다. (요한 16.16-24)

081. 너희는 이렇게 기도하라. (마태 6.9-13, 누가 11.1-4)

142. 너희도 서로 사랑하라. (요한 13.33-35)

029. 너희도 준비하고 있어라. (마태 24.45-51, 누가 12.35-48)

189. 너희에게 떡이 얼마나 있느냐? (마태 15.32-39, 마가 8.1-10)

223. 너희에게 평화가 있기를! (누가 24.36-43, 요한 20.19-23)

226. 네가 나를 사랑하느냐? (요한 21.15-23)

160. 네 이름이 무엇이냐? (마태 8.28-34, 마가 5.1-20, 누가 8.26-39)

130. 노아의 때와 같을 것이다. (누가 17.22-37)

114. 누가 어머니고 형제입니까? (마태 12.46-50, 마가 3.31-35, 누가 8.19-21)

080. 누가 선한 이웃입니까? (누가 10.25-37)

072. 누룩과 같습니다. (마태 13.33, 누가 13.20-21)

026. 눈은 몸의 등불입니다. (마태 6.22-23, 누가 11.33-36)

〈다〉

204. 다른 보혜사를 보내실 것이다. (요한 14.15-26)

047. 다시 태어나야 합니다. (요한 3.1-21)

146. 닥치고, 그 사람에게서 나가라! (마가 1.21-28, 누가 4.31-37)

019. 단둘이 만나 잘 타일러라. (마태 18.15-20)

162. 달리다 쿰! (마태 9.23-26, 마가 5.35-43, 누가 8.49-56)

052. 도중에 얼른 화해하십시오. (마태 5.21-26, 누가 12.58-59)

099. 돈을 가져와 보이십시오. (마태 22.15-22, 마가 12.13-17, 누가 20.20-26)

135. 돌들이 소리칠 것입니다. (마태 21.1-11, 마가 11.1-11, 누가 19.28-44, 요한 12.12-19)

218. 돌을 봉인하고 경비병을 세웠다. (마태 27.62-66)

063. 두 주인을 함께 섬기지 못합니다. (마태 6.24-27)

093. 둘이 아니라 한 몸입니다. (마태 19.1-12, 마가 10.1-12)

069. 땅에 씨앗을 뿌려놓았습니다. (마가 4.26-29)

〈마〉

024. 마리아는 좋은 편을 택했다. (누가 10.38-42)

053. 마음으로 간음한 것입니다. (마태 5.27-30)

006. 마음이 가난한 사람이 행복합니다. (마태 5.1-12, 누가 6.17-23)

016. 막지 말고 허락하라. (마가 9.38-41, 누가 9.49-50)

143. 만민에게 복음을 전파하라. (마태 28.16-20, 마가 16.15-18, 누가 24.44-49)

067. 먼저 남을 대접하십시오. (마태 7.12, 누가 6.31)

193. 먼저 하나님의 나라를 구하라. (누가 12.13-34)

187. 모든 죄가 용서되었습니다. (누가 7.36-50)

169. 무엇이 좀 보입니까? (마가 8.22-26)

199. 무화과나무에서 교훈을 배워라. (마태 24.29-44, 마가 13.24-37, 누가 21.25-38)

〈바〉

121. 반드시 그 상을 받을 것이다. (마태 10.40-42, 11.1, 마가 6.12-13, 누가 9.6)

115. 밭에 씨를 뿌렸습니다. (마태 13.1-23, 마가 4.1-20, 누가 8.4-15)

046. 보라! 내가 속히 오겠다. (요한계시록 22.12-17, 20-21)

073. 보물과 같습니다. (마태 13.44)

110. 복음을 전해야 한다. (마태 4.23-25, 마가 1.35-39, 누가 4.42-44)

065. 비판하지 마십시오. (마태 7.1-5, 누가 6.37-42)

059. 빈말을 되풀이하지 마십시오. (마태 6.5-8)

136. 빛의 자녀가 되십시오. (요한 12.20-36)

〈사〉

076. 사람의 교훈을 조심하라. (마태 16.5-12, 마가 8.14-21)

021. 사람을 구원하러 왔다. (누가 9.51-56)

025. 3일을 땅속에서 보낼 것입니다. (마태 12.38-42, 누가 11.29-32)

086. 상석에 앉지 마십시오. (누가 14.7-11)

074. 상인과 같습니다. (마태 13.45-46)

123. 생명을 주는 것은 영이다. (요한 6.60-71, 7.1)

041. 생활비 전부를 드렸다. (마가 12.41-44, 누가 21.1-4)

017. 서로 화목하게 지내라. (마태 18.6-9, 마가 9.42-50, 누가 17.1-2)

098. 선택받은 사람은 적습니다. (마태 22.1-14)

005. 성경이 나를 증언합니다. (요한 5.31-47)

215. 성전의 휘장이 찢어졌다. (마태 27.51-56, 마가 15.38-41, 누가 23.47-49)

096. 세리와 창녀는 믿었습니다. (마태 21.28-32)

030. 세상에 불을 지르러 왔다. (누가 12.49-53)

087. 소외된 이웃을 초대하십시오. (누가 14.12-24)

151. 손을 쭉 내밀어 펴십시오! (마태 12.9-14, 마가 3.1-6, 누가 6.6-11)

088. 십자가를 져야 합니다. (누가 14.25-35)

037. 십자가에 달아 죽일 것이다. (마태 20.17-19, 마가 10.32-34, 누가 18.31-34)

〈아〉

055. 아무것도 맹세하지 마십시오. (마태 5.33-37)

170. 아, 믿음 없는 세대여! (마태 17.14-21, 마가 9.14-29, 누가 9.37-43)

045. 아버지의 뜻대로 하십시오. (마태 26.36-46, 마가 14.32-42, 누가 22.39-46)

205. 아버지! 이제 때가 되었습니다. (요한 17.1-26)

032. 아예 나무를 베어버려라. (누가 13.6-9)

036. 아이들을 막지 마라. (마태 19.13-15, 마가 10.13-16, 누가 18.15-17)

023. 아직 때가 되지 않았다. (요한 7.2-10)

056. 악한 자에게 맞서지 마십시오. (마태 5.38-42, 누가 6.29-30)

173. 안식일에 병을 고쳐도 됩니까? (누가 14.1-6)

048. 어찌 슬퍼하며 금식하겠습니까? (마태 9.14-17, 마가 2.18-22, 누가 5.33-39)

001. 어찌하여 나를 찾으셨습니까? (누가 2.41-52)

009. 어찌하여 표적을 요구하는가? (마태 16.1-4, 마가 8.11-13)

167. 에바다! (마가 7.31-37)

214. 엘리 엘리 라마 사박다니? (마태 27.35-50, 마가 15.24-37, 누가 23.33-46, 요한 19.18-30)

035. 여러분 가운데 있습니다. (누가 17.20-21)

057. 여러분의 원수를 사랑하십시오. (마태 5.43-48, 누가 6.27-28, 32-36)

213. 여러분의 자녀를 위해 우세요. (마태 27.32-34, 마가 15.21-23, 누가 23.26-32, 요한 19.17)

058. 여러분의 자선을 숨겨두십시오. (마태 6.1-4)

050. 여러분은 세상의 소금입니다. (마태 5.13-16)

211. 예수님은 일체 대답지 않으셨다. (누가 23.8-12)

168. 오, 위대한 의사여! (마태 15.29-31)

031. 왜 시대는 분별하지 못합니까? (누가 12.54-57)

039. 요한의 세례가 어디서 왔습니까? (마태 21.23-27, 마가 11.27-33, 누가 20.1-8)

156. 요한이 그 엘리야입니다. (마태 11.2-19, 누가 7.18-35)

196. 우리는 무익한 종입니다. (누가 17.5-10)

014. 우리의 성전세로 내어라. (마태 17.24-27)

147. 우리의 질고를 짊어지셨다. (마태 8.14-17, 마가 1.29-34, 누가 4.38-41)

212. 유대인의 죄가 더 큽니다. (마태 27.15-26, 마가 15.6-15, 누가 23.13-25, 요한 18.39-40, 19.4-16)

202. 유월절 음식 먹기를 원하였다. (마태 26.20, 마가 14.17, 누가 22.14-16, 요한 13.1)

201. 유월절 음식을 준비하라. (마태 26.17-19, 마가 14.12-16, 누가 22.7-13)

090. 율법과 예언자는 마감되었습니다. (누가 16.14-17)

051. 율법을 완성하러 왔습니다. (마태 5.17-20)

061. 은밀하게 금식하십시오. (마태 6.16-18)

108. 은혜의 해를 선포하셨다. (누가 4.16-30)

038. 이것을 당장 걷어치우시오. (마태 21.12-17, 마가 11.15-19, 누가 19.45-48, 요한 2.13-25)

002. 이것이 하나님의 뜻입니다. (마태 3.13-17, 마가 1.9-11, 누가 3.21-22)

094. 이 돈으로 장사하라. (누가 19.11-27)

219. 이레의 첫날 동틀 무렵이었다. (마태 28.1-8, 마가 16.1-8, 누가 24.1-11, 요한 20.1)

141. 이 잔을 나눠 마셔라. (마태 26.26-30, 마가 14.22-26, 누가 22.17-20)

103. 이제 너희를 친구라 부르겠다. (요한 15.12-17)

176. 이제 눈을 뜨고 밝히 보십시오. (마태 20.29-34, 마가 10.46-52, 누가 18.35-43)

109. 이제부터 사람을 낚을 것이다. (마태 4.18-22, 마가 1.16-20, 누가 5.1-11)

161. 이제 안심하고 기운을 내십시오. (마태 9.18-22, 마가 5.21-34, 누가 8.40-48)

133. 이 집에 구원이 이르렀습니다. (누가 19.1-10)

042. 인자가 영광을 받게 되었다. (마태 26.21-25, 마가 14.18-21, 누가 22.21-23, 요한 13.18-32)

013. 인자는 다시 살아날 것이다. (마태 17.22-23, 마가 9.30-32, 누가 9.44-45)

049. 인자는 안식일의 주인입니다. (마태 12.1-8, 마가 2.23-28, 누가 6.1-5)

132. 인자도 섬기러 왔다. (마태 20.20-28, 마가 10.35-45)

117. 일꾼을 보내 달라고 청하라. (마태 9.35-38)

012. 일어나라. 두려워하지 마라. (마태 17.1-13, 마가 9.2-13, 누가 9.28-36)

〈자〉

011. 자기를 부인해야 합니다. (마태 16.21-28, 마가 8.31-38, 9.1, 누가 9.22-27)

120. 자기 십자가를 져라. (마태 10.27-39)

150. 자리를 걷어들고 걸어가십시오! (요한 5.1-18)

221. 자매여, 어찌하여 울고 있습니까? (마태 28.9-10, 마가 16.9-11, 요한 20.11-18)

125. 자, 이제 가거라. (마태 11.20-24, 누가 10.1-16)

015. 작은 자가 큰 사람이다. (마태 18.1-5, 마가 9.33-37, 누가 9.46-48)

018. 작은 자를 무시하지 마라. (마태 18.10-14)

089. 재물을 섬길 수 없다. (누가 16.1-13)

062. 재물을 하늘에 쌓아두십시오. (마태 6.19-21)

198. 저 돌들이 다 무너질 것이다. (마태 24.1-28, 마가 13.1-23, 누가 21.5-24)

217. 정성껏 장례를 치렀다. (마태 27.57-61, 마가 15.42-47, 누가 23.50-56, 요한 19.38-42)

175. 제사장에게 가서 몸을 보이십시오! (누가 17.11-19)

220. 제자들은 실의에 빠져 있었다. (누가 24.12, 요한 20.2-10)

190. 죄 없는 사람이 돌을 던지십시오. (요한 8.1-11)

111. 죄인을 회개시키러 왔습니다. (마태 9.9-13, 마가 2.13-17, 누가 5.27-32)

068. 좁은 문으로 들어가십시오. (마태 7.13-14)

158. 좋은 나무를 기르십시오. (마태 12.33-37, 누가 6.45)

007. 지금 부요한 자가 불행합니다. (누가 6.24-26)

192. 진리가 자유롭게 할 것입니다. (요한 8.31-59)

027. 진심으로 자선하십시오. (누가 11.37-54)

066. 진주를 돼지에게 던지지 마십시오. (마태 7.6)

〈차〉

216. 창으로 옆구리를 찔렀다. (요한 19.31-37)

070. 추수 때까지 내버려 두어라. (마태 13.24-30, 36-43)

〈파〉

097. 포도원 밖에서 죽었습니다. (마태 21.33-46, 마가 12.1-12, 누가 20.9-19)

〈하〉

003. 하나님만 섬기라고 하였다! (마태 4.1-11, 마가 1.12-13, 누가 4.1-13)

101. 하나님은 유일하신 분입니다. (마태 22.34-40, 마가 12.28-34)

095. 하나님을 믿어라. (마태 21.18-22, 마가 11.12-14, 11.20-26)

118. 하나님의 나라가 가까이 왔습니다! (마태 10.5-16, 마가 6.7-11, 누가 9.1-5)

022. 하나님의 나라를 전파하라. (마태 8.18-22, 누가 9.57-62)

083. 하나님의 말씀을 지켜라. (마태 12.43-45, 누가 11.24-26)

104. 하나님의 어린양이시다! (요한 1.35-42)

144. 하나님의 우편에 앉으셨다. (마가 16.19-20, 누가 24.50-53)

100. 하늘의 천사와 같습니다. (마태 22.23-33, 마가 12.18-27, 누가 20.27-40)

185. 항아리에 물을 채우십시오. (요한 2.1-12)

020. 회개하거든 용서하라. (마태 18.21-35, 누가 17.3-4)

107. 회개하고 복음을 믿어라! (마태 4.12-17, 마가 1.14-15, 누가 4.14-15, 요한 4.43-45)

194. 회개하지 않으면 망할 것입니다. (누가 13.1-5)

222. 혼절한 경비병들이 깨어났다. (마태 28.11-15)

<가> 70가라지 220가설 208가야바 114가족 53간음 190간음한 여인 21감정 160 거라사 광인 17걸림돌과 디딤돌 45겟세마네 71겨자씨 185결혼식 218경비대 101계명 145고관 159고난 205고별기도 44고별사 108고향 209공회 91과부 76교훈 82권리 147귀신 170귀신과 정신병 75그물 48금식 61금식과 외식 59기도 8기도와 응답 206기드론

<나> 164나사렛 174나사로 증후군 155나인성 과부 148나환자 119남풍 부는 언덕에 봄볕이(이순남) 99남세 78논쟁 97농부 167농아인 72누룩

<다> 12다볼산 102다윗 139달란트 224도마 38돈 116등불

<라> 77라과디아

<마> 134마리아 111마태 221막달라 마리아의 노래(박대산) 26말씀 192말씀과 진리 63맘몬 163맹인 186멍에 184목격자 95무화과나무 109물고기 94므나 64미녀 바실리사 22미련 181미움

<바> 27바리새파 154백부장 150베데스다 169벳새다 맹인 73보물 216보험 182보혜사 107복음 24봉사 195부자와 거지 197부자 청년 219부활 100부활 증거 52분노 30분쟁 31불신 89불의한 재물 7불행한 사람 84브로드웨이 213

비아 돌로로사 115비유 212빌라도 105빌립 124빛 50빛과 소금

<사> 112사도 118사람 106사마리아 여인의 고백(석소영) 133삭개오 4삼강오륜 121상 86상석 103새 계명 122생명의 양식 79생수 65선악 85선한 목자 5성경의 증언 198성전 141성찬 14세금 90세례 요한 92세리 177세족식 1소년 예수 13소크라테스 166수로보니게 여인 173수종병자 18수호천사 16스승과 제자 135승리의 입성 144승천 3시험 34신성과 인성 138신앙 157신앙인과 종교인 171실로암 맹인 153실천 214십자가

<아> 146아기사자 87아버지 마음 36아이 83악령 113악인 207안나스 104안드레 49안식일 137암탉 162야이로의 딸 140양과 염소 58양말 한 켤레 56양보 201어린양 15어린이 142어머니 176여리고 맹인 200열 처녀 39예언자 188오병이어 178오탐불 9요나 60용서 69용정차 110운동 57원수 152위로 40위선자 42유다 193유산 202유월절 37유혹 51율법 66율법과 복음 67율법의 정신 156의심 80이웃 54이혼 93이혼 사유 179인생길 55인생법칙 11인자 예수 117일꾼 120일사각오 129잃은 아들 127잃은 양 128잃은 은전

<자> 132자리다툼 217장례 165장로의 유전 46재림 130재림의 약속 62재물 126제자 88제자의 길 125전도자 151조막손이 225조반 96존 뉴톤 68좁은 문 196종 23종교인 199종말 175죄 187죄 많은 여인 81주기도문 123주님의 살과 피(작은 자 바오로) 47중생 149중풍병자 143지상명령 74진주 19징계 191짝사랑

<차> 172척추장애인 10천국의 열쇠 29청지기 158청포도(이육사) 98초대 210총독 189칠병이어 2침례

<카> 203쿼바디스

<타> 136토마스

<파> 168편작 43평화 32평화의 기도 180포도나무와 가지 25표적 131품꾼

<하> 204하나님 35하나님의 나라 161하혈병 여인 183해산의 진통 6행복한 사람
28행복한 위선자 41헌금 211헤롯 안타파스 33헤롯왕 222헛소문 223현현
194회개 20회개와 용서 226회복 215휘장